ADOLPHE GUILLOT

LES

PRISONS DE PARIS

ET

LES PRISONNIERS

Elibron Classics
www.elibron.com

Elibron Classics series.

ISBN 1-4212-1345-1 (paperback)
ISBN 1-4212-1344-3 (hardcover)

This Elibron Classics Replica Edition is an unabridged facsimile
of the edition published in 1890 by E. Dentu,
Paris.

LES

Prisons de Paris

ET

LES PRISONNIERS

OUVRAGES DU MÊME AUTEUR

ÉTUDE SUR LA PROPRIÉTÉ LITTÉRAIRE, 1883, in-8°.

LA LIBERTÉ DES THÉATRES, extrait de la *Revue contemporaine*, brochure, 1864.

LES VOLS A LA BIBLIOTHÈQUE DE TROYES, documents et réquisitoire, chez Sicard, à Troyes, 1872, in-8°.

PRINCIPES DU NOUVEAU CODE D'INSTRUCTION CRIMINELLE, discussion et commentaires du projet de loi, chez Larose et Forcel. Paris, 1883, in-8°.

LA POLICE JUDICIAIRE, brochure, extrait du journal *La Loi* de 1883. Épuisé.

LE JURY ET LES MŒURS, brochure, chez Larose et Forcel, 1885. Épuisé.

PARIS QUI SOUFFRE. Étude sociale (Basse Geôle et la Morgue). Ouvrage couronné par l'Académie française, chez Rouquette, 1887, in-8°.

EVREUX, IMPRIMERIE DE CHARLES HÉRISSEY

PARIS QUI SOUFFRE

LES
Prisons de Paris
ET
LES PRISONNIERS

PAR

ADOLPHE GUILLOT

JUGE D'INSTRUCTION A PARIS

Dessins d'après nature, par MONTÉGUT

PARIS

E. DENTU, ÉDITEUR

LIBRAIRE DE LA SOCIÉTÉ DES GENS DE LETTRES

3, PLACE DE VALOIS, PALAIS-ROYAL

1890

LES PRISONS DE PARIS

CHAPITRE I

CRIMINALITÉ ET RÉPRESSION

Misère et Crime. — Devoir du magistrat. — Les bases de la pénalité. — Le crime et la civilisation. — Nécéssité de la répression. — Caractères généraux du châtiment.

DANS une précédente étude sur les mystérieux problèmes de la souffrance, au milieu de cette immense cohue de vies humaines qui s'appelle Paris, je m'adressais à ceux auxquels le bonheur a toujours souri, aux privilégiés qui n'ont pas connu les retours étranges de la fortune; je leur disais, en faisant passer sous leurs yeux le cortège des tragédies quotidiennes, que pas un homme, eût-il été hier le plus heureux, le plus aimé, le plus riche, le plus puissant, ne peut affirmer, que demain, son cadavre n'ira pas rejoindre sur les dalles de la Morgue ceux que la mort est venue surprendre par le suicide, l'accident ou le crime.

Je veux observer aujourd'hui d'autres misères et regarder au fond de l'abîme obscur vers lequel, sous la poussée des vices, des passions, des intérêts, des milliers d'existences, faites pour de meilleures destinées, viennent se précipiter; devant ce spectacle le cœur se trouble, la pitié parle plus haut que le mépris et on se prend à espérer qu'il serait possible de rendre les chutes moins profondes et plus réparables en observant de plus près les causes qui les provoquent.

C'est faute souvent d'avoir été averti à temps, et remis dans la bonne voie que l'on devient criminel ; la prison est le terme fatal auquel on peut aboutir plus vite et plus facilement qu'on ne le suppose ; on arrive là par une série d'étapes qu'il faut signaler à ceux qui n'en sont encore qu'aux premiers pas; aussi les sujets de réflexion qui viennent à l'esprit dans ces cachots, où l'homme est enfermé comme une bête malfaisante, sont-ils infinis, et, depuis un demi-siècle surtout, on a entassé volumes sur volumes, discours sur discours, sans être parvenu à les épuiser.

Je viens inviter les heureux de ce monde, si tant est qu'il s'en trouve, à franchir avec moi le seuil de nos prisons parisiennes, leur souhaitant en même temps de n'y venir jamais qu'en curieux; sans doute le bonheur, qui est l'un des plus solides remparts de la vertu, semble les préserver des sévérités de la loi pénale ; toutefois, dans le temps où nous vivons, il est prudent de ne pas oublier que les prisons ont reçu trop souvent des hôtes illustres ; l'honnête homme ne pourrait être sûr de ne jamais connaître par un usage personnel les cachots destinés aux malfaiteurs, que si le pouvoir de disposer de la liberté et de la vie des citoyens ne tombait parfois dans des mains capables d'en user, au mépris du droit et de la légalité.

« Aujourd'hui sur le trône, et demain dans les fers. »

C'est le sort de la vertu dans les temps de révolutions, disait Mme Roland dans sa prison de Sainte-Pélagie.

Supposez qu'un orateur, inspiré comme un prophète, soit monté au mois d'août 1870 à la tribune du Sénat impérial et qu'annonçant à la France les malheurs du lendemain, il eût montré du doigt les plus hauts dignitaires de l'Église et de la Justice et se fût écrié : Quelques jours seront à peine passés que votre pourpre et votre hermine seront arrachés de vos épaules, vos temples seront souillés, vos palais incendiés, et vous serez traînés dans les prisons des voleurs et des assassins. On eût traité de fou celui qui serait venu tenir un pareil langage; cependant le jour était proche où le prêtre et le magistrat allaient se rencontrer dans les cellules des condamnés à mort.

Serons-nous tous a l'abri de ces catastrophes, quels sont parmi nous ceux qui auront encore l'honneur d'ajouter leur nom à la longue et glorieuse liste des martyrs de la justice et du droit? c'est le secret de l'avenir. Mais en admettant que préservés de ces terribles coups auxquels ne s'attendaient pas ceux qu'ils sont venus frapper, nous puissions nous dispenser de méditer à l'avance sur la fragilité du sort, d'autres raisons nous obligent à ne pas détourner notre vue de ces tristes lieux où l'on rencontre rarement l'héroïsme et la sainteté, mais où abondent, sous des formes diverses, tant de plaies morales, qui mettent la société en danger sans qu'elle s'occupe, assez de les guérir.

Nous ne pouvons que gagner, à quitter pour un instant, les régions sereines où la Providence nous permet de vivre et à descendre dans ces enfers creusés par la main des hommes.

Peut-être ces pensées viendront-elles vous trouver, lecteur pour qui j'ecris ces pages, dans ces courts moments de la vie où tout semble sourire ; on éprouve une telle tranquillité, une confiance si ferme, qu'on se croit au-dessus des atteintes de l'adversité ; elle est faite pour les autres, pense-t-on, et elle n'entre que chez ceux dont les imprudences ou les fautes lui ouvrent la porte de leur logis.

La sagesse ou l'habileté de vos pères vous ont laissé une grande abondance de biens, vous habitez une riche demeure, vous êtes entouré de tout ce qui peut charmer les yeux ; les plus petits ennuis vous sont épargnés, vos moindres désirs sont satisfaits comme dans un royaume de fées, et, emporté par de douces rêveries au coin du feu, vous en arrivez à vous demander s'il est vrai qu'on puisse avoir froid, s'il est vrai que la faim fasse souffrir, s'il est vrai que la misère trouble le cerveau ; la vertu vous semble facile, vos intérêts et vos devoirs s'étant toujours trouvés d'accord; habitués par l'éducation que vous avez reçue à la pratique du bien, à l'accomplissement des obligations essentielles de l'honnêteté mondaine, vous n'avez connu ni les mauvais exemples, ni les dangereuses sollicitations de la pauvreté ; votre conscience, lestée par un bon coffre-fort, n'a jamais été entraînée dans ces abîmes que creusent tout à coup les vents contraires de la fortune ; il vous semble fort simple de toucher vos revenus, d'avoir l'argent prêt pour chacun de vos plaisirs et le moindre de vos besoins, et, dans cette atmosphère de calme, de quiétude, où s'écoule votre vie bien ordonnée, vous ne pensez pas que c'est à l'heure où le créancier présente son billet, où le fournisseur réclame son dû, où le propriétaire, dont la patience s'est lassée, menace de la saisie, où les enfants n'ont plus de vêtements pour se couvrir et où le pain lui-même vient à manquer sur la table, que la conscience vacille ; il s'élève comme un brouillard malsain obscurcissant la vue, alors commence le vrai mérite à discerner ce qui est honnête, à souffrir les privations, les avanies, plutôt que de porter la main sur le bien d'autrui.

La paix règne autour de vous, il se dégage de ce qui vous entoure un parfum d'honnêteté et de vertu, rien dans le présent ne trouble et n'inquiète, à ce moment le journal apporte le récit dramatisé du dernier assassinat; vous frissonnez en lisant tous les détails soigneusement recueillis et amplifiés pour mieux satisfaire votre curiosité, et, comme vous avez pour le mal ces haines vigoureuses, qu'une bonne éducation et une heureuse condition sociale inspirent aux âmes bien nées, vous vous indignez avec sincérité, vous criez à l'abomination, il vous paraît monstrueux qu'en plein XIXe siècle, au cœur de la ville des lumières, de la cité qui attise l'incendie du progrès, comme disait le poète, il puisse se rencontrer de jeunes scélérats capables d'égorger et de voler.

Mais, dans votre légitime indignation, n'oubliez-vous pas de faire un retour sur vous-même et sur la société? sans doute des hauteurs où vous êtes placé, vous n'avez jamais donné que les meilleurs exemples; le peuple qui est au-dessous de vous, s'il regarde dans votre vie, n'y découvre que de salutaires enseignements: vous lui avez appris à être modéré dans ses désirs, sobre dans ses appétits, honnête dans ses goûts, économe dans ses dépenses, sévère dans ses mœurs; vous lui avez appris à honorer Dieu, à respecter la justice, à mépriser les succès obtenus par de mauvais moyens, à préférer l'honneur à l'argent, à n'estimer que ce qui est fondé sur le travail, l'ordre et la probité.

Ce sont de forts beaux sentiments et les livres ne disent pas mieux; ce n'est pas assez, il faut des actes, et si, poursuivant plus à fond votre examen de conscience, vous vous disiez en présence du crime qui soulève votre colère: Qu'ai-je fait pour apaiser ces haines de la misère contre la richesse? Qu'ai-je fait pour soulager les souffrances qui aident au développement des mauvais instincts? Qu'ai-je fait pour que le travail suffise à faire vivre la femme? Qu'ai-je fait pour que l'enfant, enrôlé par le crime, dès que sa main est capable de manier un couteau, ne soit pas livré aux enseignements des plus détestables doctrines ; peut-être répondriez-vous dans votre sincérité : Je n'ai pas été de ces hommes de courage et de foi qui luttent pour le salut de la société, je me suis contenté de pousser des soupirs, de contempler le mal en me croisant les bras et de me réfugier dans la béate satisfaction de ma propre vertu.

« En servant les pauvres gens privés de sens et de conduite, disait à ses disciples le saint fondateur de Saint-Lazare, nous voyons et touchons combien sont grandes et diverses les misères humaines, nous nous acquitterons de nos fonctions avec d'autant plus de fidélité que nous saurons mieux par notre expérience ce que c'est que de souffrir ; le spectacle de la misère et du vice étudiés de près est salutaire à notre propre perfectionnement. »

Il nous aide en effet à apprécier la saveur de la vertu et le bonheur dont nous jouissons ; il met de la reconnaissance et de l'indulgence dans notre cœur ; il nous fait mieux comprendre le devoir vis-à-vis des autres ; il appelle notre attention sur les négligences, les duretés dont nous nous rendons coupables à leur égard ; il nous fait sentir la responsabilité de la société vis-à-vis de ceux qui sont condamnés pour des fautes, quelquefois moins graves aux yeux de la morale, que d'autres auxquelles nos lois humaines assurent l'impunité.

C'est par ces raisons d'un ordre supérieur, et non par l'attrait de l'horrible et du mystérieux, que des esprits réfléchis et honnêtes peuvent trouver un intérêt réel à étudier le Paris qu'on emprisonne ; ils comprennent que derrière les épaisses murailles des prisons il y a des misères à soulager, des erreurs sociales à réparer, des problèmes à résoudre ; la société qui, très justement à coup sûr, enferme dans ses geôles ceux qui troublent sa sécurité, peut y trouver aussi plus d'un sujet de se corriger elle-même et d'apporter dans son système pénitentiaire, qui n'arrive souvent ni à intimider, ni à supprimer, ni à corriger les améliorations réclamées par l'état actuel de nos mœurs et l'intérêt social.

Après les grands écrivains qui ont traité ces questions, il semble qu'il reste bien peu de chose à en dire. Dans son œuvre si complète sur Paris, M. Maxime Ducamp s'est attaché à démontrer que l'emprisonnement ne saurait être exclusivement coercitif et que le temps de la peine doit être employé à agir sur le prévenu et à lui faire comprendre que le bien est supérieur au mal, non seulement au point de vue général de la moralité, mais même au point de vue de l'intérêt individuel.

M. d'Haussonville a marqué sa place à l'Académie Française par ses recherches si consciencieuses et si élevées sur les causes de la criminalité et les moyens de la réprimer, et M. Henri Joly, chargé à l'Ecole de droit d'un cours de philosophie pénale, vient de commencer une série d'intéressantes études, par un premier volume, où le crime est analysé selon les méthodes les plus rigoureuses de la science.

Leurs travaux seraient de nature à décourager, si d'un autre côté, par l'intérêt qu'ils donnent à ces sujets, ils n'excitaient à y prêter une plus grande attention ; il y a tant à dire, tant à faire, que la matière est inépuisable et se prête à l'infini à toutes les bonnes volontés et aux efforts même les plus modestes ; un édifice ne se construit pas seulement avec des blocs de pierre, il lui faut aussi des grains de sable ; il y aurait peut-être plus d'indifférence que de modestie à se désintéresser de l'œuvre sous le prétexte de ne pouvoir y contribuer que pour une faible part.

Il suffit, si on veut apporter un tribut qui ne soit pas inutile, d'avoir vu les choses de près et d'en parler avec sincérité, avec l'impartialité de l'observateur ; il n'y aurait peut être pas de mal à être un peu du métier, si je puis m'exprimer ainsi ; je ne veux pas dire que pour bien connaître les prisons il soit nécessaire d'avoir été prisonnier soi-même ; ce serait trop demander et rendre le sujet compromettant ; cependant j'estime, et j'en donnerai des exemples dans le cours de ce livre, que lorsqu'on rencontre des détenus assez véridiques et assez intelligents pour raconter et analyser ce qu'ils ont vu, ce qu'ils ont éprouvé, il ne faut pas trop dédaigner leur témoignage.

On observe souvent de trop loin, on écrit des volumes, on édifie des systèmes en s'appuyant sur des faits recueillis de seconde main et mal contrôlés : cela n'aurait qu'un médiocre inconvénient s'il ne s'agissait que d'opinions individuelles, mais souvent, dans notre temps surtout, où, du jour au lendemain, on peut devenir fonctionnaire ou magistrat, des hommes trouvent l'occasion de faire passer des théories superficielles dans le domaine de la pratique, ou tout au moins de gêner l'action de ceux qui, connaissant bien la question par une longue expérience, seraient seuls capables de poursuivre des réformes utiles sans s'égarer dans des tâtonnements stériles et coûteux.

L'administration pénitientaire a toujours eu à sa tête des hommes d'une grande valeur, elle a aussi son assemblée ; sous le titre de conseil supérieur, souvent renouvelé par la politique, elle tient des sessions, d'ailleurs rares et courtes, où chacun, sous forme de proposition ou d'amendement aux solutions préparés par les bureaux, se livre comme dans les Académies à d'intéressantes discussions.

Le véritable ressort de l'Administration Pénitentiaire devrait être comme sous l'ancien régime, le Pouvoir Judiciaire. Le magistrat qui voit les criminels de près, qui étudie le fort et le faible de leur nature, est placé mieux que tout autre pour les bien classer ; il apprécie le degré de leur perversion, il peut fournir les indications les plus utiles sur les moyens à employer pour achever par une intelli-

Tour de l'Horloge. Entrée de la Conciergerie.

gente application de la peine, l'œuvre commencée par la condamnation.

Au nom de cette expérience, que l'on peut revendiquer sans prétention, puisqu'elle n'est que l'œuvre du temps, j'essaie de prendre la plume à mon tour; j'ai observé pendant de longues années le monde des prisons; non point des centaines, mais des milliers de détenus, hommes, femmes, enfants, ont défilé devant moi; j'ai toujours pensé que le devoir m'obligeait à porter mon examen non seulement sur le fait matériel que j'avais à éclaircir, mais sur leur vie tout entière, sur leurs antécédents, sur les évolutions de la criminalité dans leur conscience; d'autres à coup sûr ont pu se livrer à des analyses plus savantes, je ne crois pas que beaucoup aient eu l'occasion d'observer davantage et de plus près.

Je regarde donc comme une sorte de devoir d'offrir mon faible contingent aux hommes de bonne volonté qui poursuivent, les uns, dans les œuvres admirables de la charité privée, les autres dans les institutions publiques, l'œuvre de l'amélioration de l'humanité coupable; ce sont des faits que je veux apporter. L'étude des faits a pris en toute chose une importance considérable; tout savant, tout philosophe doit être doublé d'un enquêteur; c'est en prétendant s'appuyer sur l'observation physiologique que de nouvelles écoles cherchent à ébranler les bases sur lesquelles repose depuis des siècles la puissance de juger et de punir; le débat se place aujourd'hui sur ce terrain, il n'a rien qui puisse effrayer le magistrat; sans cesse en présence du fait, il peut mieux que personne réfuter des doctrines téméraires et rendre hommage au principe de la responsabilité humaine, inscrit jusqu'à ce jour dans les lois pénales de tous les peuples civilisés.

Je resterai dans mon sujet en rattachant l'étude des faits aux controverses qui s'élèvent sur l'idée même de criminalité; aussi je m'occuperai surtout de ce qu'il y a de plus intéressant dans la prison, c'est-à-dire du prisonnier lui-même; non pas assurément que je veuille faire de la métaphysique et, moins encore, emprunter à la physiologie son nouveau vocabulaire; je suis de ceux qui pensent que les hommes n'ont pas commencé par être des singes ou des vers de terre, qu'ils ont été créés avec le visage et les passions que nous leur voyons aujourd'hui, dès lors je ne vois pas la nécessité de recourir à des mots prétentieux et nouveaux pour exprimer les différentes manifestations de leurs facultés éternelles, conscience, volonté, intelligence; elles ont existé, au moins à l'état de germe, dès le jour où ils firent leurs premiers pas sur ce globe, et elles ne disparaîtront qu'avec lui, lorsque privé de toute chaleur, il aura accompli ses mystérieuses destinées.

Je sais bien qu'aujourd'hui les profanes eux-mêmes s'appliquent à parler le langage scientifique; vous n'ouvrez plus un livre, même un roman, où, à propos de gens, qui trouvent plus agréable de se livrer à leurs passions que de les vaincre, il ne soit question de criminologie, de déchotomie, d'état syndromique, de déséquilibration, d'instinctivité, d'atavisme, de daltonisme de la conscience, etc.

Ces mots ne sont pas souvent beaucoup plus clairs que les idées qu'ils expriment; on peut se faire comprendre sans les employer; les actions de l'homme, bonnes ou mauvaises, se ramènent en somme à quelques lois très simples, et le mieux est de les formuler simplement; chaque siècle a un style fait à son image, nous sommes des analystes à outrance, nous disséquons la pauvre âme en mille petits morceaux, nous composons avec tout cela des doctrines alambiquées; nous les mettons à la place de ces idées limpides, de ces principes lumineux qui s'harmonisaient si bien avec l'ampleur de notre langue et la droiture de notre bon sens.

C'est au nom du positivisme que l'école italienne d'anthropologie, fondée par un éminent savant, le professeur Lombroso, a la prétention d'expliquer le crime par la conformation physique; en 1882, un publiciste distingué, Tommasi, sénateur du royaume d'Italie, avait publié dans la « Rassagna Critica », dirigée par le professeur Anguelli, un article tendant à démontrer que la force irrésistible, si souvent invoquée par les avocats pénalistes pour faire remettre dans la circulation les plus abominables coquins, se retrouve dans tous les crimes indistinctement, et peut être invoquée en faveur de tous les criminels, le libre arbitre n'étant qu'un rêve de métaphysicien.

Ce fut dans cet esprit qu'on organisa le premier congrès international d'anthropologie criminelle; il se tint à Rome en 1886; comme celui qui vient de se réunir à Paris à l'occasion de l'Exposition universelle de 1889, il vit se produire des doctrines qui, si elles venaient à prévaloir, modifieraient complètement le système pénitentiaire et transformeraient nos prisons, où l'on a encore un certain respect de la dignité humaine et quelque espoir de la relever, en véritables ménageries humaines dans lesquelles on ne s'occuperait que de la solidité des barreaux destinés à garder le plus longtemps possible des bêtes féroces et inconscientes.

Les promoteurs du congrès de Rome disaient : « Il sera l'Arc de Triomphe sous lequel la science exacte passera pour entrer dans le sanctuaire du droit, le culte des doctrines métaphysiques est près de tomber. »

Je ne sais si l'Arc superbe a été dressé, mais je ne crois pas que les idées qui ont voulu passer sous ses voûtes soient de taille à vaincre les vieilles et nobles croyances de l'humanité.

On considère en général comme peu flatteuse pour notre espèce l'opinion qui soutient l'étroite fraternité de l'homme et du singe; un des orateurs les plus applaudis du Congrès, M. Albrecht, trouva cependant qu'il fallait l'humilier davantage : « Nous ne descendons pas des singes, dit-il, nous ne sommes de vrais singes ; nous formons qu'une seule espèce, simia homo. »

L'idée supérieure du bien, but de la vie humaine, doit être écartée comme une abstraction métaphysique, comme une hypothèse dénuée de toute preuve ; l'homme est un animal, n'ayant que des instincts et dans l'étroite fraternité qui l'unit au singe, il n'a même pas le privilège d'être l'aîné et le plus parfait ; il représente au contraire le type le plus inférieur par la structure de la mâchoire et de l'angle orbital, et dans l'ordre physiologique, un signe de son infériorité c'est qu'à la différence des singes supérieurs qui font ce que bon leur semble, il contraint sa nature à se réformer ; il ne se perfectionne pas, il s'anormalise ; l'homme normal ce n'est pas l'honnête homme, c'est le criminel, c'est celui qui, comme l'incalculable quantité d'organisme existant dans la nature, tend à supprimer son voisin ; l'homme anormal au contraire, c'est l'honnête homme qui agit contrairement à la loi et au besoin des organismes en évitant de faire ce qui est préjudiciable aux autres, et s'il se donne le droit de mettre en prison l'homme qui est resté fidèle aux lois de sa nature, en pillant, profanant, assassinant, faisant tout ce qu'il sait et peut faire pour son propre avantage et bénéfice, en ne voulant pas, en un mot, se laisser anormaliser, ce n'est pas au nom d'un droit supérieur, d'une morale plus parfaite, mais au nom de l'utilité et pour le mettre hors d'état de nuire à cette société de singes inférieurs.

Ces théories ont été exposées en plein congrès de Rome, elles n'ont pas rencontré une unanime approbation ; mais elles montrent le terme extrême et fatal de certaines utopies et déjà toute l'école positiviste est d'accord pour ne voir dans la pénalité, dans l'emprisonnement, qu'un acte de défense sociale et non pas la sanction de certains principes de morale ; elle prend le contre-pied de l'école classique qui base la pénalité sur l'affirmation du libre arbitre.

A quoi bon chercher l'origine du crime dans des hypothèses compliquées quand il s'explique tout naturellement ; il est plus facile de faire le mal que de faire le bien, l'un s'accomplit sans effort et procure une jouissance au moins momentanée ; l'autre nous impose un sacrifice et nous oblige à remporter une victoire sur nous-même ; on préfère le plaisir à la peine et c'est ainsi que se commet la première faute et que s'accomplit le dernier crime.

En pénétrant dans les prisons, en étudiant sur le vif ceux qui y sont enfermés, on arrive bien vite à se convaincre que l'homme, libre de redresser les inclinaisons mauvaises de sa nature, arrive au crime non par un atavisme fatal, mais par les capitulations successives de sa volonté.

Si l'on voulait énumérer les causes qui, chaque année, font passer deux cent vingt mille individus au moins dans les diverses prisons de France, dont l'entretien coûte en moyenne vingt-cinq millions de francs, il faudrait prendre toutes les passions les unes après les autres.

Comme dans les salles de l'hôpital, tous les âges, tous les sexes se rencontrent dans les prisons, mais tandis que certaines maladies ne s'attaquent qu'à la femme, ou à l'enfant, les vices sont les mêmes pour tous ; allez à la Petite et à la Grande-Roquette, à Saint-Lazare, à Mazas, à la Conciergerie, à Sainte-Pélagie, à Nanterre, vous y trouverez les mêmes fautes, inspirées par les mêmes passions ; l'enfant comme le vieillard, la femme aussi bien que l'homme, volent, assassinent, commettent ces crimes où la morale et la nature sont également outragées.

Mais les uns comme les autres, en se livrant à ces excès, ne subissent pas l'action d'une force extérieure, annulant leur volonté; ils puisent peu à peu dans leurs sentiments intérieurs, dont ils sont les maîtres, les inspirations qui arment leurs bras et font taire leur conscience.

Sans doute, dans les grandes villes comme Paris, l'individu livré à lui-même rencontre à chaque pas de dangereuses sollicitations; loin de barrer les chemins qui mènent à la prison, la société les ouvre davantage; je sais bien qu'on ne peut mettre les hommes en tutelle et que la vertu est affaire de conscience plutôt que de police, mais si le gouvernement ne peut empêcher les gens de se mettre dans le cas d'aller en prison, si cela leur convient, il doit, tout au moins, lorsqu'il les tient sous ses verrous, s'efforcer de leur donner d'autres goûts et de tourner leur activité vers un but plus noble.

La société, elle aussi, a sa part de responsabilité dans le développement de la criminalité; elle ne peut contraindre l'homme libre à préférer le vice à la vertu, mais elle doit empêcher l'homme prisonnier de se détériorer davantage, si même elle ne peut le corriger tout à fait.

Il faut distinguer deux éléments dans la loi pénale; la punition et la protection; l'un s'appliquant à la moralité de l'acte, l'autre à son caractère nuisible.

Personne, quant à présent, du moins, ne nie que le vol, l'assassinat, ne soient des actes dangereux, troublant la sécurité des citoyens avec trop de violence pour qu'il soit permis de les tolérer; il faudrait aller dans le camp des anarchistes les plus farouches pour entendre contester, au profit de la société, le droit de légitime défense vis-à-vis de ses ennemis; il résulte de la force même des choses, on ne saurait concevoir un état où il n'existerait pas ; nous souffrons en ce moment parce que le principe d'autorité a été ébranlé; les dogmes les plus essentiels sont mis en discussion et la société, comme si elle doutait d'elle-même, semble impuissante à se protéger; une trop grande tolérance est un symptôme de faiblesse, et dans ces projets de loi, qui tendent à énerver la répression, à la rendre ridicule, à atténuer les peines de plus en plus, à multiplier les grâces, je me refuse à voir un progrès, j'y vois plutôt une défaillance et une dépression de la conscience publique.

Mais à côté du châtiment qui doit être sévère, exemplaire, et au besoin suppressif, il faut aussi placer l'idée d'amendement; le meilleur système pénitentiaire n'est pas celui qui fait le plus peur, mais celui qui corrige le mieux.

On s'est beaucoup occupé de construire de belles prisons, d'améliorer le bien-être matériel, de rendre les peines plus douces, on a même porté la perfection à ce point que la prison est devenue un attrait pour certains individus, ce qui n'est peut-être pas tout à fait le but de la loi pénale; mais les vœux des criminalistes ont-ils été entendus, les efforts des directeurs de l'administration pénitentiaire ont-ils été secondés, les courants d'immoralité qui entraînent vers les prisons tant de faibles et jeunes natures ont-ils été ralentis, les prisons sont-elles devenues des écoles de moralisation, et ceux qui en sortent après une expiation salutaire, trouvent-ils des appuis s'ils veulent rentrer dans la bonne voie ?

S'il est un homme auquel ces questions ne puissent rester indifférentes, c'est à coup sûr le magistrat chargé d'appliquer la peine, de prendre aux gens leur liberté, de leur enlever jusqu'à la vie. Je plaindrais celui qui serait sans anxiété, il pourrait être un parfait jurisconsulte, mais il ne serait pas le magistrat, dans la véritable

en sortant du panier à salade
rue des Anglais
petit vagabond,
place Maubert
Au dépôt – dans la rue –
Montégut

acception du mot, le côté élevé, supérieur, de sa fonction lui échapperait ; n'a-t-il pas besoin d'être soutenu dans l'accomplissement de sa tâche, souvent douloureuse, par le sentiment qu'il remplit un devoir, et par la conviction que l'accomplissement de ce devoir profite à la société ; faut-il que nouveau Sisyphe, il soit éternellement condamné à rouler devant lui le rocher pour le voir sans cesse retomber de tout son poids, faut-il que les condamnations qu'il prononce ne servent qu'à engendrer de nouvelles condamnations? il se dira bien que la peine qu'il inflige a, tout au moins, l'avantage de mettre un homme dangereux dans l'impuissance de mal faire pendant la durée de sa détention, mais il lui semblera que si c'est déjà beaucoup, ce n'est pas assez, et il se demandera, avec un sentiment de découragement et de tristesse, quel aura été le résultat, au point de vue de l'amélioration de la société, de tant de condamnations, de tant de jours passés dans les prisons, jours remplis par le blasphème plutôt que par le remords, par la conception de nouveaux crimes plutôt que par les résolutions du repentir.

C'est qu'il est autrement difficile de corriger que de se défendre; la défense est un acte matériel, la correction est un acte moral; les peuplades les plus sauvages comprennent aussi bien que nous, sinon mieux, la nécessité de terrifier par des châtiments les gens qu'ils considèrent comme dangereux, mais leur esprit ne s'élève pas à l'idée d'une peine qui corrige ; aussi ils ne connaissent guère que la peine de mort ; on raconte qu'un naufragé, jeté par la tempête sur une plage qu'il croyait déserte, sentit l'espoir renaître dans son cœur en apercevant une potence et un pendu ; il tomba à genoux et s'écria : « Dieu soit béni, je suis dans un pays civilisé. » Sans doute la peine de mort s'impose comme une nécessité sociale, mais je ne la considère pas comme le dernier terme du progrès.

La prison indique une civilisation plus avancée, non pas en ce sens qu'elle est un adoucissement, mais parce que celui qui enferme doit se supposer en état de perfectionner celui qui est enfermé; cela implique une supériorité de l'un sur l'autre; pour pendre un homme ou lui trancher la tête, il n'est pas nécessaire de valoir mieux que lui, il suffit d'être plus fort.

Ce serait revenir à un état barbare et matérialiser le châtiment que de le considérer uniquement comme un moyen de supprimer ou d'intimider le coupable; une société, digne de ce nom, a charge d'âmes, elle doit représenter une idée morale; c'est seulement en son nom qu'elle peut exercer une action réformatrice sur ceux que ses lois ont frappés; si elle ne comprend pas cela, si ses défaillances la rendent indigne de parler au nom d'une morale incontestée et d'origine divine, si elle ne se rattache pas à des principes supérieurs, on peut lui contester jusqu'au droit de juger la moralité d'un acte, la réduire au rôle subalterne de gendarme ou de bourreau, ne connaissant que la brutale rigueur des châtiments; et alors, si, à l'heure même, où elle déserte les croyances, qui seules peuvent relever l'homme déchu, une fatale et fausse sentimentalité vient affaiblir la pénalité, et ne laisse même plus subsister la peur du châtiment, ce triste commencement de la sagesse, faut-il s'étonner de voir les crimes augmenter de nombre et d'audace.

Tous les ans le Ministre de la Justice résume dans un rapport d'ensemble, intitulé Compte Général de la Justice Criminelle, les statistiques que lui fournissent les tribunaux sur les affaires soumises à leur juridiction pendant l'année précédente.

Cet exposé officiel, qui ne contient pas moins de cent quatre tableaux où les crimes avec leur infinie variété sont classés comme des insectes malfaisants, suivant l'âge, le sexe, la nationalité, ne saurait être suspect de pessimisme ; il présente les choses sous leur jour le plus favorable, et il se termine invariablement par un éloge que l'Etat se décerne à lui-même, pour la façon dont il veille au respect des personnes et des propriétés ; et cependant, malgré tout, il est impossible de dissimuler la progression constante de la criminalité.

Un des derniers Comptes, celui de l'année 1885, présentait un intérêt particulier, parce qu'il établissait une comparaison entre les deux dernières périodes quinquennales; il était obligé de faire cette constatation, que je reproduis textuellement pour qu'on ne puisse me reprocher de voir les choses sous un jour trop sombre :

« En envisageant dans leur ensemble les affaires que les diverses autorités judiciaires ont eu à examiner pour la période de 1881 à 1885, comparée à la précédente, on constate un accroissement moyen de 44,111 crimes ou délits dénoncés. »

Je prends maintenant le Compte présenté en 1888 et j'y trouve cet aveu attristé : « Les tableaux relatifs à la récidive présentent comme toujours de douloureux enseignements, le nombre des récidivistes jugés par les cours d'assises ou les tribunaux correctionnels était déjà il y cinq ans en 1882 de 80,818 ; il est monté à 84,322, en 1883 ; à 89,169, en 1884; à 91,332, en 1885 ; et à 92,825, en 1886. »

Voilà qui est bien fait pour nous rendre moins orgueilleux; si vraiment, comme on se plaît à le dire en présence de certaines manifestations de l'activité humaine, nous étions arrivés à l'apogée du progrès, si aux prétendues erreurs de nos devanciers, nous avions substitué les certitudes d'une science infaillible; si nous avions donné à la morale de nouveaux et plus solides fondements, non seulement les crimes ne devraient pas augmenter, non seulement, dans les années les plus favorables, ils ne devraient pas se renouveler en quantité et en qualité presque égales, comme s'ils obéissaient à une loi mystérieuse, mais ils devraient être en décroissance continue.

C'est le devoir du législateur de découvrir les causes de la décadence morale qui nous envahit; dans le rapport de 1885, le Ministre de la Justice, avec une sévérité peu démocratique, l'attribuait en grande partie à l'esprit de luxe qui a envahi les classes inférieures de la société ; je ne conteste pas cette assertion, mais où sera le remède; espère-t-on le trouver dans un relâchement simultané de la pénalité et de la morale ?

Je lis dans le préambule d'un projet de revision du Code pénal, soumis en ce moment à l'examen d'une commission, que la théorie du Code, détruite des doctrines autoritaires de l'époque impériale, ne semble plus répondre à l'idée moderne de la répression » ; mais alors si on veut réprimer avec moins d'énergie, admettre par exemple les circonstances atténuantes indéfinies, quel autre moyen trouvera-t-on d'empêcher la crue effrayante des délits et des crimes, sur quelle doctrine, sur quelle loi morale, s'appuiera-t-on pour persuader à ces égarés conduits dans les prisons par « l'esprit de luxe envahissant les classes inférieures », suivant l'expression officielle, que la jouissance est faite pour le riche et non pas pour le pauvre, qu'il y a dans ce monde des inégalités sociales qu'il faut subir, et que la majeure partie de la nation doit se contenter des miettes qui tombent parfois des tables opulentes ?

Lorsque le principe de la divinité elle-même n'est plus admis, l'Etat tente une entreprise vaine, aussi bien en voulant se faire éducateur de la jeunesse, qu'en voulant se faire le réformateur des coupables; les directeurs des prisons s'épuisent en vains efforts, ils apportent dans l'accomplissement de leur belle mission un zèle très louable; mais la façon dont on vit dans les prisons est impuissante à transformer les âmes; ceux qui en sortent n'emportent au dehors, pour résister aux tentations qui les guettent sur le seuil même, aucune de ces idées où la conscience peut trouver, un point d'appui; et comme d'un autre côté le châtiment trop adouci ne leur a laissé aucun sentiment de terreur, ils reprennent sans crainte aussi bien que sans remords le cours de leurs coupables exploits.

Après avoir vu par quels chemins on arrive à la prison, dans quelles conditions on y vit, il est intéressant de voir comment on en sort; voici un homme qui pendant de longs mois a vécu sous les verrous, non pas d'une vie personnelle, mais comme une chose qui ne s'appartient pas, tout à coup la porte s'ouvre et on lui dit vous êtes libre; pour lui ce mot magique signifie avant tout : ne plus être enfermé entre quatre murs, voir le ciel autrement que par une étroite fenêtre, redevenir maître de ses mouvements; mais pense-t-il que ce mot veut dire aussi obligation de travailler, de remplir les devoirs de la vie, de se faire un règlement à soi-même; ce n'est pas seulement la liberté matérielle qui est rendue, c'est la liberté morale et avec elle de nouvelles responsabilités.

La société qui ne s'est guère occupée de corriger le condamné pendant qu'elle le tenait en son pouvoir, va-t-elle, maintenant qu'il est affranchi, le prendre par la main et guider ses pas dans le premier enivrement de la liberté; il ne faut pas trop compter sur elle pour exercer utilement ce bienfaisant patronage; c'est le rôle de l'assistance privée, de ces œuvres particulières qui, arrachant tant de malheureux au gouffre toujours ouvert, justifient ce renom de charité qui est resté, malgré tout, une des plus pures et une des plus incontestables gloires de Paris.

Mon but serait atteint, si je parvenais, par le simple récit de la vie de prison, à appeler une fois de plus l'attention des cœurs généreux et des esprits éclairés sur les problèmes divers que soulève l'organisation pénitentiaire ; le châtiment doit être exemplaire, sa sévérité doit faire trembler les malfaiteurs et débarrasser des dangereux; mais en même temps, que la punition soit féconde et que la main qui frappe essaie de corriger.

C'est une œuvre à laquelle chacun de nous peut participer. La curiosité que soulèvent les causes criminelles cesserait d'être dangereuse, si elle nous y faisait chercher des leçons et ramenait nos esprits vers la nécessité d'atteindre le mal dans ses causes plus encore que dans ses effets. Mais dans cette foule, avide de surprise, d'émotion et de scandale, qui envahit les salles d'audience, il en est beaucoup qui ne se doutent même pas qu'il y a une autre façon de s'intéresser au crime; la Cour d'assises, transformée en théâtre, ferait plus souvent relâche, si les sociétés de patronage comptaient plus d'adhérents et jouissaient de plus de faveurs.

Une excursion sérieusement faite à travers les prisons de Paris, ne peut que fortifier ces réflexions; ceux qui voudront me suivre pourront ne pas partager mes idées, mais ils auront au moins des documents sincères pour établir leur opinion.

Je serai heureux de rendre un hommage mérité aux efforts incessants de la Préfecture de police et de l'Administration pénitentiaire, mais je signalerai en même temps les lacunes à combler, les erreurs à corriger.

J'espère ne froisser aucune susceptibilité et ne porter ombrage à personne en faisant un peu de vieille philosophie, en invoquant

Le Dépôt. (D'après nature.)

des principes qui peuvent s'accommoder à tous les temps et à tous les régimes, mais sans lesquels il ne peut y avoir de véritable progrès moral.

CHAPITRE II

LES ANCIENNES PÉNALITÉS

Le droit de punir. — Les anciennes peines. — Leur objet. — Leur nécessité. — La guerre au péché. — Intimidation des coupables. — Expiation par la souffrance. — Caractère de l'emprisonnement. — Détention préventive. — Traitement des prisonniers. — L'ordonnance de 1670. — Associations privées. — Charité chrétienne. — Saint-Vincent de Paul. — Les réformes de Louis XVI. — L'Exposition de 1889.

De tous les actes de défense sociale l'emprisonnement est peut-être celui qui se discute le moins ; c'est le moyen le plus naturel de parer au danger immédiat que présente la liberté d'un malfaiteur, ou d'un ennemi, aussi a-t-il été en usage chez tous les peuples.

« Lorsque les rois de la terre, disent les écritures saintes, envoient leurs ordres pour mettre en liberté des prisonniers, ils laissent aux prisons leurs portes et leurs gardes pour faire voir que ceux qui en sortent peuvent y retourner. »

Joseph enfermé par Pharaon dans la prison royale fit preuve de tant de vertu que le commandant lui donna autorité sur les autres prisonniers.

Le Phédon nous montre Socrate attaché dans son cachot et recevant ses amis, attendant avec impatience, sur la place voisine l'heure, trop tardive, de l'ouverture des portes ; et nous savons que Miltiade mourut dans la prison pour dettes.

Salluste dans la conjuration de Catilina, raconte que Lentulus fut conduit sur l'ordre du Sénat à la prison nommée Tullianum, dans un cachot de douze pieds de profondeur, dégoûtant, obscur, infect et d'un aspect terrible.

La prison Mamertine est restée célèbre, et dans la chapelle de la Bastille, un tableau, représentant saint Pierre aux liens, rappelait ces vieux souvenirs et mettait sous les yeux des détenus des exemples réconfortants.

Il existait comme aujourd'hui des prisons préventives : « carcer ad continendos homines, non ad puniendos habere debet », disait la loi romaine.

Ainsi nous trouvons, dès la plus haute antiquité, la peine de la prison, la récidive, le détenu privilégié chargé d'un emploi dans la maison, le permis de communiquer, la contrainte par corps, l'isolement dans un cachot, la détention préventive.

En France, avant la Révolution, il y avait des prisons pour chaque individu ou chaque communauté ayant droit de haute ou basse justice; on distinguait, en conséquence, les prisons seigneuriales, les prisons royales et enfin les prisons de l'officialité pour toutes les personnes relevant de l'autorité de l'évêque.

« Il n'y avait point de donjon, dit M. Loiseleur, dans son livre sur les crimes et les peines, qui ne recélât dans ses plus secrètes profondeurs d'immondes et noirs réduits dans lesquels, pour emprunter le langage d'un chroniqueur du douzième siècle, le curé d'Ardres, les prisonniers mangeaient le pain de la douleur, au milieu des ténèbres, de la vermine et des immondices. »

Mais pendant bien longtemps, la prison ne fut pas considérée comme un châtiment, excepté en droit canonique; par l'espoir d'évasion et d'adoucissement qu'elle comporte, elle ne paraissait pas un épouvantail suffisant pour intimider les coupables; aussi, ne voit-on, en aucun cas, dans les anciens recueils criminels, la prison, même perpétuelle, prononcée comme une condamnation pénale par les juges civils, royaux, ou seigneuriaux, en matière de crimes ou délits. C'est dans les cahiers généraux de 1789, que l'on voit apparaître l'idée de faire de l'emprisonnement une peine de droit commun; cette pensée, dit M. Albert Desjardins, est au fond de beaucoup de cahiers qui parlent des prisons en général.

Ce fut l'Assemblée législative qui en 1791, considéra la privation de la liberté comme une punition dont la durée devait être graduée selon l'importance du fait.

Dans un livre que son auteur présentait lui-même comme un appel à la controverse, Emile de Girardin a fait, il y a quelques années, un virulent réquisitoire contre la pénalité corporelle, il voulait la remplacer par l'excommunication civile, sous le prétexte qu'elle s'est exercée au profit de toutes les tyrannies et de toutes les passions, il en contestait la légitimité et l'utilité, « si la société disait-il, ne peut vivre sans la conservation des peines corporelles, et, bien qu'elle périsse et que ce soit là son châtiment et son expiation, que la servitude pénale ait le même sort que l'esclavage antique et le servage féodal, que la société ait le même tombeau que l'antiquité et la féodalité ».

Ce n'était pas contre le système même de la pénalité corporelle qu'il fallait prononcer ces bruyants anathèmes mais contre ses abus; s'il fallait supprimer tout ce que l'homme a détourné de sa destination et fait servir à ses mauvaises passions, rien ne resterait debout, et parce que, dans des jours néfastes, les prisons ont quelquefois abrité d'illustres confesseurs de la vérité, de la justice

UN PRISONNIER D'AUTREFOIS

et de la foi, ce n'est pas une raison pour contester à une société, régulièrement constituée, le droit de mettre les criminels dans l'impossibilité de nuire.

Il n'y a plus guères que les écoles où l'on discute encore, par pur plaisir d'esprit, sur la légitimité du droit de punir; quelle que soit l'origine qu'on veuille lui donner : droit personnel de légitime défense, droit collectif de défense publique, utilité sociale, nécessité de l'exemple, loi du talion, expiation d'essence divine, que l'on soit avec Beccaria, Filiangerri, Puffendorf, Vattel, Klein, Kant, Fichté, Bentham, Rossi, Cousin ou Schulze, Romagnos ou Lombroso; il n'en est pas moins vrai que la nécessité de la peine s'impose à quiconque veut maintenir l'ordre dans la société; or, comme il est de l'essence de l'homme de vivre en communauté, il en résulte qu'il a le droit de faire, dans les limites de la morale, tout ce qui est nécessaire à la conservation de la collectivité; à moins qu'on ne pense avec M. Wyrouboff, l'une des célébrités du positivisme et du sociologisme, que les vrais coupables, devant la raison et devant l'humanité, sont ceux qui condamnent et non ceux qui sont condamnés, ou qu'on veuille encore avec le prince Kropotkine, attendre l'amendement spontané des malfaiteurs « de la répercussion moralisatrice de la transformation sociale qui assurerait à tous, avec l'autonomie individuelle et l'égalité, le pain quotidien et l'instrument au travail ».

« J'ai eu jadis de ces illusions, écrit dans la Revue de l'anthropologie criminelle, un ancien détenu, M. Emile Gautier, et dans ma révolte pressentie des prétoires et des geôles, je suis allé jusqu'à prêcher l'impunité sociale des criminels. Mais, après avoir frôlé de près les classes infâmes, après avoir vécu de leur vie et respiré leur air, j'ai dû revenir de cette métaphysique, qui ne peut avoir d'autre excuse que la sincérité et la générosité de ceux qui la professent. »

Les objections contre le droit de punir sont de date relativement récente; elles ne troublaient guère autrefois la conscience du législateur; non seulement le droit de la société était incontesté, mais les peines étaient d'une sévérité qui nous étonne à première vue; elles ne manquaient pas toutefois d'une certaine grandeur, en ce qu'elles avaient pour but principal d'extirper le mal de l'âme des coupables et de les ramener au bien par la contrainte; une idée supérieure, mal entendue assurément, dominait la pénalité et l'intérêt social n'était pas la raison vulgaire, derrière laquelle on s'abritait pour torturer les gens.

Il est curieux de voir, avec quel calme, de pacifiques juristes, braves gens à coup sûr, exposent dans leurs traités, entre deux questions de droit civil, la procédure de la torture.

Les peines que les magistrats du temps appliquaient en toute sûreté de conscience, à ceux qu'ils considéraient comme des ennemis publics, sont tellement en opposition avec nos mœurs modernes qu'il est facile de soulever contre elles de très violentes indignations, mais l'historien impartial, cherche la raison des choses, et se pénètre bien des idées, des conditions au milieu desquelles s'agitaient ceux qu'il prétend juger.

Il est impossible quand on lit les vieilles procédures ou les écrits des anciens jurisconsultes de ne pas être frappé de la parfaite bonne foi avec laquelle tout le monde acceptait la légitimité de la torture; lorsque le magistrat rentrait chez lui après avoir assisté à ces scènes horribles, son cœur pouvait être ému, mais sa conscience n'était pas plus troublée que celle du juge prononçant aujourd'hui une condamnation capitale. Les cruautés qu'il croyait nécessaires ne l'empêchaient pas de chercher la justice et c'était un jurisconsulte du XVIe siècle qui adressait au juge ces belles

Le Pilori des Halles.
(D'après une estampe du musée Carnavalet.)

paroles : « Gardez toujours inviolablement la pureté de justice, ne portez nulle part la verge d'équité sinon toujours droite ; despouillez-vous de toutes humaines affections ; ayez bonne et profonde connaissance des causes des parties; soyez tard à juger et quand il faudra juger, jugez ce qui sera bon et équitable, selon la vérité, et prononcez la sentence, non comme vôtre, mais comme procédante de la bouche de Dieu juste. »

Sans doute quelques penseurs devançant leur siècle, faisaient entendre de timides protestations. « Ce n'est pas, » écrivait en 1682 un conseiller au parlement de Bourgogne, s'appuyant sur l'opinion des plus grands docteurs de l'Eglise, « la douleur du corps humain qui pousse un criminel à la confession de son crime, mais de la contrition et la douleur de l'âme. C'est cette affliction de l'esprit, qui produit en nous le repentir, que procède la véritable confession de nos crimes, parce qu'elle est faite à Dieu, qu'on ne peut tromper; mais les tourments exercés sur notre corps n'expriment de nous que des voix violentes. »

Les hommes qui parlaient ainsi étaient l'exception; les tortures dans l'instruction et la souffrance dans le châtiment, semblaient justifiés par la haine du mal; l'auteur, que je viens de citer, commençait son livre en s'excusant timidement de parler contre le sentiment public: « J'ai longtemps balancé, disait-il, entre le désir de secourir l'innocence de ceux qui pouvaient souffrir d'injustes supplices et la crainte de donner au public quelque chose qui pût sembler contraire aux opinions communes. »

Sommes-nous plus sensibles, plus charitables, que ces hommes; les spectacles sanguinaires ne sont-ils plus de notre goût et éprouverions-nous quelque peine à voir souffrir notre ennemi; il est permis d'en douter. Voltaire, en même temps qu'il déclamait contre l'ancienne procédure, la trouvait bonne contre ses adversaires; il écrivait à la C^sse^ de Lutzbourg et à Vernès, au temps de Beccaria: « Le bruit court que le révérend père Malavreda a été roué, que Dieu en soit béni;... on m'écrit que trois jésuites ont été brûlés à Lisbonne, voilà des nouvelles qui consolent. »

Ce qui a changé, ce qui change tous les jours, ce n'est pas l'homme, c'est la condition sociale; le temps marche, il laisse la nature humaine telle qu'elle était et telle qu'elle sera toujours, mais il apporte des changements profonds dans la vie, dans le langage, dans le costume, dans les choses extérieures, dans les formes bien plus que dans le fond des idées.

Aussi bien, en recherchant, sans parti pris, la véritable cause des cruautés de l'ancienne pénalité, on la trouve non pas dans des instincts méchants que la civilisation aurait vaincus, mais dans un besoin de défense sociale, et, en même temps, dans une profonde aversion du mal.

Les crimes contre les personnes, commis en général par des bandes armées, des associations de malfaiteurs, présentaient un tel caractère de sauvagerie, répandaient une telle terreur que le seul moyen de les réprimer était d'inventer des supplices en rapport avec l'énergie de ces natures de fer.

Un écrivain impartial, M. Bourdeau, rendant compte dans le « Journal des Débats » d'un ouvrage de M. Hertz de Stuttgard sur Voltaire et le droit criminel français, dit avec raison : « Si l'on met de côté l'émotion, si, au lieu de s'indigner, on veut comprendre, on reconnaîtra, qu'à l'origine, il y avait eu non seulement accord entre la législation, les idées et les mœurs, mais que même la cruauté, l'atrocité de la répression avaient été civilisatrices et par suite humaines. »

Nos prisons modernes, les douceurs du régime, notre pénalité un peu anémique, les scrupules de la philanthropie, eussent été à cette époque une véritable dérision.

Le supplice de la roue fut transporté d'Allemagne en France, au temps de François Ier, contre le brigandage que les peines ordinaires étaient impuissantes à réprimer.

Quand sous Louis XIV les empoisonneurs répandaient partout l'épouvante, on créa une juridiction exceptionnelle, la chambre ardente, qui sévit terriblement, mais du moins mit un terme à ces crimes.

En même temps, la société, à laquelle les criminels déclaraient la guerre, avait des convictions plus solides; les mœurs, prises dans leur ensemble, étaient plus austères, le mal était plus détesté, la foi plus vive, la crainte de Dieu plus grande.

Le crime n'était pas seulement, comme on tend à le représenter aujourd'hui, un acte nuisible ou le produit d'impulsions maladives, c'était le péché; c'est-à-dire le mal suprême, la plus grande offense que la créature révoltée puisse faire à son Créateur, en même temps que la source des fléaux infligés à l'humanité, des grandes catastrophes dans lesquelles ont péri tour à tour les peuples coupables; ce que l'on voulait châtier, c'était le crime plus encore que le criminel; c'est pour cela, que spiritualisant en quelque sorte la procédure, on la continuait même après la mort du coupable, la peine était une sorte de satisfaction donnée par avance au tribunal suprême.

Pour cette raison les Officialités, appelées à punir les fautes du prêtre, tenu, plus que d'autres encore, à ne pas offenser Dieu, se faisaient remarquer par leur sévérité; les *in pace* des couvents sont restés dans la tradition comme les plus rigou reux des cachots.

« Mes amis, disait le grand apôtre de la charité aux prisonniers qu'il aimait à visiter, toutes forcées que soient vos peines, qui vous empêche de les accepter avec une résignation qui les rendra méritoires... Après tout elles dureront peu, puisque pour les plus malheureux d'entre vous elles finiront avec la vie qui n'est jamais longue. Enfin, à la bien prendre, il n'y a de vrai mal que le péché, de vraies peines, que les peines éternelles. »

La souffrance était considérée comme une expiation profitable si elle était supportée avec courage et résignation; elle fut toujours aux yeux de l'Eglise un moyen d'effacer les fautes, de telle sorte, qu'à ce point de vue, plus le châtiment était cruel, plus il donnait au condamné l'espoir d'échapper à la damnation.

C'est ainsi que des sentiments, excellents dans leur principe, ont, par suite de l'imperfection humaine, produit de détestables résultats; l'homme s'expose à se tromper quand il veut trop se mettre à la place de Dieu et devancer l'œuvre de sa justice; mais, tout en blâmant la dureté des anciennes peines, il serait injuste de méconnaître l'élévation des idées qui les ont le plus souvent inspirées, et les mâles vertus d'une société qui les appliquait dans la sincérité de sa conscience. Les sentiments humanitaires de beaucoup de nos contemporains viennent de leur septicisme; du peu de cas qu'ils font du libre arbitre, de leur tendance à tout excuser pour tout se permettre; ne soyons pas trop vaniteux; n'oublions pas que l'adoucissement des lois criminelles a concordé avec l'incrédulité, le sensualisme et la corruption du XVIIIe siècle; prenons garde, sans approuver les erreurs du passé, et sans médire de toutes les réformes du présent, de mettre sur le compte de notre philanthropie ce qui n'a été, pour beaucoup, qu'un affaiblissement du sens moral.

La prison ancienne avait un triple objet : contraindre par corps les débiteurs insolvables; détenir les inculpés pendant la durée des enquêtes jusqu'au jour du jugement; mettre les condamnés à la disposition du gouvernement pour l'exécution des peines corporelles, telles que la question, le fouet, les galères, la roue, l'échafaud, etc.

On appelait maisons de force, les prisons où les femmes subissaient la peine des galères et les hommes l'emprisonnement perpétuel, par suite de la commutation de la peine de mort ou des galères.

Il y avait aussi des maisons de force destinées, à titre de sûreté et non de pénalité, aux mendiants, aux vagabonds, aux filles de mauvaise vie, aux fous, aux prodigues, aux enfants mineurs en correction, et enfin à tous ceux qui, sous un régime qui n'avait pas de Code Pénal, paraissaient dangereux.

La prison était encore un moyen de contraindre, pendant un temps que le juge fixait à son gré, l'auteur d'un dommage à le réparer, par exemple à restituer un objet dérobé; de même, aujourd'hui en Angleterre, les personnes chargées d'un mandat public, par exemple les administrateurs judiciaires, peuvent être incarcérées indéfiniment tant qu'elles n'ont pas rendu compte des sommes touchées.

Les anciens registres d'écrou conservés aux archives de la Préfectnre de police, mentionnent souvent cette sorte de contrainte; j'en relève un, à titre d'exemple, sur le registre d'écrou de Saint-Martin, pour l'année 1790 : « Louise Jouassin, âgée de quinze ans, native de Lille, en Flandre, ouvrière en linge et femme du monde, détenue jusqu'à ce qu'elle ait restitué à ladite Jaguille, les effets par elle réclamés, suivant l'état qu'elle a présenté, si mieux n'aime en payer la valeur suivant l'estimation qui en sera faite par la syndique en charge des demoiselles lingères de cette ville. »

C'était quelquefois le juge qui se lassait le premier, comme le montre cet autre écrou du 24 juin 1790 : « La nommée Françoise Nouelle, détenue jusqu'à ce qu'elle ait remis à la femme de Jean Prévot les 22 pièces de linge qu'elle lui a volées, sinon jusqu'à ce qu'elle ait payé à la dite dame Prevot, 48 francs pour la valeur des dites pièces, mise en liberté le 12 février 1791, attendu la longueur de la prévention et l'impossibilité où est la femme Nouelle de payer les 48 francs. »

Les divers hôpitaux, les établissements religieux tenaient assez souvent lieu de maisons de force ou de correction; pour éviter un procès scandaleux, pour sauver l'honneur d'une famille, le Roi, au nom de son pouvoir souverain, y faisait enfermer certains individus qui auraient mérité de passer en jugement et donnait ainsi à la morale publique certaines satisfactions que depuis elle ne rencontre pas toujours.

M. Albert Desjardins en cite l'exemple suivant, emprunté à la correspondance de Louis XIV :

« Chers et biens amés. nous avons été informé que la procédure a conduit à l'hôpital le sieur Duport de la Chiquetière, gentilhomme de la province d'Anjou, prévenu d'un crime énorme (inceste), qu'il est bon de cacher au public. »

« Aussi n'ayant pas voulu que son procès lui fût fait comme il le méritait, nous avons jugé plus à propos de le faire renfermer pour le restant de ses jours audit hôpital. »

Enfin il y avait des prisons d'Etat, prisons préventives, politiques et exceptionnelles, elles ne dépendaient que du roi; la loi n'en parlait pas plus que des lettres de cachet.

Voltaire a dit quelque part : « Il ne faut pas qu'une prison ressemble à un palais, il ne faut pas non plus qu'elle ressemble à un charnier. »

Il y a autant de différence entre les anciennes et les nouvelles prisons qu'entre les demeures d'autrefois et les habitations modernes, où tout est ménagé pour rendre la vie agréable et facile ; en admettant que les prisons aient été des charniers, elles ne sont pas bien loin aujourd'hui de devenir des palais.

La prison sous l'ancien régime avait, comme je l'ai dit un caractère préventif plutôt que répressif; *carcer est custodia non pœna;* or, s'il est un prisonnier qui mérite de l'intérêt, c'est avant tout celui dont la culpabilité n'est pas encore établie, aussi on a toujours appellé la sollicitude de la loi sur son malheureux sort et réclamé en sa faveur des adoucissements qui devraient être le prélude de toute réforme pénitentiaire.

L'ordonnance de 1670 prescrivait au juge d'avoir égard à la qualité des personnes, par ce motif que le séjour de la prison, qui est presque indifférent aux gens du commun, est un supplice pour les honnêtes domiciliés et les flétrit pour ainsi à dire dans l'opinion publique.

« Plus le séjour des prisons est affreux, disait-on, plus les juges doivent avoir attention de ne pas y envoyer légèrement l'accusé ou le débiteur ; plus aussi ils doivent apporter de soins pour que celui qu'ils enferment ne soit pas molesté par les geôliers, guichetiers et par les autres personnes. »

L'avocat au Parlement de la Croix, auquel j'emprunte ces lignes écrites en 1786, les complétait par d'autres recommandations que je cite pour bien montrer que les juges modernes eux-mêmes ne sauraient mieux faire que de s'inspirer des leçons du passé.

« Le juge, avant de faire mener un accusé en prison, doit donc avoir une grande attention à la gravité du crime dont on le charge, aux degrés de probabilités qui s'élèvent contre lui, au tort qui peut en résulter en raison de son crédit, de son état, de son âge, de sa famille; il doit aussi lui épargner autant qu'il lui est possible,

Cour intérieure de la prison de la Force en 1821.
(D'après un tableau du musée Carnavalet.)

l'humiliation d'être mené publiquement et à pied en prison, lorsque l'accusé peut s'y faire transporter en voiture et se dérober à la curiosité de la populace; ce n'est pas tout, il est obligé de le protéger lorsqu'il est en prison, d'ordonner qu'on ait des égards à son âge, à ses infirmités, à son caractère. Un vieillard, une femme, un prêtre, un homme de loi, un militaire décoré, méritent des ménagements particuliers, à moins qu'ils n'aient visiblement commis des crimes qui les rangent dans la classe des plus vils scélérats. Un juge doit aussi et à plus forte raison mettre la plus grande célérité dans l'instruction des procès criminels afin de ne pas laisser languir longtemps dans les horreurs de la captivité l'accusé qui sera peut-être absous, ou auquel il ne sera infligé qu'une peine légère, lorsque la vérité aura été éclaircie par l'information. »

Tous les anciens auteurs qui ont écrit sur Paris ont fait des prisons des peintures pleines d'horreur; elles se résument dans ces quelques lignes que j'emprunte à Mercier : « Les prisons sont resserrées, malsaines, infectes; on les a justement comparées à de hauts et larges puits aux parois desquels seraient adossées des maisons étroites et hideuses. »

En 1777, l'abbé de Besplas, grand vicaire de Besançon, dans un sermon devant le roi s'exprimait ainsi : « Sire l'état des prisons et des cachots de la capitale et de tout votre royaume arracherait des larmes aux plus insensibles qui les visiteraient; un lieu de sûreté ne peut, sans une énorme injustice, devenir un séjour de désespoir. »

Ces réclamations furent entendues et dans le préambule de la Déclaration du 30 août 1780 destinée à réformer les prisons on voit combien le roi était lui-même convaincu et affligé de leur déplorable état.

« Pleins du désir de soulager les malheureux et de prêter une main secourable à ceux qui ne doivent leur infortune qu'à leurs égarements, Nous étions touchés depuis longtemps, dit-il, de l'état des prisons dans la plupart des villes de notre royaume et nous avons malgré la guerre contribué de nos propres deniers à diverses constructions qui nous ont été présentées comme indispensables, regrettant seulement que les circonstances nous aient empêchés de destiner à un objet si digne de nos soins tous les fonds qui pourraient le porter à sa perfection : mais Nous ne le perdrons pas de vue, lorsque la paix nous fournira de nouveaux moyens : cependant informés plus particulièrement du triste état des prisons de notre capitale nous n'avons pas cru qu'il nous fût permis de différer d'y porter remède. Nous sommes instruits qu'à l'époque reculée de leur établissement l'on y avait adapté des bâtiments destinés, lors de leur construction, à d'autres usages; en sorte que nulle commodité et nulle précaution pour la salubrité n'avaient pu y être ménagées; que cependant tous ces inconvénients étaient devenus plus sensibles à mesure que les bâtiments avaient vieilli et que la population s'était accrue; qu'ainsi des prisonniers de tout âge, de tout sexe, ou pour dettes ou pour crimes et pour des égarements passagers resserrés dans un trop petit espace, et souvent confondus, présentaient le spectacle le plus affligeant, et digne, sous tous les rapports, de notre sérieuse attention; qu'il résultait, en effet, d'un pareil mélange, ou une injuste augmentation de peines pour ceux qui ne doivent leur captivité qu'à des revers de fortune, ou de nouveaux moyens de dépravation pour ceux que de premières erreurs avaient conduit dans ces lieux de correction. »

Cependant, c'était encore en France que les prisons étaient le mieux tenues; un des hommes qui témoigna le plus de zèle pour le soulagement des détenus, John Howard, dont Delille a dit dans le poème Malheur et Pitié :

Hélas ! dans la prison, triste sœur de la tombe,
Sa main vient soutenir le malheur qui succombe.

s'en alla, de 1775 à 1787, visiter toutes les prisons d'Europe; en bon Anglais qu'il était, il devait être tenté de donner la première place à son pays et de décrier le nôtre; or voici le témoignage que sa conscience l'obligea à rendre aux prisons de Paris : « On est surpris de voir qu'aucun des prisonniers qui se promènent dans la cour ne soient chargés de fer; de là on pourrait aisément conclure que la manière dont les prisons sont administrées en France en rend le séjour plus tolérable et les chaînes moins nécessaires; en effet il est évident par l'aspect même des prisonniers, qu'on veille sur eux avec une attention que l'humanité dirige; on éprouve rarement en visitant une prison de France cette odeur infecte qui remplit souvent les prisons anglaises, les cours lavées une ou deux fois par jour peuvent être envisagées comme les lieux les plus propres de Paris. »

L'ordonnance de 1670, véritable Code des prisons sous l'ancien régime, s'était déjà efforcée par une série de dispositions pleines de sagesse et de sollicitude, d'introduire le bon ordre, la discipline, la décence dans les prisons, dont le geôlier, tout à la fois, gardien, gargotier et loueur de chambre en garni, avait été pendant longtemps le tyran absolu et l'exploiteur patenté, et où il soumettait à toutes sortes de vexations le détenu qui n'avait pas de quoi acheter ses coûteuses complaisances, ou qui montrait trop de sobriété; les geôliers, qui tiennent cabaret, ont horreur, a dit Silvio Pellico, d'un détenu qui ne boit pas de vin.

« Il est vrai, écrivait en 1712, le lieutenant de police d'Argemon, à Madame de Maintenon, que les geôliers font payer le plus cher qu'ils peuvent toutes les commodités qu'ils fournissent à leurs prisonniers, et ceux qui ne sont pas en état de les acheter sont fort misérables. »

Le geôlier avait toujours été la plaie des prisons et c'était surtout contre lui que les réformes étaient tentées; un des criminalistes les plus estimés du XVIe siècle, Damhoudére, recommandait aux juges d'élire pour cet office : « gens de bien, débonnaires, doux, miséricordieux, bénings, affables, de bonne conscience, craignant Dieu, qui administrent aux prisonniers diligemment, leurs nécessités et parfois comme bons pères de famille, donnent aide et confort aux affligés en toutes leurs adversités, et ne permettent pas en leurs prisons se commettre par eux ou par autres, paillardise, exaction, tromperie, fraude, crime, ou quelque sorte de maléfice ».

La loi du 16 septembre 1791 ne fit que s'inspirer de ces vieux préceptes en disant dans un de ses articles (tit. XIII, art. 2 et suiv.) « que la garde des prisons serait donnée à des hommes d'un caractère et de mœurs irréprochables, lesquels prêteraient serment de traiter avec douceur et humanité ceux qui leur seraient confiés, et que les prisons seraient propres et saines de façon que la santé des détenus ne puisse être aucunement altérée.

Les prisons, disait déjà, dans les mêmes termes, le premier article de l'ordonnance, de 1670, doivent être sûres et disposées de manière que la santé du prisonnier n'en puisse être incommodée; il lui était fourni par le geôlier du pain et de l'eau seulement.

Le pain des prisons s'adjugeait au rabais à des boulangers à tant la livre et tant par prisonnier.

Il devait se procurer le surplus et l'on peut dire qu'à cette époque, c'était la charité privée, qui nourrissait le détenu pauvre.

Sauf dans le cas où le juge avait ordonné la mise au cachot, on pouvait se faire apporter du dehors des vivres et de la viande, excepté les jours défendus par l'Eglise; ce ne fut que bien plus tard que l'Etat prit à sa charge la nourriture des prisonniers; ainsi en l'an XI une circulaire prescrivait encore de ne leur procurer le pain et la soupe qu'en cas d'indigence constatée.

Lorsque le pain était cher, on en était réduit parfois à mettre les prisonniers en liberté; on avait, rapporte Omer Talon, émis l'avis de décharger la Conciergerie en faisant sortir les prisonniers, à cause qu'il n'y avait pas de pain à leur donner, tant il était cher et, en 1639, Mlle Le Gras, des filles de la charité, écrivait à son supérieur : « Notre sœur des galériens vint me trouver hier tout éplorée pour ne plus avoir de pain pour ses pauvres hommes, tant à cause qu'il est beaucoup dû au boulanger que pour la cherté du pain. Elle emprunte et quête partout pour cela avec grand'peine, et, pour comble de sa douleur, Mme la duchesse d'Aiguillon veut qu'elle lui fasse un mémoire de ceux qu'elle croit que l'on peut mettre dehors. »

Il était défendu au geôlier de battre le prisonnier et d'envoyer sur lui ses chiens; ceux-ci, à cette époque jouaient le rôle de la force armée; « d'énormes chiens, dit Mercier, font la garde et même la police avec les geôliers ; rien n'est plus frappant que l'analogie qui les caractérise; ces élèves sont dressés à saisir un prisonnier au collet et à le mener au cachot; ils obéissent au moindre signe ».

Il était recommandé au geôlier de mettre ensemble les personnes d'honnête condition et d'observer que chacun suivant son ancienneté ait la chambre ou la place la plus commode; il lui était interdit de recevoir de l'argent des prisonniers pour les mettre dans une chambre plutôt que dans une autre.

Les règlements ne sont pas toujours observés et ne suffisent pas à déraciner du jour au lendemain les abus profondément invétérés ; malgré les recommandations souvent répétées de traiter les prisonniers avec douceur sous peine d'être très sévèrement punis et bien que déjà, dès le 19 mars 1665, le Parlement eût condamné un geôlier à être pendu pour avoir laissé mourir un prisonnier sans secours, les mauvais traitements étaient fréquents dans les prisons, les coups de bâton et les dents des chiens se faisaient souvent sentir et les geôliers s'excusaient en prétendant n'avoir employé ces moyens que pour se défendre contre les violences des détenus.

C'est ainsi encore, qu'à plusieurs reprises, on s'efforça vainement d'interdire une sorte d'impôt auquel il fallait se soumettre en entrant, sous peine d'être molesté de toute espèce de façon; c'était la « *bien venue* » à payer aux employés de la prison ou prévôts, qui se recrutaient d'ordinaire parmi d'anciens détenus. Le règlement du 18 juin 1717 leur faisait défense « de rien réclamer sous prétexte de bienvenue, chandelle, balais, quand même l'offre leur en serait faite, ni de cacher les hardes des prisonniers ou de les maltraiter à peine d'être enfermés eux-mêmes dans un cachot noir pendant quinze jours et d'être mis ensuite dans une autre chambre ou cabinet que celui où ils étaient prévôts, ou même de punition corporelle ».

On eut beau faire, il y a des abus indestructibles et j'admire la naïveté d'un des auteurs de l'encyclopédie écrivant en 1778, « qui croirait que malgré ces défenses si fortes, si réitérées, l'abus de faire payer la bienvenue d'un misérable, qui arrive en prison, subsiste encore, et qu'il court, le risque d'être très maltraité, s'il se refuse à cet impôt mis sur le malheur »; aussi la charge de greffier était fort recherchée; elle rapportait 15,000 livres à la Conciergerie, 20,000 au Grand Châtelet, 11,000 au Petit.

Pendant la période révolutionnaire, les prisonniers politiques furent ainsi rançonnés d'une façon, particulièrement éhontée, et plus cruelle que jamais; à une époque récente pour rendre ces pratiques plus difficiles, on a pris le parti de ne pas laisser d'argent à la disposition des détenus; la meilleure garantie d'incorruptibilité est encore la pauvreté du corrupteur.

Les prisonniers n'étaient isolés dans un cachot, qu'en cas d'accusation capitale, ou s'ils avaient déjà été condamnés à la mort ou à une peine afflictive; on ne les mettait aux fers que s'ils se livraient à des actes de violence.

La mise au secret, considérée de tout temps comme une mesure exceptionnelle, ne pouvait être ordonnée, que par le juge lui-même; dès que le prévenu avait, aussitôt après son arrestation, subi le premier interrogatoire, il obtenait l'autorisation de communiquer avec ses parents, ses conseils, et d'aller sur le préau, c'est-à-dire en commun avec les autres prisonniers.

Les détenus couchaient en général sur la paille, d'où le nom de « pailleux » qui leur est resté.

Le froid était à cette époque, où les procédés de chauffage étaient très primitifs, une des grandes souffrances des prisonniers; il n'y avait des poêles ou des cheminées que dans les chambres des privilégiés.

Un des vices des anciennes prisons, c'était l'absence de travail; cependant dans les hôpitaux de détention, à Bicêtre par exemple, on donnait de l'ouvrage, aussi on les désignait souvent sous le nom de Manufacture; il semble qu'il en était de même dans les maisons de force et à la Bastille, d'où des gens sortaient avec quelques milliers de francs de pécule; mais ailleurs l'oisiveté régnait avec tous ses inconvénients. « Il serait bien important, écrivait l'un des auteurs de l'encyclopédie, de faciliter aux détenus tous les moyens de travailler résolument pour eux, ils ne sortiraient pas des prisons plus paresseux, plus vicieux qu'ils n'y sont entrés. »

Quand on voit avec quelle facilité de nos jours, malgré une surveillance très perfectionnée, les détenus parviennent à s'évader, on comprend combien les évasions devaient être nombreuses autrefois; pour y mettre un terme, un arrêt du parlement du 4 mars 1608, déclara que tout prisonnier faisant effraction aux murailles, ou

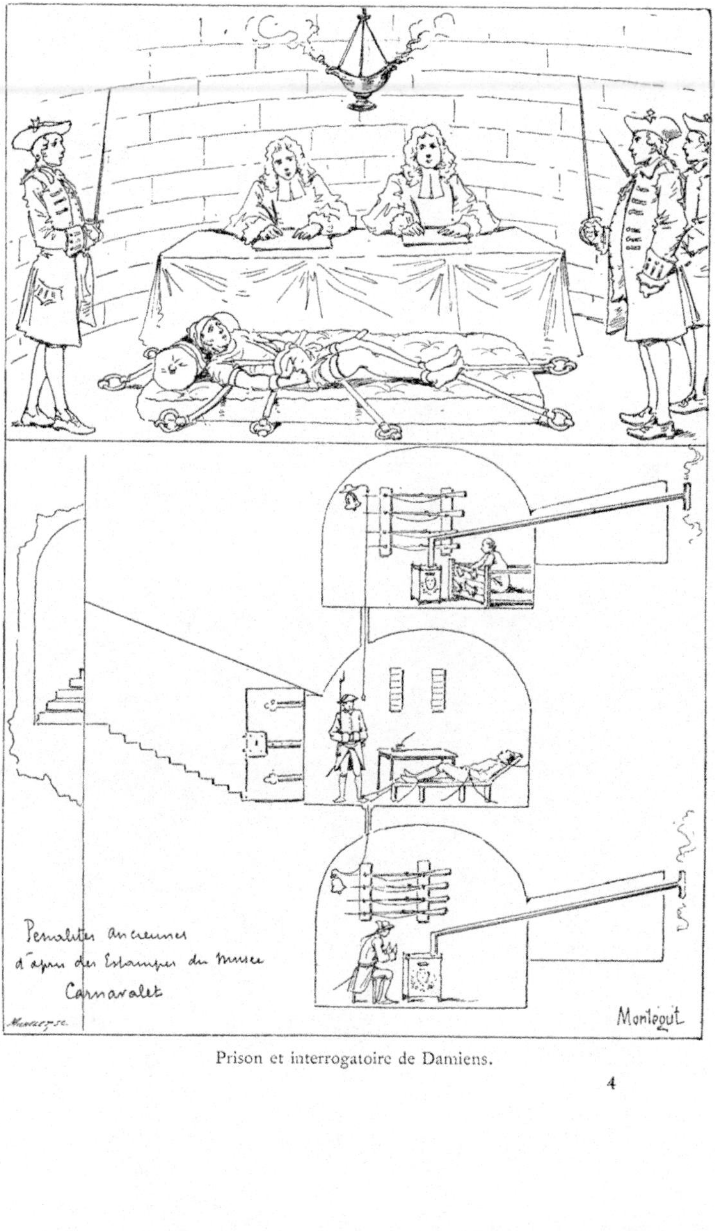

Prison et interrogatoire de Damiens.

portes serait pendu sans autre forme, ni figure de procès, à une potence dans la cour de la prison.

Il est évident que si on compare les anciennes prisons à nos nouveaux édifices pénitentiaires la différence est grande et tout à l'avantage de ceux-ci; mais il ne faut pas oublier, qu'à cette époque, on n'était pas amolli par la recherche exagérée du confortable; si les chambres du Châtelet eussent été chauffées comme le sont aujourd'hui les cellules de Mazas, elles auraient été plus agréables à habiter que les appartements de Versailles.

A côté des rigueurs et des privations que le prisonnier avait à subir, les règlements et surtout les usages autorisaient bien des adoucissements. Il pouvait se faire apporter du dehors des vivres, et tout ce qui lui était nécessaire, même un meilleur lit que celui de la prison.

De même qu'aujourd'hui le régime est plus doux pour le prévenu qui a de l'argent, le geôlier était autorisé à exiger de ceux qui voulaient coucher seuls dans un lit, cinq sous par jour; trois sous de ceux qui couchaient deux; trois livres quinze sous s'ils voulaient être à la pension du geôlier, et avoir une chambre particulière; en outre, soit par la charité privée, soit sur les fonds des amendes judiciaires, réservés aux pauvres prisonniers, on leur fournissait des objets de literie, et, un arrêt du Parlement de 1732, prononce des peines contre ceux qui, abusant « d'un secours qui leur est si avantageux et si nécessaire », coupent et mettent en morceaux leurs paillasses et couvertures.

Le droit d'acheter des vivres au geôlier, ce qui correspond à la cantine moderne, n'était pas sévèrement limité, comme de nos jours, ce qui faisait dire, même à un philanthrope de ce temps : « Il serait peut-être à désirer qu'on ne tolérât pas autant qu'on le fait l'excès avec lequel les prisonniers prennent le vin qu'on leur vend.

On était aussi excessivement large sur les visites; hors le cas de mise au secret, le prévenu jouissait d'une liberté relative qui allait volontiers jusqu'au désordre. « Tous les jours, dit le même auteur, des prisonniers reçoivent dans leur chambre des femmes qui vont les visiter et on ne s'informe pas à quel degré elles leur sont parentes et si même elles le sont. »

Malgré toutes les heureuses réformes apportées tout à la fois à la rigueur et à la licence des prisons, ce serait de la part de notre siècle, une prétention exagérée que de croire qu'il a été le premier à s'intéresser au sort des prisonniers, à leur venir en aide, à vouloir les moraliser.

Aussi loin qu'on peut remonter dans l'histoire des peuples chrétiens, on voit toujours la captivité représentée comme une souffrance, qui appelle la pitié et surtout l'exhortation; dès le XIVe siècle, des confréries, parmi lesquelles on distingue les Frères de la Miséricorde, se répandent dans toute l'Europe; l'exemple est donné, et de tout temps, sans distinction d'église, le soulagement des prisonniers sera considéré comme un des devoirs de la charité et les traités les plus modernes de la Théologie reproduiront ces antiques préceptes, « *et his quo in carcere erant, spiritibus veniens prédicavit* ».

Saint Vincent de Paul, s'inspirant des œuvres de saint Charles Borromée, fut vraiment le premier, en France, à chercher dans la fraternité évangélique la solution du problème pénitentiaire; c'est à lui que revient l'honneur, trop souvent méconnu, d'avoir voulu concilier la justice et la miséricorde, l'intérêt social et l'intérêt privé; après une visite à la Conciergerie d'où il était sorti profondément ému, il alla trouver le Général des Galères et lui dit d'une voix pleine de larmes : « Monseigneur, je viens de visiter les forçats, je les ai trouvés négligés dans leur corps et dans leur âme; ces pauvres gens vous appartiennent et vous en répondrez devant Dieu. En attendant qu'ils soient conduits au lieu de leur supplice, il est de votre charité de ne pas souffrir qu'ils demeurent sans secours et sans religion.

Dans le brevet du 8 février 1619, par lequel Louis XIII à la requête d'Emmanuel de Gondi, conférait au saint apôtre la charge d'aumônier des Galères de France, l'idée de faire du châtiment, non seulement un moyen d'intimidation, mais une œuvre de correction apparaissait très clairement dans cette phrase : « Ayant compassion des dits forçats, et désirant qu'ils profitent spirituellement de leurs peines corporelles. »

Anne d'Autriche, rapporte Mme de Motteville, se déguisait parfois en suivante, pour visiter les prisons. »

Les associations pieuses, les établissements de bienfaisance, les communautés religieuses devancèrent ainsi, par l'initiative de leur charité, l'œuvre de la philanthrophie officielle, en lui montrant le chemin qu'il convient de suivre, tout en se gardant d'affaiblir la répression et de devenir indulgent pour le crime lui-même.

A certaines fêtes on délivrait des prisonniers; dans les Comptes de la Prévôté de Paris rapportés par Sauval, on voit figurer en 1498, le paiement de roses vermeilles à huit sols parisis la douzaine, de bouquets de violette à quatre sols la pièce et d'un grand bassin plein de fleurs pour couvrir la table de Messieurs les Conseillers du Parlement, et autres Officiers du Roi, assemblés la veille de la fête de la Pentecôte, pour la délivrance des prisonniers du Châtelet comme d'ancienneté il a été coutume de faire.

Les prisonniers recevaient aussi une certaine quantité de pain, de vin et de viande, le jour de la fête de la confrérie des drapiers de Paris ; les orfèvres leur donnaient à dîner le jour de Pâques et on leur envoyait une partie des marchandises de rôtisserie confisquées par la police.

Des sociétés, jouissant d'importants privilèges, venaient en aide aux prisonniers pour dettes, leur fournissaient au moyen de quêtes, du linge blanc, de la viande, et leur rendaient la liberté en payant leurs créanciers.

Dans un Ordre d'administration pour le soulagement des pauvres de la paroisse de Saint-Sulpice en 1777, on voit figurer, parmi les secours habituels la délivrance des détenus pour dettes, surtout pour mois de nourrice ; deux dames bourgeoises devaient faire les vérifications et informations nécessaires et en rendre compte à l'une des deux dames de qualité chargées de ce service ; mais il était bien recommandé de n'aider, à payer les mois de nourrice, « que les mères ayant eu de bien fortes raisons de ne pas remplir elles-mêmes leur premier devoir qui est de nourrir leurs enfants ».

Loin de voir ces sociétés d'un œil jaloux et de créer des obstacles à l'exercice de leur ministère officieux, les magistrats les encourageaient et se félicitaient de trouver ce secours précieux au profit des misères dont ils étaient les premiers à gémir et auxquelles les ressources de l'Etat ne permettaient pas d'apporter un remède suffisant; l'action de ces sociétés se manifestait, sous mille formes différentes, par des secours en argent, en vêtements, en nourriture, en chauffage.

Sur ce point, attesté par les écrits et les mémoires contemporains, Howard fournit encore un témoignage précieux; « ce fut, dit-il, un homme actif et charitable, l'abbé Breton, qui se donna tous les mouvements possibles pour former un fonds dont le revenu fut appliqué à fournir les prisonniers du grand Châtelet, de chemises presque toutes les semaines; un grand nombre de personnes se joignirent ensuite à la société charitable formée par ses soins; le roi et la reine l'encouragèrent par leurs contributions et les mêmes secours purent être donnés aux autres prisons, de manière que sept cents personnes peuvent toujours en sentir les effets et que pour y suffire sans cesse, on a fourni à leur entretien un fonds complet de cinq mille chemises. »

« Outre cette société, dit-il, il n'est pas une prison qui n'ait une protectrice, trésorière ou Dame de Charité, dame d'un certain rang, qui donne du bois de chauffage et du linge, se sert de l'inspection générale qu'elle a sur la maison pour le soulagement de ceux qui l'habitent; elle sollicite la charité des femmes sensibles, procure ainsi à ces malheureux le secours et les consolations qui leur sont nécessaires; elle leur fait donner à ses frais de la soupe deux fois la semaine et de la viande tous les quinze jours. »

Dans un mémoire, lu à la société de médecine le 30 août 1791, le Dr Doublet témoignait de l'utilité de ces œuvres et rappelait que depuis longtemps elles adoucissaient les misères des prisons de Paris et fournissaient du linge blanc aux prisonniers du Châtelet et de Bicêtre.

Mais l'œuvre principale c'était la visite du prisonnier lui-même; l'âme du détenu semblait plus digne d'intérêt que son corps, c'était à elle que l'on pensait surtout et à ce point de vue, les visites des personnes charitables venaient compléter utilement les inspections officielles.

Les règlements sur les prisons recommandaient aux magistrats de visiter habituellement les prisons. Le Lieutenant Criminel et de Police était tenu de s'y rendre souvent, sans que les geôliers fussent prévenus, afin de mieux s'assurer si les règlements étaient fidèlement exécutés, et le Parlement visitait les prisonniers à Noël, à Pâques, à la Pentecôte, le 14 août, le jour de Saint-Simon et de Saint-Jude.

Quant aux visites particulières elles étaient, pour ainsi dire, journalières, elles rentraient dans les devoirs habituels du bon chrétien ou de quiconque voulait au moins se faire passer pour tel.

Si l'on vient pour me voir je vais aux prisonniers
Des aumônes que j'ai partager les deniers.

Il était recommandé aux geôliers de donner une entrée facile auprès des détenus, même mis au cachot, aux visiteurs bienfaisants venant soit leur apporter des secours, soit les exhorter et les assister.

On pouvait ainsi, en invoquant les privilèges de la charité pénétrer toujours dans l'intérieur des prisons; Howard rapporte que n'ayant pu obtenir la permission de visiter en curieux les prisons de Paris, ce qui fut toujours difficile, il jeta heureusement les yeux sur le trentième article de l'ordonnance de 1717; il prescrivait aux geôliers de conduire les personnes qui voudraient faire des charités dans les lieux de la prison où elles désiraient les distribuer, les aumônes pouvaient être faires sur le préau ou dans la cour : mais ne devaient être distribuées dans les cachots noirs que par les mains du geôlier, en présence de ceux qui les apporteraient. « Armé de cet article, dit-il, je plaidai ma cause devant le commissaire de police et gagnai par ce moyen la faculté d'entrer dans le petit et le grand Châtelet, dans le For-l'Evêque et j'eus enfin l'occasion de voir presque tous ceux qui étaient confinés dans ces prisons. »

Dans une intéressante relation de la vie de demoiselle Bourjot, épouse de M. Quatremère de Quincy, morte en 1790, on voit avec quel dévouement et quelle ardente charité s'exerçait alors dans le monde l'œuvre volontaire du soulagement des prisonniers.

« Le mauvais état des prisons et la manière indigne, pour ne pas dire barbare, dont on traitait les malades, affectait singulièrement, cette mère des pauvres et des malheureux, » rapporte la notice. « Elle voyait, avec la plus profonde douleur, ces malheureux entassés les uns sur les autres, et dans une malpropreté insupportable, d'où s'ensuivait une espèce d'épidémie, qui en enlevait presque chaque jour un nombre prodigieux. Un des principaux exercices de sa dévotion fut de visiter les prisonniers, de descendre dans ces lieux d'horreur. »

Dans la semaine sainte, après le sermon et l'office des ténèbres qu'elle allait entendre au grand Châtelet, elle descendait dans les prisons suivie d'une compagnie nombreuse, où l'on distinguait de jeunes dames de la première qualité ; on y remarquait comme une des plus assidues, Mme la princesse de Chimay, qui ne doutait pas que ce ne fût rendre service à des jeunes femmes de son rang, que de leur faire connaître les cachots et la situation déplorable de ceux qu'on tenait enfermés. C'est ainsi encore que la duchesse de Duras, le jour où son fils fit sa première communion, pensa judicieusement qu'il lui serait utile de voir les malheureux prisonniers détenus, afin que cet objet, parfaitement imprimé dans son esprit, pût faire quelque diversion aux fausses idées de grandeur dont les jeunes seigneurs étaient si souvent préoccupés.

La Révolution survint ; loin de hâter la complète exécution des réformes, que Louis XVI avait ordonnées, elle les retarda et commença par mettre à la place des faits d'emphatiques déclamations ; malgré bien des discours, les prisons se trouvaient dans un état plus déplorable encore, la charité persécutée et suspectée ne pouvant même plus y pénétrer. Le citoyen Thierrié Grandpré, chef de bureau de la première division de l'intérieur ayant le département des prisons, en faisait l'aveu dans un rapport du 18 juin 1796 : « Que j'ouvre, disait-il, la Constitution de 1791, celle de 1793, celle de l'an III, que je parcoure toutes les lois rendues relativement aux prisons, je vois partout les droits de l'homme solennellement proclamés, la justice hautement reconnue, l'humanité expressément recommandée, et les peines les plus sévères contre ceux qui oseraient en violer les principes; mais que je jette les yeux sur le régime des prisons, que j'ose pénétrer dans ces séjours du crime, de l'erreur ou de l'innocence, je ne vois qu'infractions aux lois, que mépris même pour leur autorité; je ne vois que des infortunés périssant de froid, de misère et de faim, accablés sous le pénible fardeau d'une oisiveté continuelle, se vautrant sur une paille infecte, livrés à toutes les horreurs du désespoir, et invoquant à grands cris la mort qu'ils regardent comme un bienfait. »

Et il ajoutait :

« Ces malheurs prennent leur source, non seulement dans l'insalubrité, et le mauvais état des prisons, mais encore dans le désespoir auquel la nudité, la misère et la faim, réduisent les prisonniers. Il existait autrefois des compagnies de charité qui venaient constamment à leur secours ; les riches contribuaient de leur côté pour adoucir leur sort, et on leur distribuait le linge, les vêtements et la nourriture qui leur étaient refusés par le gouvernement ; aujourd'hui ces bienfaits ne subsistent plus, le prisonnier est abandonné à toutes les horreurs de la famine, à tous les tourments de l'oisiveté. »

Vers la même époque, un jeune chirurgien de la maison de Bicêtre, le Dr Colon, publiait une brochure sous le titre de : *Réclama-*

tions des malades de Bicêtre où il se plaignait que la Révolution n'eût rien changé au sort des prisonniers pauvres ou malades de cette maison. La centralisation gouvernementale a remplacé l'action personnelle; nos maximes administratives ne se prêtent plus à la liberté d'action dont a besoin la charité privée; l'assistance officielle s'est substituée à l'aumône personnelle, qui profitait à celui auquel elle était faite, autant qu'à celui qui la faisait; on donnait son temps, son dévouement; nous nous contentons, le plus souvent, aujourd'hui, de payer l'impôt, préférant nous en rapporter à l'Etat pour l'accomplissement de nos devoirs et l'exercice de nos droits. La fraternité chrétienne, qui préfère les actes aux paroles, *non diligamus verbo, neque linguâ*, est devenue la philanthropie doctrinaire à laquelle suffisent trop souvent les discours, les livres et les manifestations extérieures.

Quel que soit celui des deux systèmes qui contribue le mieux à l'amendement des coupables, il n'en faut pas moins reconnaître qu'au-dessus des imperfections des anciennes prisons, de leurs licences et de leurs rigueurs, on voit apparaître l'intervention féconde, moralisatrice et consolante des associations charitables; le contester ou l'oublier serait manquer de justice.

Sans doute, les gouvernements qui se sont succédé depuis la Révolution, ont tenu à honneur de faire bénéficier les prisonniers des progrès accomplis dans l'ordre matériel, mais c'est de la charité inspirée, soutenue par le sentiment religieux dans sa tâche pénible, que l'impulsion est venue.

Dans le pavillon des Arts libéraux, au Palais du Champ-de-Mars, l'Administration Pénitentiaire a voulu avoir son exposition; elle a groupé sur un espace considérable, tout ce qui se rattache aux prisons, un peu étonnées de se trouver à pareille fête; on y voit les plans des prisons, des vues photographiques, de petites poupées revêtues du costume des prisonniers, les produits des différentes maisons, et ces ouvrages en papier, en mie de pain et en noix de coco, qui montrent tristement ce que devient l'intelligence humaine quand elle ne vit plus à l'air libre.

Puis on remarque. en face l'une de l'autre, deux statuettes peintes qui paraissent appartenir à l'art absolument pénitentiaire; l'une représente un petit bonhomme à la figure farouche, il est chargé de chaînes, il a des trous à ses vêtements et il montre le poing aux passants, comme les prévenus qui de nos jours, à la police correctionnelle, envoient souvent leur soulier à la tête des juges avec un vomissement d'injures; l'autre est joufflu, rose et jovial comme un enfant de chœur; ses habits n'ont pas la moindre déchirure, il s'appuie sur une bêche et tient un livre à la main; un écriteau prend soin d'avertir le public que le premier est le détenu de l'ancien régime et le second le détenu des temps modernes.

On est déjà sous l'impression causée par la vue de ces images un peu enfantines, quand on entre dans une salle dont les murs sont tapissés de chaînes, menottes, carcans, barres de justice, entraves, portes de prison et images fantaisistes, empruntées aux traités de Millœus Boius, de Damhoudère ou au dictionnaire de la Bible, représentant des supplices; dans des vitrines on a réuni les documents législatifs ou judiciaires sur tous les points qui sont le plus en opposition avec nos idées modernes; les procès-verbaux de l'exécution de Ravaillac, de Damiens, des procès faits aux sorciers, aux animaux ou aux cadavres, des arrêts ordonnant la destruction de livres condamnés, des instructions sur l'application de la torture, etc. »

Cette exposition qui aurait du être complétée par le tableau de l'accroissement des récidives et des crimes, ne manque pas d'intérêt et montre qu'en ce moment l'administration pénitentiaire a l'heureuse fortune d'avoir à sa tête un homme dont tout le monde reconnaît le mérite, et qui aime à étudier le passé dans l'espoir d'améliorer le présent.

Mais que d'étranges réflexions j'ai entendues en parcourant ces galeries et que de visiteurs naïfs ont du en sortir avec les notions les plus fausses sur notre ancienne procédure, s'imaginant que la raison, la justice, la pitié, inconnues à nos pères, avaient attendu la date de 1889, pour descendre sur la terre; dernièrement, à l'Académie, un éminent écrivain se plaisait à rappeler cette belle pensée de Nisard, dont il faisait l'éloge. « Toute guerre qu'on fait au passé est une guerre civile. »

Il n'est pas nécessaire pour honorer le présent de se montrer injuste pour les temps passés; c'est le respect des ancêtres qui fait la dignité des fils et la grandeur des nations.

Le 30 août 1790, le Roi voulant améliorer le régime des prisons, adoucir la détention préventive, séparer les détenus pour dettes des criminels, donnait le signal des réformes par cette belle déclaration dont j'ai rappelé les termes et qui, accueillie avec reconnaissance par l'opinion publique, avait inspiré ces vers :

> Je l'ai béni deux fois, cet édit précieux
> Qui sur des malheureux étend sa bienfaisance.

En 1784, M. Necker préparait un règlement qui devait, suivant ses expressions, amener les prisons de Paris au degré de perfection qu'on peut raisonnablement désirer.

Au mois d'août 1788, le Roi, dont la tête devait tomber le 21 janvier 1793, avait forcé le Parlement à enregistrer trois édits qui sont l'honneur de sa mémoire et la condamnation de ses juges ; le premier était destiné à accélérer la distribution de la justice criminelle, le second supprimait les tribunaux d'exception, le troisième annonçait la revision de la fameuse ordonnance de 1670 sur la procédure criminelle.

Je me souvenais de ces dates en visitant les salles où on avait voulu faire revivre l'histoire et les légendes de la pénalité, et, oubliant que la justice n'est pas de ce monde, je cherchais, en vain, sur quelque piédestal, sinon les images de ceux qui se sont faits autrefois les bienfaiteurs des prisonniers, du moins quelque trace de leur nom et de leurs œuvres.

CHAPITRE III

LES ANCIENNES PRISONS DE PARIS

La prison de Glaucin. — Le grand et le petit Châtelet. — La Conciergerie. — Les Magdelonettes. — Sainte-Pélagie. — L'Abbaye. — Montaigu — Saint-Lazare. — For-l'Evêque. — La Force. — La petite Force-Saint-Martin. — Bicêtre. — La Bastille. — Le Temple. — Vincennes.

L'HISTOIRE complète des anciennes prisons serait longue à écrire, tant elle se mêle aux événements de toute sorte, aux troubles politiques, aux questions sociales, à la transformation de nos lois ; je me contenterai de dire quelques mots de chacune d'elles ; si depuis un demi-siècle des volumes et des brochures, en nombre incalculable, ont été publiés sur le régime pénitentiaire, il n'en a pas été de même dans le passé ; on ne faisait pas de bruit autour des prisonniers et on laissait à la charité discrète le soin d'aller les visiter, au fond de leur geôle ; on ne bâtissait pas pour eux des édifices spéciaux, on se contentait de les loger tant bien que mal dans quelque vieille demeure, forteresse ou couvent, dont le sombre aspect était à lui seul une intimidation ; le mystère qui les enveloppait, le silence qui régnait autour de ces prisons, contribuaient à les rendre redoutables.

La Révolution y fit entrer des gens du monde, des écrivains, des philosophes, et ce fut surtout par la publication de leurs mémoires, que l'on commença à les connaître et à s'intéresser à leur réforme.

Si j'ai, dans un précédent chapitre, rappelé les améliorations apportées dès le siècle dernier à leur régime et rendu hommage aux œuvres d'assistance privée, ce n'est pas assurément que je me sois proposé de soutenir que les anciennes prisons valussent mieux que les nôtres ; j'ai voulu être équitable envers le passé, sans méconnaître pour cela les progrès du présent ; il est certain que pour un criminel il vaut mieux vivre aujourd'hui qu'autrefois ; et il est permis de penser que les prisons ne sont pas devenues trop dures aux prisonniers puisque la plupart d'entre eux s'empressent d'y rentrer dès qu'on les a mis dehors.

La plus ancienne prison de Paris est la prison romaine que Grégoire de Tours désigne sous le nom de Glaucin, au moyen âge Glatigny, *carcer Glaucini*, et qui, devenue la petite chapelle de Saint-Symphorien de la Chartre, près la ruelle des Hauts-Moulins, a été récemment démolie ; c'est dans cette prison souterraine que saint Denys fut enfermé par le gouverneur romain.

Je me borne à rappeler les prisons du Comte, dans une dépendance du palais de la Cité et plus tard au Châtelet, de l'Evêque dans son palais de l'Ile, du chapitre de Notre-Dame, des Abbés de Saint-Germain-des-Prés ou de Saint-Germain-l'Auxerrois, de Sainte-Geneviève, du prieuré de Saint-Martin, celles du bourg Saint-Marcel, du bourg Saint-Laurent, et je me hâte d'arriver à une époque plus récente se rattachant davantage à mon sujet.

Sous le règne de Louis XVI, Paris comptait douze prisons principales : le grand et le petit Châtelet, la Conciergerie, For-l'Evêque, les Magdelonettes, Sainte-Pélagie, la Force, le Temple, la Salpêtrière, Bicêtre, Saint-Lazare, la Bastille, sans compter des prisons spéciales que je me contenterai de nommer : la prison Saint-Eloy, Saint-Martin rue Pavée-au-Marais, certaines femmes y étaient mises à la disposition de l'administration, la Tournelle dite tour Saint-Bernard, où comme à Bicêtre plus tard, avait lieu le départ de la chaîne, et la prison de l'Hôtel-de-Ville pour les délits commis sur les ports.

Le jour où ce furent les honnêtes gens que les tribu-

Le grand Châtelet.
(D'après un dessin du musée Carnavalet.)

naux révolutionnaires envoyèrent dans les cachots, le nombre des prisonniers ayant considérablement augmenté, on improvisa des prisons un peu partout et on n'en comptait pas moins de vingt-huit au 11 août 1794.

Leur histoire, si bien écrite par Dauban, n'appartenant pas, à vrai dire, à une étude sur le régime pénitentiaire je n'en dirai rien ; elles ont passé en un jour laissant derrière elles des traînées de sang ; parmi les prisons de droit commun beaucoup disparurent, et de ces anciennes maisons il ne reste aujourd'hui que la Conciergerie, Sainte-Pélagie et Saint-Lazare.

Le grand et le petit Chatelet. — Je dirai peu de mots de ces deux prisons dont j'ai déjà eu l'occasion de parler à propos de la Basse Geôle.

Selon Budé on ne devrait pas dire le Châtelet, mais le Carceret, comme venant du mot latin, *carcer* (prison) ; selon ces vers d'un poète du temps :

Castellum hoc dixere patres nisi dicere mavis
Carcellum, modici quod signat carceris antrum.

C'était bien cependant le Châtelet, l'ancien château fortifié de la Cité et plus tard son centre judiciaire, qui avait donné son nom à la prison ; en 1398, le roi Charles VI ordonna que les petites prisons du petit Châtelet, à l'extrémité méridionale du petit pont serviraient de supplément à celles du grand Châtelet.

Elles étaient aussi malsaines les unes que les autres ; tous les auteurs sont d'accord sur l'horreur de leurs cachots, auxquels un règlement fort curieux de 1425, avait donné des noms bizarres, dont le sens n'est plus toujours intelligible pour nous, mais, suivant la remarque de Paul Lacroix, nous donne à penser, par leur étrangeté même, que le régime des prisons était alors soumis à d'odieux raffinements de cruauté vénale.

Sauval rapporte qu'en 1507, les prisons du Châtelet étaient en si mauvais état que les prisonniers furent transportés au Château du Louvre pendant les réparations nécessaires, et que quatre nouvelles prisons furent faites dans des caveaux appelés Vallon Saint-Victor.

Le Châtelet était la prison municipale par excellence ; c'était là que les officiers du guet, les commissaires de police, faisaient conduire, en attendant l'interrogatoire du juge, tous les individus arrêtés sur la voie publique, depuis les plus grands coupables jusqu'aux tapageurs et aux joueurs suspects.

« Ces prisons, disait un magistrat en 1776 dans un mémoire adressé au Roi et à la Reine, n'ayant presque point d'ouverture extérieure, ne reçoivent de l'air que par en haut, ce qui établit seulement une colonne d'air à peine suffisante pour ne pas étouffer ; l'enceinte est trop petite ainsi que le préau ; les murs sont trop élevés et les cachots abominables. »

En 1780, le Roi ordonna la fermeture du petit Châtelet et sa démolition pour assainir les abords de l'Hôtel-Dieu ; le Grand fut maintenu et affecté spécialement, avec la Conciergerie, aux seuls prisonniers détenus pour « ester à droit en personne, à l'effet de l'instruction et du jugement du procès ».

« Leur nombre n'étant pas disproportionné avec l'espace qui devra les renfermer, nous comptons, « est-il dit dans la déclaration de 1780 », avec quelques réparations et de nouvelles distributions, faire arranger l'intérieur de cette prison d'une manière convenable, et surtout détruire alors tous les cachots pratiqués sous terre. »

Les troubles politiques ont toujours une influence sur la criminalité, et le Châtelet qui suffisait en temps ordinaire, regorgea bientôt de prisonniers ; leur chiffre, qui était en moyenne de trois cents, s'éleva en 1790 à plus de huit cents ; moins heureux que leurs devanciers, qui n'avaient eu à souffrir que du mauvais air et de l'humidité de leurs cachots, la plupart des individus, prévenus en général de très légers délits, qui s'y trouvèrent le 2 septembre 1793, périrent dans un massacre aussi stupide que cruel.

Ainsi finirent les prisons du Châtelet dont il ne reste plus aujourd'hui aucune trace.

La Conciergerie. — Le Châtelet a disparu, mais l'antique prison construite en 1302 dans les jardins du concierge ou gardien du palais de la Cité, est encore debout, enveloppée dans le nouveau Palais de Justice et revêtue, suivant la description que Balzac en a donnée, de ce suaire noirâtre que prennent à Paris toutes les façades à l'exposition du nord. La vieille Conciergerie rappelle à Paris son histoire, en même temps que par son profil pittoresque elle vient rompre la solennelle monotonie de ses quais ; sur ses cinq grosses tours à poivrières, celle de la Reine Blanche et de l'Inquisition ont été détruites en 1853 et 1871 ; il en reste trois : la tour de César où le greffe a pris la place du cachot dans lequel Damiens, suivant un dessin annexé à relation de son procès, était attaché sur une sorte de lit matelassé, avec de larges courroies fixées au sol par des anneaux; la tour d'Argent, qui servit de demeure à la Reine Blanche, et où maintenant les avocats communiquent avec les détenus, et enfin la tour Bon-Bec ; par un jeu de mot féroce, on l'appelait ainsi, à cause des cris des malheureux qui y subissaient la question, aujourd'hui on y a installé la pharmacie.

« Les cachots de la Conciergerie étaient, avec ceux du Châtelet, ce qu'on pouvait imaginer de plus effroyable ; Marot qui y fut enfermé quelque temps, n'a pas ailleurs placé son enfer.

« Si ne croi pas qu'il y ait chose au monde
Qui mieux ressemble un enfer très immonde.
Je dy enfer, et enfer puis bien dire
Si l'aller ueoir, encor le uerrez pire. »

La plus intolérable saleté était un des fléaux de ces prisons souterraines ; il fallut que la peste s'y mît en 1548, pour qu'on eût l'idée de les assainir, et d'enlever les immondices accumulées depuis longues années.

D'après les cachots ou dépôts que l'on y voyait encore avant 1853, près des anciennes cuisines de Saint-Louis et qu'on appelait les souricières, on pouvait se figurer ce qu'étaient ces anciennes geôles où, sous d'impénétrables voûtes, suintant l'humidité, les prisonniers étaient entassés.

« Les oubliettes, dit Edouard Fournier, n'étaient pas loin des cachots. Beaucoup ont cru qu'elles n'avaient jamais existé, mais une découverte faite, il y a environ soixante ans, sous la tour Bon-Bec, ne permet plus guère de doute à ce sujet. On y mit à jour deux puits ou citernes dont le fond était de niveau avec la Seine, et qui gardaient encore sur leurs parois quelques débris de pointes de fer, où se déchirait le corps des malheureux qu'on voulait y faire disparaître ; dans les grandes crues, l'eau montait jusqu'aux oubliettes et les débarrassait de leurs cadavres. »

Saint Vincent de Paul se fit ouvrir la Conciergerie ; il descendit dans ses cachots. Dans ces sortes de cavernes profondes, obscures et infectes, il trouva des malheureux dont quelques-uns croupissaient là depuis longtemps, rongés de vermine, exténués de langueur et de pauvreté, plus abandonnés encore dans leurs besoins spirituels que dans leurs souffrances physiques ; à cette vue son cœur tressaillit et ses larmes coulèrent.

En 1618 et en 1776 deux terribles incendies, attribués à la malveillance des prisonniers, détruisirent une partie de la Conciergerie. De grandes améliorations furent introduites sous Louis XVI dans son aménagement intérieur. « Déjà, disait la déclaration de

1780, nous avons donné tous nos soins à la Conciergerie, nous y avons fait préparer de nouvelles infirmeries aérées et spacieuses où tous les prisonniers malades seront seuls dans chaque lit et nous y avons ordonné toutes les dispositions d'ordre et d'humanité qui nous ont été proposées. » Un quartier séparé de celui des hommes avait été affecté aux femmes. Des infirmeries propres et aérées avaient été garnies de lits où les malades couchaient seuls; les cachots n'étaient plus dans les caves; ils étaient sains et l'on y voyait clair. Une vaste cour, avec des auvents pour la pluie, un chauffoir pour l'hiver avaient été disposés. Ceux qui avaient opéré ces réformes dans un but d'humanité auraient-ils pu supposer, fait observer Albert Babeau, dans son excellent livre sur Paris en 1789, auquel nous empruntons ces détails, que cette prison, où l'on enfermait les accusés de crimes de droit commun, devait être quelques années plus tard la dernière résidence de la reine de France.

Le baron Riouf, dans ses Mémoires, raconte ce qu'il eut à souffrir dans cette prison où les détenus politiques se virent mêlés avec les malfaiteurs :

« Je fus plongé sous le nom de secret, dit-il, dans le cachot le plus infect de la maison, nous étions absolument privés de clarté; l'air était méphitique, la malpropreté, le plus grand des fléaux, nous recouvrait pour ainsi dire de nos propres immondices; elles refluaient jusqu'à nous dans un terrain de douze pieds où nous avions été entassés souvent sept à la fois; j'y trouvai des voleurs et un assassin condamné à mort; le soir trois grands guichetiers suivis d'énormes chiens, vinrent nous visiter. Ce fut à la lueur de leurs flambeaux, qui apportaient la lumière dans cette caverne où jamais celle du soleil ne pénétrait, que je vis de quels hommes j'étais entouré ; « l'un était un assassin, l'autre un faussaire et le « troisième un voleur ; » par leurs méfaits ils appartenaient à ce qui dans tous les temps a été considéré comme l'aristocratie des prisons; aussi, dit l'auteur, les guichetiers les traitaient avec une sorte de bonté mais avec une grande supériorité protectrice. »

Il en a toujours été un peu de même ; les criminels de marque sont en général l'objet d'attentions particulières, à l'exemple de Cartouche, lequel, rapporte Barbier, avait à dîner, sur l'ordre du Régent, soupe, bon bouilli, petite entrée et trois chopines de vin.

L'auteur de l'Almanach des prisons pendant la Terreur confirme la description donnée par Riouf; « le jour, dit-il, pénètre à peine dans ces cachots. Les pailles dont se compose la litière des prisonniers, bientôt corrompues par le défaut d'air et par la puanteur des seaux, en terme de prison griaches, où les prisonniers font leurs besoins, exhalent une infection telle que dans le greffe même, on est empoisonné lorsqu'on ouvre les portes ; « les prisonniers sont ou à la pistole, ou à la paille, ou dans les cachots ; les cachots ne s'ouvrent que pour donner la nourriture, faire les visites et vider les griaches ; les chambres de la paille ne diffèrent des cachots qu'en ce que leurs malheureux habitants sont tenus d'en sortir entre huit et neuf heures du matin. Du reste mêmes incommodités dans leurs hideuses demeures; point d'air, des pailles pourries ; entassés jusqu'à cinquante dans le même trou, le nez sur leurs ordures, ils se communiquent les maladies, les malpropretés dont ils sont accablés. »

Il nous fait connaître aussi quel était le tarif des chambres à pistole; on payait pour un lit vingt-sept livres douze sous pour le premier mois et vingt-deux livres dix sous pour les mois suivants. « Le même lit, dit-il, a souvent rapporté plusieurs loyers en un mois ;

aussi la Conciergerie est-elle le premier hôtel garni de Paris, quant au produit. »

Le comte Beugnot, dans ses Mémoires, a fait un tableau non moins saisissant de l'infirmerie de la Conciergerie : « l'hôpital le plus horripilant qui existe au monde, dit-il, il était impossible d'y renouveler l'air, on ne songeait pas seulement à le purifier, on ne songeait pas davantage à changer la paille des matelas et à nettoyer les couvertures, en sorte que le malheureux porté là était souvent enveloppé dans un tourbillon de méphitisme et de corruption. »

Beaulieu, le rédacteur du « Courrier français », arrêté comme suspect, apporte un témoignage analogue.

« La Conciergerie était, dit-il, la plus affreuse, la plus malsaine de toutes. Il faut savoir par soi-même ce que c'est que ces lieux infernaux pour imaginer combien un pauvre lit de camp, dans le coin d'une telle prison, est cependant une douce jouissance. J'ai couché, ou plutôt je me suis trouvé trois nuits avec une bande de voleurs dans un cachot infect; les uns juraient, les autres fumaient, ceux-là racontaient leurs prouesses; il fallait boire de l'eau-de-vie avec eux, leur payer ce qu'ils appelaient la bienvenue sous peine d'être maltraité et peut-être assommé. »

Lorsque ces tristes jours furent passés, la Conciergerie, avec son aspect féodal, resta une des plus sombres prisons de Paris; elle devint le vestibule de la Cour d'Assises, et joua son rôle dans les procès politiques. « Depuis les mauvais jours de la Révolution française, la Conciergerie, a dit, en 1846, un de ses historiens, ne manque jamais de subir le contre-coup de nos commotions politiques : elles frappent à sa porte pour lui jeter des débris qui sont des principes violés et des épaves qui sont des hommes proscrits. »

On pourrait lui appliquer les mots du geôlier de Marie Tudor: « Vois-tu, Gilbert, l'homme qui connaît le mieux l'histoire de ce temps, c'est le guichetier de la Tour de Londres. »

Le dernier détenu politique de la Conciergerie fut, le 16 janvier 1883, le prince Napoléon Bonaparte, inculpé, à l'occasion de la publication d'un manifeste, de tentative d'attentat ayant pour but de hanger la forme du gouvernement ; à la suite d'un arrêt de non-lieu de la chambre d'accusation, il quitta la prison pour aller en exil ; on lui avait donné comme chambre le cabinet du directeur, dans la tour de César.

Les Magdelonnettes. — En 1618, deux filles engagées dans le libertinage et tombées dans l'abandon et la misère trouvèrent le moyen de faire connaître leur situation au sieur Robert Montri, marchand de vin, que sa bienfaisance et la sainteté de ses mœurs rendaient respectable à tout son quartier. « En implorant ses secours, rapporte de Saint-Victor dans son « Tableau de Paris », elles lui témoignèrent un tel repentir de leurs égarements, un désir si vif de leur malheureux état et de se convertir, que cet homme charitable, touché de leur affliction, les retira chez lui et forma dès lors le projet de procurer une retraite à celles qui voudraient suivre leur exemple. Après s'être assuré par une courte épreuve de la sincérité de leurs résolutions, il engagea la dame Chaillou qui demeurait près de la porte Saint-Honoré à se charger de ces deux infortunées, mais cette dame ayant rompu peu de temps après l'engagement qu'elle avait pris avec lui, Montri fit rentrer ces filles dans sa propre demeure, située près de la Croix-Rouge, et en prit une autre à loyer où il alla s'établir avec sa famille ; cet asile ne tarda pas à s'accroître par suite de donations, et enfin le 29 octobre 1620, une femme de grande naissance, la marquise de Maignelay, prenant en main l'œuvre du pauvre marchand de vin acheta rue des Fontaines la maison qui, après avoir été le couvent des filles de la Magdeleine, compris dans la censive du prieuré de Saint-Martin des Champs, devint la prison des Magdelonnettes. »

Sauval dans ses « Antiquités de Paris » rapporte que la chapelle de cette maison était si conforme en tout à Notre-Dame de Lorette qu'il ne se peut s'en voir de plus semblable ; « le peuple, dit-il, les appelle Magdelonnettes tout persuadé quoique sans raison, que c'est un couvent de femmes débauchées qu'on a contraintes de se faire religieuses, comme si les vœux de la religion se faisaient par force ; il est vrai qu'on y enferme les femmes un peu trop libertines, à cause de la sage conduite et de l'adresse de ces braves filles à leur faire changer de vie. »

La maison des Magdelonnettes fut d'abord, en effet, un asile où étaient admises, par charité, les femmes voulant revenir à une vie régulière ; les religieuses de la Visitation administraient ce cloître refuge, où on avait commencé par venir de bonne volonté, et qui devint bientôt une retraite forcée que la police assignait à certaines femmes.

A l'époque de la Révolution, on y envoya les falsificateurs de faux assignats, les faussaires et les voleurs, on les mit sur la paille, dans les combles, tandis qu'on entassait les prisonniers politiques dans d'autres parties de la maison.

Cette prison passait pour la plus insalubre de Paris, elle méritait cette réputation ; les chambres, d'après une relation de Coittant qui y fut enfermé comme suspect, « étaient très petites, ayant chacune deux fenêtres de six petits carreaux, ornées de grilles bien solides ; dans chacune de ces chambres se trouvaient deux crèches accolées trois ensemble, chaque crèche avait un pied et demi de large sur six pieds de long, et garnie d'une mauvaise paillasse toute chargée de vermine ».

C'était une petite prison ; « en y entrant, rapporte un des détenus de l'époque de la Terreur, nous entendîmes le concierge se plaindre hautement de n'avoir pas été prévenu de notre arrivée, et de ce que sa maison, destinée tout au plus pour cent quatre-vingts individus, allait en contenir plus de quatre cents. »

En 1795, les Magdelonnettes devinrent le dépôt des femmes sous prévention de délits ; elles furent pour les femmes ce que la grande Force était pour les hommes ; plus tard, une partie des bâtiments reçut les femmes détenues pour dettes, jusqu'en 1834, époque où fut ouverte la maison de la rue de Clichy.

On transféra alors de Sainte-Pélagie aux Magdelonnettes, les jeunes détenues de moins de seize ans ; en dernier lieu, on fit de cette prison une succursale de la Force pour les hommes en prévention.

Cette maison, paraît-il, n'avait pas l'aspect sinistre des anciennes prisons : « C'est, en apparence, rapporte un de ses hôtes, Pierre Joigneaux, un hôtel entre cour et jardin, un hôtel avec un vestibule charmant, où l'on s'imaginerait rencontrer toutes les commodités de la vie ; ses deux grandes cours, l'une réservée aux prévenus, l'autre aux condamnés, sont plantées de tilleuls qui rafraîchissent le regard des prisonniers, leurs rameaux verdissent aux premiers jours du printemps ; » mais l'intérieur était moins séduisant : « Toute l'illusion s'envole, ajoute l'auteur, on ne s'imagine plus être dans un hôtel, mais dans une prison des plus laides !.. J'ai vu dans le chauffoir, près de deux cents personnes entassées dans cette pièce humide... Je ne sais comment on peut vivre là dedans, pendant quatre mois d'hiver, dans une atmosphère de tabac, d'exhalaisons empoisonnées, d'odeur de suint répandue par la laine, au milieu d'une population crasseuse de corps et d'âme, ignoble dans ses manières, dans ses habitudes et dans son langage. Pour gagner la porte, il fallait se frayer un passage avec les coudes, froisser des gens qui n'étaient jamais de bonne humeur, et tenir constamment les mains sur ses poches, pour n'être pas volé. »

Ceci remonte à 1841, et aujourd'hui, au Dépôt, à Sainte-Pélagie et à Saint-Lazare, les choses se passent à peu près de la même façon.

La prison des Magdelonnettes dont les bâtiments furent démolis pour le percement de la rue Turbigo, fut fermée en 1867, et remplacée par la prison de la Santé.

Sainte-Pélagie, Clichy. — Une femme d'une grande charité, Marie Bonneau, veuve du sieur Beauharnais de Miramion, conseiller au Parlement, fonda vers 1665 au faubourg Saint-Marcel, rue du Puits-l'Hermite, une maison de refuge qui devint une prison et lui donna pour patronne sainte Pélagie, qui, après avoir été comédienne, mourut dans les plus grandes austérités.

Avant la Révolution, cette maison était divisée en deux parties : l'une, véritable prison, du côté de la rue du Puits-l'Hermite servant de refuge aux femmes de mauvaise conduite, renfermées d'office, ou contre lesquelles un père ou un mari mécontents avaient obtenu des lettres de cachet et aussi à celles qui se présentaient volontairement ; l'autre partie, était occupée par des femmes honnêtes, avait son entrée par la rue Copeau ; elles y payaient pension ; la prison dépendait de l'hôpital général et était placée sous la même administration.

En 1792, elle fut convertie en prison publique et on y entassa tout à la fois des hommes et des femmes, aussi bien pour des accusations politiques que pour des crimes et délits ordinaires.

Mme Roland qui y fut enfermée avant de monter à l'échafaud en a tracé un assez triste tableau.

« Le corps de logis destiné pour les femmes est divisé, dit-elle, en longs corridors fort étroits, de l'un des côtés desquels sont de petites cellules ; c'est là que, sous le même toit, sur la même ligne, séparée par un plâtrage, j'habite avec des filles perdues et des assassins. A côté de moi est une de ces créatures qui font métier de séduire la jeunesse et de vendre l'innocence ; au-dessus est une femme qui a fabriqué de faux assignats et déchiré sur une grande route un individu de son sexe, avec les monstres dans la bande desquels elle est enrôlée ; chaque cellule est fermée par un gros verrou à clef qu'un homme vient ouvrir tous les matins en regardant effrontément si vous êtes debout ou couchée ; alors leurs habitantes se réunissent dans les corridors, sur les escaliers, dans une petite cour ou dans une salle humide et puante, digne réceptacle de cette écume du monde ; on juge bien que je gardais constamment ma cellule ; mais les distances ne sont pas assez considérables pour sauver les oreilles des propos qu'on peut supposer à de telles femmes sans qu'il soit possible de les imaginer pour quiconque ne les a pas entendus. »

Le 9 mars 1793, la contrainte par corps avait été abrogée en matière civile ; lorsqu'elle fut rétablie en 1797, on affecta aux dettiers dans la prison de Sainte-Pélagie le bâtiment du centre qui a conservé le nom de bâtiment de la Dette ; les détenus étaient entassés par quatre et cinq dans des petites chambres.

Le 3 janvier 1834 on les transféra à la prison de Clichy, à côté du jardin de Tivoli, dans l'ancien hôtel Saillard.

Quand ils arrivèrent dans leur nouvelle demeure, ils se crurent, dit-on, dans un paradis, un palais de fées, par comparaison avec Sainte-Pélagie, aussi beaucoup n'en voulaient plus sortir et les créanciers se lassaient de payer leurs frais de nourriture; lorsque la contrainte par corps en matière civile fut abolie, les bâtiments de Clichy furent vendus, et les dettiers pour amendes, et dommages-intérêts en matière correctionnelle, furent renvoyés à Sainte-Pélagie.

En 1831, on y avait mis les enfants au-dessous de seize ans, répartis jusque-là dans les diverses prisons de Paris.

Sous le premier Empire elle devint aussi une prison d'Etat, ou si on aime mieux de prévention administrative comme le porte le registre d'écrou paraphé à la date du 31 mars 1811 par M. Pasquier, préfet de police. Une des divisions de la prison était en outre réservée aux condamnés politiques représentant les différentes opinions que notre siècle a vues tour à tour triomphantes et vaincues.

L'Abbaye-Montaigut. — La prison de l'Abbaye fut d'abord une dépendance de la justice de l'abbé de Saint-Germain-des-Prés; en outre des religieux frappés par des condamnations ecclésiastiques, elle recevait en correction des fils de famille débauchés ou dissipateurs; elle fut ensuite réservée aux soldats et l'indiscipline des Gardes-Françaises ne la laissait jamais vide.

Après la Révolution, qui la rendit célèbre par les massacres de septembre, elle resta prison militaire jusqu'au jour où, tombant en ruines, signalée par tous les médecins militaires comme un lieu infect et malsain, elle fut remplacée par la prison de la rue du Cherche-Midi, bâtie suivant le système cellulaire.

L'ancien collège Montaigut, place Sainte-Geneviève, servait sous l'ancien régime aux militaires de passage ou en punition disciplinaire; elle devint après la Révolution, la prison de la Garde Nationale; on fit un mauvais jeu de mots avec le nom d'un colonel, le baron Darricaud, en l'appelant l'hôtel des Haricots; elle fut ensuite transférée à l'hôtel de Bazancourt, rue des Fossés-Saint-Bernard, puis près de la gare d'Orléans et enfin en face le pont de Grenelle, où elle disparut avec l'institution qu'elle s'efforçait vainement de rendre sérieuse.

Beaucoup d'hommes d'esprit et de talent passèrent dans cette maison, souvent joyeuse, et, sur les murs de la cellule n° 14, un futur académicien, qui me permettra de lui rappeler ce souvenir de jeunesse, avait tracé ces mots :

Avant l'habit qui le recouvre
Ce réduit était gai, gai comme une prison
Mais vous êtes venus, peintres de Barbison
Et notre cachot est un Louvre.

SAINT-LAZARE. — La prison de Saint-Lazare, située sur l'ancienne route de Paris à Saint-Denis, commença par être une léproserie qui paraît avoir été bâtie de 1115 à 1154 par Adélaïde de Savoie, deuxième femme de Louis VI; les rois de la troisième race se plurent toujours à la visiter, à l'enrichir de leurs dons; à lui conférer des privilèges et des exemptions. Dans ces lieux, marqués aujourd'hui d'un cachet d'infamie, les rois et les reines venaient faire une retraite avant leur entrée solennelle et, après leur mort, une dernière station avant de descendre dans les caveaux de Saint-Denis.

Cette maison était la première Seigneurie ecclésiastique du

royaume, avec droit de haute, moyenne et basse justice; sa vieille église, dont quelques parties remontaient au XIIe siècle, voyait tous les ans, aux Rogations, se diriger vers elle le Chapitre de Paris.

Des fouilles, récemment exécutées pour l'établissement d'un calorifère, ont fait découvrir des parties importantes et bien conservées de chapelles souterraines; je les signale en passant à l'attention des archéologues; elles offrent un intérêt réel et il est à souhaiter qu'elles puissent être complètement dégagées.

Après avoir été desservi par diverses communautés, Saint-Lazare était, en 1630, occupé par huit chanoines; il n'y avait plus guère de lépreux et l'hôpital était sans objet; c'est alors que le prieur, Adrien Le Bon, ayant entendu parler de missionnaires qui se livraient à l'instruction du peuple, sous la direction de M. Vincent, alla le trouver et mit à sa disposition son couvent. « J'aimerais mieux que nous demeurassions toujours en notre pauvreté, commença par lui répondre celui dont le nom est devenu le synonyme de charité », mais il finit par céder à de pressantes sollicitations, et le 8 janvier 1632 il se rendait pour la première fois à Saint-Lazare et en prenait possession le 25 janvier 1656, entouré par les vingt prêtres qui devaient être ses auxiliaires dans ses œuvres admirables; il y faisait le vœu de travailler tout le temps de sa vie au salut des pauvres gens.

Ce fut à Saint-Lazare qu'il concentra ses principales œuvres : la maison fut tout à la fois un séminaire, un hôpital et une sorte de prison; on recevait des aliénés et on recueillait, avec l'autorisation et le concours du lieutenant de police, des jeunes gens de condition, que leurs familles étaient obligées de faire enfermer à cause de leur inconduite.

« Bénissons Dieu, disait le saint prêtre en parlant de ses hôtes, et le remercions, mes frères, de ce qu'il nous applique au soin de ces pauvres gens, privés de sens et de conduite. »

Sous les souillures que le vice a depuis répandues sur toutes les murailles de cette maison on peut retrouver encore la trace des vertus dont elle fut si longtemps le témoin.

Jusqu'à la Révolution Saint-Lazare resta une maison de refuge et de correction, mais le régime s'en était singulièrement relâché et le fameux chevalier de la Morlière, après y avoir fait plusieurs séjours, écrivait au prince de Conti : « Saint-Lazare est le genre de prison qui classe un homme, si l'on m'eût mis à la Bastille, j'aurais été, à ma sortie, prendre rang parmi les gens de bien, mais en quittant Saint-Lazare j'ai dû prendre rang à la tête des mauvais sujets. »

Le couvent fut pillé au commencement de la Révolution par la populace à laquelle les meneurs avaient persuadé que de grandes quantités de blé s'y trouvaient renfermées. Les religieux furent expulsés, et le 29 nivôse an II, la prison les remplaça.

Elle reçut un grand nombre de suspects parmi lesquels figurait le poète Roucher; dans ses lettres à sa femme il donne des détails intéressants sur cette maison ; il en vante justement les grandes salles et les cours spacieuses.

Saint-Lazare servait aussi à loger des détenus de droit commun venant de Sainte-Pélagie ou des Magdelonnettes; Roucher nous les montre arrivant dans des chariots, liés deux à eux par le corps et par les bras. « C'est en plein jour, dit-il, qu'on montre à tout Paris des prisonniers dont un très grand nombre sont souillés de crimes que la société, dans tous les gouvernements, dévoue à la mort; tout Paris saura donc que Saint-Lazare est une des grandes sentines de la République. »

Il raconte que dans la nuit de leur arrivée, ces hommes cherchèrent à s'échapper; on prit prétexte de cet incident, transformé en conspiration contre la République, pour procéder à de sanglantes exécutions et le pauvre poète, plein d'illusions, fut un des premiers à monter à l'échafaud.

Après la Terreur, Saint-Lazare devint exclusivement une prison de femmes prévenues et condamnées; les Magdelonnettes et Sainte-Pélagie ayant cessé de servir d'asile aux femmes de mauvaise vie, il n'y eut plus à Paris, qu'une seule prison, mais avec des quartiers séparés pour les prévenues, les condamnées et les détenues par mesure de police.

FOR-L'ÉVÊQUE. *Forum — episcopi.* Cette prison était située rue Saint-Germain-l'Auxerrois; après avoir été à l'origine un édifice religieux et une prison écclésiastique, elle fut affectée aux détenus insolvables, aux personnes arrêtées en vertu de lettres de cachet et surtout aux comédiens récalcitrants; Girault de Saint-Fargeau prétend que les caves de la maison portant le n° 65 de cette rue étaient les anciennes oubliettes de cette singulière prison.

Voici la description qu'en faisait, en 1776, le magistrat, dont j'ai déjà cité le mémoire.

« Le For-l'Évêque peut avoir quarante à cinquante pieds de profondeur, sur à peu près autant de largeur; encore cette largeur n'est-elle pas égale dans toutes les parties; celle qui donne sur le quai n'a guère que quinze à vingt pieds.

La cour ou préau n'a que trente pieds de long sur dix-huit de large, et c'est dans cet espace étroit que l'on renferme quelquefois jusqu'à quatre ou cinq cents personnes; cette prison se trouve d'ailleurs dominée de tous côtés par des bâtiments d'une hauteur considérable qui ne permettent pas à l'air d'y circuler, ni de la purger des miasmes putrides qui s'exhalent nécessairement d'un aussi grand nombre d'hommes réunis.

« Les cellules destinées aux malheureux qui n'ont aucune faculté, sont plutôt des trous que des logements; celles qui sont sous les marches de l'escalier ont six pieds carrés; on y place cinq personnes. Ces antres, où l'on peut à peine se tenir debout, ne reçoivent de jour que celui de la cour; l'odeur en est infecte; ils font horreur.

« Les chambres qu'on appelle communément la pistole sont aussi trop petites; mais ce qu'il n'est pas possible de voir sans un soulèvement général de tous les sens, ce sont les cachots souterrains. Ces cachots sont au niveau de la rivière; la seule épaisseur des murs les garantit de l'inondation, et toute l'année l'eau filtre à travers les voûtes. C'est là que sont pratiqués des réceptacles de cinq pieds de large sur six pieds de long, dans lesquels on ne peut entrer qu'en rampant et où l'on enferme jusqu'à cinq hommes, même en été; l'air n'y pénètre que par une petite ouverture de trois pouces, percée au-dessus de l'entrée. Lorsqu'on passe vis-à-vis, l'on est frappé comme d'un coup de feu. Les cachots n'ayant de sortie que dans les étroites galeries qui les environnent, ne reçoivent pas plus de jour que ces souterrains où l'on n'aperçoit aucun soupirail. En général, tout le bâtiment est dans un état de délabrement et de vétusté qui menace d'une ruine prochaine. »

Il faut ajouter, pour être vrai, que cette prison renfermait des logis moins désagréables à habiter; elle rapportait au geôlier vingt mille livres par an, parce que la plupart des détenus étaient autorisés à avoir des chambres commodes et bien meublées et une nourriture de choix.

Rien n'était plus varié que la population de cette étrange maison où les régimes les plus divers étaient appliqués aux différentes catégories de détenus, venant un peu de tous les côtés; c'était une réduction de la Bastille. Si les détentions y étaient en général plus courtes, elles étaient aussi arbitraires; le registre d'écrou a disparu, mais il existe aux Archives de la Préfecture de Police une collection d'ordres du roi, où on trouve indiqués les motifs d'un grand nombre de lettres de cachet relatives à cette prison.

Ces motifs consistaient pour la plupart dans des délits ou mieux de simples contraventions qui aujourd'hui relèvent des tribunaux mais aussi dans des faits qui de nos jours, malgré leur immoralité, échappent souvent à la répression légale; ainsi, à côté de gens ayant volé, prêté, comme un certain Macaire, de l'argent sur gage de mauvaise foi, ou simplement cassé des lanternes, rossé le guet, et fait du tapage; on voit par exemple, à la date du 25 avril 1720, une dame qui se mêlait de faire donner des emplois moyennant une rétribution, et un homme, dit le Chevalier à deux pouces, qui suivant les termes de l'ordre était connu pour faire contribuer les femmes de mauvaise vie. Toutes les juridictions, tous les pouvoirs envoyaient des hôtes plus ou moins distingués au For-l'Evêque ; les juges, a-t-on dit, y faisaient écrouer des accusés ; les ministres des prisonniers d'Etat, les gentilshommes de la chambre des innocents, les créanciers leurs débiteurs et les grands seigneurs leurs ennemis.

Les acteurs récalcitrants n'étaient pas les habitants les moins curieux de cette maison, qui devait rendre plus facile que de nos jours la direction d'un théâtre; ceux qui y étaient enfermés sortaient en général le soir pour leur service, et le geôlier avait injonction de les remettre au commissaire du guet les jours de représentation; la cour et la ville venaient souvent en égayer le séjour, et lorsque Mlle Clairon y fut conduite pendant cinq jours, en 1765, à propos d'une cabale des comédiens français contre un de leurs camarades, elle raconte dans ses Mémoires qu'elle reçut dans la prison tous les hommages qui pouvaient la flatter.

Le 2 décembre 1751, à propos de la mauvaise qualité du pain, les détenus se révoltèrent; on fut obligé de tirer sur eux et deux femmes furent tuées; Barbier, en rapportant cet événement, fait connaître qu'à cette époque il y avait dans la prison un grand nombre de détenus pour dettes, mais très peu de criminels.

Cette prison, complètement disparue aujourd'hui, est une de celles dont la déclaration de 1780 avait ordonné la fermeture.

La Force et la Petite Force. — La prison de la Force fut ouverte en 1782.

Lorsque le roi eut décidé, sur la proposition de son ministre, Necker, de séparer les criminels et les individus simplement arrêtés pour dettes, et de faire évacuer les prisons devenues des séjours inhabitables, il fallut trouver un emplacement pour la nouvelle prison; après d'assez longues hésitations, le choix se fixa sur des constructions importantes, rüe Pavée-Saint-Antoine, que le gouvernement avait achetées en 1754, pour y établir l'École militaire, et qui étaient restées inoccupées par suite de l'abandon de ce projet.

C'était un ancien édifice remontant en partie au troisième siècle, et connu sous le nom d'hôtel Saint-Pol; il avait appartenu à Charles, roi de Naples et de Sicile, frère de saint Louis, et dans la suite aux ducs de la Force, dont le nom semblait le prédestiner à devenir une prison.

On trouve dans le texte même de la déclaration de 1780, l'exposé des motifs et des considérations qui déterminèrent le souverain à convertir en prison, l'ancienne demeure de l'un des plus illustres seigneurs de France.

« Enfin après beaucoup d'examens et diverses recherches, nous avons, porte l'édit, fait choix de l'hôtel de la Force; sa position, son étendue, ses distributions et la modicité des fonds demandés pour le mettre en état de remplir nos vues, tout nous a déterminé à en faire l'acquisition.

« Nous y ferons préparer des habitations et des infirmeries particulières, ainsi que des préaux séparés pour les hommes, pour les femmes, pour les différents genres de prisonniers, et la totalité du terrain étant dix fois plus considérable que celui du For-l'Évêque et du petit Châtelet réunis, on a pu ménager à ces diverses distributions un espace suffisant.

« Cependant avant d'adopter le plan que nous annexons à la présente déclaration, nous avons recherché sur tous les moyens de sûreté et de salubrité, les suffrages les plus éclairés... et nous aurons soin qu'on s'occupe à l'avance, d'un règlement sur la police intérieure de cette prison, afin de prévenir avec soin l'oisiveté, la débauche, l'abus des pouvoirs subalternes. »

La prison ne devait d'abord servir qu'à l'incarcération des débiteurs insolvables, disséminés jusque-là à la Conciergerie, aux grand et petit Châtelet, au For l'Évêque; mais bientôt on lui donna une destination plus étendue; on la divisa en cinq sections; la première destinée à ceux qui n'avaient pas payé les mois de nourrice de leur enfant, la seconde aux débiteurs civils, la troisième aux prisonniers de police, la quatrième aux femmes, la cinquième au dépôt de mendicité.

On y adjoignit vers la même époque, l'hôtel de Brienne, qui sous le nom de petite Force, fut destiné, comme Saint-Éloi, et

Saint-Martin à servir de prison principalement aux filles de débauche, qui se désignaient alors sous le nom de femmes du monde, aux femmes arrêtées en état de vagabondage, pour avoir commis des petits délits ou voulu simplement se jeter à la rivière.

Le roi avait voulu faire la Force plus douce pour les criminels de droit commun, que les anciennes geôles; la Révolution en fit pour ses victimes une des prisons les plus dures et une sorte d'abattoir où fut dépecée Mme de Lamballe.

Les écrits de quelques-uns des détenus de cette époque, donnent une idée de ce que devait être la vie dans cette prison.

« J'arrivai à sept heures du soir à la Force, dit l'un d'eux, on commença par me faire aller à la souricière; c'est un cachot obscur et incommode où l'on dépose les prisonniers jusqu'à leur comparution devant le concierge; on est là livré à ses tristes réflexions, un baquet au milieu, un pot et de la paille aux deux coins, voilà tout le mobilier. Un malheureux que j'y trouvai me donna une partie de sa litière... au bout de quelques heures on m'apporta du pain... j'observai que j'avais des ressources, que je payerais honnêtement l'humanité de ceux qui pourraient me procurer un lit et quelques aliments... on me conduisit escorté de deux chiens monstrueux, je fléchis la tête sous dix portes de fer... on me signala et je fus placé dans le département de la police, le chien de garde vint me flairer, dès lors je fus sous sa responsabilité et vainement j'aurais cherché à fuir. Je l'ai vu ramener par le poignet et sans lui faire de mal, un prisonnier qui s'était caché et qui s'était un moment soustrait à sa vigilance.

« La chambre neuve me fut offerte, mais quelle fut ma surprise en voyant ce dégoûtant local. C'était cependant le moins affreux.

Quatre murailles bien noires sur lesquelles l'ennui et la douleur gravèrent de sévères maximes, où l'ineptie barbouilla de dégoûtantes images. Une fenêtre grillée et barrée, huit grabats, un baquet pouvant recevoir tous les besoins de la nuit et une chaise pour le repos du jour. »

Après que le sang le plus pur eut coulé à flots dans cette maison pendant les massacres de septembre, et que dans son greffe se fut dressé le tribunal de mort présidé par Maillard, elle redevint une prison ordinaire; l'enchevêtrement de ses bâtiments formait une sorte de labyrinthe divisé par huit préaux réservés aux différentes catégories de prisonniers.

Le premier, dit Vit-au-Lait, parce que dans le principe il servait de promenoir aux personnes arrêtées pour n'avoir pas soldé des mois de nourrice, était planté d'arbustes et de fleurs.

Le second, la Dette, occupait le centre de la prison et était réservé aux détenus, aux prisonniers politiques, on y trouvait deux chauffoirs, l'un pour les pistoliers, l'autre pour les pailleux.

Le troisième, la Fosse-aux-Lions, recevait une population autrement redoutable; c'était là qu'on entassait les forçats, les réclusionnaires libérés, les prévenus des crimes les plus graves. Pierre Joigneaux, qui s'y connaissait, disait que c'était le lieu le plus sinistre que l'imagination puisse concevoir.

Le quatrième, Sainte-Madeleine, avait une galerie qui servait d'abri aux prisonniers quand le temps était mauvais.

Le cinquième, cour des Mômes, servait tout à la fois, à des heures différentes de promenade pour les prisonniers au secret et pour les enfants.

Le sixième, cour des Poules, était réservée aux employés et aux volailles du directeur; quelquefois un prévenu particulièrement favorisé ou dont on ne redoutait pas l'évasion, obtenait l'autorisarisation de s'y promener. C'était là que Béranger allait prendre l'air,

Galerie sous le petit Châtelet.
(Musée Carnavalet.)

s'asseoir au soleil, et chansonnait cette moralité de plus d'un procès politique :

Malgré ce mur qui me désole
Malgré ces barreaux si serrés
L'arc est tendu, la flèche vole,
Mon bon roi, vous me le paierez.

Le septième cour, Sainte-Anne, était réservée aux vieillards et aux vieux vagabonds.

Le huitième, Sainte-Marie-l'Egyptienne, la plus désagréable de toutes, espèce de boyau encaissé dans de hauts murs noirs, où le soleil n'arrivait qu'en rechignant, servait à des prisonniers que l'on voulait isoler.

Pendant soixante-huit ans, cette prison, déjà vieille dès le jour où elle fut ouverte, vit passer dans ses différentes divisions des hommes de toutes les conditions; le crime et la politique y amenèrent des personnages célèbres, des conspirateurs, des écrivains, des voleurs et des assassins, et sur ses registres d'écrou on rencontre à la fois les noms de Papavoine et de Béranger, de Lacenaire et de Paul-Louis Courrier.

Ce fut le 19 mars 1850 qu'elle fut fermée; les sept cents détenus qu'elle contenait firent leur déménagement dans la nuit et vinrent prendre possession de la nouvelle prison de Mazas où leur nombre devait bientôt doubler.

Bicêtre. — Dans un de ses sermons Bossuet s'écrie : « Sortez un peu hors de la ville et voyez cette nouvelle ville qu'on a bâtie pour les pauvres, l'asile de tous les misérables, la banque du ciel, le moyen commun assuré à tous d'assurer ses biens et de les multiplier par une céleste usure. Rien n'est égal à cette ville, non, ni cette superbe Babylone, ni des villes si renommées que les conquérants ont bâties; là on tâche d'ôter de la pauvreté toute la malédiction qu'apporte la fainéantise, de faire des pauvres selon l'Evangile; les enfants sont élevés, les ménages recueillis, les ignorants instruits. »

L'orateur célébrait ainsi la fondation de l'Hôpital Général, comprenant tous les établissements désignés par l'édit du mois d'avril 1656 pour l'enfermement des pauvres mendiants; ces établissements étaient la Salpêtrière où déjà Louis XIII avait autorisé saint Vincent de Paul à loger un grand nombre de pauvres, la grande et la petite Pitié, et Bicêtre : l'administration en était confiée à la magistrature, et à la municipalité.

La Salpêtrière avait un quartier pour les folles et les femmes débauchées.

Bicêtre, dont le nom vient d'un personnage anglais, Winchester (Vincester), qui au XVIe siècle possédait un château sur son emplacement, fut construit par Louis XIII pour les soldats blessés; il devint tout à la fois une prison, une maison de force le théâtre de tous les vices, de toutes les misères, de tous les crimes. Si saint Vincent de Paul qui avait contribué à sa fondation pour le soulagement des pauvres y était revenu plus tard, il aurait frémi en voyant toutes les souffrances accumulées dans son immense enceinte.

Je ne crois pas que dans aucune prison le séjour ait été plus horrible, la misère, la folie, y vivaient à côté du vice et du crime; la science médicale qui voudrait aujourd'hui voir des malades chez tous les criminels, voyait au contraire des coupables chez la plupart des aliénés, et l'on infligeait souvent à l'un le traitement qui convenait à l'autre. Je sais bien qu'en revanche, l'on retenait en captivité des gens qui aujourd'hui sont trop facilement relâchés et font de leur liberté le plus dangereux usage.

Cette prison était, a-t-on dit, le repaire de tous les vices, l'hôpital où l'on soignait les maladies les plus affligeantes, c'était l'égout de Paris. Mercier, dans ses Tableaux de Paris, l'appelle « ulcère terrible, large, profond, sanieux, qu'on ne saurait envisager qu'en détournant les regards et qui empoisonne l'air à quatre cents toises ».

Plusieurs auteurs s'appuyant sur ce vers de Molière dans l'*Etourdi* :

« Il va nous faire encore quelque nouveau Bissêtre. »

ont dit que Bicêtre était à cause des souffrances qu'on y subissait, synonyme de malheur ; c'est une erreur, il s'agit ici d'une corruption de Bissexte, l'année bissextile étant réputée malheureuse.

Howard parle des cachots de Bicêtre, effroyables, enfouis

au-dessous du sol, à la profondeur de treize pieds, larges de neuf, avec des chaînes dans le mur, ne recevant l'air que par un tuyau de pierre. « Sur environ quatre mille qui sont dans l'enceinte de ses murs, dit-il, il n'en est pas la moitié qui soient prisonniers, le plus grand nombre sont des pauvres; quelques-uns de ces criminels sont dans de petites chambres d'environ huit pieds en carré éclairées par des fenêtres hautes dont plusieurs n'ont pas de verre mais sont garnies d'un treillis de fer; dans deux grandes chambres appelées la Force, sont réunis plus de deux cents prisonniers; un si grand nombre rassemblés ensemble et dans une profonde oisiveté, doit produire une grande corruption de mœurs parmi eux; aussi plusieurs, au moment où la loi décidait de leur sort, ont-ils attribué leurs crimes aux exemples vicieux qu'ils y avaient vus et aux leçons détestables qu'ils y avaient reçues. »

Depuis 1775, on avait cependant établi dans cette maison des ateliers de polissage de glaces, de boutons, de cordonnerie et de fabrique de bas ; une partie du salaire était réservée aux détenus ; avec le travail, la religion s'efforçait aussi, par des prêtres dévoués, d'adoucir le sort de ces malheureux, des cérémonies fort touchantes étaient souvent célébrées dans la chapelle.

En 1789, une commission avait été chargée par l'Assemblée nationale de visiter les prisons et dans un mémoire célèbre, Mirabeau, l'un des délégués, dénonça avec toute la violence de sa plume les abus dont il prétendait avoir été le témoin.

Comme si tout devait être horrible dans cette prison, les massacres de septembre y présentèrent un caractère inouï de férocité; avec une rage de cannibales les massacreurs portèrent indistinctement leurs coups au milieu de cette foule de vieillards, d'enfants, d'infirmes, d'idiots, d'épileptiques, de vagabonds et de criminels.

Le carnage fut plus long, plus terrible qu'ailleurs, dit M. Thiers. dans son « Histoire de la Révolution », il y avait là quelques milliers de prisonniers enfermés pour toute espèce de vices, ils voulurent se défendre, on employa le canon pour les réduire. »

En 1802, le préfet de police Frochot disait encore : « Par suite d'un long usage et de l'emploi auquel cette maison était destinée, une tradition presque antique a imprimé au nom de Bicêtre le sceau de la flétrissure. »

Les malades et les criminels restèrent longtemps encore sous le même toit; ce fut dans l'hôpital que Pinel, inaugurant un nouveau traitement des maladies mentales, substitua la douceur à la violence; dans la prison les abus durèrent longtemps encore, les détenus qui n'étaient pas à la pistole, dit l'auteur de l'Histoire des prisons sous le règne de Bonaparte, habitaient non plus les cachots que Louis XVI avait fait fermer, mais un rez-de-chaussée malsain et reposaient sur la paille humide; c'était une espèce de capharnaüm où étaient des prisonniers d'État, des détenus correctionnels, des réclusionnaires et des forçats; jamais ils n'approchaient du feu; leur nourriture était un pain d'une livre et de l'eau tiède qu'on appelle bouillon à la Rumfort, ou, selon d'autres, pitance d'oisifs.

La restauration s'empressa de mettre un terme à ces abus et dès le 19 novembre 1814, le «Journal des Débats» insérait la note suivante: « Les substituts du procureur général près la cour royale de Paris visitent en ce moment toutes les maisons de détention afin de connaître les motifs de l'arrestation de chaque individu; à Bicêtre on a reconnu un grand nombre de personnes qui ne paraissaient détenues qu'en vertu d'ordres arbitraires délivrés le plus souvent par des blanc-seings. »

Depuis, jusqu'à l'ouverture de la grande Roquette, Bicêtre devint la prison des condamnés à mort attendant le jour de l'exécution, et des forçats qui y subissaient l'opération du ferrement et en partaient, hideusement accouplés les uns aux autres par la chaîne et le boulet, pour les bagnes de Brest, Rochefort et Toulon.

En 1836, Bicêtre vit disparaître ses derniers prisonniers et ne fut plus qu'un hospice; il paraît qu'on s'habitue à tout, car, s'il faut en croire Joigneaux, les prisonniers regrettèrent « leur vieux Bicêtre, leur geôle déguenillée planant comme un hibou sur la vallée de la Bièvre ».

La Bastille. — Cet ancien château-fort dont la première pierre fut posée en 1170 par Hugues Aubriot, prévôt des marchands, qui y fut lui-même enfermé, était bien par ses grosses tours et l'épaisseur de ses murs le type de la prison fait pour frapper les imaginations; elle fut plus fatale aux puissants qu'aux faibles, et la Révolution fut ingrate en la détruisant, car sous Louis XI et Richelieu, elle eut sa part dans l'œuvre de nivellement imprudemment poursuivie par la royauté.

Depuis longtemps, malgré l'effroi mystérieux qu'inspirait sa masse sombre, elle était devenue une des prisons les plus douces de Paris, on n'y souffrait guère que de la privation de la liberté, ce qui assurément était déjà trop. « J'ai cent fois pensé, disait Rousseau à un magistrat, que je ne me trouverais point mal à la Bastille, n'étant tenu d'autre chose que de rester là. »

Au-dessus du cadran de l'horloge on avait placé deux figures enchaînées par le cou, les mains et les pieds; M. de Breteuil, les ayant remarquées, donna l'ordre de les enlever sur l'heure, ne voulant pas laisser à la vue du peuple des emblèmes si contraires à la vérité.

C'est cependant à la Bastille que l'esprit de parti a fait la plus mauvaise réputation et pendant longtemps ses pierres et ses clefs plus ou moins authentiques furent l'objet d'un culte prudhommesque; mais un jour est arrivé où on a cessé de faire l'histoire avec des légendes, des écrivains consciencieux se sont mis à regarder le fond des choses, ils ont fait descendre de leur piédestal les idoles populaires, ils ont porté la main sur les fétiches de la Révolution, et ils nous ont montré avec les documents les plus authentiques que la Bastille du moyen âge avait disparu depuis longtemps pour faire place à une prison où, ainsi que l'attestent tous les livres de compte qui ont été retrouvés, on était traité d'une façon fort humaine; sa cantine, souvent digne d'un gourmet, était infiniment plus succulente que celle de la Santé ou de Sainte-Pélagie.

On s'était imaginé que les prisonniers étaient soumis à d'horribles traitements et que les cachots étouffaient le bruit de leurs gémissements; peut-être la police elle-même n'était-elle pas fâchée de laisser se répandre cette salutaire erreur, non seulement dans le peuple, mais même chez les gens de qualité.

Mme Staël raconte à ce sujet une plaisante aventure qui lui arriva quand elle fut mise à la Bastille sous la Régence, à l'occasion de la conspiration dans laquelle Mme la duchesse du Maine se trouva compromise; elle s'imagina, sur des histoires effrayantes que l'abbé de Chaulieu lui avait faites, qu'elle allait être soumise à la question, et déjà elle se disait : « on souffre des opérations affreuses pour sauver sa vie, que fait la douleur ? elle arrache des cris et ne peut vous forcer d'articuler des paroles ; » malgré tout elle avait une peur horrible; enfin elle se décide à questionner le gouverneur, il ne lui répond pas, son silence confirme ses craintes, quand elle s'aperçoit qu'il est sourd ; elle fut la première à rire de sa vaine frayeur et depuis, elle appela la Bastille sa paisible demeure.

La Bastille était un lieu où on internait les gens au nom de la raison d'État, sans donner à cela une couleur de justice; c'était franchement un acte politique dans lequel la justice n'avait rien à voir, et la chose ne choquait pas à une époque où le roi avait la plénitude de souveraineté.

Le régime de cette prison changea avec les temps et les mœurs; il s'adoucit avec eux, et ses rigueurs disparurent quand elles ne furent plus nécessaires; si le monarque, investi d'un pouvoir en quelque sorte paternel et divin, estimait qu'il était de son devoir de séquestrer momentanément ceux qui par leurs complots, leurs entreprises contre l'État, leurs outrages aux mœurs, leurs attaques contre la religion, étaient une cause de trouble dans la famille, dans la société, il réduisait la leçon à la simple privation de la liberté.

Laporte, dans ses Mémoires, rapporte comment à la Bastille on passait son temps à étudier les mathématiques, à dresser des chiens au manège, à composer des livres ou à apprendre à dessiner; Linguet lui-même est obligé de reconnaître que la cuisine n'y étai pas mauvaise, et Marmontel raconte dans ses Mémoires que le premier repas que deux geôliers vinrent lui servir, se composait « d'un excellent potage, d'une tranche de bœuf succulent, d'une cuisse de chapon bouilli, ruisselant de graisse et fondant, d'un petit plat d'artichauts faits en marinade, d'un plat d'épinards, d'une très belle poire de crassane, de raisin frais, d'une bouteille de vieux Bourgogne et du meilleur café de Moka ».

Un des hommes qui a le plus contribué à ameuter l'opinion contre la Bastille, l'avocat Linguet, était un assez triste personnage; il avait, dans ses écrits, vanté le bonheur des peuples courbés sous le bâton des janissaires ou le sabre des mameluks; puis le jour où le gouvernement lui fit sentir les désagréments de l'arbitraire en l'envoyant réfléchir pendant vingt mois à la Bastille, il écrivit, pour se venger, des mémoires trop pleins d'emphase et de déclamation, pour qu'on puisse leur reconnaître la valeur d'un document historique, et prendre à la lettre les accusations qu'ils contiennent; il se plaint qu'on lui ait enlevé son argent de peur qu'il ne s'en serve pour corrompre ses gardiens, ses ciseaux et couteaux, de peur qu'il ne se coupe la gorge ou qu'il n'assassine ses geôliers, il se plaint qu'il ne puisse se faire raser sans une permission du gouverneur, et qu'on ne lui donne pour se chauffer que six bûches par jour, il se lamente qu'on lui ait fait attendre la permission d'avoir une pelle et une pincette de fer, d'acheter une théière, un fauteuil solide pour remplacer un vieux fauteuil de canne, de la faïence au lieu de la vaisselle d'étain de la maison, et enfin qu'on ait fait quelques difficultés à lui donner une boîte de mathématique avec des compas.

Je ne crois pas que, même aujourd'hui, les détenus politiques de Sainte-Pélagie puissent obtenir les mêmes faveurs, et à coup sûr, elles seraient absolument refusées aux détenus des prisons ordinaires. Linguet n'en disait pas moins : « J'ai demandé mille fois, verbalement et par écrit, une procédure ou la mort, et alors le bain de Senèque ou le poignard de Thraséas m'auraient paru une faveur. »

Ses vœux furent exaucés d'une autre façon qu'il ne pensait; les erreurs qu'il avait contribué à répandre, les haines auxquelles il avait fourni un aliment, les passions qu'il avait servies, finirent par triompher; la Bastille d'où il était bientôt sorti, fut renversée ; mais une prison, autrement terrible, s'ouvrit pour lui, la Terreur alla le prendre dans sa campagne où il s'était fait une douce retraite, et l'envoya à la Force où il demanda vainement des juges, et lorsque la charrette vint le chercher pour le conduire à l'échafaud, il pensa sans doute, comme beaucoup d'autres qui eurent le même sort, qu'il eût mieux valu que la Bastille n'eût jamais été démolie.

La légende de la Bastille a vécu chez les gens sérieux, et je crois que les efforts faits pour la faire revivre par le décor, n'auront servi qu'à la détruire plus complètement encore ; d'habiles entrepreneurs ont pensé qu'il y aurait profit pour eux à offrir aux visiteurs de l'exposition de 1889, la reconstitution de la célèbre forteresse et de son quartier ; on y voit la résurrection de toutes les vieilles histoires de cachots où on subissait une mort lente, des chaînes sous le poids desquelles on succombait, des ossements des personnes mortes de faim ; mais on se garde bien de vous dire, car l'effet serait manqué, que ces squelettes provenaient tout simplement du cabinet d'anatomie du médecin de la maison ; on y voit un prisonnier s'échapper, avec une échelle de corde, larder de coups de couteau le soldat qui le poursuit, et le jeter du haut d'un toit ; la foule paraît goûter ce spectacle édifiant ; autrefois on se contentait de rosser le commissaire, aujourd'hui on le tue ; enfin chaque soir des hommes et des femmes débraillés, vêtus de carmagnoles, coiffés de bonnets rouges, prennent le donjon d'assaut et fusillent les pauvres Suisses, dont le grand lion blessé, taillé dans le rocher de Lucerne par le puissant ciseau de Thorwaldsen, rappelle encore l'héroïque fidélité ; il ne manque à cette reconstitution que la tête de Delaunay, on se contente de le montrer enchaîné, l'autorisation n'ayant pas été accordée de représenter jusqu'à ce degré d'exactitude, le simulacre d'une émeute triomphante. On n'y voit pas non plus, malgré la recherche de la couleur locale, cette jeune fille que les émeutiers avaient attachée sur une paillasse à laquelle ils mirent le feu, ils criaient, l'ayant prise pour la fille du gouverneur: Qu'il rende la place, sinon qu'il voie expirer sa fille dans les flammes.

Mais autour de tous ces souvenirs sanglants, on a entassé tant de divertissements, que l'impression se résume dans le mot de Bailly ; les gens qui voulaient donner une fête sur les ruines de la prison, lui demandaient quelle inscription il convenait de mettre, il leur dit: mettez : « Ici l'on danse. »

Lorsque ce spectacle politique fut ouvert avec un certain fracas, un reporter curieux raconta que pour s'instruire, il avait été frapper à la porte de M. Victorien Sardou, et que celui-ci, dont il publia la conversation, dans le journal « Le Gaulois », lui aurait dit : « Comparez, je vous prie la captivité de la Bastille à celle des criminels modernes condamnés à la réclusion et qui attendent à Mazas l'instruction d'un procès dans la solitude d'une cellule, et vous verrez si la vieille forteresse mérite sa réputation de férocité, pour moi j'aimerais mieux trois années de séjour dans la Bastille d'autrefois, la vraie, pas celle qu'on vous montre, que trois mois d'emprisonnement à Mazas. »

Je sais par expérience que les reporters ont beaucoup d'imagination, et qu'on est souvent fort surpris des choses qu'ils vous font dire, mais ici l'opinion me semble assez juste pour qu'on puisse sans invraisemblance, la prêter à un homme d'autant d'esprit.

Il eût d'ailleurs été d'accord avec les érudits qui connaissent le mieux la Bastille: M. Bégis qui possède et a publié sur son histoire les plus précieux documents, M. Ravaisson, et M. Funck Brentano, de la bibliothèque de l'Arsenal, qui en ont si savamment classé les archives; les études qu'ils ont publiées, avec la conscience et l'impartialité de véritables historiens, rétablissent la vérité des faits, et l'un d'eux a pu dire en forme de conclusion : « Nous doutons qu'il y ait un peuple au monde qui puisse se vanter d'avoir eu une prison, puisque prison il y a, d'un caractère aussi distingué et aussi élégant. »

Les huit cachots légendaires n'étaient plus occupés depuis quinze ans, et le jour où le peuple pénétra dans la Bastille, il s'y trouvait sept personnes : quatre faussaires, dont la place était au Châtelet, deux aliénés, dont la place était à Charenton et un jeune dissipé, le comte de Solage, pour l'entretien duquel sa famille, qui avait obtenu de le faire enfermer pour lui éviter une condamnation judiciaire, payait une pension de 2800 livres.

C'est une erreur historique que de rattacher à la prise de la Bastille, la destruction des abus de l'ancienne législation; la Bastille, en tant que symbole de l'arbitraire, est tombée le jour où, au fameux lit de justice du 8 mars 1788, M. de Lamoignon requit au nom du roi, l'édit sur la revision des lois criminelles; le jour où Malesherbes supprima en fait les lettres de cachet et fit mettre en liberté ceux qui étaient arbitrairement détenus; voilà les dates pacifiques qui méritent d'être conservées dans la mémoire des peuples, et dont le souvenir doit nous exciter à de nouveaux efforts vers la légalité; peut-être en regardant de bien près certaines de nos lois, à commencer par le fameux article 10 du Code d'instruction criminelle qui confond, au grand dommage de la liberté individuelle, et de l'inviolabilité du domicile, les pouvoirs de l'administration et ceux de la justice, trouverions-nous encore plus d'une Bastille à renverser; celles qui ne sont faites ni de pierre, ni de plâtre, sont souvent les plus durables.

Le Temple. — La captivité de Louis XVI a donné au Temple une éternelle célébrité; la grande tour de la vieille forteresse, où les Templiers furent enchaînés, et devenue l'apanage du jeune duc d'Angoulême, grand prieur de France, était seule restée debout dans le vaste enclos où le droit d'asile s'était maintenu au profit des débiteurs insolvables, et il semblait qu'aucun prisonnier ne viendrait plus l'habiter, lorsque la Convention lui donna le plus illustre des prisonniers.

Sous le Directoire, le Consulat et le premier Empire, dans ces temps troublés par de perpétuelles conspirations, elle devint une prison d'État; on l'appelait le Petit Coblentz, le régime en était d'ailleurs très doux, mais il suffisait d'un ordre de Réal ou de Foucher, pour vous détenir indéfiniment, par mesure de sûreté générale.

Elle fut fermée en 1808 et démolie en 1811; les prisonniers d'État furent envoyés dans la forteresse de Vincennes, où, en 1784, Mirabeau, enfermé pour ses fredaines, à la demande de son père, écrivit son livre sur les prisons d'État et les lettres de cachet; les fossés de cette citadelle allaient voir s'accomplir dans l'ombre, la lugubre tragédie du 20 mars 1804; elle ne sauva pas l'Empire, et en considérant ses désastres futurs, on se rappelle le mot que l'on prête à l'un des soldats du peloton d'exécution, qui avait tiré en l'air : « J'ai peur, si je tire sur lui, que Dieu me renvoie la balle. »

La Révolution de 1830 y enferma les ministres de Charles X pour les protéger contre les fureurs de la populace, et au coup d'État de 1851, des représentants y furent consignés pendant quelques jours; ils eurent, dit Victor Hugo dans son histoire du 2 décembre, les appartements de M. de Montpensier, rouverts exprès pour eux, un dîner excellent et en commun, des bougies, du feu et les sourires du gouverneur.

Depuis, les cellules de Vincennes sont restées vides, mais elles existent encore. »

CHAPITRE IV

LES CHEMINS DE LA PRISON

Les étapes du crime. — Perversité progressive. — Les antécédents. — Génération du crime. — Causes personnelles, domestiques et sociales. — Destruction de la famille. — Corruption et exploitation de la femme. — Crime et débauche. — Les garnis. — Les brasseries. — Les courses.

Nous avons vu qu'il y avait eu des prisons dans tous les temps, sous tous les régimes; les sociétés se transforment, les idées changent, les prisons restent; parfois le peuple se plaît à les démolir, mais on les reconstruit le lendemain avec des murs plus solides et plus épais; les révolutions confisquent les couvents pour y loger des criminels, Saint-Lazare et Sainte-Pélagie deviennent des prisons comme Clairvaux et tant d'autres lieux illustres dont on fait des Bastilles. Les prisons ne deviendraient inutiles que si le mal disparaissait de cette terre, et sans tomber dans un pessimisme exagéré, il ne semble pas que nous touchions à cet âge d'or, quelques-uns pensent même que nous nous en éloignons.

Le crime ne recule pas devant la civilisation; les découvertes de la science et le développement de la richesse ne lui font pas peur, il y trouve au contraire de nouvelles forces; c'est qu'il n'est pas comme voudrait le croire notre orgueil de gens civilisés, une sauvagerie primitive et bestiale, il est un des éléments de l'humanité, il ne disparaîtra qu'avec elle ; il procède de ses passions, qui, selon qu'elles sont bien ou mal dirigées, font sa grandeur ou sa bassesse. Loin de les éteindre, la civilisation leur fournit des aliments nouveaux, et redouble leur ardeur.

C'est dans les grandes villes que la civilisation s'élève à la plus haute température; surchauffant les esprits, et les tenant dans un état permanent d'ébullition très propre à la germination des instincts criminels. S'il est intéressant de voir comment on vit dans les prisons et d'en considérer de près les mœurs et les habitudes, il faut commencer par en examiner les abords et explorer les chemins qui y conduisent.

Dans la prison on est en présence du fait accompli ; le mal est consommé, et souvent il est irréparable ; on peut empêcher un homme de tomber, mais il est bien difficile de le relever une fois qu'il est à terre. C'est en s'y prenant à l'avance qu'on peut combattre le mal ; ce sont les chemins des prisons qu'il importe de barrer, c'est là qu'il convient d'accumuler les obstacles, d'organiser la résistance, si l'on veut se ménager quelques chances de succès.

Ce sont les petits défauts qui engendrent les vices et les petits délits qui mènent aux grands crimes ; sauf de très rares exceptions, tous les criminels ont des antécédents ; dans le langage juridique, les antécédents ce sont les condamnations ; même dans ce sens, l'exactitude de mon assertion ne peut être contestée ; il est bien peu de criminels qui n'aient fait un séjour plus ou moins long dans les prisons ou qui n'aient eu ce qu'on appelle des démêlés avec la justice ; souvent il leur arrive de s'en tirer avec avantage ; on trouve toujours dans leur passé un certain nombre d'ordonnances de non-lieu, et comme il est peu vraisemblable que la fatalité s'acharne particulièrement sur eux pour les rendre constamment victimes de soupçons injustes, il est plus naturel d'admettre qu'ils parviennent à échapper grâce à l'insuffisance des preuves et aux scrupules fort

Poste de Police. (D'après nature.)

louables d'ailleurs, qui font que dans une seule année, les ordonnances de non-lieu sont dans la proportion de 46 p. 100.

Mais si on entend par antécédents tous les faits qui peuvent être considérés comme les précurseurs en quelque sorte du crime final, la règle que j'ai posée ne comporte plus d'exception, et l'œil de l'observateur découvre facilement dans la vie de l'individu le point où le mal a pris naissance pour se répandre dans l'organisme tout entier. Les condamnations encourues ne sont pas les seules manifestations de cette progression; des faits qui demeurent impunis, et que le texte de la loi n'atteint pas, en sont également les symptômes; il n'y a que les attentats inspirés par ce qu'on pourrait appeler les passions nobles qui puissent, et encore assez rarement, se concilier avec une honnêteté habituelle, un passé irréprochable; ce sont des actions spontanées, qui éclatent parfois comme l'orage entre deux rayons de soleil, tandis que les autres crimes ne se produisent qu'à la suite de profondes et lentes perturbations au milieu desquelles l'état de la conscience va toujours en empirant.

Je considérerais comme un phénomène, à abandonner au médecin aliéniste, l'homme qui du jour au lendemain, après avoir mené jusque-là une vie irréprochable, se livrerait au vol à l'assassinat, à des actions infâmes, ou plutôt je resterais convaincu qu'avec plus d'habileté et d'hypocrisie que les autres, il serait parvenu à dissimuler certains côtés de sa vie; combien n'y a-t-il pas de ces existences en partie double, où il se dépense pour cacher le vice sous des apparences trompeuses, plus d'efforts, plus de volonté, plus d'intelligence qu'il n'en faudrait pour faire tout simplement le bien; mais le mal n'en poursuit pas moins ses ravages, il accomplit à l'intérieur son œuvre de destruction, et le jour où il éclate au dehors, comme une chaudière chauffée à blanc, il étonne, il stupéfie, il apparaît semblable à une monstruosité, mais il s'explique tout naturellement aux yeux de celui qui pénètre dans les dessous, et découvre la filière par laquelle l'homme, marchant de faute en faute, s'habituant au mal, cherchant des satisfactions nouvelles, augmentant chaque jour la dose de ses jouissances malsaines, finit par arriver insensiblement à commettre des actions criminelles.

Dans la plupart des affaires, il n'est pas nécessaire de se livrer à une recherche aussi approfondie ; les condamnations antérieures sont là pour attester ce développement progressif de la criminalité.

Parmi tous ces criminels dont le nom a acquis une notoriété qui permet de les citer, sans manquer aux devoirs de la discrétion professionnelle, je n'en connais guère qui, malgré leur jeunesse, n'aient déjà été les hôtes des prisons ou tout au moins mérité de l'être ; d'abord la faute avait été légère et superficielle, puis elle a fait place à des actes plus graves et plus réfléchis, lesquels à leur tour, ont donné naissance au crime.

A dix-sept ans, Marchandon, le domestique assassin, débute en commettant un vol dans le château de ses maîtres ; les preuves font défaut, l'impunité ne fait que l'enhardir ; les dix-sept jours de prévention qu'il a subis ne l'ont pas corrigé, et, à peine est-il sorti de prison, qu'il vole dans une autre maison, cette fois il est condamné à trois mois de prison et plus tard à treize mois pour un autre vol encore plus important.

Les quatre jeunes gens, dont l'aîné avait vingt ans, qui se présentent en plein jour chez Mme Ballerich, se précipitent sur elle au moment où elle ouvre la porte, l'étranglent et la frappent de coups couteau, avaient tous été condamnés, et le fils de la victime, commissaire de police à Paris, leur disait avec raison en les montrant du doigt :

« Vous êtes tous des misérables ! je ne sais pas ce que je ferais si le respect de la justice ne me retenait pas, mais votre heure viendra, soyez-en sûrs ; toi, tu es un petit gredin, je te connais bien, je t'ai déjà envoyé au dépôt, car tu as pris part une fois à une agression nocturne ; toi, tu es un gouapeur du quartier ; et toi, je t'ai vu dans quelque mauvais endroit. » Mais à quoi bon des citations, alors qu'il s'agit d'une loi générale dont la démonstration se trouve dans tous les dossiers.

Quant à ceux dont le casier judiciaire, jusque-là intact, semblerait contredire l'idée d'une perversité progressive, on les voit comme les autres s'acheminant plus ou moins rapidement vers l'apogée du mal; ils commencent par être des libertins, des paresseux, des égoïstes, des esprits forts ; ils perdent le respect de toutes choses, s'affranchissent de toute contrainte, repoussent toutes les croyances gênantes, et se laissent aller au gré de leurs passions.

Voici deux criminels d'une trentaine d'années, Blin et Beghen, dont l'abbé Moreau a beaucoup parlé dans son livre sur la Roquette, l'un est Français et l'autre Belge ; il y a quelques années, un dimanche pendant que les magasins du Palais-Royal sont fermés ils s'introduisent dans la boutique d'un bijoutier, étranglent la domestique et se sauvent, les mains pleines de bijoux, qu'ils vont vendre à Bruxelles ; ils n'avaient pas jusqu'alors de tare judiciaire, mais leur vie n'avait été qu'un enchaînement de mauvaises actions; l'un, mis en faillite dans les conditions les moins honorables, avait dû fuir son pays, s'était fait renvoyer de toutes ses places à la suite d'actes d'indélicatesse; l'autre était un paresseux, un menteur, un débauché, ayant trahi tous ses devoirs, ruiné ses parents, abandonné sa femme; il était mûr pour toutes les besognes mauvaises.

L'exemple des deux jeunes assassins Lebiez et Barré n'est pas moins frappant ; ils n'ont pas d'antécédents judiciaires, mais ils mènent une vie de désordre et ont abandonné tous les principes qui auraient pu les soutenir.

UN AGENT

C'est Barré lui-même qui, dans l'un de ses interrogatoires, analyse très bien l'etat moral de son complice. « Il ne respectait rien, dit-il, il se moquait de mes scrupules ; j'en avais alors ; le bien comme le mal lui étaient indifférents, il maudissait sa famille, il parlait de sa mère dans les termes les plus injurieux, il ne croyait ni à Dieu, ni à rien. Lorsqu'un prêtre passait, il avait envie de l'insulter ; il avait dit, bien avant le crime, qu'il allait fonder un journal pour crosser la religion ; ses principes politiques me répugnaient ; le pillage, le massacre, les idées de la Commune, voilà ce qu'il approuvait. »

Et à cette question qui lui est posée : « Le crime que vous avez commis n'a pas été un événement subit et provoqué par des circonstances accidentelles, il a été le dénouement logique d'une suite de mauvaises actions et de la perversion lente de votre conscience. » Il répond : « C'est vrai, j'ai été entraîné progressivement. »

Quant à Lebiez, une personne qui l'avait beaucoup connu le dépeignait ainsi : « Il m'a paru que son éducation morale avait été fort négligée au lycée ; dépourvu des principes qui guident et qui soutiennent dans les difficultés de la vie, il supportait son dénument avec une sorte de fatalisme et un sourire amer ; il faisait sa lecture habituelle des journaux les plus avancés, et semblait ne considérer la vie que comme un temps de jouissance que les audacieux et les habiles, dont il se plaisait à citer l'exemple, aiment toujours à se procurer un peu plus tôt ou un peu plus tard. »

Le jour où le jeune garçon marchand de vin Foulloy surprend son patron dans sa cave et lui brise le crâne à coups de bouteille, pour le voler, il n'a paru devant aucun tribunal ; mais l'instruction établit, qu'avant de venir à Paris, il a commis dans les fermes où il travaillait plusieurs petits vols pour lesquels on ne l'a pas poursuivi. Les gens de son pays qu'on entend, disent : « Il est fin, il a des vices ; il était extrêmement malin pour se défendre, il était intelligent, il savait très bien arranger son affaire, lorsqu'il avait fait quelque chose il s'en tirait très adroitement. »

« Plusieurs fois, dit l'un d'eux, je lui ai prédit qu'il finirait au bagne... Les jeunes gens de son âge le fuyaient, il aimait à lire de mauvais livres ; il se faisait envoyer de Paris les « Brigands célèbres » et manifestait toujours le désir de posséder de l'argent. »

Citerais-je maintenant un homme de cinquante ans, père de dix-sept enfants, séducteur de sa propre fille et que la cour d'assises condamna il y a quelques années pour infanticide et avortement ; aucune condamnation ne figurait à son casier judiciaire, mais sa vie n'avait été qu'une longue suite de mauvaises actions ; il avait commencé par être un joueur, un homme de plaisir ; puis ses affaires ayant nécessairemeut mal tourné, il avait cherché des distractions dans les vices les plus honteux. C'était un homme d'une remarquable intelligence et d'une indomptable énergie, la débauche l'avait perdu et en avait fait un farouche sectaire. A des témoins qui lui rappelaient que pendant la Commune il se faisait remarquer par sa violence, voulant faire sauter Paris, criant dans les rues : « Tant qu'on aura des curés on sera toujours perdu, » il répondait en relevant la tête : « J'ai été le premier à ouvrir le feu, et je me suis battu le dernier. »

Le mépris de soi-même, le désordre de la vie conduisent bientôt à la haine de tout ce qui est honnête et régulier ; l'enquête parlementaire sur l'insurrection du 18 mars n'a-t-elle pas constaté que la garde nationale de Paris comptait de 35 à 40,000 repris de justice et que 14 p. 100 des hommes pris les armes à la main étaient des récidivistes.

Je pourrais multiplier ces exemples à l'infini ; ne montrent-ils pas que le mal n'envahit point d'un seul coup la conscience humaine ; il rencontre des résistances, il procède à la façon de ces assiégeants qui font des travaux d'approche, et livrent des combats successifs avant de donner le dernier assaut.

C'est déjà quelque chose au point de vue pénal que d'avoir démontré que le crime au lieu d'être une production spontanée, dérive des habitudes mauvaises, se développant petit à petit, lorsque l'éducation et l'effort personnel ne viennent pas les réprimer ; mais comment ces habitudes deviennent-elles dominantes, par quelle voie arrivent-elles à s'emparer de notre vie et à y établir leur fatal empire ? il suffit de regarder autour de soi pour trouver la réponse à cette question qui ne m'a jamais paru très compliquée.

Dans tout ceci, les hommes sont les uniques auteurs du mal ; il n'est pas nécessaire de faire intervenir des forces inconscientes, des impulsions fatales, des régressions ataviques, pour expliquer que certaines gens préfèrent le vice à la vertu, et aiment mieux s'engager dans les nombreux et quelquefois agréables chemins qui mènent à la prison, au lieu de suivre ce qu'on appelle les arides sentiers de la vertu.

Si j'emploie le mot homme au pluriel, c'est qu'il ne serait pas juste, tout en donnant à l'individu la première place dans l'ordre des responsabilités, de la faire peser tout entière sur lui, et de ne pas en réserver une certaine part à ceux qui l'ont précédé dans la vie ou qu'il y rencontre ; en un mot il faut considérer le passé duquel il sort et le milieu dans lequel il vit ; l'homme n'est pas une unité tombant du ciel sur un monde désert ; il tient aux générations antérieures par les liens du sang, et, en même temps, il sent à chaque instant peser sur lui l'action de la société ; la famille, le milieu social, sont des élements dont il faut incontestablement tenir compte pour apprécier ce qui peut diminuer, sans jamais la faire disparaître toutefois, la faute de l'individu.

Les hommes sont responsables du mal, non seulement parce qu'ils le commettent eux-mêmes, mais parce que souvent ils l'entretiennent, le développent et le perpétuent, soit par la mauvaise éducation qu'ils donnent à leurs enfants, soit par les mauvaises lois qu'ils donnent à leur pays.

Dans un autre chapitre, je rechercherai quels sont les mobiles les plus ordinaires des crimes, et je montrerai que tous engagent la responsabilité personnelle et sociale ; mais avant je veux voir comment se contractent, chez la plupart des délinquants, ces habitudes mauvaises qui, usant peu à peu la conscience, la laissent sans force le jour où l'intérêt et la passion viennent la solliciter.

Une des causes principales de la démoralisation, c'est la désorganisation de la famille ; c'est surtout dans les classes inférieures, moins retenues que les autres par un certain souci du décorum et des conventions sociales, que le mal exerce ses ravages ; sans doute cette affection instinctive, et de vulgaire qualité qui procède uniquement des liens du sang, ne peut être tout à fait méconnue, et a survécu dans bien des cœurs fermés à d'autres sentiments ; mais ce n'est pas là ce qui constitue la famille ; les tendresses stériles, souvent aveugles, ne peuvent suppléer à l'autorité, au respect ; les pères ont trouvé qu'il était plus commode de se faire les camarades de leurs enfants, que de rester leurs mentors, et plus facile de pratiquer la tolérance que de donner des exemples ; cette manière nouvelle de comprendre les devoirs de la paternité, produit partout de déplorables résultats, mais principalement dans les ménages pauvres où les contacts sont plus intimes, et où rien ne voile, aux yeux des enfants, les désordres des parents; le respect s'en va bien vite, nous sommes loin du temps biblique où, sur les trois fils de Noë, il s'en trouva deux pour jeter sur lui leurs manteaux.

Dans combien de familles le fils de l'ouvrier ne voit-il pas sans cesse le père rentrer à la maison dans l'état le plus honteux ; il ne s'en émeut plus, tellement le spectacle lui semble ordinaire; il entend ses grossiers propos, il est le témoin de ses violences et de son abjection; faut-il s'étonner ensuite que le chef de famille perde toute autorité morale.

C'est par milliers que se comptent dans Paris les familles, si l'on peut les appeler ainsi, où l'autorité paternelle s'est frappée elle-même de déchéance; dans ces foyers pestilentiels se développent les instincts mauvais, la farouche envie de ce qui est en bas contre ce qui est en haut, l'esprit de révolte, les haines antisociales, le mépris de toute loi, de toute règle, de toute morale, les appétits féroces, les ambitions avides, et c'est de là, qu'à une époque où on a renversé ce qui pouvait fortifier la moralité aux prises avec la misère, partent chaque jour pour les luttes de l'existence, ces légions qui vont grossir l'armée du crime, et remplir jusqu'aux combles nos prisons devenues trop étroites.

L'action salutaire de la famille est détruite, ou plutôt c'est la famille qui disparaît elle-même; elle est battue en brèche de tous les côtés, le mariage n'est plus cette chose sacrée sur laquelle tous les peuples se plaisaient à appeler la bénédiction de Dieu; le mariage civil lui-même, que Jules Simon appelle si bien le mariage en prose, finira par disparaître. Les unions libres se multiplient d'une façon effrayante; les divorces, simplifiés par la loi du 18 avril 1886, ont presque doublé en une année, et, symptôme bien grave, c'est sur la classe ouvrière que porte surtout cette augmentation.

On peut déjà faire cette triste constatation que des parents relativement honnêtes, dans des situations aisées, acceptent comme une chose naturelle le concubinage de leurs enfants; ils traitent l'amant de leur fille ou la maîtresse de leur fils, absolument comme si les liens d'une alliance régulière les attachaient les uns aux autres; ils leur donnent les mêmes titres, les admettent à leur table, et les aident au besoin à se mettre en ménage. Les enfants naturels entrent de plain-pied dans la famille. « Mes chers amis, disait encore Jules Simon, apprenez à être moins coulants sur le chapitre du mariage, si vous tenez à sauver la vieille morale de nos pères. »

Dernierement, un jeune homme inculpé d'assassinat me déclarait : « J'avais seize ans, lorsque j'ai eu ma première maîtresse; nous nous sommes mis en ménage, sa mère lui a donné des meubles, et ma mère m'a donné de la vaisselle et bien des affaires. »

Que de fois n'ai-je pas vu des mères, dont les fils étaient en prison, me prier de mettre sur le permis de communiquer le nom de leur maîtresse; elles attribuaient à de la mauvaise volonté ou à une excessive sévérité, un refus dont je cherchais en vain à leur expliquer le motif; les directeurs de prison sont obligés de veiller de très près pour déjouer les ruses que les détenus emploient pour recevoir les visites, les lettres et les secours de certaines femmes, et ce sont les parents eux-mêmes qui favorisent les communications secrètes entre les amants que le juge d'instruction a séparés.

Une petite fille venait avec sa mère voir son frère qui allait bientôt payer de sa tête un épouvantable assassinat; elle fut surprise au moment où il lui remettait une lettre; à la première lecture, cette lettre semblait bien innocente : « Ma chère petite sœur chérie, disait-il, je suis bien content de toi, et j'ose espérer que tu continueras; cela ne sera rien du tout, ne te fais pas de peine pour ton petit frère, pour la vie. » Tout autre qu'un directeur de prison se fût laissé prendre à ces protestations de tendresse fraternelle, mais cette autre phrase fut pour lui un trait de lumière : « Maintenant, Didine, je te dirai que je suis sans un sou, et conséquemment tu dois penser que je ne m'amuse pas beaucoup ; je crois que tu vas remédier à cela, et tu enverras un peu d'argent à petit frère, à seule fin qu'il puisse se procurer quelques douceurs. »

Est-il besoin de dire que petit frère était le souteneur, et la sœur une prostituée à laquelle était destiné le message confié aux mains d'une enfant, sous les yeux de sa mère.

A la destruction de la dignité paternelle qui ne peut subsister au milieu de ce dévergondage, il faut ajouter la déchéance de la femme ; c'est certainement là une des causes de l'accroissement de la criminalité ; de très bonne heure, la jeune fille pauvre, à laquelle il faudrait de bons exemples, une bonne éducation pour la défendre contre les mille dangers qui l'entourent, se pervertit tout naturellement par les exemples qu'elle a sous les yeux, dans son propre logis. M. Maxime Ducamp a dit très justement : « Les filles du peuple sont perdues par le peuple, dans les vastes maisons à logements multiples qu'elles habitent, dans les ateliers qu'elles fréquentent, dans les bals interlopes où on les entraîne, dans les cabarets où on les conduit; elles n'ont que de très mauvais exemples sous les yeux. » Le foyer domestique, où il faut que la jeune fille traite comme une sœur la maîtresse de son frère, ne la défend plus, et, elle-même, entraînée par les encouragements qui lui sont donnés, devient incapable de le protéger à son tour ; elle y introduit au contraire de nouveaux ferments de décomposition.

C'est en général de ces tristes intérieurs que sortent, corrompus avant l'âge, ces jeunes malfaiteurs dont la perversité se manifeste ous les formes les plus variées ; la corruption de la sœur marche de pair avec celle du frère ; on les trouve réunies, et elles semblent se compléter l'une par l'autre.

Lorsque la femme n'est plus en état de remplir son rôle, d'exercer autour d'elle une influence salutaire, elle devient un danger ; aussi il ne faut pas s'étonner si le nombre des délits et des crimes faccroît en même temps que la débauche se développe.

C'était encore un frein que la présence, au logis, à la table de famille, où, en sortant de l'atelier, on se réunit pour prendre le repas du soir, d'une jeune fille que le mal n'avait pas encore touchée ; les pieuses images, devant lesquelles on s'agenouillait jadis, pour se relever plus fort, avaient peut-être disparu ; mais elle, vierge vivante, était encore comme un dernier symbole de pureté. On se taisait devant elle, chacun mettait ses soins à ne pas la faire rougir par quelque parole imprudente ; le père au besoin aurait imposé silence, le fils oubliait le grossier langage des rues, il se sentait devenir meilleur, et apprenait à cette école familiale, le respect des femmes honnêtes et le mépris des autres.

Sans doute il y a encore un grand nombre de ménages où se conservent, malgré les difficultés de la vie et les épreuves de la misère, une grande noblesse de sentiments et une admirable pureté de mœurs ; je les salue en passant ces foyers restés intacts au milieu de la corruption générale ; ce ne sont pas ceux-là qui alimentent les prisons ; mais sous le même toit, sur le même carré, combien y en a-t-il où l'on trouve à côté du frère voleur ou assassin, la sœur prostituée.

Dernièrement le hasard envoyait siéger parmi les jurés de la Seine un homme de beaucoup d'esprit; dans une certaine affaire d'assassinat, M. Francisque Sarcey se trouvait être du jury; toutes les misères sociales se déroulèrent devant lui, il vit de près l'abaissement du sens moral dans la classe ouvrière, la prostitution acceptée comme un travail ordinaire, des ménages réputés honnêtes frayant avec des femmes de mauvaise vie. Faisant part de ses impressions, avec la sincérité de l'observateur consciencieux, il écrivait en sortant de l'audience : « La victime était une fille soumise... nous avons vu défiler les témoins, qui appartenaient tous à la classe ouvrière j'ai été surpris de la parfaite indifférence avec laquelle ils ont parlé les uns et les autres du triste métier que cette femme avait choisi, ils avaient l'air de croire que c'était là une profession comme une autre et qu'on n'était point blâmable si on l'exerçait honnêtement; ce que je ne pouvais comprendre, c'était l'inconsciente facilité de tout ce monde à admettre comme un métier régulier, pas plus déshonorant que les autres, celui de fille soumise; il semblait résulter des dépositions que tous vivaient avec cette prostituée sur un pied d'estime réciproque et de douce intimité. »

Ce que M. Sarcey a vu en passant, les juges d'instruction le voient tous les jours et ne s'en étonnent plus. Le désordre des mœurs dans ce qu'il a de plus abject, s'introduisant, au sein même des familles, est certainement une des sources les plus abondantes des crimes; un jeune homme a grandi au milieu des plus déplorables complaisances, il a vu ses parents fermer les yeux sur le libertinage de leurs filles, s'ils n'allaient pas jusqu'à l'encourager; il a vu ses sœurs, exercer sous une sorte de patronage officiel, un métier plus lucratif que celui de l'atelier, il a appris qu'à être leur protecteur on peut vivre largement sans rien faire; alors, à son tour se sentant les bras assez vigoureux pour remplir ce vil métier, il a cherché une femme non pour l'aimer mais pour l'exploiter, non pour la faire vivre, mais en vivre lui-même; c'est ainsi qu'il se crée entre ces jeunes gens et ces jeunes filles, dépravés par les mauvais exemples ou les criminelles complaisances des parents, une sorte d'asociation où chacun apporte sa part de corruption; la femme qui a moins de goût pour les actions violentes se contentera de trafiquer d'elle-même, mais l'homme va plus loin, et le jour où l'argent lui manquera, où le métier de sa compagne ne lui rapportera plus assez, il deviendra un voleur.

Le libertinage a toujours eté chez les hommes de toutes les conditions le plus puissant des dissolvants; dans les classes élevees il dessèche le cœur, il développe l'égoïsme, il détruit la foi pour la remplacer par un scepticisme commode, et combien en est-il parmi ces viveurs qui cherchent à se persuader qu'ils sont de grands philosophes quand ils sont tout simplement de grands jouisseurs, qui ne veulent pas qu'on trouble leur quiétude par la perspective d'une autre vie. Chez le peuple le désordre des mœurs avilit plus encore peut-être, parce qu'il s'y mêle presque toujours une pensée de spéculation et qu'il procure le moyen de vivre sans travailler.

La plupart des jeunes criminels que j'ai vus étaient tous de cette catégorie, et en admettant même que quelques-uns aient su se créer des ressources personnelles, tous sans paraître même se douter de leur abjection ou en la dissimulant sous certains dehors, trouvaient commode de vivre avec ces filles que la police marque d'un sceau d'infamie.

L'assassin de Marie Aguettant auquel sa maîtresse faisait honte de vivre avec son argent, dont il connaissait la provenance, lui répondait : « Chez moi c'est raffiné. »

Citerais-je encore l'exemple de Kaps, trois fois meurtrier à dix-neuf ans, auquel on reprochait de spéculer sur l'infamie d'une femme qu'il prétendait aimer, il répondait avec une sorte de naïveté : « Je vous assurè que je ne lui donnais que de bons conseils et qu'elle faisait son métier très honnêtement. »

Le sens moral disparaît tellement dans ces ignobles alliances que l'homme et la femme ne sentent même plus la honte de leur condition, ils arrivent à se persuader qu'ils font une chose toute naturelle et presque méritoire ; ils se prouvent leur affection en s'entr'aidant par le vice et par le crime ; c'était la thèse que me développait, avec une désolante bonne foi, un des psychologues de cette espèce, enfermé à Mazas pour avoir assassiné la fille avec laquelle il était associé.

« Une jeune fille, m'écrivait-il, fait la rencontre d'un individu qui sait lui plaire, elle s'y attache, et celui-ci, voyant l'amour de sa maîtresse, cherche à spéculer sur elle-même ; bien souvent la femme refuse, mais son amant, connaissant l'attachement qu'elle a pour lui, la menace de la quitter ou de se livrer à des choses déshonnêtes. Alors, pour ne pas que son amant subisse une condamnation ou l'abandonne pour vivre avec une autre, elle se livre à la prostitution, elle n'ignore pas que ce qu'elle fait est mal, mais du moins celui qu'elle aime n'appartiendra pas à une autre ou ne risquera pas d'avoir maille à partir avec la justice... Quant à lui, lorsqu'il la voit arrêtée par la police des mœurs et pour les choses qu'il lui a conseillées, il ne veut pas la laisser sans argent, il cherche à s'en procurer par tous les moyens possibles, il n'hésite pas à risquer la prison pour venir en aide à sa maîtresse ; beaucoup de gens qui méprisent les souteneurs ne feraient peut-être pas ce que font ceux-ci pour venir en aide à leurs maîtresses, risquer de perdre le plus grand bien que l'homme possède sur la terre, la liberté. Ainsi donc, monsieur, ajoutait-il en forme de conclusion, vous voyez qu'il y a encore du sentiment et que si l'intérêt se mêle quelquefois bien souvent, il y a malgré cela un certain amour, car si pervers que soit l'homme, il a toujours besoin de porter son affection sur quelqu'un. »

Je ne sais pas ce que devient l'amour dans ces abominables unions ; ces dépravés croient quelquefois s'aimer, au besoin même ils se jettent du vitriol au visage, mais il est facile de savoir ce que devient leur conscience; elle arrive bientôt à ne plus s'émouvoir de rien; l'habitude qu'ils prennent de mener une vie facile avec de l'argent provenant d'une source impure, les amène à ne reculer devant aucun moyen pour s'en procurer davantage ; comme cet assassin qui pour se justifier d'avoir étrangle un ami pour lui prendre son porte-monnaie, me répondait : « C'est que ma maîtresse ne m'en donnait plus », ils organisent des vols, ils complotent des meurtres le jour où la femme avec laquelle ils vivent ne gagne plus assez d'argent pour satisfaire leur soif de jouissance de plus en plus ardente.

L'économie et le vice sont deux choses qui, en général, ne peuvent s'accorder; celui qui gagne de l'argent par des moyens lents et honorables, en connaît la valeur et n'aime pas à le prodiguer; il n'en est pas de même assurément des hommes dont je parle, tandis que la femme travaille pour eux, ils se croisent les bras et passent des journées entières dans la fainéantise; ils attendent tranquillement que la malheureuse leur apporte son tribut, et aussitôt ils le gaspillent plutôt qu'ils ne le dépensent; ils prennent ainsi des habitudes de prodigalité auxquelles le travail, même le mieux rétribué, ne saurait donner satisfaction, et ils sont amenés par une pente toute naturelle à commettre des crimes. On ne peut s'imaginer avec quelle rapidité des sommes qui paraîtraient considérables, même à des gens riches, sont englouties en quelques heures dans des orgies de cabaret; je demandais à un voleur assassin ce qu'il eût fait s'il avait trouvé une somme de dix mille

Poste de Police. (D'après nature.)

francs, échappée à ses recherches, et s'il aurait attendu longtemps avant de commettre un nouveau crime, il me répondait en souriant:

« Ah monsieur ! vous ne connaissez donc pas la Villette, en huit jours j'aurais tout mangé avec des camarades. »

Non seulement cette manière de vivre développe outre mesure les appétits, mais elle leur donne plus de puissance pour les satisfaire.

J'ai lu dans des traités d'anthropologie que le criminel n'avait pas de courage ; si on parle de la lâcheté morale qui rend incapable d'un effort vers le bien, je serai absolument de cet avis, mais, au point de vue physique, l'existence de ces misérables développe au contraire leurs forces et leur audace, parce qu'elle les condamne à une lutte permanente soit entre eux, soit avec la police ; il faut les entendre raconter leur vie pour comprendre quel singulier mélange elle offre de jouissances désordonnées et de dures privations, de paresse et d'activité, d'indolence et d'énergie, de repos et de danger ; à voir leur démarche lente et fatiguée, on les croirait incapables d'une action vigoureuse, mais qu'ils aient à défendre leurs maîtresses contre un passant, à la disputer à quelque rival, à l'arracher aux mains des agents, ils apporteront dans ces combats, souvent terribles, je ne veux pas dire une bravoure, de crainte de profaner le mot, mais une indomptable énergie. Aussi parmi ces malfaiteurs, le courage et la force physique sont tenus en grand honneur ; ils se laisseront sans protester traiter d'assassins, de voleurs et de bandits ; mais le reproche de lâcheté est celui qui leur est le plus sensible ; on aperçoit chez eux, comme un sentiment de fierté, quand ils entendent un témoin raconter leurs exploits et attester la puissance de leurs poignets; c'est à la fortifier qu'ils appliquent tous leurs soins, ils se livrent, dans les lieux où ils se réunissent, à des exercices méthodiques pour développer leurs muscles et leur agilité et ils mettent leur amour-propre à établir leur supériorité sur leurs camarades, à mériter un sobriquet qui soit comme un brevet de force; c'est ainsi que les surnoms de la Terreur, le Lion, la Panthère, l'Hercule, Bras-de-Fer, sont extrêmement répandus parmi eux; c'est un hommage rendu par la brute à la force matérielle; mais quand l'esprit se dégrade en même temps que le corps se fortifie, la bestialité a bientôt le dessus; l'homme devient féroce, la vie des autres ne compte plus pour lui; le sinistre manchot qui poignardait le gardien de la villa d'Auteuil, tout en l'étreignant avec son moignon garni d'un crochet de fer, était un de ces dieux de la force brutale qu'on adore sur les boulevards de la Villette.

Je viens de montrer que l'une des principales causes de la criminalité parisienne, c'est la désorganisation de la famille; assurément ce fait n'est pas indépendant de la volonté des hommes, et sans entrer dans le détail des problèmes que cette triste situation soulève, personne ne contestera que le mal pourrait être combattu, si les parents avaient, avec le respect d'eux-mêmes, le sentiment de leur devoir, et si la société s'occupait davantage d'assurer à la femme le moyen de vivre honnêtement.

J'ai montré surtout que de cette dépravation de la jeune fille, était née cette profession de souteneur, qui mène aux chemins les plus directs de la prison; il y en a beaucoup d'autres; lorsque dans les classes pauvres le jeune homme a l'heureuse chance de vivre dans une honnête famille et de ne pas être perdu par l'exemple des siens, dès qu'il est dehors il rencontre le mal partout; il lui vient de tout ce qui l'entoure, de ce qu'il voit, de ce qu'il entend, des lieux où il habite, de ceux où il va chercher des distractions, de ceux où il travaille.

Je n'ai pas la prétention d'exposer ici toutes les occasions qui viennent le provoquer et éveiller ses mauvais instincts, j'aurais à faire le tableau de nos mœurs faciles, à signaler ces doctrines qui, quelquefois tombées de très haut, pénètrent dans les bas-fonds, y répandent le mépris de toute règle, de toute morale, rendent les appétits plus exigeants, les haines plus féroces, les passions plus violentes; je montrerais la rue, dans le centre même de Paris, sous l'œil à demi fermé de la police, envahie par une foule tellement immonde, qu'une honnête femme doit se détourner si elle veut éviter de révoltants spectacles.

Je dénoncerais encore comme une cause de corruption ces étalages de livres, dont le titre à lui seul affiche des prétentions d'obscénité, et qu'on ne poursuit pas parce qu'il y en aurait trop à poursuivre; ces réclames malpropres qui souillent les murs; ces exhibitions de gravures, de photographies dignes de servir d'enseigne aux mauvais lieux.

Voici déjà longtemps que le cri d'alarme est poussé par les voix les plus autorisées; à chaque grande affaire criminelle, on signale le péril, puis bientôt l'attention est distraite par un incident nouveau. « Que font donc nos législateurs en face de ce débordement de vices, d'infamies et de turpitudes, écrivait en 1886, un de nos plus vigoureux publicistes; quand donc s'occuperont-ils de porter le fer et le feu dans ces plaies sociales; attendent-ils avant d'arriver que la gangrène s'y soit mise!

J'ai dénoncé dans une autre étude, l'influence néfaste de toutes ces choses sur les jeunes imaginations, et cela m'a valu l'honneur de certaines injures; je veux me borner à indiquer ici quelques causes peut-être encore plus directes des progrès de la criminalité.

Je signalerai notamment la mauvaise tenue des garnis; le jeune ouvrier de Paris quitte de bonne heure sa famille, il aime l'indépendance, et dès qu'il peut se suffire à lui-même, il prend un logement séparé ; il va le chercher dans ces hôtels garnis qui pullulent dans certains quartiers ; pour dix francs par mois, il peut avoir une chambre sale, remplie de vermine et mal meublée; on ne lui demande ni ce qu'il fait, ni d'où il vient; il suffit qu'il paie et qu'il écrive sur un bulletin, soit son nom, s'il lui convient de le donner, soit le premier nom qui lui passe par l'esprit ; ses parents le laissent absolument libre, car chez le pauvre comme chez le bourgeois, on pratique volontiers cette sotte maxime qu'il faut que jeunesse se passe; quant à ses patrons, ils ne s'occupent aucunement de sa manière de vivre, le travail étant organisé d'une façon tellement anti-sociale, que l'ouvrier est absolument abandonné à lui-même, et que le maître, en général, ne se croit tenu à aucun devoir de patronage. Or, les garnis sont tout ce qu'il y a de plus dangereux au monde ; ce sont les abris de tous les vices, de toutes les infamies, de véritables repaires de bandits; il paraît qu'il existe un service de surveillance de ces maisons, je ne me suis jamais rendu compte de son utilité ; je n'ai pas à dire tout ce qui se passe dans ces bouges, on le devine aisément, et si le lecteur m'accusait d'exagération alors que je me tiens par respect pour lui au-dessous de la vérité, il n'aurait qu'à parcourir la ligne des boulevards extérieurs dans les quartiers les plus populeux, la Villette, Belleville, Ménilmontant, Vaugirard, et il verrait quel est, à partir de l'heure où la nuit tombe, le principal profit de ces maisons que l'on décore du nom d'hôtels meublés; c'est là que l'ouvrier achève son éducation, déjà si bien commencée dans sa famille. Il n'a qu'à écouter derrière la fragile cloison de sa chambre, pour savoir comment il faut s'y prendre pour vivre grassement sans se fatiguer; c'est là que se contractent ces liaisons, ou plutôt ces associations néfastes, où l'homme devient mauvais bien moins par l'impulsion de sa propre nature que par le contact du vice ; tous les criminels l'attestent, et font remonter aux mauvaises fréquentations la cause première de leurs fautes.

Ecoutez par exemple Gamahut, il l'explique lui-même dans ces termes :

« Je me mis à fréquenter cette maudite maison qu'on appelle le Château-Rouge, jour maudit où je mis les pieds pour la première fois dans cet antre où l'on ne respire que les vices de toute façon, j'allais là me chauffer, me trouvant dans un dénûment complet, et c'est là que je fis connaissance de cette bande de repris de justice qui m'entraînèrent avec eux. La misère et la fréquentation des mauvaises sociétés m'ont abaissé à m'avilir au rang des criminels. »

« Vous me demandez, dit un assassin de vingt ans, au juge qui l'interroge, comment, ayant des parents honnêtes, j'ai pu mal faire : ce sont les mauvaises fréquentations. »

Une autre répond à la même question : « Il y a un proverbe qui dit : dis-moi qui tu hantes, je te dirai qui tu es ; si je n'avais pas été loger en garni, si je ne m'étais pas trouvé forcément avec les gens qui les fréquentent, je pourrais encore marcher la tête haute, mon père, aujourd'hui déshonoré par moi, n'aurait pas à subir les conséquences du crime que j'ai commis. »

« Vous voulez savoir ce qui m'a perdu, déclare un autre, je crois que c'est la débauche, je suis faible de caractère, je me laisse facilement entraîner. »

Voici un jeune homme de seize ans qui a commis un vol, ses parents sont très honnêtes, il dit avec une sorte d'orgueil au juge : « Il n'y a pas longtemps que mon père était du jury de la

Seine ; » ce n'est pas la misère qui l'a entraîné ; on lui demande comment il se fait qu'il soit devenu un voleur : « J'ai eu, répondit-il de mauvaises fréquentations à Montmartre, je ne rentrais jamais avant une ou deux heures du matin, tous les jours je fréquentais les brasseries de femmes, et depuis ce temps je n'ai été qu'en diminuant » ; il ne s'arrêta pas sur la pente où il se sentait lui-même glisser ; trois ans après, il commettait un assassinat et était condamné à mort.

A côté de ces garnis qui ne sont que des maisons de débauche clandestine, je place comme une des causes principales de la corruption parisienne, les cafés-concerts de bas étage et les brasseries tenues par des femmes ; la chanson ordurière concourt avec l'absinthe frelatée à salir l'imagination et à altérer la santé ; si ces tristes lieux, pleins d'une atmosphère de vice, n'avaient d'autre inconvénient que de développer chez leurs habitués cette manie de versification dont la cour d'assises donne chaque jour de si ridicules échantillons, le mal ne serait peut-être pas bien grand, mais ce qui rend ces endroits autrement redoutables, c'est que l'action combinée de l'alcoolisme et de la débauche entraîne à des dépenses excessives.

Il ne me convient en aucune façon de faire le tableau de ces repaires, abominables foyers de corruption, et d'en décrire les pratiques honteuses ; il me suffit de rappeler que le métier patenté et toléré des femmes de service dans ces établissements, consiste à employer tous les artifices possibles pour dépouiller le client ; plus elles le font boire, plus elles l'abrutissent, plus elles le font dépenser et plus elles méritent la confiance du patron ; c'est le vol patenté, avec cette circonstance aggravante qu'il s'accomplit à l'aide de la débauche ; tandis que sous la main de ces Hébés du ruisseau, les verres se remplissent, la note à payer grossit démesurément sans qu'on s'en aperçoive ; et comme le malheureux jeune homme, ouvrier, petit employé, commis de magasin, qui fréquente ces lieux, n'a pas la bourse assez bien garnie pour payer les sommes relativement énormes qu'il aura, presque sans le savoir, été amené à dissiper en quelques minutes, il se sert de l'argent des autres; le voilà perdu ; il a cessé d'appartenir au monde honnête et il va s'enfoncer dans le vice jusqu'au jour où un agent de la sûreté mettra fin à ses exploits.

Je signalerai encore, parmi les causes toutes modernes de la criminalité, ces agences qui mettent le jeu à la portée de tout le monde ; la femme et le champ de courses, voilà les principales sources des crimes et des délits qui se commettent à Paris ; c'est là que tant de jeunes gens trouvent le moyen de se procurer de l'argent tout en menant une vie oisive ; aujourd'hui quand un malfaiteur n'est pas un souteneur, il est associé à quelque bookmaker, il est souvent tous les deux à la fois ; les cotes sur les chevaux ne se font plus seulement dans les clubs, où les courses sont suivies par quelques-uns à un point de vue sérieux, mais chez le marchand de vin. Les sportsmen coudoient les repris de justice, et les grandes voitures, qui nous assourdissent et nous écrasent les jours de courses, pourraient aussi bien déposer la plupart de leurs clients à la porte de Mazas que sur les pelouses de Longchamps et de Saint-Ouen ; la loterie, malgré ses dangereux attraits faisait moins de mal, elle n'entretenait pas tous ces métiers interlopes qui s'exercent sur le turf et gravitent autour des agences ; quand on demande à un individu, sur lequel on trouve une somme d'argent dont la provenance est suspecte, d'où elle lui vient, il répond tranquillement qu'il l'a gagnée en pariant, et toutes les fois qu'un patron vient se plaindre au commissaire de police que son employé ait filé avec la recette, la première question qu'on lui fait est celle-ci : Va-t-il aux courses ? Il est certain qu'il existe à Paris un nombre considérable d'individus qui se dispensent de tout travail, grâce aux gains qu'ils font sur les hippodromes; ils ne deviennent assassins et voleurs que le jour où la chance cesse de les favoriser : c'est ce qu'ils appellent la fatalité.

Les quatre jeunes scélérats qui, au mois de mars 1889, égorgèrent le jardinier de M. Chabaud étaient des habitués de la pelouse d'Auteuil; c'est en y venant qu'ils préparèrent le crime : ils connaissaient à fond, le langage du sport, ils en lisaient régulièrement les bulletins.

« Lorsque j'avais un peu d'argent, dit l'un d'eux, j'allais aux courses, j'en avais entendu parler par des gens au café, je gagnais quelquefois, j'écoutais ce que disaient les parieurs sur le champ et je lisais les pronostics des journaux. »

Un autre ajoute : « Je ne travaillais plus, je gagnais un peu d'argent en suivant les courses et je pariais. »

Les bookmakers font d'énormes bénéfices; le pari mutuel, reconnu presque officiellement, râfle journellement les économies des petites gens ; « c'est un symptôme grave de l'état de nos mœurs, » disait avec raison le journal que le peuple lit chaque matin, et il ajoutait : « lorsque fut établi le pari mutuel j'avais prédit qu'un jour viendrait où l'Etat serait dans une situation difficile ; il est complice d'une funeste passion ». Ce mal ne nous est pas particulier, et les Anglais qui nous l'ont communiqué commencent à s'en inquiéter, à ce point qu'ils l'accusent de saper sûrement et rapidement les instincts honnêtes de la nation.

En même temps que la débauche et le jeu, sous les formes que je viens d'indiquer, conduisent rapidement à la pire des abjections, les jeunes gens qui, à l'époque actuelle, forment à eux seuls le plus gros de l'armée du crime, ils développent chez eux des besoins qu'aucun travail honnête ne peut plus apaiser. L'argent ne coûte guère quand on n'a pas la peine de le gagner, on le dépense avec une espèce de furie, sans penser au lendemain, ou plutôt en se disant que la chance de la veille reviendra; en une nuit, dans les cabarets borgnes, dans les maisons mal famées, des sommes énormes sont englouties; il n'est pas de prodigue qui dépense plus follement son argent que ne le font ces rôdeurs de barrière, après avoir touché le montant de leur pari ou reçu le honteux tribut de leur maîtresse.

Cette exploration rapide des chemins qui mènent tout naturellement au crime suffit déjà à montrer que ces malfaiteurs que nous allons retrouver dans les prisons ne sont pas des impulsifs ; ce sont des dépravés; ce n'est pas une innéité fatale qui les a entraînés malgré eux vers le crime, c'est la corruption contre laquelle ils n'ont pas su ou n'ont pas voulu réagir; si l'on veut trouver une excuse à leurs abominables méfaits, ce n'est pas dans la conformation de leur personne physique qu'il faut aller la chercher, mais dans les influences extérieures ; sans doute le crime est, avant tout, un acte individuel, impliquant une responsabilité personnelle, mais à côté du crime individuel il y a souvent le crime domestique et le crime social.

Le crime domestique, c'est le mauvais exemple donné par le père, son ivrognerie, sa brutalité ; c'est l'union libre remplaçant le mariage ; c'est le divorce affaiblissant ce qui reste du lien conjugal; c'est l'encouragement donné par les parents aux vices qui rapportent, c'est l'exploitation de l'enfant, et la jeune fille exerçant son infâme métier sous les yeux de ses frères, au foyer même de la famille.

Le crime social c'est la négation de l'idée religieuse sans laquelle un peuple ne saurait avoir de moralité; c'est la licence tenant la place de la vraie liberté; c'est l'imprévoyance et l'injustice de la loi; c'est l'autorité paternelle désarmée; c'est la femme sans défense contre la séduction et l'enfant sans protection contre l'abandon.

Une société a les criminels qu'elle mérite. S'il en est ainsi notre société doit avoir de bien grands torts, car jamais les crimes n'ont été plus nombreux ni plus atroces. Le milieu social qui se confond avec le milieu familial est l'un des éléments principaux de la criminalité, et, comme l'a dit avec raison au congrès de Rome un de ceux qui connaît le mieux ces questions : « Le facteur externe ou milieu social tend à prendre de plus en plus une véritable prépondérance. » Faisons donc tous nos efforts pour le rendre moins défectueux, ne craignons pas de parler le langage de la vérité, de l'opposer aux sophismes et aux illusions; cela vaudra mieux que le fatalisme immobilisant auquel conduisent les théories matérialistes.

CHAPITRE V

LA RESPONSABILITÉ

Observations dans les prisons. — Le type criminel. — L'école italienne d'anthropologie. — Criminel né-Atavisme. — Réfutation par l'observation. — Ni ange, ni bête. — Caractères de la responsabilité. — Marche progressive du crime. — Existence d'un mobile. — Crainte de se compromettre. — Habileté dans la préparation. — Trouble après le crime. — Besoin de s'étourdir. — Remords. — Sensibilité.

J'AI montré quels étaient, sur la surface immense de la grande ville, au milieu de ses voies superbes, les mauvais chemins qui conduisent habituellement l'enfant à la Roquette, la femme à Saint-Lazare, l'homme à Mazas et à la place où se dresse l'échafaud.

Mais pourquoi suivent-ils ces chemins, quand tant d'autres conduisent au bien et au bonheur ? est-ce une force irrésistible qui les pousse, une destinée fatale qui les entraîne ? leurs propres aveux, l'examen de leur vie, les réflexions que leur inspire parfois la solitude de la prison, répondront mieux à cette question que toutes les sciences et tous les philosophes ; les croyances qui font l'honneur de l'humanité n'ont rien à redouter de ces explorations dans le monde des criminels, au contraire elles en sortent plus affermies.

Des observations nombreuses ont été faites dans les prisons ; c'est là que criminalistes et psychologistes ont été souvent prendre des sujets d'expérimentation et des éléments de comparaison ;

ces recherches, nécessairement rapides et exposées par la force même des choses à être superficielles, peuvent porter à l'illusion et présenter des causes d'erreurs contre lesquelles il faut tout d'abord se prémunir.

C'est avant qu'il soit condamné, pendant la période de l'instruction, que le criminel est surtout intéressant à étudier; sa personnalité est encore intacte, il se rattache à ses habitudes, au monde extérieur, par les communications qu'il entretient au dehors et par l'espoir de recouvrer bientôt sa liberté; ses idées n'ont pas eu le temps de se modifier, sa physionomie n'est pas changée, il n'a pas pris cette expression, ces allures particulières que l'homme reçoit du milieu dans lequel il vit, de la profession qu'il exerce, et, jusqu'au costume, il est tel qu'il était au momentde son arrestation.

Au contraire, lorsqu'il passe à l'état de condamné et que son emprisonnement devient définitif, il perd son individualité, le régime prolongé de la prison imprime un certain cachet d'uniformité, de telle sorte qu'on serait tenté, à première vue, de dire que tous les criminels sont conformés de la même façon.

C'est à notre avis une illusion des yeux; cette similitude factice provient de causes extérieures et passagères; en projetant sur l'eau une lumière colorée on peut, suivant sa fantaisie, la faire passer par toutes les nuances du prisme, sans que pour cela sa couleur naturelle soit changée, de même tous ces détenus, sous les sombres projections de la prison tirent l'uniformité de leur aspect non pas d'un type originaire, mais de l'action extérieure à laquelle ils se trouvent momentanément soumis; regardez-les attentivement; sous ces visages façonnés par le même régime, sous ces vêtements de bure, sous ces crânes rasés, sous ces visages pâlis, se retrouve, prête à se manifester dès que la nature ne sera plus comprimée, l'infinie variété des sentiments humains.

Certains anthropologistes parmi les plus fameux, très frappés par ces ressemblances apparentes qui semblent faire des habitants d'une prison les membres d'une seule famille, ont voulu en conclure que les criminels d'habitude constituaient un type prédestiné au crime et caractérisé par l'existence de certains stigmates, asymétrie du visage, largeur des orbites, mâchoires volumineuses, absence de barbe, etc.

Ces théories, admises par les uns avec une sage réserve, exagérées par les autres avec une intolérance systématique, devaient aboutir fatalement à la négation de la responsabilité.

Le mot crime, dit-on, devrait lui-même disparaître de la langue; le mot coupable pèche contre le principe scientifique, il faut remplacer cette expression par celle de : prouvé dangereux ; car le fait d'assassiner, de voler, de profaner n'étant que le résultat de la structure et l'accomplissement d'une fonction : le triomphe de la vertu sera consommé par la suppression de la responsabilité; on continuera bien encore à ôter la vie à son semblable, mais comme cela ne s'appellera plus assassinat et vol, la morale n'aura plus à en souffrir; et tout en prenant des précautions, c'est ainsi que se nommeront les peines, contre l'auteur de ces actions, on devra lui conserver son estime tout entière.

Si ces doctrines sont inquiétantes au point de vue moral, elles pourraient ne pas avoir un grand danger pour la sécurité sociale; les anthropologistes, en effet, ne sont pas tendres pour celui que sa conformation physique classe dans la catégorie du criminel-né; ils prétendent même protéger la société avec plus d'efficacité que ne le font les lois, qui basées sur le vrai principe de la responsabilité, atténuent la peine toutes les fois que le libre arbitre leur paraît affaibli; comme ils ne voient dans la peine que le côté utilitaire, ils considèrent qu'il faut frapper l'accusé déterminé au crime par la tare héréditaire et constitutionnelle bien plus durement que celui qui a cédé à l'impulsion de circonstances extraordinaires ou à la complicité du milieu; le premier étant poussé par des causes fatales est incapable d'y résister, il constitue ainsi un danger permanent et irrémédiable, tandis qu'il y a plus de chances pour que le second ne commette plus de nouveaux crimes.

La société pourrait de la sorte être plus en sûreté, et assurément ce ne seraient pas les partisans de l'atavisme qui, par un manque de logique, perpétueraient la race des criminels, en autorisant ces mariages que l'Etat favorise à la Nouvelle-Calédonie pour charmer les loisirs des assassins grâciés.

Mais combien la société ne serait-elle pas atteinte, dans ce qui fait sa dignité et sa force, par un système qui, en persuadant à l'homme qu'il est l'esclave de sa nature physique, supprimerait chez lui les efforts de l'éducation et toute idée de lutte contre ses instincts; mais alors, dans ce nouveau monde sans principe et sans fin que le naturalisme prétend faire à l'humanité, il n'y a plus ni bien ni mal; il n'y a plus que des névrosés subissant la loi inexorable de leur tempérament; le crime n'est plus qu'un accident physique; en même temps, la vertu, le talent, l'amour, la charité ne sont plus que les manifestations inconscientes de notre organisme et des mouvements moléculaires, il faut alors supprimer d'un seul coup le mépris et l'estime, le châtiment et la récompense. La conclusion est fatale; si on hésite à la formuler avec cette netteté, elle n'en est pas moins au fond de la doctrine; Lombroso, après son étude sur l'homme criminel, devait écrire son livre sur l'homme de génie, et je ne m'étonne pas de l'entendre dire : « Il n'est pas jusqu'au génie, la seule des puissances humaines devant laquelle il soit permis de plier, sans honte, le génie qui n'ait été rangé à côté du crime parmi les formes tératologiques de la pensée, parmi les variétés de la folie. »

Sans doute les hommes de génie aussi bien que les criminels ne vivent pas toujours comme le commun des mortels, et leur imagination est sans cesse en travail ; est-ce à dire qu'ils soient entraî nés par une force fatale les uns en bas, les autres en haut.

Dans une introduction au livre de Lombroso, M. le professeur Richet, cherchant à en atténuer les conséquences excessives, dit avec beaucoup de raison : « Pourquoi ne pas admettre chez tout homme adonné aux œuvres de l'esprit deux forces psychologiques différentes, d'une part, la force créatrice, c'est-à-dire l'impulsion première, d'autre part, la force critique ou autrement dit la réflexion. » De Maistre ne disait pas autre chose, lorsqu'il définissait l'homme « un composé de deux êtres distincts, l'un gouverné, l'autre gouvernant ».

Voilà la vérité ; ces deux forces je les rencontre aussi chez le criminel ; à côté de la force impulsive, plus ou moins grande selon la nature, l'éducation le milieu, j'aperçois presque toujours la force raisonnante, capable de neutraliser la première.

Les déformations physiques auxquelles on prétend reconnaître la prédestination au crime, ne se rencontrent-elles pas également chez les hommes les plus vertueux. « Les caractères observés par Lombroso, disait M. Manouvrier au Congrès de Paris de 1889, sont nombreux, mais ces mêmes caractères ont été si souvent constatés chez des hommes honnêtes et même vertueux, qu'on peut dire que ce ne sont pas des caractères anatomiques distinctifs » ; du reste, en admettant que certains caractères correspondent à une tendance au crime, que certaines organisations soient plus que d'autres entraînées par leurs instincts, il faudrait encore prouver que cet état physique exerce sur le criminel une contrainte irrésistible, empêche sa volonté de se manifester, et il serait intéressant à titre de contre-

Cour du Dépôt. — Sainte-Chapelle. (D'après nature.)

expérience, de faire le compte de ceux qui, ayant les mêmes tares, n'ent sont pas moins restés d'honnêtes gens.

D'ailleurs, que de fois ne prend-on pas l'effet pour la cause ; si on étudiait l'homme bien avant qu'il soit devenu criminel, on serait frappé des changements que le crime et ses conséquences apportent même dans sa personnalité physique. Il commence à se modifier pendant l'instruction, il pâlit, les tissus se gonflent, la nutrition ne se fait plus, le sang s'altère, les traits se déforment, et, si vous le voyez plus tard dans une maison centrale après quelques mois de séjour, vous pourrez passer près de lui sans le reconnaître ; rien ne donne plus à l'homme le type criminel, dans la plus large acception du mot, que le séjour des prisons ; le milieu dans lequel il vit, la servitude qu'il subit, produisent une dépression dans tout son être ; soumis à une contrainte perpétuelle, il se replie sur lui-même, s'étiole comme la plante qu'on enferme dans une cave, et bientôt il devient cet être nouveau, parfaitement décrit par un homme qui longtemps détenu lui-même, a pu l'observer à l'aise ; il est cauteleux, fourbe et menteur, toute son intelligence s'applique à détendre les filets du juge d'instruction ; il se montre défiant, inquiet, sans cesse ballotté entre la crainte et l'espérance, il se fait flatteur et rampant afin d'obtenir quelques faveurs, il se crée toutes sortes de petits métiers pour rendre sa misère moins âpre et moins dure ; l'homme qui traçait ce portrait disait avec raison : « La justice humaine ne froisse jamais impunément les besoins les plus impérieux de la créature qu'elle retranche de la société ; faut-il s'étonner que la prolongation de ce régime fasse plier les plus solides et imprime sur tous ces fronts les stigmates d'une commune dégradation. »

De même, qui n'a été témoin des heureux changements que le retour au bien, à la vie régulière, opèrent dans la physionomie, dans la santé, dans la personnalité physique. Le curateur des jeunes détenus de Saint-Pétersbourg, M. Roukavichnikoff, racontait au Congrès de Rome qu'il photographiait les jeunes détenus à leur entrée et à leur sortie, et qu'il remarquait dans le rapprochement des deux portraits, une amélioration, sinon constante du moins fréquente de la physionomie. « Ce n'est pas seulement parce qu'ils sont propres, lavés, peignés, bien portants, disait-il, que leur aspect est meilleur ; mais leurs traits ont chez la plupart perdu ce qu'ils avaient de menaçant, de hagard, de farouche, pour prendre une expression qui nous paraît plus douce, plus reposée, plus normale, plus honnête, et l'amélioration de la physionomie nous a semblé correspondre souvent, sinon toujours, à l'amélioration de la conduite. Les changements en mieux sont parallèles, ou pour mieux dire proportionnels, car plus les changements moraux amenés par l'éducation et les bons traitements sont sensibles, plus est visible l'adoucissement de la physionomie. »

En lisant les livres de Lombroso, avec l'attention que méritent ces œuvres remarquables à plus d'un titre, j'ai fini par y trouver cette phrase consolante : « Des saints ont commencé par être des écervelés ou des criminels ; » les coupables sont donc autre chose que des êtres inférieurs voués au crime par la volonté de la nature, puisque par la puissance du repentir, ils peuvent devenir des modèles de sainteté ; le crime n'est donc plus une fatalité atavique et une inguérissable déformation, puisqu'il se rencontre des hommes qui, par la force de leur volonté, parviennent à s'élever du fond de l'abîme à la plus haute perfection.

On peut discuter les croyances, nier les dogmes, écarter les affirmations métaphysiques, mais il faut s'incliner devant le fait, quand il est certain et sérieusement observé ; aussi après avoir étudié de près les différents symptômes par lesquels se manifeste dans une conscience jusque-là honnête, l'apparition de la criminalité et les circonstances qui se prêtent à son développement, on peut affirmer que le crime est un fait d'ordre purement moral.

Pascal, sans prétendre donner une définition absolue de l'homme s'est contenté de résumer les différents éléments qui constituent sa nature, par cette phrase célèbre : « Ni ange, ni bête ; » la vie n'est autre chose que la lutte perpétuelle de ces deux natures parallèles ; quand l'équilibre est rompu entre elles, la vie se désorganise, et si c'est la bestialité qui l'emporte sur l'esprit, l'homme se jette dans les excès qui le conduisent fatalement au crime, surtout lorsque sa condition sociale ne lui permet pas de satisfaire ses besoins, sans prendre le bien ou la vie des autres.

Les observateurs matérialistes ne voient qu'un côté de la nature humaine ; la bête qu'ils aiment à faire la plus grosse possible, leur cache la figure de l'ange ; les organes sont tout pour eux, l'âme échappe à leurs instruments ; ils la relèguent sans plus de façon dans le domaine des hypothèses, et traitent volontiers d'ignorants, ceux qui prétendent encore lui faire une part dans les actions humaines ; mais si par sa nature même, l'esprit ne peut être mesuré, pesé, disséqué, analysé, est-ce que les actes de la vie morale, par les mobiles qui les inspirent, par l'enchaînement les rattachant les uns les autres, ne sont pas des témoins vivants et tangibles qui viennent proclamer notre volonté et notre libre arbitre.

Observez bien le criminel par une recherche approfondie de ses antécédents, remontez avec lui jusqu'à sa première faute, appliquez-vous à découvrir le petit fait, l'incident, le besoin, l'intérêt, la passion, que sais-je encore, par lesquels s'est faite à sa conscience une fêlure d'abord insensible, puis s'agrandissant chaque jour au point de la rendre désormais incapable de contenir quoi que ce soit de bon et de généreux ; suivez la trame de cette perversion dont les fils se resserrent de plus en plus, vous comprendrez à merveille comment cet homme par sa manière de vivre, par ses capitulations successives, s'est mis lui-même dans une sorte d'engrenage où il a fini par passer tout entier, alors vous n'aurez pas besoin, pour expliquer une chose aussi logique, de prendre un instrument de précision et de mesurer la dimension de ses orbites.

Je sais bien que les partisans des causes physiques objecteront que s'il a succombé à certains entraînements occasionnels, c'est qu'il était mal conformé, et qu'un homme mieux doué au point de vue anatomique eût résisté victorieusement ; c'est là une affirmation dont la preuve serait à faire, et pour ma part je reste convaincu, jusqu'à nouvel ordre, que si on donnait des rentes à l'homme présentant les caractères auxquels l'anthropologie prétend reconnaître le voleur instinctif, il ne se sentirait plus la moindre impulsion vers le crime et respecterait le bien d'autrui, malgré les dimensions anormales de sa charpente osseuse.

Les organes eux-mêmes se perfectionnent par une bonne direction et des exercices bien entendus ; à plus forte raison l'esprit est-il plus puissant sur lui-même ; il se fortifie et s'affaiblit à son gré, se laisse asservir ou s'émancipe, s'élève ou s'abaisse, se perfectionne ou s'amoindrit, selon l'orientation qu'il se donne à lui-même.

Sans doute les difficultés ne sont pas semblables pour tous, de même qu'il y a des océans où le vent souffle plus fort qu'ailleurs ; c'est le devoir de la justice d'en tenir un certain compte quand elle apprécie les responsabilités ; il y a des conditions qui exposent à plus de tentations, et des natures plus ou moins bien douées ; les uns font le bien sans s'en apercevoir et pour ainsi dire sans mérite, les autres ont besoin de lutter et ne triomphent que par d'énergiques efforts ; j'en pourrais trouver plus d'un exemple parmi ceux qui, ayant passé par les prisons, sont parvenus avec l'aide bienfaisant des sociétés de patronage à se faire une vie nouvelle et à mériter leur réhabilitation ; d'un autre côté le nombre n'estsère intellectuelle et morale. » Et au congrès international d'anthropologie tenu au mois d'août 1889 à Paris, le professeur Lacassagne, dans un discours plein d'esprit et de science, disait volontiers avec le poète :

> On voit dans les salons des gens fort honorables
> Qui seraient en prison étant nés misérables,
> Et par un sort inverse, on en voit en prison
> Qui, nés riches, feraient honneur à leur maison.

Supposons pour un instant que les individus qui commettent des actions que la loi pénale punit, soient des êtres créés pour le crime, par je ne sais quelle divinité malfaisante et stupide ; ils l'accompliront comme un acte de leur nature, ils n'essaieront pas de lutter contre des impulsions dont ils n'auront même pas conscience ; ils agiront sans mobile, contrairement à leurs intérêts ; ils se montreront imprévoyants dans la préparation du crime et ne mettront aucun soin à le cacher ; ils n'auront aucune répugnance à l'idée et à l'action délictueuse, ils ne chercheront pas à s'excuser ou à rejeter la faute sur les autres ; ils n'auront pas de remords et on ne trouvera chez eux aucune de ces traces de la volonté et de la conscience qui subsistent ou reparaissent quelquefois chez l'aliéné lui-même, pour attester la préexistence des facultés détruites, comme on découvre sous les sables du désert des ruines qui proclament la grandeur des cités disparues.

Tout ce qu'on observe au contraire chez le criminel, sauf les cas de folie et de dégénérescence bien constatés, que je suis le premier à admettre, constitue la négation de l'impulsivité et de l'irresponsabilité ; il n'est peut-être pas une seule cellule de Mazas ou de Saint-Lazare où ne se rencontre la preuve de cette assertion.

Le premier signe par lequel se révèle la volonté chez le crimi-

La Souricière. (D'après nature.)

nel, c'est qu'il obéit a un mobile qui pour être coupable n'en est pas moins raisonnable.

Demandez aux deux jeunes assassins de la veuve Gillet à quel intérêt ils ont sacrifié la vie de cette femme, l'un d'eux va vous répondre : « Mon rêve c'était d'avoir une place de préparateur au muséum, j'allais au laboratoire de M. Gervais et je préparais ma licence ; je sentais bien que ma position empirait tous les jours, mais j'étais découragé et je ne pouvais plus réagir. J'allais chez les agents de change acheter et revendre et je ne payais pas les différences. Je n'ai jamais désiré les journaux, c'était une situation scientifique que je voulais avoir, et quand mon ami m'avait proposé le crime, ce qui m'avait séduit, c'était l'idée que je pourrais me procurer des instruments de travail et un laboratoire ; ma première emplette eût été d'acheter un microscope, je me sentais aussi attiré vers la vie publique, on m'a dit souvent que je parlais facilement, ce que je voulais, c'était me faire éreinter un peu par les conservateurs afin de me lancer. »

Tous deux avaient besoin d'argent et étaient à bout d'expédients, la misère noire était à leurs trousses ; « ne trouvant aucun contrepoids dans leurs principes, elle exerçait sur eux son action dissolvante », a dit un témoin ; ils avaient eu un instant l'idée de se tuer, l'un s'était même procuré du poison, mais après une réflexion, ils pensèrent qu'il valait mieux supprimer une vieille femme, que de quitter la vie en pleine jeunesse.

« Si je volais, dit un autre qui devait bientôt devenir un assassin, c'était pour avoir de l'argent dans ma poche, pour boire un coup comme les autres, on ne peut pas toujours être à charge à sa famille. »

Entendez encore ce jeune homme qui, venant de commettre un

assassinat, écrit avant d'être arrêté : « Il ne faut accuser personne, c'est moi qui ai tué la pauvre femme pour la voler, je croyais trouver beaucoup d'argent, mais je me suis trompé. »

Trois autres, presque des enfants, rêvaient aussi la richesse, ils s'étaient dit : « Cherchons une vieille qui ait le sac, et nous nous retirerons en province », et ils s'en vont assassiner une femme qu'ils croyaient riche.

A côté des sollicitations de l'intérêt, on constate le plus souvent, au lieu de l'instinct brutal cherchant le mal pour le mal, l'effort du criminel pour atteindre son but par les moyens les plus simples et les moins compromettants; sans doute le voleur quand il entre dans une maison, sait qu'il pourra se trouver dans la nécessité de tuer, et à tout événement il se munit d'une arme, mais il aimerait bien mieux ne pas avoir à en faire usage; et une fois le crime commis, on le voit s'apitoyer lui-même sur sa victime, il dit en en parlant : « la pauvre, la malheureuse, l'infortunée ».

Ecoutez Marchandon racontant l'assassinat de Mme Cornet; il avait espéré qu'il ne serait qu'un voleur, et la force des choses fait de lui un assassin. « J'étais caché, dit-il, dans la chambre; une fois que ma maîtresse fut couchée, j'ai commencé à voler dans les deux meubles, malheureusement elle s'est réveillée. Elle a sauté à bas de son lit; elle est venue à la porte qu'elle tira sur moi; elle se trouva effrayée et la porte, lâchée par moi, la fit tomber; elle se mit à crier très fort, je me vis perdu. J'avais dans ma poche ce terrible couteau qui m'a servi à frapper la pauvre femme; je ne sais pas comment j'en suis venu à ce triste résultat, car je n'avais pas l'intention de lui faire le moindre mal. »

Je retrouve les mêmes observations psychiques chez les quatre assassins de Mme Ballerich; ils auraient très sincèrement préféré ne pas la tuer s'ils avaient pu la voler sans cela. « Il était entendu, dit l'un d'eux, qu'on ne lui ferait pas de mal, je ne voulais pas de cela, je lui ai simplement attaché les jambes pendant que Gamahut la tenait par la bouche, je lui disais : surtout ne l'étrangle pas, mais au lieu de faire la chose gentiment, il y a été comme un abruti. »

L'assassin du Palais-Royal, qui s'évanouissait à la vue du sang, aurait aussi trouvé plus simple de dévaliser la boutique, sans avoir à étrangler la domestique. « Mais aussi, pourquoi se mit-elle à crier, n'était-ce pas sa faute. » Il avait dit à son complice : « Ne faites pas de mal à Césarine, ce serait dommage. » Et pendant le meurtre il dut s'asseoir et essuyer son front, sur lequel perlaient des gouttes de sueur.

C'est ainsi encore que s'est accompli l'assassinat d'Auteuil; es voleurs espéraient un peu que la maison était vide et que personne ne les dérangerait.

« Après avoir fracturé la fenêtre, dit l'un d'eux, nous nous sommes trouvés dans le salon, puis ayant ouvert une porte, nous avons butté contre un lit ; au premier abord, on aurait cru ne voir personne dedans, mais ayant soulevé le drap pour m'en assurer, j'ai senti un homme qui était tout blotti en dessous; il devait être à moitié mort de peur, alors nous avons été prévenir les autres, Cathelain et moi nous voulions laisser l'affaire, mais Sellier et Allorto dirent qu'ils avaient besoin d'argent et qu'il leur en fallait; donc nous revînmes tous quatre vers le lit, Allorto releva les draps et prenant l'homme à la gorge, lui demanda où se trouvait l'argent ; Sellier lui avait mis le revolver sous le nez en disant : « Pas un mot ou tu es mort. » Cathelain ne cessait de répéter : « Bâillonnez-le, mais ne lui faites pas de mal. » Mais le malheureux essaya de se dégager, alors Sellier s'écria : « Il faut en finir » et lui donna deux ou trois coups de couteau. Je vous jure sur la tête de mes parents que nous aurions bien préféré que l'homme ne fût pas dans le lit. » Et un autre des assassins ajoute : « Il y a eu un instant de pause avant de savoir ce qu'on allait faire, j'aurais voulu m'en aller, et quand l'homme a crié, j'étais plus mort que vif, j'ai même dit : « Laissez-le tranquille. »

Ce qui prouve encore que le criminel obéit à autre chose qu'à une impulsion fatale, c'est qu'il commence presque toujours par repousser l'idée mauvaise; il cherche ensuite toutes sortes de prétextes spécieux pour se justifier à ses propres yeux.

J'en ai rencontré un très grand nombre qui analysaient fort bien cette lutte intérieure entre leur conscience et leurs appétits; on se représentait leurs hésitations, on entendait les arguments par lesquels ils cherchaient à se convaincre, sinon de la légitimité de leur action, au moins de sa nécessité.

Un nommé Albert qui, en 1877, assassina de complicité avec sa maîtresse, une vieille dame qui tenait à Vanves, l'hermitage de la Tour Malakoff, exposait d'une façon saisissante dans un mémoire, les raisonnements spécieux de sa maîtresse pour calmer ses scrupules et l'exciter au crime. « Elle commença, disait-il, par énumérer à mes yeux l'or, les bijoux, les valeurs qui sont entre les mains de la vieille femme qu'il faut assassiner, et dont elle ne fait aucun usage; je résistai, mais le lendemain, Philomène commença de nouveau ses premiers essais, me remontrant que l'on tuait bien pendant la guerre, ce qui n'était pas un péché, donc qu'on ne devait pas craindre de tuer cette vieille gueuse; je lui remontrais que cette bonne vieille ne nous avait fait aucun mal et que j'ignorais pourquoi on la tuerait; ce fut alors qu'elle me reprocha ma faiblesse, me disant que si elle était assez forte, elle aurait vite fait cette abominable action; je repoussais d'abord toutes ses propositions. »

C'est ainsi encore que Lebiez excitant Barré à assassiner la vieille laitière, lui disait : « Une avare qui a de l'argent et qui est comme une ourse, accroupie dans sa chaise, sous un porche, à vendre du lait pour accumuler ses économies; n'est-ce pas honteux de voir cette femme qui a de l'argent, qui le dit à tout le monde, et qui au lieu d'en jouir, vit malheureuse, de privations de toutes sortes, accumulant ses rentes pour acheter de nouvelles obligations, cela me faisait mal au cœur, nous ne pouvions nous empêcher de faire un rapprochement entre notre sort et celui de cette femme. »

« Si j'ai volé du monde, disait Marchandon, je n'ai volé que des gens riches, je n'ai jamais volé de pauvres diables. »

Que de fois depuis Lacenaire, les criminels n'ont-ils pas cherché à se justifier en comparant le meurtre à la guerre, l'assassin qui sacrifie une vie au conquérant qui les immole par milliers; tantôt c'est un voleur venant dire, je ne suis qu'un révolté, auquel les moyens qu'il est obligé d'employer dans la lutte, donnent l'apparence d'un scélérat, tandis que son cœur est rempli de nobles pensées; et lorsque le juge demande au farouche Campi, ce meurtrier et ce bandit vulgaire, pour quel motif il a tué M. Ducrot de Sixt et sa sœur, qu'il ne connaissait que par leur réputation de charité, il répond : « Est-ce que les peuples ne s'exterminent pas sur les champs de bataille, et ne s'en font-ils pas gloire ? »

Il n'est donc pas exact de dire que le criminel n'a pas à étouffer les révoltes de sa conscience; il cherche au contraire des sophismes pour s'absoudre lui-même; que d'exemples je pourrais également citer d'individus qui avaient le soin de boire de l'eau-de-vie avant de commettre le crime pour ne pas se laisser attendrir.

Les positivistes prétendent encore trouver une preuve de l'irresponsabilité des criminels dans leur prétendue imprévoyance à préparer et à cacher leur crime; voilà une assertion que l'expérience vient également démentir ; les criminels de profession, les voleurs, les assassins, tous ceux que Lombroso appelle les instinctifs, déploient souvent, autant d'habileté pour organiser leurs criminelles expéditions, que de ruses pour échapper aux recherches; c'est pour cela que tant de crimes, même parmi les plus retentissants, restent impunis; sans doute le hasard prend quelquefois la peine de les déjouer ; un jour entre autres, le souvenir m'en est toujours resté, une petite botte d'échalotes, liée d'une certaine façon, et tombée de la poche d'un incendiaire, dénonce un vieux paysan, qui depuis plusieurs années, avait brûlé la moitié du village, et n'avait jamais été soupçonné. Une cartouche perdue par un braconnier, fait découvrir en lui le meurtrier d'un garde-chasse; une carte de visite, au milieu de cent autres, met sur les traces de l'auteur d'un triple assassinat; une enveloppe de lettre, oubliée par mégarde, conduit à l'échafaud un homme auquel personne n'avait songé; un assassin pour s'être présenté devant le juge comme témoin avec un menton trop rasé de frais, se trahit lui-même; un fragment d'adresse, oublié au fond d'une malle, fait découvrir bien loin le nom d'un recéleur et fournit la preuve de la culpabilité d'un meurtrier, qui se croyait sûr de l'impunité; et que d'autres on pourrait citer encore.

Si les ruses des coupables ne réussissent pas toujours, elles n'en attestent pas moins leur intelligence, leur sang-froid; tantôt c'est un assassin qui prend soin de laisser sur le lieu du crime, de façon à attirer tout de suite les regards du magistrat, une lettre fabriquée ou des objets sur lesquels il aura à l'avance écrit un nom de fantaisie;

c'en est un qui pour dissimuler un meurtre, simule un incendie; un autre a la précaution de se teindre la barbe et fait ainsi courir la police après un homme brun, tandis que c'est un blond qu'il faudrait arrêter ; ce sont des garçons de recettes, des caissiers, des commis qui s'étant appropriés l'argent qui leur était confié, cherchent à détourner les soupçons ; ils organisent un simulacre d'aggression, dont ils se font les victimes, ils vont jusqu'à se blesser eux-mêmes ; j'en citerai un qui avait poussé la ruse jusqu'à se faire relever par la police tout couvert de sang; sa sacoche éventrée et vide des soixante mille francs qu'elle contenait semblait avoir été abandonnée par ses agresseurs ; ses mains étaient tailladées de coups de couteau, et ses vêtements déchirés, il commença par inspirer une grande pitié, son récit paraissait sincère, et jamais on n'aurait su qu'il s'était volé lui-même, si une perquisition faite dans la chambre de sa maîtresse n'avait fait découvrir des liasses de billets de banque cachés au milieu d'une pelote de laine.

Parlerai-je aussi de ces faussaires dont l'habileté cause tant d'embarras aux banques d'Etat ; de ces escrocs de génie qui exploitent la crédulité humaine par tant d'ingénieuses combinaisons ; de ces hommes qui réalisent avec autant de malice que de sang-froid les plus prodigieuses évasions; de ces voleurs cosmopolites qui ont élevé le vol à la hauteur d'une industrie ; ils ont leurs agents, leurs émissaires ; ils se transportent partout où une bonne occasion a été signalée ; et lorsqu'ils ont remporté de l'autre côté du détroit les titres volés chez un agent de change ou les diamants soustraits chez un bijoutier, ils font, par leurs hommes d'affaire, habiles rançonneurs, proposer à leurs victimes d'entrer en arrangement moyennant finance, absolument comme s'il s'agissait d'une transaction commerciale. Il me paraît difficile de trouver chez ces malfaiteurs cette imprévoyance dans la préparation qu'on représente comme l'un des caractères du type criminel.

Maintenant si nous considérons l'homme, non plus dans les actes préparatoires de son action criminelle, mais dans ceux qui la suivent, nous arriverons encore à des constatations qui proclameront son libre arbitre; au lieu de l'imprévoyance des conséquences, de l'insensibilité morale, exclusive du remords, nous trouvons chez le criminel le désir d'échapper au châtiment et quelquefois le repentir.

Lorsque le crime est accompli, le premier sentiment qui domine en lui, c'est le besoin de s'étourdir; la conscience n'est donc pas encore celle que dans leur argot les malfaiteurs appellent « la muette, » qu'ils font tant d'efforts pour étouffer sa voix; ils cherchent tout à la fois de violentes diversions pour chasser les souvenirs qui les poursuivent et des confidents pour ne pas être seuls à porter le fardeau qui les accable; c'est chez eux un tel besoin que pour le satisfaire ils sacrifient leur propre sécurité et commettent des imprudences qui les livrent à la justice; le grand romancier russe qui, dans les bagnes de la Sibérie a étudié l'existence des criminels, et dont on a si bien dit que ses cauchemars effroyables sont traversés par des lueurs subites de tendresse et de pitié, a écrit une page toute de vérité, et que j'ai relue mainte et mainte fois dans le livre de la vie humaine, lorsqu'il nous montre le meurtrier venant faire à la prostituée l'aveu de son crime. « Ils étaient assis côte à côte, tristes et abattus comme deux naufragés jetés par la tempête sur un rivage désert, il s'était rendu chez elle et avait cédé à un besoin irrésistible d'épancher son chagrin, et en voyant que la femme ne le repoussait pas, il se sentait moins malheureux qu'avant; il se jette à ses pieds et comme elle s'en étonne, il lui répond ce n'est pas devant toi que je me suis posterné, mais devant toute la souffrance humaine. »

Il eût mieux valu dire qu'il se prosternait devant une ignominie semblable à la sienne, devant une créature que la malédiction sociale avait frappée, et qui, se sentant également infâme, ne le regarde pas avec horreur, et le considère comme un frère dans la grande famille des misérables et des réprouvés.

Qui peut dire ce qui se passe au fond d'une conscience; lorsque l'auteur du crime de la rue Montaigne arriva dès le lendemain à Marseille, d'où il comptait s'embarquer pour l'Egypte, les souvenirs de sa jeunesse revinrent à son esprit, il pensa à sa vieille mère, qui plus tard, pour obtenir sa grâce, devait écrire une lettre touchante; c'était un dimanche, il entra dans la cathédrale à l'heure de la messe, il n'y resta qu'un instant; un éclair de repentir avait-il réveillé sa conscience? l'idée de se jeter aux pieds d'un prêtre, de lui confesser son abominable forfait, avant de se soumettre à l'expiation, avait peut-être traversé son esprit; mais l'horreur de son crime l'épouvanta; il se crut indigne de pardon, comme je l'ai entendu dire à plusieurs; il quitta l'église pour une maison de débauche; il n'y a que les hommes d'une énergie exceptionnelle qui soient capables de porter seuls le poids d'un crime, ceux qui ne se confessent pas à Dieu se confessent au diable. C'est pour cela que les femmes sont dépositaires de tant de secrets et que plus d'un criminel s'est repenti de leur avoir témoigné trop de confiance. Le trouble de la conscience se manifeste en outre par le besoin de trouver l'oubli passager dans de grossières distractions, au risque de se perdre.

Voici un homme qui vient d'égorger trois femmes, il sait que la nouvelle de son crime s'est répandue partout, que la justice recherche le coupable, la prudence la plus vulgaire lui commande de ne pas se montrer, de tenir cachés les bijoux qu'il a volés; mais la vision du meurtre l'obsède et parle plus haut que ses intérêts; il livre en quelque sorte son secret à celles avec lesquelles il va chercher à s'étourdir; deux jeunes gens ont tué une femme, ils ont passé leur journée à disperser ses membres, un autre a égorgé sa bienfaitrice, quelques heures après il sont dans les brasseries du quartier, où ils se font remarquer par leur agitation; cet autre, passant du drame de la réalité au drame de la fiction, après avoir tué un vieillard, s'en va au théâtre de Belleville voir jouer les Viveurs de Paris; en voici un plus âgé : il a étranglé son camarade pour le voler; alors il est pris d'un terrible besoin de débauche, pendant deux jours et deux nuits, on le voit courir les bouges du quartier des Halles; comme le sommeil, que le coupable appelle en vain, l'ivresse elle-même semble vouloir le fuir; celui-ci vient d'assassiner sur une grande route son camarade endormi dans sa voiture; le crime est à peine commis, qu'il est dans les cabarets; il se fait servir, disent les témoins, un copieux repas, il régale tout le monde et paie des musiciens qui lui disent leurs chansons.

Comment expliquer ces débauches, ces prodigalités compromettantes, sinon par le trouble de la conscience; il fait passer avant tout l'impérieux besoin d'étouffer la pensée, de supprimer le souvenir par des sensations violentes, c'est là le grand auxiliaire du juge; pendant que ses agents s'agitent dans tous les sens, battent les buissons, s'engagent sur de fausses pistes, le coupable devient de plus en plus la proie de l'inquiétude et de l'obsession, il se sent pris d'une sorte de vertige, il commet, pour chasser le fantôme qui le suit comme son ombre, des maladresses qu'éviterait un enfant; et, obéissant à une sorte de fascination, il se charge de fournir lui-même les preuves de sa culpabilité; le juge qui ne se trouble pas, observe, guette et prête une oreille attentive, entendra presque toujours sonner l'heure marquée par la justice de Dieu.

Puisque lorsque le coupable est arrêté, et que le moment de rendre compte est venu, loin de répondre comme un homme qui aurait été le jouet d'une impulsion fatale, il cherche à se justifier ; il nie, il discute les témoins, il invoque des alibis, et s'il est contraint d'avouer il rejette la faute sur ses complices, il les accable de reproches, il leur impute la première idée du crime et l'odieux des circonstances aggravantes.

Que de fois n'ai-je pas assisté à des scènes dramatiques, ou apparaît si nettement, même chez les criminels les plus endurcis, le sentiment de la responsabilité. Lorsque Lebiez apprend que Barré, arrêté quelques heures avant lui, a fait des aveux, l'a désigné comme son complice, il manifeste une violente colère et s'écrie, en s'arrachant les cheveux de rage et de désespoir : « Un garçon que je n'aurais pas dû connaître ; si je suis perdu, c'est sa faute ! je n'aurais jamais dû chercher à le sortir de sa position, lui mon camarade de collège, lui mon ami ! et il m'accuse, quel avenir il me fait... je ne suis pas coupable, non, non, il l'a fait seul, mais c'est horrible de se voir traiter ainsi... Ah Barré ! c'est toi qui as fait cela, j'ai toujours été trop bon, j'ai passé partout où il a voulu, moi je suis comme cela ; j'ai trop de cœur, demandez à mes amis, je ne savais rien leur refuser, je me privais pour leur prêter de l'argent... Bête, imbécile que je suis ; voilà la vie, on est trop bon, on fait le bien, et on en est récompensé comme cela... Ah Barré, le malheureux ! vous me demandez si j'accepte ses déclarations, que voulez-vous que je vous dise... Eh bien oui ! oui ! je suis coupable, mais ne me demandez pas comment j'ai fait, est-ce que je me le rappelle ; cela me dégoûte, quelle saleté, dire qu'il m'a amené là, sans lui je ne l'aurais jamais fait. »

Ecoutez encore ce dialogue entre ces deux amants qui ont commis ensemble un assassinat :

« — Avoue donc, malheureuse, que c'est toi qui m'as poussé au crime.

— Non, tu es seul coupable, suppôt de l'enfer; infâme, tu es plus coupable que moi, je veux que ta tête tombe, menteur, va ! il n'y aura pas de châtiment assez grand pour toi.

— Dis tout ce que tu voudras, la vérité c'est que tous les deux, nous avons assassiné pour voler, c'est pour donner des bijoux à cette angélique, à ce petit ange que vous voyez là, que j'ai fait le coup. »

Voici, dans le même ordre d'idées, les récriminations qu'échangèrent dans leur confrontation les assassins d'Auteuil, Allorto et Sellier.

« — C'est toi, qui as frappé. Sale menteur, tu sais bien que je n'ai pas frappé.

— C'est toi, farceur.

— C'est complètement faux ; c'est toi, c'est toi, je n'ai fait que le bâillonner, je t'ai même dit : « Il est tout vert, ne le frappe pas, faisons-le chanter. »

— Je te dis que c'est toi. »

Puis à la sortie des audiences, si souvent pleines de passion, de haine, de colère, lorsque la porte de la prison se referme sur le crimiuel, il se prend à gémir et à pleurer ; c'est le remords qui entre malgré l'épaisseur des murs ; sans doute il ne tiendrait peut-être pas contre de nouvelles tentations, tellement la vie antérieure de cet homme a usé les ressorts de sa volonté, mais au moment où ce sentiment se manifeste pour la première fois, il ne manque pas de sincérité ; la voix de la conscience se fait entendre dans le silence de la cellule, elle rappelle les fautes anciennes, les bonnes occasions perdues, les leçons dédaignées, les avertissements méconnus ; c'est alors qu'ils cèdent presque tous au désir de raconter leur vie, sans s'arrêter au danger de fournir des armes contre eux-mêmes ; ils obéissent bien moins à un sentiment d'orgueil, à un espoir de justification, qu'à un irrésistible besoin de soulager leur cœur.

Abadie qui, avec Gilles, avait assassiné une femme en lui portant onze coups de couteau et en l'étranglant, m'écrivait un jour : « Je vais vous donner quelque idée sur mes rêves affreux, par lesquels vous pourrez voir si l'on souffre après le crime commis ; je me couche souffrant. Aussitôt les yeux fermés, cette pauvre femme est là, debout devant moi ; je vois sa poitrine percée des coups mortels que nous lui avons donnés, ses vêtements pleins de sang, et à terre cette mare de sang dans laquelle elle baigne ses pieds, et le même sang est après ma main ; mon poing est même fermé, et je crois tenir encore le terrible couteau à la lame sanglante qui a donné la mort à cette malheureuse femme ; elle me réclame la vie que je lui ai prise aussi injustement. Ce fantôme se relève enfin, mais quand je lui ai promis un repentir sincère et quand j'ai réclamé d'elle sa miséricorde. »

Sans doute il y a dans ce récit une emphase qui peut faire douter de sa sincérité, mais parler du repentir c'est savoir tout au moins qu'il existe ; j'aime mieux cet autre disant :

« Je suis coupable, j'attends le coup qui doit me frapper avec résignation ; je ne suis plus un homme, la vie même m'est à charge ; on ne peut vivre avec un pareil crime sur la conscience ; à toute heure je vois cette femme, je m'effraie moi-même ; mon pauvre père et cette femme morte sont l'objet constant de mes préoccupations ; d'un côté la honte, le désespoir de faire peser sur les vieux jours de mon père un pareil crime, d'un autre côté l'horreur de mon crime... Refusez toute permission à quiconque demanderait à me voir, je suis indigne de reparaître devant qui que ce soit. »

Cette crainte de voir ses parents, ses amis, tous ceux qui sont encore honnêtes, est un des traits par lesquels se manifeste le plus souvent la honte de la faute commise.

« Je suis fou de douleur, m'écrivait un autre, car j'ai peur que mon malheureux père ne survive pas à l'échec que je lui ai fait subir. Je préfère que vous ne lui donniez pas de permission. »

En 1879, un tout jeune homme, Knobloch, que ses aveux ont envoyé au bagne, écrivit à sa mère pour lui confesser son crime :

« Je suis le seul assassin,— j'ai déshonoré ma famille, je ne suis plus digne de rester dans la société, j'appelle la mort de tout mon cœur ; je ne peux plus me présenter devant toi sans baisser la tête ; ah! si j'avais eu quelqu'un pour me conduire depuis le jour où je suis parti de chez toi, je ne serais pas le meurtrier que je suis aujourd'hui ; si tu viens me voir et que tu me pardonnes, je serai encore heureux dans mon malheur.— Je me jette à tes pieds pour te demander pardon. »

« J'ai » me disait un assassin exécuté depuis « confiance dans la justice et dans Dieu qui nous a fait arrêter pour que nous ne recommencions pas. »

« J'ai bien su que je faisais mal, disait un autre, j'ai des regrets, oui, pour sûr, je sais que je mérite d'être condamné pour longtemps. »

Entendez encore Gamahut ; à la veille de mourir, il se souvient de cette trappe de Mortagne, séjour de paix et de recueillement, où étant jeune il a passé quelques semaines, il songe à ce qu'il aurait pu être si au lieu de lâcher la bride à tous ses instincts il se fut soumis aux règles de la pénitence et il écrit au vénérable abbé, qui peut-être ne l'a pas oublié : « Comme la justice des hommes est inflexible, il faut espérer qu'il n'en est pas de même de celle de Dieu; je m'attends à être condamné à la peine de mort, sentence fatale qui fait frémir l'être pour qui elle est prononcée ; je crois à une punition de Dieu ; en me voyant arriver au point où je suis tombé, je la considérerai comme venant de lui. »

Un malheureux jeune homme tire sur son père qui refusait de consentir à son mariage, le lendemain il écrit : « J'ai un grand repentir d'avoir agi ainsi envers un si bon père et un homme qui a été si bon pour moi ; je voudrais bien lui demander pardon et me mettre devant lui à genoux. »

Marchandon, à la suite de ses aveux, adresse au juge un mémoire dans lequel il s'exprime ainsi : « Dans le wagon, en retournant à Compiègne après le crime, j'étais seul. Je me mis à pleurer à plusieurs reprises en pensant à ce que j'avais fait ; une fois arrivé chez nous, je faisais tout pour cacher mon émotion ; la nuit je ne dormis pas ; à quatre heures on me surprit pleurant, on me demanda ce que j'avais, je ne répondis pas... Voilà le récit de mon grand malheur. J'en demande pardon à Dieu et à la justice des hommes, ainsi qu'à cette pauvre famille que j'ai plongé dans le deuil. »

« J'ai passé une triste nuit », disait un autre qui avait tiré un coup de revolver sur son rival : « je croyais à tout instant apercevoir dans le coin le plus obscur du cachot où j'étais, une tête pâle, grimaçante, ayant au front un trou rouge, cela doit s'appeler le remords. »

Quelquefois même le remords devient si écrasant, il brûle la poitrine d'un feu si dévorant, il se traduit par un malaise physique tellement intense, expiation corporelle de la faute même sur cette terre, il obsède l'esprit avec tant de ténacité, il étreint dans une si douloureuse angoisse, que les plus forts succombent et, renonçant à lutter davantage, ils vont eux-mêmes, s'ils ne se tuent, se livrer à la justice.

Lorsque fut commis, au cabaret de la Tour Malakoff, l'assassinat que je rappelais plus haut, les coupables restèrent inconnus pendant deux ans. Puis un jour un gardien de la paix est abordé dans la rue par un individu qui lui dit : « Venez avec moi, il s'agit d'un assassinat, venez de suite. » Et comme l'agent semblait incrédule, il ajoute : « On me coupera la tête si on veut, mais je dirai la vérité, vous allez voir une belle page sous vos yeux. »

Cet homme se livrait parce que le souvenir de son crime lui rendait la vie insupportable et, dans un mémoire adressé à son avocat, il analysait ainsi ses sensations : « La Providence avait lancé ses arrêts, et il était temps pour décharger ma conscience mutilée, pour expier et recevoir un pardon de mes fautes passées, que je m'en montre digne. »

C'est ainsi encore que le jeune Ducret, vainement cherché, se présentait lui-même au bout de plusieurs jours au poste de police et disait : « C'est moi l'assassin de la rue de Trévise, arrêtez-moi, je ne peux plus vivre comme cela. »

Les agents, qui ne sont pas très férus en psychologie, n'admettent pas volontiers qu'un criminel puisse avoir l'idée de se mettre lui-même dans leurs mains ; leur premier mouvement est de traiter d'ivrognes ou de farceurs les gens qui viennent ainsi décliner leur qualité d'assassin ; on commence par leur fermer la porte et ce n'est qu'à force d'insistance qu'ils parviennent à se faire arrêter.

Faut-il, en présence de ces incontestables manifestations du remords, admettre que l'un des caractères constants du criminel c'est l'indifférence complète en face de sa victime ; sans doute, chez les jeunes criminels surtout, un sentiment de forfanterie, lorsqu'ils sont devant leurs complices, les excite à faire les braves, à paraître n'éprouver aucune émotion, quand ailleurs, on est obligé de les mettre en présence du cadavre ; mais lorsque les inculpés ne jouent pas un rôle et se laissent aller à leur nature, on voit combien il leur est pénible de supporter la vue de leur victime ou des objets qui leur rappellent le crime ; je ne sais pas si cette émotion pénètre jusque dans leur cœur, mais elle fait au moins tressaillir leurs nerfs.

Au moment où on présente au jeune Foullois, la photographie de sa victime, il détourne la tête et dit au juge : « Je vous en prie, ne m'obligez pas à regarder cela. » Lorsque Barré voit sur la table de la Morgue les débris du cadavre qu'il a dépecé, ses jambes flageolent, des gouttes de sueur coulent le long de ses joues, son teint devient livide, il faut le soutenir et il a à peine la force de dire : « Cachez cela, je vous en prie, je ne puis voir ces choses. »

Depuis que la photographie est devenue un utile auxiliaire de la justice en remplaçant les plans et les dessins, il arrive souvent que le juge, à la demande du médecin légiste, fait reproduire le cadavre en tout ou en partie, non pas pour impressionner le jury par d'horribles exhibitions, mais pour fixer d'une façon incontestable les points matériels sur lesquels le débat pourra s'engager ; il m'est arrivé plusieurs fois de me servir de ces reproductions, pour apprécier, avec plus de précision peut-être qu'au moyen des compas de l'école positiviste, le degré de sensibilité de certains criminels qui me semblaient particulièrement endurcis. Je laissais à leur portée, comme par mégarde, au milieu d'autres papiers, la photographie du cadavre, je remarquais bientôt qu'elle exerçait comme une sorte de fascination sur eux, leurs yeux la cherchaient, ils n'écoutaient plus mes questions, leur voix devenait rauque, leur visage s'altérait et ils ne reprenaient leur sang-froid que lorsque, mon expérience faite, je faisais disparaître la troublante image.

M. Ferri affirmait au congrès de Rome que l'insensibilité chez le criminel va si loin qu'elle lui permet de dormir en paix à côté de celui qu'il a tué ; je ne sais pas comment les choses se passent en Italie, en France nous n'en sommes pas encore là, j'ai constamment observé que les assassins restaient le moins longtemps possible auprès de leur victime, souvent même ils lui voilent la face ; je sais bien que dans une affaire récente tous les journaux ont raconté que de jeunes meurtriers s'étaient amusés à mettre des bougies sur le corps d'un homme, qu'ils venaient de tuer et à danser autour de lui, on a même publié un horrible dessin de cette scène avec une légende non moins épouvantable ; si ce récit est tombé sous les yeux de certains anthropologistes, je m'imagine qu'ils l'auront noté comme une preuve à l'appui de leurs doctrines, et que je le retrouverai un jour dans quelque livre de philosophie pénale ; cependant il n'y avait là qu'une fable suggérée à des reporters par de malicieux agents.

Il y a au contraire dans la nature humaine un fonds de sensibilité que le vice ne parvient jamais à combler tout à fait et d'où jallit à certaines heures, comme d'une source qui n'est pas encore complètement tarie, le sentiment du remords.

Parmi ces misérables qui, par leurs crimes ont exaspéré l'indignation publique, il s'en trouve beaucoup dont les instincts étaient plutôt doux et ne sont devenus féroces que le jour où leurs intérêts ont été en jeu ; souvent ils aiment la nature, s'attendrissent, laissent voir par mille traits qu'au lieu d'être des rejetons sauvages ils ont au contraire au fond de leur cœur des sentiments affectueux, que le vice seul les a pervertis ; que de fois n'ai-je pas entendu des assassins me dire : « Ah ! monsieur, je ne comprends pas moi-même comment j'ai pu me laisser aller à faire une chose semblable, car je ne suis pas un homme à faire du mal à une mouche. »

L'assassin de Mme Cornet écrivait à une fille, sa maîtresse : « Ah oui, nous avons été heureux ensemble dans notre petite maison ; mon jardin et mes pauvres bêtes que je soignais tant, tout cela n'est plus qu'un rêve, je ne les reverrai plus ; » et dans une autre lettre : « Ecris-moi de temps en temps pour me donner un peu de courage ; je ne dors pas ; je pense à notre petite maison et à nos pauvres bêtes qui doivent être mortes ; si tu restes à Compiègne, aie soin des petits poulets et de mes oiseaux. »

Dans la mansarde de Lebiez, quand il fut arrêté, s'étalait sur sa table une gerbe de coquelicot et de marguerites qu'il avait été cueillir dans le bois de Meudon ; au moment de l'affaire Tropmann, on parlait beaucoup de sa sensibilité ; on s'attendrissait sur lui, on disait : « Il aime sa mère, il adore sa mère, rien n'est plus touchant que de l'entendre parler de sa mère. » Je citerai encore cet autre criminel qui avait commis un assassinat et un vol ; les témoins le représentaient comme un homme d'une extrême sensibilité ; il ne pouvait voir la couleur du sang, il se trouva mal et fut obligé de se mettre au lit un jour qu'on vaccinait son enfant.

Tous ces exemples, que je pourrais multiplier à l'infini, ne prouvent-ils pas que ce n'est point une férocité native, un instinct sauvage, mais l'intérêt et le calcul qui, à un moment donné, jusqu'à ce que le but soit atteint, font un criminel de l'homme jusque-là inoffensif.

Les criminels sont aussi très sensibles aux articles de journaux qui se publient sur leur compte, non point, sauf pour quelques-uns, que leur vanité soit flattée du bruit qui se fait autour de leur nom, mais ils éprouvent au contraire de la honte à la pensée que tout le monde va connaître leur action et leurs antécédents; que de fois n'ai-je pas entendu cette réflexion : « Que va devenir ma pauvre mère quand elle lira tout cela; » « Je sais bien, m'écrivait un jeune assassin qui vient d'être gracié, que la liberté de la presse existe et que vous n'y pouvez rien, mais, je vous en prie, faites venir ma mère, et dites-lui que ce qu'on a raconté n'est pas vrai. »

La Préfecture de police, obéissant à des considérations d'un ordre particulier, ne se doute pas de l'embarras qu'elle cause aux juges d'instruction, en permettant à ses agents de donner des informations aux journaux, hors les cas où le magistrat estime que cela peut être utile à l'enquête ; les prévenus s'en plaignent souvent, j'ai vu l'un d'eux entrer dans un terrible accès de rage, qui faillit causer la mort d'un garde, parce qu'il venait de lire dans un journal qu'on lui avait fait passer, le récit très détaillé des aveux qu'il avait faits la veille.

« On sait par expérience, a dit excellemment M. Maxime du Camp, qu'il n'est si farouche malfaiteur, qui ne garde au fond de son cœur un point vulnérable ; il ne s'agit que de le découvrir, et souvent ce n'est point aisé. Ces malheureux échappés des tapis francs, et attendus par les bagnes, ressemblent aux vieilles épinettes qu'on rencontre dans les auberges des villages allemands ; toutes les touches en sont brisées, sauf une seule qui résonne encore lorsqu'on met le doigt dessus. J'ai vu des hommes tout pétris de vices et dégouttants de crimes éclater en sanglots, lorsqu'on leur parlait de leur mère ou de leur village. » Rien n'est plus vrai ; le juge en s'imaginant qu'il contraindra aux aveux, par le raisonnement, par une habile déduction des preuves, par la puissance de la logique, se trompe singulièrement ; ce genre d'argumentation ne sert qu'à mettre le prévenu sur ses gardes ; l'intelligence se défend mieux que le cœur, c'est par lui seulement qu'on peut entrer dans la place ; une larme sert plus utilement la justice que les argumentations les plus serrées ; tel criminel, qui niait devant l'évidence elle-même, avoue, parce que sa maîtresse le supplie, pour elle-même, de dire la vérité, ou parce qu'il est touché par la douceur de la mère de sa victime. Celui-ci, qui se montrait rebelle à tous les efforts, s'émeut à la vue d'un témoin qui lui rappelle sa jeunesse ; un autre fait des aveux pour sauver un ami ; les prévenus d'une intelligence supérieure, laissent parler le juge avec une grande indifférence lorsqu'il leur expose les charges, mais se montrent inquiets et défiants, dès qu'il aborde les sujets de nature à éveiller leur sensibilité ; l'âme reprend ainsi ses droits, elle atteste sa vitalité, et réfute par ses élans l'erreur de ceux qui ne voient dans l'homme que des organes soumis à d'inexorables lois ; le crime, autant que la vertu, proclame cette faculté de vouloir, contre les lois mêmes de sa nature, qui est l'apanage de l'homme, et la justice peut sans crainte continuer son œuvre.

Le principe de la responsabilité, qui est la base de notre système pénitentiaire actuel, rencontre ou plutôt retrouve un adversaire dans les théories exagérées de l'hypnotisme ; elles commencent déjà à s'introduire dans les débats judiciaires, et je me demande, non sans inquiétude, comment les malheureux jurés feront pour ne pas confondre les phénomènes que la science constate chez des malades, avec les comédies renouvelées de Mesmer et de Cagliostro.

« Dès aujourd'hui », s'écriait un enthousiaste à la suite d'une opération pratiquée sans douleur à l'Hôtel-Dieu sur une femme hypnotisée, « la responsabilité humaine est quasi supprimée ; attendez que la Faculté ait gravi le second échelon ; elle trouvera alors qu'après la passivité, l'hypnotisme peut créer l'activité, endormir la conscience comme il endort la douleur, armer le bras comme il a fait mouvoir les jambes de l'opérée de l'autre jour. »

Il y aurait plus d'une réponse à faire, je me contenterai d'une simple observation, en admettant qu'on puisse, pendant le sommeil, suggérer à des sujets prédisposés l'idée de commettre des actions criminelles, cela ne supprime pas la responsabilité, mais la déplace seulement, en la faisant passer de celui qui agit à celui qui ordonne ; il n'en existe pas moins, comme dans toutes les actions humaines, une volonté dirigeante que la justice a le devoir de punir.

Les vérités qu'on veut obscurcir s'imposent au vrai savant, comme au magistrat, qui chaque jour, de près, dans les prisons, interroge le criminel et parle à sa conscience ; un des analystes de l'école moderne raconte dans un beau roman l'histoire du disciple conduit au crime par le matérialisme de l'école ; le frère de sa victime a fait justice et l'a tué ; il est étendu sur un lit, et sa mère prie près de lui ; le maître, le grand négateur, inhumain à force de logique, est là ; il contemple son œuvre ; pour la première fois il s'humilie et se trouble ; les mots de la seule oraison, qu'il se rappelât de sa lointaine enfance « Notre père qui êtes aux cieux, » lui reviennent au cœur et on le voit pleurer.

« Les admirateurs de la théorie des passions, de l'anatomie de la volonté, eussent été bien étonnés, dit l'auteur, s'ils avaient pu voir ce qui se passait dans cette chambre » ; les matérialistes, les négateurs de la conscience, de la responsabilité, seraient bien surpris, à leur tour, s'ils savaient que plus d'une fois, dans la solitude de la prison, le détenu, pendant que ses yeux se mouillent de larmes, murmure la prière qu'il récitait autrefois sur les genoux de sa mère.

CHAPITRE VI

ALIÉNÉS CRIMINELS

La folie. — Alcoolisme. — Infirmerie du Dépôt. — Crime et folie. — Imprévoyance des lois. — Evasions et sorties prématurées. — Asiles spéciaux. — Exemple de l'Angleterre. — Responsabilité limitée. — La psychologie aux assises. — Acquittements funestes.

Dans la recherche des causes, qui non seulement sans interruption mais avec une progression constante, se chargent de remplir les prisons, ces hôtelleries du crime, j'ai suivi le procédé de l'école positiviste. On prétend que ceux qui croient encore à la responsabilité et au libre arbitre sont en retard de plusieurs siècles et que leur doctrine ne repose que sur des idées métaphysiques à écarter comme des hypothèses inutiles; sans méconnaître la valeur de ces idées, et sans approuver le moins du monde ceux qui les dédaignent, j'ai voulu procéder par la méthode expérimentale; j'ai interrogé la vie des criminels, j'ai consigné leurs réponses, je n'ai pas craint de leur laisser la parole, j'ai dégagé les faits les plus caractéristiques, et tout en suivant un chemin différent, je suis arrivé, avec les criminalistes de la vieille école, à cette conclusion que le crime ne s'impose à personne, qu'il est l'œuvre de la volonté humaine, et qu'il a toujours son origine dans une faute personnelle, domestique ou sociale.

Une fois ce principe affirmé, au nom de l'expérience, je n'hésite pas à aborder le chapitre des exceptions.

La théologie nous enseigne que l'homme naît avec la tache du péché originel; d'après les positivistes, c'est la loi de l'atavisme qui pèse sur lui pour le ramener au type bestial et cruel de ses ancêtres; ce qui distingue ces deux doctrines, c'est que l'une excite à l'effort, que l'autre condamne au découragement, que l'une fait entrevoir l'espoir du relèvement et de la rédemption, que l'autre nous oppose ce destin fatal contre lequel il est impossible de lutter; Oreste l'invoquait devant l'Aéropage pour se justifier d'avoir tué sa mère; mais de quelque façon que l'on veuille expliquer l'attraction vers le mal, vers l'égoïsme, vers la jouissance qui fait le fonds de notre nature, en même temps qu'elle nous excite à la lutte salutaire et méritoire, il n'y a que les gens de parti pris ou que ceux dont l'hérédité froisse les sentiments sottement égalitaires, pour contester la transmission que les générations se font les unes aux autres; sur ce point la science moderne, en ce qu'elle a de plus avancé et de plus hardi, vient à l'appui des doctrines théologiques; et, à l'heure où on entend dire que l'infamie du père ne doit pas rejaillir sur les enfants, que la naissance est un accident dont on ne doit tirer ni profit ni honte, que tout principe d'hérédité doit être proscrit dans le pouvoir, dans les fonctions, dans la fortune, voici que l'anthropologie, qui n'est pas à coup sûr une doctrine arriérée, prétend démontrer que l'hérédité est la grande loi de l'humanité, et que la plupart des criminels n'ont fait qu'obéir à leurs dispositions natives.

Cela n'est pas contestable dans une certaine mesure; il y a des ressemblances morales comme il y a des ressemblances physiques; les traits du visage se perpétuent aussi bien que les qualités de l'esprit; quiconque s'observe avec sincérité retrouve plus ou moins altérés les goûts, les habitudes, le tempérament de ses ancêtres; il voit de même revivre chez ses enfants ses propres qualités, plus souvent encore ses défauts; et son rôle d'éducateur, éclairé par cette intelligente connaissance de soi-même, consiste précisément à développer les unes et à étouffer les autres.

Cette loi mystérieuse et sublime de l'hérédité n'a rien d'incompatible avec le libre arbitre, surtout si au lieu de borner sa vue à l'individu, cet infiniment petit dans l'ensemble de la création, on considère l'humanité tout entière; le principe du mal qui a pu perdre une race, corrompre son sang, détruire son intelligence, se retrouve toujours dans une faute individuelle, et si la loi humaine ne considère que la conséquence immédiate du crime, la justice divine n'aurait rien de trop implacable si elle réservait ses plus terribles châtiments à ceux qui par leurs excès ont condamné à la dégénérescence et à la destruction plusieurs générations d'individus.

Toute altération de la conscience, de l'intelligence provient le plus souvent de fautes personnelles à l'homme, les unes imputables à celui-là même qui en souffre, les autres à ses ascendants; la forme la plus complète de ces altérations, c'est la folie; il y a des fous par vice de conformation ou lésion des organes, ceux-là sont des êtres imparfaits, des monstres, des malades qui échappent à toute responsabilité. L'homme n'est pas fait pour la folie; la raison est son apanage, il est aussi naturel pour lui d'avoir l'esprit sain que d'avoir deux jambes ou deux bras, mais il se rend fou et il communique sa folie; dernièrement un condamné à mort disait, au moment où on entrait dans sa cellule pour lui annoncer que l'heure de l'exécution était arrivée: « C'est l'ivrognerie qui est cause de ma mort. » L'alcoolisme, si favorisé par la liberté illimitée du cabaret, est à coup sûr l'une des grandes routes de la folie et du crime, les statistiques officielles établissent elles-mêmes l'accroissement parallèle de la consommation alcoolique, du crime, du suicide et de la folie; et je ne saurais mieux dire qu'en citant les réflexions, hélas! trop platoniques du dernier compte général de la justice: « Le vice de l'ivrognerie, si l'on en juge par l'augmentation des cas d'aliénation mentale dont il est la cause et par la progression incessante de la consommation des spiritueux, est une des plaies les plus vives dont souffre la société. »

Au point de vue et à cause de tout le mal qu'ils font, on serait tenté de traiter dans bien des cas les fous comme des coupables, mais leur folie même est déjà leur punition, on les trouve dignes de pitié, et il faut se borner à les mettre dans l'impossibilité de nuire.

Il y a des fous qui ne sont dangereux qu'au point de vue de la conduite de leurs intérêts matériels; dans une certaine mesure, ils sont inoffensifs et la loi civile donne des moyens suffisants pour remédier à leurs erreurs et en prévenir les conséquences; il y en a d'autres dont les désordres cérébraux se manifestent par des actes violents, par des attentats contre les personnes; s'ils se séparent des criminels par l'absence de volonté coupable, ils se confondent avec eux par le mal qu'ils occasionnent, et peu importe à celui qui succombe sous les coups d'un assassin, que la main qui le frappe ait été inconsciente ou ait obéi à une volonté libre; c'est le résultat qu'il faut voir, sinon au point de vue de la morale, au moins dans l'intérêt de la sécurité sociale. « Après tout, a dit fort justement un des maîtres du barreau, M. Barbou, le plus sûr et le plus utile serait peut-être de juger de l'état de l'intelligence par les actes et la volonté comme on juge de l'arbre par ses fruits; d'autant plus que

UNE DÉTENUE

c'est par ses actes que l'homme peut se nuire à lui-même ou nuire aux autres; dans les relations de la vie sociale, il faut se préoccuper des effets beaucoup plus que des causes; un aliéniste peut gémir sur la condamnation de Papavoine, je confesse humblement qu'elle me laisse entièrement froid. Il y a dans l'application des lois des choses qui sont justes parce qu'elles sont nécessaires.

Il y a peut-être moins à redouter du malfaiteur conscient que de l'aliéné irresponsable; l'un peut être touché par le remords, se corriger sous l'action de la peine et rentrer par une heureuse exception dans la voie de l'humanité; l'autre n'est accessible à aucun des sentiments qui provoquent l'amendement, c'est une force brutale que rien ne peut maîtriser; s'il y a des récidivistes dans le crime, il y en a encore plus dans la folie arrivée à un certain degré; tout individu dont la folie se traduit par une propension au meurtre est un être malfaisant qui, à la première occasion, sous l'influence des mêmes causes, se laissera aller à de nouvelles violences; bien des vies auraient été sauvées si ces principes de simple bon sens étaient appliqués, et si trop souvent on ne sacrifiait à des intérêts secondaires et à des questions personnelles, la sécurité de tous; les portes des prisons et des asiles se referment tous les jours derrière ces êtres malfaisants, mais elles se rouvrent avec trop de facilité, sous toutes sortes de prétextes; notre législation, sur ce point, est absolument défectueuse, et nous expose à de perpétuels périls; on entend répéter qu'il n'y a rien de plus facile que de faire enfermer quelqu'un, et que les maisons de santé sont de nouvelles bastilles où souffrent, dans d'impénétrables cachots, les malheureuses victimes de l'arbitraire médical; la vérité est qu'il n'y en a pas assez pour contenir tous ces aliénés dont le nombre augmente sans cesse; il en est des séquestrations arbitraires dans les asiles, comme des erreurs judiciaires : elles constituent des faits exceptionnels et tellement rares, que l'on est réduit à citer toujours les mêmes.

Le mal social n'est pas de ce côté, il est bien plutôt dans les imperfections des lois, et dans la faiblesse de ceux qui, chargés de les appliquer, reculent devant les responsabilités dont les menace l'opinion publique si souvent aveugle et passionnée.

Par l'acte criminel qu'il a commis, l'aliéné commence par appartenir à la justice, mais après avoir constaté son irresponsabilité, elle le livre à l'administration qui, à la moindre apparence de guérison, le rend à la liberté, pour ne pas encombrer les asiles; c'est au Dépôt de la préfecture de police que sont amenés les aliénés que les commissaires de police des quartiers font arrêter en quelque sorte en flagrant délit d'aliénation mentale, et surtout ceux dont la folie s'est manifestée par des actes délictueux ou criminels.

Au quai de l'Horloge, sur la façade de la Cour de cassation, s'ouvre une porte voûtée qui mène dans les cours du Palais de Justice; à gauche est le dispensaire, à côté duquel un vieux bonhomme, un profond philosophe qui connaît mieux que personne certains côtés de Paris, vend du fil et des aiguilles aux personnes que leurs habitudes professionnelles, comme on l'a dit, amènent régulièrement dans ces tristes parages; de l'autre côté se trouvent le commissaire de police du quartier Saint-Germain-l'Auxerrois et les bureaux de la permanence.

Quand on a franchi cette voûte, on se trouve dans une première Cour sur laquelle donnent, au premier étage, les salles de la Chambre criminelle; et de temps en temps, lorsque la voiture cellulaire résonne sur le pavé, on aperçoit derrière un rideau qui se soulève la toque de velours à galon d'or de quelque conseiller à la Cour suprême; on a devant soi un petit édifice composé d'un rez-de-chaussée et d'un étage seulement, il s'applique comme une sorte de contrefort aux bâtiments non moins lourds du Dépôt, qui la dominent de toute leur masse disgracieuse; des fenêtres étroites pratiquées dans l'épaisseur des pierres de taille, rappellent seules que des êtres vivants y sont enfermés; au-dessus d'une petite porte, semblable à l'entrée d'un sépulcre, on lit ce mot : INFIRMERIE; en passant le long des murs, on voit descendre de voiture un malheureux qui se débat, on entend des lamentations, des rugissements et parfois aussi des chants et des rires plus attristants encore.

La prison du Dépôt et l'infirmerie des aliénés sont ainsi côte à côte et communiquent par un couloir intérieur; la folie est la plus proche voisine du crime; elle peut quelquefois l'expliquer et le rendre excusable ; en plaçant la maison des fous au seuil même de la maison des criminels, il semble qu'on ait voulu rappeler au magistrat que son premier soin doit être de rechercher si ceux qu'il est chargé de juger sont responsables, et s'ils ont agi dans la plénitude de leur liberté morale.

Toutes les fois qu'un individu soupçonné d'avoir commis un crime, donne au moment de son arrestation des signes de folie, il est amené à l'infirmerie du Dépôt; le médecin de la préfecture procède à un examen sommaire; sur son avis, le préfet de police peut ordonner le placement d'office dans un asile; mais l'information n'en suit pas moins son cours; le juge d'instruction procède à des interrogatoires, commet des médecins légistes pour l'examen mental, et statue ensuite par son ordonnance sur l'état de responsabilité du prévenu.

De chaque côté du Dépôt, on a ménagé huit petites cellules pour les hommes et autant pour les femmes; d'abord comme nombre, elles sont insuffisantes; l'année dernière l'infirmerie a reçu 3,509 aliénés, et souvent on est obligé d'en mettre plusieurs ensemble; ces cellules sont presque privées d'air, elles n'en reçoivent que par un petit guichet pratiqué pour la surveillance du gardien, dans la porte qui donne sur un couloir étroit, et par une ouverture garnie d'un verre dépoli, ne s'ouvrant qu'à moitié sur la cour commune du Dépôt, de façon que le pauvre fou est incommodé par des émanations infectes et agité par le tapage assourdissant des détenus; il est là enfermé nuit et jour, sans promenade, sans autre distraction que la visite du médecin; il va, vient dans sa cellule, appelle les gardiens, et au guichet de la porte, on voit sans cesse apparaître ses yeux hagards qui semblent supplier; parmi ces malheureux, tous ne sont pas aliénés au même degré, quelques-uns même ne le sont pas du tout; ainsi l'année dernière, sur le chiffre que j'ai donné, 339 ont été mis en liberté.

Ce n'est pas tout : au manque d'air et d'espace, il faut ajouter une insupportable chaleur en été; comme les cachots sont obscurs, il faut tenir le gaz allumé toute la journée; des becs brûlant à pleine flamme ont été maladroitement placés au-dessus de la porte de quelques-unes de ces cellules, notamment de la cellule n° 4 réservée aux fous furieux; malgré le verre et le grillage qui les garnissent, ils projettent directement leurs rayons brûlants sur le visage du malade et font miroiter, sous ses yeux éblouis, la toile cirée d'un blanc cru avec laquelle cette sorte de boîte est capitonnée.

Les aliénés ne font que passer par l'infirmerie du Dépôt; il est rare que leur séjour se prolonge au delà de trois jours, c'est déjà beaucoup trop, tellement ils y souffrent; l'administration déplore la mauvaise installation de l'infirmerie, les médecins aussi; mes critiques ou plutôt mes prières ne s'adressent qu'à ceux auxquels il appartient d'accorder les crédits nécessaires pour mettre un terme aux tortures, le mot n'a rien d'exagéré, des malheureux enfermés dans cette abominable geôle. Avoir conservé cela

Infirmerie du Dépôt.
(D'après nature.)

au milieu du luxe du nouveau Palais-de-Justice, c'est ressembler à l'homme qui, sous des vêtements magnifiques, cacherait des plaies hideuses et des linges dégoûtants ; si les cabanons de l'infirmerie pouvaient s'ouvrir sous les yeux de tous, il n'y aurait qu'un cri de réprobation et ils seraient fermés sur l'heure même ; on les conserve parce qu'ils ne sont pas connus, je vais dire ce qu'ils sont pour contribuer à les faire disparaître.

Un éminent procureur général de la Restauration, M. Mourre, disait à propos de certains articles de journaux sur le mauvais état des prisons : « Que les écrivains gardent le silence, c'est aux fonctionnaires publics ou aux députés de la nation à signaler les abus. » De notre temps, il n'est plus guère de réforme qui puisse s'accomplir si l'opinion publique, par la voie de la presse, ne vient l'imposer.

Selon le résultat de l'examen médical, l'inculpé est dirigé sur la prison ou envoyé dans une des maisons d'aliénés du département de la Seine; mais quelquefois au cours d'une information un détenu, soit à Mazas, soit dans toute autre prison, donne des signes de dérangement d'esprit, réclamant un traitement spécial et obligeant le magistrat à le faire examiner par des aliénistes; il est tout à la fois inhumain et incommode de maintenir dans les chambres de Saint-Lazare ou dans les cellules de Mazas, faites pour des coupables et non pour des malades, les prévenus dont les facultés mentales paraissent troublées ; c'est cependant ce qui se fait ; il est extrêmement difficile au juge d'instruction d'obtenir que les détenus qu'il croit devoir soumettre à un examen médical soient transférés dans les établissements administratifs spéciaux, où ils seraient mieux soignés et placés dans des conditions plus favorables à l'observation. On répond que les maisons de fous ne sont pas faites pour remplacer les prisons; cela est absolument vrai, mais d'un autre côté, en attendant que l'état de l'inculpé soit définitivement fixé, il est certain que les prisons sont des lieux absolument impropres à l'examen médical.

Lorsque le médecin légiste a déposé son rapport au juge d'instruction par lequel il a été commis, celui-ci rend une ordonnance de non-lieu ou de renvoi devant la juridiction de jugement, selon qu'il considère l'inculpé comme ayant ou non la responsabilité de ses actes ; cette appréciation est quelquefois très délicate, non seulement parce que l'irresponsabilité peut se cacher sous les apparences de la raison, mais aussi à cause de l'habileté de certains individus, parfaitement sains d'esprit, à jouer la comédie de la folie ; que de fois ne voit-on pas des détenus tenir en échec pendant de longs mois la sagacité des médecins les plus expérimentés et des magistrats les plus défiants ; ils se trahissent en général par les exagérations mêmes de leurs divagations et de leurs prétendues hallucinations ; et ce qui complique souvent l'examen du médecin, c'est que le vrai et le faux peuvent se mêler, des aliénés étant très capables d'exagérer volontairement leur folie ; les simulateurs se recrutent aussi bien chez des gens parfaitement sains d'esprit que chez des individus prédisposés aux troubles de l'intelligence ou véritablement aliénés.

Lorsque le médecin a conclu à la responsabilité, l'inculpé est traduit devant le tribunal de police correctionnelle ou le jury, suivant qu'il s'agit d'un délit ou d'un crime ; si au contraire il est déclaré irresponsable, la justice demeure impuissante. Le juge rend une ordonnance de non-lieu et le parquet met l'inculpé à la disposition de l'autorité administrative à laquelle appartient désormais le soin de protéger la société contre un homme d'autant plus à redouter que par sa folie même il échappe à l'action des lois répressives.

Depuis longtemps les médecins et les magistrats signalent sur ce point les lacunes regrettables de notre Code pénal. Le législateur ne paraît pas s'en émouvoir beaucoup, cependant chaque jour son imprévoyance fait de nouvelles victimes.

Lorsque la Préfecture de police reçoit des mains de la justice un détenu qui, à raison de son irresponsabilité, doit passer de la prison dans la maison de santé, elle est libre d'en faire ce qu'elle veut, excepté de le laisser en prison, dont l'ordonnance de non-lieu lui ouvre les portes ; rien ne l'oblige à le séquestrer dans un asile ; elle peut, si cela lui convient, le rendre immédiatement à la liberté la plus entière et le laisser recommencer, presque sans interruption, ses exploits homicides ; si elle le place dans un asile, il ne sera pas soumis à un régime spécial, il trouvera de faciles occasions de s'évader et à la moindre apparence de guérison, le chef de service, qui ne connaît ses antécédents que d'une manière inexacte, se hâtera de le mettre dehors.

La loi et l'administration ont ainsi sur la conscience un certain nombre de crimes que de plus sages règlements eussent évités ; les exemples abondent :

Il y a quelques années, un homme se met tout à coup à décharger son révolver en pleine foule sur le boulevard des Italiens, six personnes sont atteintes ; on lui demande pourquoi il a tiré sur des gens qu'il ne connaissait pas, il répond : « J'ai tiré sur mes visions, je ne connais pas les individualités, elles me sont indifférentes. » Et il ajoute : « J'ai déjà été comme cela, j'ai tiré des coups de revolver sur mes fantômes, avec la conviction qu'ils disparaîtraient et que tout le monde en profiterait. » Et en effet, il fut reconnu que l'année précédente, cet homme s'était livré à une même fusillade dans le bois de Boulogne ; on l'avait envoyé dans une maison de santé d'où il était bientôt sorti. Cette mise en liberté coûta la vie à deux personnes.

Une autre fois, c'est un ingénieur civil, qui ne réussissant pas dans ses inventions, devient jaloux de toute l'Ecole Polytechnique en bloc, et, sans rime ni raison, s'en va tirer sur des élèves qu'il ne connaît même pas ; on l'arrête, la justice impuissante le passe à l'administration trop bienveillante, qui le rend à la liberté. Il recharge son revolver quelque temps après, continuant dans son imagination maladive à rendre responsable de ses échecs tout ce qui lui est supérieur, il tue un homme du plus grand mérite, l'ingénieur Raynaud, et Me Barboux, plaidant devant la cour d'assises au nom de la veuve, avait bien raison de dire : « Si l'on veut consulter la raison, vous vous direz qu'il est impossible que dans une société réglée comme la nôtre, il y ait une classe de meurtriers privilégiés, assez sages pour n'aller jamais à Bicêtre, assez fous pour n'aller jamais en prison. »

Il y a trois ans, un jeune ouvrier, très connu dans son quartier pour sa bizarrerie, son exaltation, ses prétentions poétiques, est arrêté pour tentative d'assassinat sur un individu qu'il supposait être l'amant d'une femme dont il voulait faire sa maîtresse; un médecin chargé de l'examiner constate qu'il est atteint de désordres psychiques des plus caractérisés et que sa responsabilité doit être considérée comme très atténuée ; l'affaire, qui aux assises eût abouti à un acquittement, est déférée au tribunal qui se contente de condamner ce demi-fou à huit jours de prison ; bien entendu il sort de Mazas plus malade, plus exalté que jamais; la femme qu'il recherchait s'est mariée, il lui écrit : « Il va se passer un grand drame, » et un jour il lui jette de l'acide sulfurique à la face et lui fouille les orbites avec les doigts pour lui crever les yeux ; voici de nouveau les médecins assemblés pour examiner : cette fois, ils concluent que c'est un véritable fou ; il doit être maintenu dans un asile d'aliénés sous la plus étroite surveillance, il convient de prendre des mesures d'internement d'autant plus rigoureuses qu'il cherchera à s'évader et que libre il ne tarderait pas à mettre à exécution des projets de vengeance dès longtemps arrêtés ; dans ces conditions la justice n'avait qu'à le remettre à l'administration, il fut envoyé dans un asile et quelques mois après il recouvrait la liberté ; il recommença aussitôt à poursuivre la malheureuse femme, à la guetter dans la rue, mais un jour qu'il allait la frapper, son mari lui envoya deux balles qui le firent rester quelque temps à l'hôpital. C'est ainsi que les particuliers sont obligés de se défendre eux-mêmes quand les lois sont impuissantes à les protéger.

Je citerai un dernier exemple encore plus frappant : le 1er février 1887, un gardien de la paix de service aux halles est assailli par plusieurs individus et reçoit un coup de revolver qui le blesse grièvement; or, parmi ces hommes, il s'en trouvait trois qui depuis peu de jours s'étaient évadés de Bicêtre ou avaient été mis en liberté; cependant les médecins légistes, qui avaient eu à les examiner dans de précédentes affaires, les signalaient comme des aliénés récidivistes, des alcooliques chroniques, pouvant sous l'action du régime de l'asile présenter une apparente lucidité, mais redevenant dangereux dès que la liberté leur est rendue ; les procédés employés à leur égard montrent bien l'incohérence de notre législation dans ces matières ; traités tout à la fois comme des aliénés et des êtres raisonnables, ils avaient passé depuis plusieurs années de l'asile à la prison, sans être retenus nulle part ; l'un avait subi douze condamnations de deux à quatre mois en même temps qu'il avait été interné à Bicêtre ; l'autre s'était vu successivement infliger six condamnations de quinze jours à un mois et plusieurs séjours dans la maison de santé; on peut se demander si dans de pareilles conditions l'hospice ou la prison se contredisant l'un l'autre, ne sont pas pour le moins inutiles.

Pour éviter ces dangers, qui se renouvellent tous les jours, il faut que la séquestration des aliénés criminels devienne obligatoire par autorité de justice au lieu d'être facultative par mesure administrative ; l'ordonnance de non-lieu du juge d'instruction, aussi bien que le verdict d'acquittement, dont bénéficie en général cette catégorie de criminels, ne contiennent aucune injonction au sujet des mesures à prendre dans l'intérêt du public; l'intervention du pouvoir judiciaire pourrait seule donner à l'administration les armes dont elle a besoin; si on considère que le droit de punir se justifie par l'intérêt social, comment contester à la société le droit d'élever des barrières infranchissables entre elle et ceux dont les actes inconscients sont pour le moins aussi dangereux que les crimes accomplis avec la plus entière réflexion; lorsque le juge a rendu une ordonnance de non-lieu, que le tribunal ou le jury ont acquitté par la raison que le prévenu était aliéné au moment de l'action, la question de savoir si l'homme était coupable est tranchée ; mais il reste à savoir s'il n'est pas dangereux ; devant qui cette question sera-t-elle posée, qui aura le droit de retenir dans un asile celui auquel un acquittement aura ouvert la porte de la prison et quelle précaution convient-il de prendre pour que la sécurité publique soit protégée sans que la séquestration puisse avoir le caractère de représailles ou d'actes arbitraires ?

Il y aurait là toute une procédure à organiser ; je ne puis ici entrer dans les détails ; je me borne à poser un principe ; c'est au pouvoir judiciaire, dans une matière qui intéresse à ce point la liberté individuelle, qu'il doit appartenir d'ordonner l'internement de tout individu absous pour cause d'aliénation mentale, soit pour un temps déterminé ou indéfini, et d'ordonner la sortie après enquête.

C'est ainsi que le dernier congrès international de médecine mentale, sur la proposition du Dr Motet, signalant une fois de plus le danger avec sa haute autorité, a émis le vœu qu'il soit pourvu, par la création d'un ou de plusieurs établissements spéciaux, à l'internement des ivrognes d'habitude, des alcoolisés ayant commis des crimes ou des délits et ayant bénéficié d'une ordonnance de non-lieu en raison de leur état mental; que la durée de l'internement soit déterminée par les tribunaux après enquête médico-légale; que la sortie même après l'expiration du temps fixé puisse être ajournée si l'alcoolisé est reconnu légitimement suspect de rechute; que ces établissements, ayant le caractère de maisons de traitement et non de maisons de répression, soient organisés avec une discipline sévère et que le travail y soit imposé.

L'Angleterre depuis longtemps s'est préoccupée de protéger la société contre les aliénés criminels; dès le 28 juillet 1800, à la suite d'un attentat commis au théâtre de Drury-Lane sur la personne du Roi, par le fou Hadfield, un act décidait que toutes les fois qu'il serait prouvé que la personne était aliénée au moment du crime, la cour, en conséquence du verdict du jury la déclarant acquittée pour ce motif, ordonnerait qu'elle serait retenue sous une étroite surveillance; ces dispositions ont été successivement étendues et développées; aujourd'hui, nos voisins, plus pratiques que nous, possèdent à Broadmor un établissement considérable où les criminels reconnus aliénés pendant l'instruction, acquittés pour cause de folie ou l'étant devenus après le jugement, sont retenus les uns jusqu'à ce qu'ils soient guéris ou aient subi leur peine et les autres pour un temps illimité, sous le bon plaisir de Sa Majesté.

Le besoin de maisons spéciales tenant le milieu entre la prison et l'hôpital pour les aliénés criminels se fait d'autant plus sentir que dans notre société troublée, où rien n'est à sa place, où toutes les passions sont excitées, et les existences traversées par mille accidents, le nombre des détraqués augmente tous les jours et tend, pour peu que cela continue, à devenir la majorité. Aussi,

Le petit Parquet. (D'après nature.)

les médecins sont-ils amenés, dans un grand nombre d'affaires, à signaler des troubles intellectuels, révélés par leurs consciencieuses analyses; ils ont ainsi créé ce nouvel état qui s'appelle la responsabilité limitée, état singulièrement embarrassant pour le juge, qui n'ayant que des prisons à sa disposition, hésite autant à enfermer un homme qui est à moitié fou, qu'à rendre la liberté à un homme qui est à moitié raisonnable.

Que de gens qui n'étaient au fond que de fieffés coquins, d'astucieux voleurs, des êtres envieux, méchants, sanguinaires, grâce à cette formule, qui pour les hommes de science a un sens précis, mais qui est pleine d'obscurité pour les jurés, ont pu échapper aux condamnations les plus méritées et les plus nécessaires. Où s'arrêtera-t-on dans cette voie ? Un caissier d'une grande maison de commerce, se livre pendant plusieurs années avec une rare habileté, à l'aide de faux très compliqués, à des détournements se chiffrant par deux millions. Il se défend en disant que la mort d'un enfant lui a fait perdre l'esprit, et on plaide que l'action de la douleur sur son système nerveux a déterminé un choc cérébral, qui le rend à moitié responsable.

Le système de défense devenu classique, pour les femmes arrêtées chaque jour en flagrant délit de vol dans les magasins, n'est-il pas de soutenir que devant les tentations accumulées, devant leurs yeux éblouis, fascinés, elles ont perdu l'esprit.

Des doctrines commodes ont fait irruption dans le domaine des sciences morales, détruisant le droit, la conscience, ne laissant derrière elle que des ruines. Autrefois, dit-on, on voulait trouver des coupables partout, et il suffisait de trois lignes d'un homme pour le faire pendre; aujourd'hui, c'est une autre tendance : il n'y a plus de criminels, il n'y a plus que des dégénérés, des détraqués, des inconscients, des impulsifs, des monomanes, des passionnés, des épileptiques, des hystériques, des alcooliques, des névrosés, des morphinomanes, des hypnotisés, et, ce qu'il y a de plus grave, c'est que tout cela, au grand désespoir de la vraie science, de celle qui ne s'appuie pas sur des hypothèses complaisantes, sur des expériences provoquées à volonté, ne se dit pas entre quatre murs, mais se jette en pâture à la foule ignorante, comme un encouragement à se liver impunément à tous ses instincts.

On en arrive à formuler la théorie de l'impunité absolue; le criminel devient un psychopate, au profit duquel on crée ce nouveau privilège. Le psychopathe, s'il faut en croire le professeur Babinsky, pense avec logique, distingue le bien du mal, raisonne ses actions, mais il est dépourvu de toutes notions morales; il ne pense qu'à lui et ne s'inquiète pas des autres. Pour satisfaire ses passions, aucun obstacle, aucune considération de personne ne l'arrêtera. Tout ce qui le sert est bien, tout ce qui le contrarie est mal. Il ne voit que la minute présente, et, pour satisfaire son caprice, il est prêt à aller jusqu'à la perdition, jusqu'au crime. Il est inguérissable, il ne faut pas l'enfermer dans une maison d'aliénés, c'est inutile, cela ne peut qu'aggraver son état; on ne doit pas le punir, car c'est un malade irresponsable. Mais est-il un seul criminel chez lequel on ne rencontre les traits de ce personnage, et dès lors, l'unique ressource des honnêtes gens, ne sera-t-elle pas de se mettre eux-mêmes en prison, pour échapper aux coups des criminels !

Dans bien des cas, les observations du médecin ne reposent que sur des faits d'ordre psychologique; il semble que la justice, heureuse de décharger sa responsabilité, se plaise à abdiquer trop facilement, le soin de juger elle-même. « Ce fut, dit le Dr Riant, dans son ouvrage sur « les Irresponsables devant « la Justice » un grand et incontestable progrès, que d'avoir introduit le médecin expert devant la justice. Ce serait aujourd'hui une dangereuse exagération que de prétendre lui donner tout à résoudre dans l'ordre philosophique comme dans l'ordre matériel. » Le médecin qu'on interroge et qui ne trouve aucune lésion pathologique, aucune déformation, aucune prédisposition héréditaire, n'en groupe pas moins tous les faits ; il leur donne une importance scientifique, il les enchâsse dans des formules savantes et dans d'ingénieuses déductions ; pour des juges expérimentés, en état de bien connaître les choses et de faire la part de certains entraînements, cette analyse de la conscience humaine est de la plus haute utilité, mais elle dépasse la portée du jury. Ces rapports sont trop fins, trop subtils pour lui ; il n'en garde qu'une sorte d'invitation à l'indulgence ; ce qui aurait dû rester un élément de pitié devient un motif d'absolution et les circonstances atténuantes, présentées sous une forme scientifique, se transforment en acquittement.

Un procès qui, l'année dernière, eut un certain retentissement, justifie bien cette réflexion : un des sculpteurs du monument élevé à Gambetta, professait cette opinion qu'il faut tuer ceux qui gouvernent mal ; partant de cette idée, il se rendit tout droit à la Chambre et essaya de poignarder un député fort obscur. Deux médecins, par respect sans doute pour la représentation nationale, l'examinèrent et lui posèrent les questions suivantes :

— « Etiez-vous libre de ne pas faire l'acte que vous avez accompli, ou bien avez-vous été poussé par une force à laquelle vous n'avez pu résister ? »

Il eut été facile, avec un peu d'habileté, de dire : Vous avez raison, une force m'a poussé, sans que cela fût vrai ; mais comme il était naïf et sincère, il répondit qu'il s'était déterminé à bon escient, qu'il avait voulu donner un coup de dard dans le parlementarisme et faire un acte de justice, en frappant un de ceux qui, selon lui, se servent de l'idée de patrie pour se faire une fortune politique.

Les médecins ne purent que constater une fermeté de caractère ou de volonté, absolument exclusive de l'irresponsabilité, en même temps qu'une parfaite symétrie du visage « mens sana « in corpore sano » ; néanmoins, ils firent valoir l'influence des causes sociales, ayant agi sur ses déterminations, le milieu dans lequel ses idées s'étaient formées, sans avoir comme contrepoids une éducation, une instruction premières suffisantes, et ils terminèrent leur rapport par cette phrase : « Nous n'avons pas le droit d'aller plus loin qu'il ne va lui-même lorsqu'il se reconnaît coupable devant la loi, mais nous avons le droit de signaler les imperfections de son développement intellectuel, et d'affirmer qu'il y a lieu d'en tenir compte dans l'appréciation de sa responsabilité au point de vue pénal. »

Le jury acquitta, sans hésiter. Ces distinctions sont trop savantes pour lui, et par la brutalité de ses verdicts, il montre le danger de faire en sa présence de la psychologie.

Quelquefois aussi il se mêle aux considérations qui le déterminent à admettre les irresponsabilités, une certaine crainte de paraître ignorant. Lorsque ces juges qu'on a été chercher, bien moins dans les classes instruites que dans le petit commerce et la demi-bourgeoisie, entendent parler des stigmates d'hérédité morbide, de prédestination physique, et de bien d'autres choses encore, ils ne peuvent en avoir qu'une notion confuse, mais ils aiment mieux imposer silence à leur bon sens que d'avoir l'air de ne pas comprendre. On leur persuade facilement qu'ils ne seraient pas de leur temps, où tout est scientifique, même le crime, s'ils s'en tenaient aux vieux principes de la morale. Ils laissent cela aux siècles passés, au temps où l'homme croupissait dans l'ignorance, et pour se montrer tout à fait modernes, ils mettent les torts du côté de la victime et le bon droit du côté de l'assassin.

Combien d'individus, grâce à l'incompétence du jury à voir clair dans ces sortes d'affaires, à saisir les nuances délicates que la science soumet à son examen, échappent à toute répression, donnent un libre cours à leurs passions, et se promènent la tête haute en insultant leur victime.

On se souvient de cet homme d'affaires qui trouvant qu'on n'avait pas réparé suffisamment une légère erreur de compte qui s'était glissée dans un jugement, s'en alla tirer un coup de révolver sur l'avoué de son adversaire ; c'était assurément ce qu'on appelle aujourd'hui un déséquilibré, un de ces hommes qui marchent sur la lisière de la folie et de la raison, dans cette sorte de zone neutre, où il semble qu'il n'existe plus de loi ; on le laissa retourner tranquillement chez lui. Je crois même qu'on contribua à lui enlever le peu de raison qui lui restait encore, en le représentant comme le vengeur des abus judiciaires et un propagateur d'idées, et je me souviens qu'un journal, très populaire, disait à sa louange : « N'est-ce pas l'implacabilité de la machine judiciaire telle qu'elle fonctionne encore qu'il faut accuser, ce procès est un enseignement. » Quelque emps après il se faisait arrêter sur les boulevards, où il se promenait avec une grande affiche sur le dos annonçant qu'il se proposait de se venger par tous les moyens possibles de ses juges et de ses créanciers. On l'arrêta ; mené à l'infirmerie du Dépôt, il fut mis en liberté, et les gens qu'il poursuivait de ses libelles et de ses menaces, ne retrouvèrent leur tranquillité que le jour où il fut mort. Le très digne avoué que sa balle avait frappé, s'était vu obligé de vendre sa charge, et l'année suivante, dans la même étude, à la même place, par un effet de contagion souvent observée, son successeur essuyait de nouveau le feu d'un autre plaideur, qui fut acquitté à son tour.

Ces acquittements et la constatation d'une diminution de responsabilité importeraient peu s'il y avait des maisons pour recevoir ces demi-criminels, mais dans l'état actuel des choses, ils aboutissent le plus souvent à une complète et scandaleuse absolution. Les médecins eux-mêmes en sont effrayés, ce n'est ni leur faute, ni celle des magistrats qui les interrogent ; il ne faut s'en prendre qu'à la loi qui n'a pas su prévoir le danger, organiser les moyens de répression et de préservation, de façon à atteindre le crime, aussi bien lorsqu'il est l'œuvre d'un esprit parfaitement sain, que lorsqu'il a été conçu par un cerveau détérioré par l'alcoolisme, aussi bien lorsqu'il est l'acte d'une volonté réfléchie, que lorsqu'il procède d'une volonté affaiblie ou détruite.

Les médecins aliénistes remplissent comme les juges une mission qui les expose aux soupçons les plus injustes. Tantôt on les accuse d'être de connivence avec des familles et de se prêter à des séquestrations abusives, tantôt on leur reproche de favoriser la défense des criminels; j'ai vu à l'œuvre ceux qui sont justement réputés pour être les maîtres de cette science, il serait injuste de leur reprocher d'affaiblir la répression, il vaudrait mieux dire qu'ils cherchent à la rendre plus intelligente et plus humaine. Ils constatent ce qu'ils voient, ils disent ce qu'ils observent, et s'ils protègent de pauvres fous contre l'application d'une peine qu'ils n'ont pas méritée, ils sont les premiers à réclamer bien haut au profit de la société le droit de se défendre contre ceux qui la troublent.

Je souhaite avec eux, que dans quelques années ceux qui parleront des prisons aient enfin un chapitre à consacrer aux maisons instituées pour recevoir et retenir sous de solides verrous, ces aliénés criminels et ces demi-responsables, ces candidats à la folie, comme on les nomme, qui aujourd'hui circulent librement dans nos rues.

CHAPITRE VII

CRIMES PASSIONNELS

Les drames du revolver. — Épouses et maîtresses. — Amour maternel. — Spéculations manquées. — Le devoir du juge. — Le jury. — Sa responsabilité. — La passion chez les hommes.

Lorsque vous visitez une prison, le gardien qui en fait les honneurs, ne manque pas de vous nommer les célébrités du crime qui s'y trouvent enfermées et de vous signaler leur scélératesse ; mais au moment où il passe devant certaines portes, il vous dit tout bas, sur un ton qui n'a plus rien de sévère et où perce même une certaine sympathie, voici la cellule de Madame ou de Monsieur X... ; vous lui demandez quels sont ces personnages de marque, auxquels il paraît accorder une considération particulière, et il vous répond : « C'est un monsieur qui a tiré un coup de revolver sur sa maîtresse, ou une dame qui a inondé de vitriol la figure de son amant ; ils représentent dans la prison l'élément romanesque, tandis que les voleurs et les assassins ordinaires y représentent l'élément prosaïque.

C'est surtout à Saint-Lazare que cette impression se fait sentir ; il est passé par cette prison bien des femmes qui ont laissé derrière elles le souvenir, parfois touchant, de leurs aventures tragiques ;

leurs malheurs auquel leur beauté donnait parfois un attrait de plus, avaient exercé autour d'elles une sorte de séduction ; les bonnes sœurs elles-mêmes sont souvent les premières à en ressentir les effets. Elles sont émues par ces histoires étranges, si différentes de leur propre vie, pleine de calme et d'activité; et puis comment ne seraient-elles pas disposées à se laisser attendrir par ces femmes qui, pour peu qu'elles soient un peu habiles, et quelquefois avec sincérité, sont à leurs yeux l'image vivante de cette Marie-Magdeleine, par laquelle la bonté de Dieu éleva le repentir à des hauteurs infinies; comment aussi les sœurs, vivant au milieu des blasphèmes, en contact avec les vices les plus repoussants, ne verraient-elles pas d'un œil plus indulgent ces femmes qui apportent dans la prison une meilleure tenue et un langage plus chaste; je ne veux citer aucun nom, mais il y a eu à Saint-Lazare des prisonnières qui ont leur légende; on montre leur cellule, la table sur laquelle elles écrivaient; je sais même qu'à une certaine époque, des photographies furent faites par les soins de la Préfecture de police, pour permettre à une détenue très en vue, de conserver pour elle et son mari, le souvenir de sa vie journalière pendant la durée de sa prévention.

Il y a quelques années, un orateur qui est plus encore qu'un très illustre avocat, plaidant devant les assises de la Seine pour une femme du meilleur monde, dont le passé était des plus honorables, mais qui, à la suite d'une discussion avec son indigne mari, lui avait tiré un coup de revolver, s'exprimait en ces termes.

« Si ce que vous avez à juger est le fait matériel, si votre verdict n'est que le procès-verbal d'un expert et d'un médecin, vous devez condamner. Mais votre mission est plus grave, votre mission est plus haute, la loi ne vous demande pas si l'accusé a fait tel geste, a fait tel acte, mais s'il est coupable. Ce que vous demande la loi, c'est de chercher le motif, la passion, non la passion banale, la passion vulgaire, mais la passion dans ce qu'elle a de plus noble, de plus élevé. C'est une recherche difficile, laborieuse, pleine de dangers, et c'est pour cela que la loi l'a remise entre vos mains loyales, entre vos mains intelligentes, interrogez votre raison, mais je vous en conjure, laissez aussi parler votre cœur ; » la femme fut acquittée ; mais son défenseur avait bien raison de dire, avec sa grande autorité, que dans de semblables affaires, la loi confie au jury une recherche pleine de difficultés et de dangers.

C'est précisément pour cela que le jury se montre si souvent au-dessous de sa tâche et que, pour un acquittement justifié qu'il prononce de temps en temps, il en accorde chaque jour qui renversent toutes les notions de la morale et impriment à l'opinion publique une déplorable direction.

Malgré les progrès du matérialisme, ou si on aime mieux de l'organicisme, il n'y a guère aujourd'hui que de très hardis théoriciens pour oser contester la responsabilité des auteurs des crimes vulgaires, inspirés par la cupidité ; mais toutes les fois que le roman se mêle au crime, quantité de gens admettent les impulsions irrésistibles, les suggestions de la névrose, et font bon marché de la conscience et du libre arbitre.

On poétise le crime ; on refait chaque jour l'épopée contre la victime et les prisons, toute à la gloire de Claude Gueux.

On n'en est cependant pas encore arrivé tout à fait, quoique on sente la chose venir, à chercher dans les théories du socialisme la justification des meurtres commis par des voleurs ; sur ce point, la morale classique qui commande de respecter le bien et la vie d'autrui, n'a pas perdu tous ses droits et est, jusqu'à nouvel ordre, comme on l'a dit avec raison, le moyen le plus sûr de garder intacte l'estime de soi-même et des autres ; mais il semble que ces principes salutaires n'existent plus, toutes les fois que le crime a un autre mobile que la cupidité ; et il est de mode d'absoudre les crimes de passion, euphémisme indulgent sous lequel se couvre l'idée sauvage de cette vengeance privée qu'on retrouve à l'origine et au déclin des sociétés, chez les nations trop jeunes et chez les peuples en décadence.

Supposez que le jeune Chambige soit entré dans la mansarde de Sidi-Mabrouck, comme Marchandon dans la chambre de Mme Cornet, pour lui prendre de l'argent ou des bijoux ; aucune voix, sauf celle des anarchistes, qui considèrent le vol comme un moyen de réparer les inégalités sociales, ne se serait élevée en sa faveur ; aucune peine n'eût paru assez forte pour punir son forfait ; au lieu de cela, il satisfait une passion brutale et vient prendre à un galant homme son bien le plus précieux, pour en faire le sujet de ses expériences psychologiques ; il tue la mère de famille qui lui résiste, ou que l'affolement lui a livrée ; il se conduit comme un traître, il se défend comme un lâche ; mais il mêle habilement la littérature au crime, égare les juges dans l'analyse infinitésimale de ses sensations malsaines et il arrive ainsi à s'en tirer avec une peine fort allégée, que ses admirateurs trouvent encore trop sévère, et on crée, en son honneur, une nouvelle classe de criminels, le meurtrier analyste.

Le bon sens est tellement obscurci, la notion du bien et du mal est tellement altérée, que le crime n'inspire plus d'horreur dès qu'il affecte des prétentions littéraires et romanesques; bien plus, il devient intéressant, presque digne d'éloges, quand il est inspiré par ces passions, avec lesquelles se fabriquent les romans et les pièces de théâtre. La violence est partout, on voit à chaque instant le revolver sortir des poches, de celui qui attaque ou celui qui se défend ; il est l'argument des femmes abandonnées, des maris trompés, des plaideurs mécontents, des solliciteurs évincés, des ambitieux déçus ; c'est une décharge générale qui parfois se trompe de but, et atteint dans la rue le pacifique passant ; la politique aussi bien que la galanterie, lui sert de cible.

C'est en étudiant le monde des prisons, qu'on comprend bien la fausseté et le danger de ces théories ; si elles venaient à triompher définitivement, elles dispenseraient l'homme de toute résistance à ses instincts, et l'autoriseraient à s'abandonner librement à leurs fantaisies et à leurs fureurs. Ces crimes, qu'on se plaît à appeler passionnels pour les opposer aux crimes d'habitude, ont aussi leur loi génératrice ; ils proviennent, bien moins qu'on ne le suppose, de l'explosion subite d'un sentiment violent, et on ne les voit, en général, survenir que dans la vie déjà troublée de ceux auxquels a manqué, pour tenir leurs passions en équilibre, le contrepoids d'une éducation sérieuse ; les hôtes de Mazas et de Saint-Lazare fournissent plus d'un exemple sur ce point.

C'est peut-être chez la femme que le crime passionnel se manifeste avec le plus de spontanéité ; les détenues de Saint-Lazare qui sont accusées d'avoir tué leur amant, valent mieux, en général, sous le rapport des antécédents du milieu social, et de l'éducation, que les détenus de Mazas, qui ont donné la mort à leur maîtresse.

L'école positiviste fait du criminel passionné un portrait com-

UN ALCOOLIQUE

plaisant : il présente, à l'entendre, une sensibilité physique et morale, extrême et même exagérée, ainsi qu'une vie précédente sans taches ; il agit par des motifs puissants et proportionnés à l'action, jamais par des motifs de cupidité. Il y a presque toujours en lui une lutte morale, contre la tentation criminelle, lutte suivie d'une exécution agitée et pour ainsi dire explosive du crime, sans guet-apens, en présence de témoins, avec des armes impropres, le tout suivi d'un remords sincère et même violent ; il y a aussi présentation spontanée et aveu aux autorités.

Je me permettrai de ne pas accepter comme des vérités, ces formules trop absolues ; dans ces crimes comme dans les autres, je considère comme une exception, l'éruption subite du crime ; si on observe attentivement le passé des héroïnes de ces attentats, on voit que leur vie n'était pas précisément sans tache ; ces crimes, qu'on se plaît à appeler les drames de l'amour, ne sont, le plus souvent, que les drames de l'inconduite et de la spéculation. Presque toutes ces femmes avaient déjà rompu avec la morale, et contracté des habitudes bien faites pour développer leurs passions aux dépens de leur raison et de leur conscience ; la plupart avaient cherché le malheur qui est venu les frapper et auraient dû commencer par s'en accuser elles-mêmes, au lieu de le faire expier aux autres ; elles n'ont pas su se défendre, parce qu'elles avaient intérêt à succomber ; elles ne trouvent de l'énergie que le jour où elles souffrent d'être délaissées. L'honnête fille, qui a le malheur de tomber de bonne foi dans les pièges de la séduction, n'a d'autre souci que de cacher sa honte ; elle pleure en silence, et cherche l'oubli dans une retraite profonde ; parfois le désespoir la conduit à la folie ou au suicide. Chez la femme qui se venge bruyamment, il y a toujours quelque chose de théâtral dans la manière de faire, un besoin de poser devant le public, de rechercher ses applaudissements, de devenir célèbre, à l'exemple de l'incendiaire du temple d'Ephèse; rien ne lui serait plus sensible que de voir son crime passer inaperçu.

Ce serait le plus souvent lui faire beaucoup d'honneur que de la regarder comme incapable d'obéir à un sentiment de cupidité; neuf fois sur dix, ses violences auraient été évitées, si le séducteur s'était montré plus généreux dans le règlement des questions d'intérêt, et avait su appliquer sur les blessures du cœur le baume bienfaisant des billets de banque.

Je m'étonne aussi d'entendre soutenir que le criminel passionné ne sait choisir ni son temps, ni son arme. J'ai vu plus d'un malheureux écloppé, dont les blessures attestaient que la main d'une femme passionnée sait parfaitement manier un revolver et choisir le bon endroit pour assurer sa vengeance; j'ai même remarqué que la plupart apportent beaucoup de persévérance dans la préméditation, et de ruse dans le guet-apens. Elles achètent l'arme longtemps à l'avance, et se familiarisent avec elle ; il y en a qui, pendant plusieurs jours, visent sur des cibles, pour être plus sûres de leur coup, et presque toujours c'est pendant le sommeil de leur victime ou par derrière, qu'elles ont soin de frapper.

Je n'admets pas non plus que ce genre de crime soit suivi d'un remords sincère; tout au contraire, le premier sentiment, chez la femme surtout, est de s'en glorifier et de manifester hautement sa satisfaction. « Il m'a abandonnée, disait l'une d'elles, dans un langage qui est celui de toutes, en se contentant de me jeter un peu d'argent à la face ; je l'ai vu au bras d'une autre femme ; des sentiments de vengeance, de jalousie, se sont emparés de mon esprit, au point de m'obséder jour et nuit; en le frappant, j'ai éprouvé, je ne vous le cache pas, une sorte de satisfaction. » Une autre, qui avait eu soin de mettre bien en vue, sur sa table, le journal de sa vie, tout plein de l'expression de son amour et de sa vengeance, disait, avec une sorte d'orgueil, aux agents chargés de l'arrêter : « Je vous attendais ! »

S'il est parfaitement vrai que loin de chercher à prendre la fuite, elles vont elles-mêmes la tête haute, se livrer à la justice, ce n'est pas qu'elles se repentent ; tout au contraire ; sachant d'ailleurs qu'elles peuvent compter sur la bienveillance du jury, elles se glorifient de leur action, elles en parlent avec plaisir, s'imaginant que Paris tout entier a les yeux fixés sur elles et qu'elles ont rempli, au profit de leur sexe, le rôle à la mode de grand justicier.

Je ferai cependant une distinction parmi ces femmes entre celles qui sont mariées et celles qui vivent en concubinage : lorsqu'une femme tue son mari, il est rare que ce soit la jalousie qui l'inspire. L'infidélité du mari amène l'épouse à le mépriser, à lui devenir indifférente, à trouver ailleurs des dédommagements plutôt qu'à chercher une vengeance dont le scandale retomberait sur elle et sur ses enfants, le meurtre de l'époux n'est le plus souvent qu'un acte de légitime défense ; dans certains ménages il peut arriver un moment où la femme est poussée à bout ; elle ne se sent plus le courage de supporter les mauvais traitements d'un homme brutal et ivrogne, elle succombe sous les coups, alors un jour elle se laisse aller à se faire justice elle-même ; mais c'est surtout lorsqu'elle est atteinte dans son amour maternel, la substance même de son être, et qu'elle est menacée de se voir enlever son enfant, qu'elle n'écoute plus les conseils de sa raison, et on la voit se jeter, affolée et furieuse, dans quelque tragique aventure. Aussi est-ce dans cette catégorie de coupables que se rencontrent les sujets les plus dignes de pitié. Sans doute, comme tous les autres, ces crimes entraînent une responsabilité et auraient pu être évités par une résignation plus courageuse, mais par exception ils trouvent leur cause bien moins dans la perversité antérieure de leur auteur que dans la méchanceté de la victime elle-même.

Le procès que je rappelais tout à l'heure, montre bien comment la conscience d'une femme honnête qui aura résisté à toutes les mauvaises inspirations de la jalousie, pourra enfreindre la loi qui défend de tuer, le jour où elle sera blessée dans ses affections maternelles; elle aura, pendant des années, supporté toutes les humiliations, elle se sera courbée devant tous les outrages, elle aura su pleurer en silence, et voici qu'un jour elle croit qu'on veut lui prendre son fils; elle a dit à son mari : « Je veux bien m'en aller, mais je veux mon enfant, » et comme il répond : « Non, vous ne l'aurez pas, » elle saisit l'arme meurtrière.

Il n'y a pas d'éloquence qui ait jamais mieux servi la mère sur les bancs de la Cour d'assises que la simple évocation de son enfant. « Le voilà, disait Dumas, dans une de ses plus fines analyses des drames de la passion, qui entre dans le débat et qui, légitime ou non, vivant ou mort, du sein de sa mère, du fond de son berceau, ou du fond de sa tombe, prend la défense de sa mère, que vous voulez condamner, contre son père qui vous échappe, et le voilà défiant la loi qui recule. »

De tous les sentiments celui auquel le jury se laisse le plus facilement prendre, parce qu'il est le plus touchant, et d'ordinaire le plus sincère, c'est encore l'amour maternel : que ce soit la femme légitime ou la maîtresse, il est bien rare qu'une femme soit condamnée quand on s'imagine, à tort ou à raison, qu'elle a voulu défendre son enfant ou qu'elle a été outragée dans ses affections de mère ; c'est par là que la femme devient touchante et qu'elle

Une chambre à Saint-Lazare. (D'après nature.)

paraît digne de pitié aux yeux de ceux qui considèrent combien il est facile à l'homme de se dérober lâchement aux devoirs de la paternité; la tâche de l'avocat devient aisée lorsqu'il peut lire aux jurés des interrogatoires où l'accusée s'écrie, par exemple, en s'adressant à sa victime : « Vous êtes la cause de la mort de ma fille, si vous l'aviez laissée auprès de moi elle serait vivante et je n'aurais pas cherché à vous tuer; elle est morte, j'ai voulu la venger. »

Je me souviens d'un drame de ce genre qui s'est accompli au quartier Latin où le revolver, passant les ponts, vient de temps à autre attester les progrès de nos mœurs. Une jeune fille était accusée d'avoir voulu tuer dans un lâche guet-apens un étudiant trop volage ; toutes les circonstances de l'affaire semblaient appeler sur elle la sévérité du jury; mais son enfant qu'on lui avait laissé à Saint-Lazare vint à mourir d'une angine et le récit de son crime qu'elle avait envoyé au juge était interrompu par ces mots : « Aujourd'hui ma fille est morte, enlevée en deux jours dans d'horribles souffrances, je suis folle de douleur, il m'est impossible de terminer mon mémoire, je ne pense plus qu'à mon enfant.... ! » La défense n'eut qu'à lire ces lignes pour obtenir un acquittement.

Le jury, allant beaucoup plus loin, a paru admettre quelquefois que le meurtre pouvait être un remède suprême à l'indissolubilité du mariage et de récents acquittements ont semblé consacrer ce mode de procédure; on a même été jusqu'à absoudre une femme qui, plaidant en divorce et trouvant que le procès ne marchait pas assez vite, tira sur son mari ; on prétend que l'émeute n'est plus à craindre, depuis le suffrage universel sert d'exutoire aux caprices populaires ; les coups de revolver conjugaux ne devraient plus être de mise, aujourd'hui que le divorce a fait du mariage une camaraderie passagère et permet à chacun de reprendre sa liberté.

Je comprends à la rigueur que pour les femmes qui ont été conduites au crime non pas par le vice mais par déviation d'un bon sentiment, on cherche à adoucir le plus possible le régime de la prison, et à ne pas les confondre avec les misérables créatures qui les entourent.

Je ne m'explique plus du tout la faiblesse du jury, sa pitié, lorsqu'elle profite à la maîtresse qui se venge; dans ce cas si on va au fond des choses, si on les dépouille de leur vernis, on retrouve les causes ordinaires des crimes, la mauvaise éducation, le désordre des mœurs, l'amour de l'argent : qu'est-ce que l'amour qui frappe, a-t-on dit avec raison, sinon de l'égoïsme à l'état furieux; c'est bien plutôt le dépit d'une opération manquée, l'avortement d'une intrigue habilement combinée, une ambition déçue qui excitent la colère de ces femmes contre celui dont l'abandon fait tomber d'un seul coup un échafaudage savamment construit.

Toutes ces célébrités de Saint-Lazare sont en réalité des personnes fort peu intéressantes et très habiles à mélanger l'astuce et la candeur, la ruse et la naïveté; j'admets qu'elles puissent être sans antécédents judiciaires mais elles en ont d'une autre nature; si on examine leur vie de près, si on en pénètre les dessous, on la voit remplie d'une foule de fort vilaines choses; ce sont des femmes qui jouent une partie et qui ne la gagnent pas toujours; elles mettent sans scrupule dans leur jeu la fraude, la vanité, le plaisir. Dans ces liaisons éphémères où le jeune homme, trop tôt émancipé, apporte son inexpérience, sa frivolité, les vices que développe si bien l'éducation moderne, et la femme des désirs ambitieux et romanesques, la soif de la richesse, c'est à qui tirera le plus d'agrément et de profit; si la femme perd, elle se lamente, elle se pose en victime du sexe fort, elle masque sous l'apparence d'une blessure faite à un amour désintéressé les déceptions de l'ambition, et alors qu'elle n'est touchée que par le renversement de ses calculs, elle se pose en Ariane éplorée et ne recule devant rien pour ressaisir non pas le cœur, mais la cassette qui va lui échapper; personne n'a oublié l'histoire de cette femme qui, pour mieux assurer sa domination sur son amant et s'emparer de sa fortune, avait imaginé de le rendre aveugle en lui brûlant les yeux avec un liquide corrosif; l'aventure de la veuve Gras est restée célèbre et la cellule où elle passa les longs mois de sa prévention est devenue avec quelques autres une des curiosités dont Saint-Lazare se glorifie.

Personne ne songe à prendre la défense d'une malheureuse femme qui, se trouvant sans ressources, a la faiblesse de dérober un objet de peu d'importance, on trouverait fort mauvais que l'impunité lui fût accordée, mais qu'une intrigante, après avoir essayé de jeter ses filets sur quelque fat ou quelque niais, le tue ou le défigure par dépit de le voir lui échapper, pour un peu on trouverait cela superbe; nous ne nous étonnons plus de voir la passion aboutir à un acte criminel, parce que chaque jour, dans nos mœurs, dans notre littérature, elle se manifeste par des sensations brutales, matérielles, et non plus par des sentiments d'un ordre pur et chevaleresque.

Les surprenantes complaisances du jury, il faut bien l'avouer aussi, ont parfois leur explication dans les torts de la victime; l'avocat général dit bien du haut de son siège et sous le manteau de pourpre de l'accusation : « Vous, messieurs les jurés, qui avez prêté le serment de ne pas trahir les intérêts de la société, pouvez-vous admettre qu'on se fasse justice à soi-même, pensez au principe de l'égalité devant la justice, l'acquittement en pareille matière est une prime d'encouragement. » Mais en même temps, lorsque du côté de l'accusée un défenseur habile vient étaler toutes les roueries du séduc teur, lire ses lettres brûlantes, rappeller son langage passionné et trompeur, opposer les tendresses de la veille à l'abandon du lendemain, le jury éprouve comme un sentiment de dégoût, cela le rend miséricordieux ; il s'imagine être impartial en s'abandonnant à des accès de sensibilité ; il oublie qu'il donne ainsi les plus déplorables encouragements et qu'il autorise la vengeance individuelle à prendre ouvertement la place de la justice sociale.

Il est certain que les crimes de cette nature donneraient moins souvent lieu à des acquittements regrettables si les hommes qui en sont les victimes, étaient plus intéressants. Trop souvent ils semblent avoir servi de modèle à ce portrait qu'un écrivain moderne vient de tracer du viveur de notre temps, qu'il appelle si bien un nihiliste délicat : « Qu'il fasse de la politique ou des affaires, de la littérature ou de l'art, du sport ou de l'industrie, il n'a que lui-même pour Dieu, pour principe, et pour fin ; il ne croira jamais à quoi que ce soit, sinon au jeu amusé de son esprit qu'il a transformé en un outil de perversité élégante ; c'est un égoïste brutal et raffiné, dont toute l'ambition consiste à admirer son vice, à le parer de sensations nouvelles. »

Ce n'est pas une raison pour donner au vitriol et au revolver le droit de troubler ses plaisirs égoïstes ; mais la foule aime à prendre parti pour le faible contre le fort, sans aller au fond des choses, sans se demander lequel des deux a tort ou raison ; or le jury tel qu'il est organisé aujourd'hui, n'est-il pas la foule avec ses erreurs, ses impressions, ses préjugés ; si du temps de nos pères les maîtresses délaissées s'étaient aviseés d'arquebuser leurs infidèles ou de les défigurer, on eût trouvé quelque hôpital pour les corriger de cette dangereuse manie ; aujourd'hui la justice intervient ; or comme il est de son devoir de se montrer impartiale et d'instruire à charge aussi bien qu'à décharge, il lui arrive de relever des circonstances qui n'auraient pas grande prise sur l'esprit de magistrats expérimentés, mais qui devant d'autres deviennent de puissants arguments de défense; en recherchant les causes premières comme il convient de le faire, en démontrant que le crime n'a pas été un acte irraisonné, il se trouve que le juge fournit aux jurés des prétextes d'absolution ; que veut-on cependant qu'il fasse? faut-il qu'il ferme l'oreille à toutes les explications de l'accusée, qu'il trouve des maisons de santé spéciales à son usage, doit-il lui mettre un bâillon sur les lèvres lorsqu'elle s'écrie : « Parviendrez-vous à bien me comprendre, je ne me connais pas moi-même, vous verrez que les sentiments les plus divers en apparence, les plus opposés, se sont pour ainsi dire heurtés dans mon cœur, et m'ont inspiré des actions qu'on ne comprendrait pas, si on voulait les expliquer au point de vue de la raison qui calcule. » Faut-il qu'il refuse les confrontations qu'elle sollicite, par cela seul qu'elles exposent la victime à des émotions désagréables; quoi qu'il en soit, c'est le jury, une réunion d'honnêtes citoyens, peu habitués à scruter les consciences, qui a fait le succès du revolver; c'est lui qui a la grosse part de responsabilité dans les acquittements qui semblent ériger en principe le droit de se faire justice à soi-même; depuis le jour où le premier coup de revolver a trouvé grâce, l'usage s'en est singulièrement répandu; sans doute, il arrive encore que de braves gens soient condamnés à l'amende pour avoir été trouvés porteurs de ces pistolets de poche qui se vendent ouvertement, mais ce qui est beaucoup plus rare, c'est de voir condamner la femme qui envoie une balle dans la tête de son amant, ou le rend hideux à tout jamais, par les horribles morsures de l'acide sulfurique.

Si encore cela pouvait profiter à la morale, on s'en consolerait; si ces dénouements assez fréquents de certaines liaisons, décourageaient les coureurs d'aventure, on pourrait presque s'en applaudir; mais les mœurs restent les mêmes, la crainte du revolver n'a inspiré aucune sagesse, et les amours ne sont ni plus durables ni plus sérieuses; le jury d'ailleurs ne voit pas si loin, il ne prétend pas réformer la société; il se laisse tout simplement entraîner à certaines défaillances, n'ayant pas la force de réagir contre ces courants absolument factices que les journaux font naître avant les affaires d'assises, sauf ensuite, si leur humeur change, à tomber à bras raccourcis sur celles qu'ils avaient le plus défendues. Ce sont à coup sûr, les jurés qui, par imprévoyance et absence de principes, ont été les grands propagateurs des attentats de cette nature; leur excuse, c'est qu'ils ne s'en sont même pas doutés; bornant leur vue à l'affaire présente, ils n'ont pas compris qu'on ne leur demandait rien moins que de faire revivre un droit barbare au profit de ceux qui pratiquent la morale libre; ils ne se rendent pas compte qu'ils vont au rebours de la civilisation; pas un seul parmi eux n'oserait se faire ouvertement le défenseur de la peine du talion, ou de la loi de Lynch, cela leur semblerait féroce et sauvage, cependant ils la proclament inconsciemment, en absolvant ceux qui, se croyant lésés, dédaignent la justice et procèdent à des exécutions sommaires.

Le revolver a commencé par s'introduire sous la forme la plus sentimentale; l'amour le tenait dans sa main à la place de la torche et du carquois; mais bientôt il s'est présenté sous un aspect moins poétique; on s'est dit que puisque le jury reconnaissait à la maîtresse abandonnée le droit de se venger, on pouvait bien dans d'autres circonstances se donner librement toutes les satisfactions de la vengeance; après la femme qui tue son amant, nous avons vu la femme qui tue son calomniateur ; le meurtre, au milieu de ce détraquement général, devient le plus saint de tous les devoirs ; des hommes, chargés de faire les lois, peuvent en pleine audience, sans être interrompus, glorifier la vengeance privée ; on proclame la meurtrière plus forte, plus puissante, plus juste que les juges, le Cercle social des femmes lui envoie ses emphatiques félicitations, et un écrivain fort connu, lui apportant l'hommage de la Révolution, s'écrie : « Ne gâchez pas votre plomb, gardez vos « cartouches pour le jour où toutes les souffrances se seront donné « rendez-vous, et tireront dans la même ligne. » Des idées dangereuses et fausses, qui amèneront de nouveaux crimes, sont ainsi répandues dans les esprits, et le lendemain de ces verdicts transformés en apothéoses, le droit de tuer est affirmé, et on peut lire dans les journaux des phrases comme celles-ci : « Après avoir salué celle qui aura le bénéfice et la gloire du verdict, je me prends à songer à toutes celles et à tous ceux qui auraient le droit d'armer un pistolet et d'en lâcher la charge sur qui fut l'agent de leur déshonneur ou de leur ruine. »

Aussi est-ce vers le jury que les exaltés, les déclassés, tous ceux qui cherchent le scandale, tous ceux qui se posent en redresseurs de torts et en réformateurs de la société, tournent leurs espérances ; c'est devant lui qu'ils prétendent poser ou débiter leurs discours emphatiques : « On est surpris, écrivait l'un d'eux, après avoir tiré sur son créancier, que la vengeance n'ensanglante pas journellement les pavés de Paris... Il faut que par un acte je soumette ma triste situation au jury, si éclairé et si juste du département de la Seine, où je suis assuré de trouver justice. »

Quel remède convient-il d'appliquer à cet état psychologique qui, à propos des affaires de tout genre, se manifeste de la façon la plus inquiétante. N'est-ce pas vouloir encourager le crime et faire complètement perdre au pays le sens de la justice, que de vouloir ajouter

Saint-Lazare. — Cour du quartier de l'Infirmerie. (D'après nature.)

à la faculté de déclarer qu'il existe des circonstances atténuantes en faveur des accusés, le droit de dire qu'il en existe de très atténuantes ; n'est-ce pas un singulier moyen de réagir contre la faiblesse du jury, que de lui donner la possibilité de faire prononcer des peines ridicules, et la loi ne semblera-t-elle pas admettre elle-même l'excuse tirée de la passion, le jour où celui qui aura assassiné par haine, par vengeance, par jalousie, pourra n'encourir que quelques jours d'emprisonnement. Sous un sage régime pénitentiaire, il convient, sans doute, de faire d'intelligentes sélections entre les différentes catégories de criminels, et de ne pas confondre dans l'odieuse communauté de la même salle, les assassins voleurs, et ceux dont la jalousie ou le désespoir ont armé le bras, mais il ne faut pas aller plus loin; on l'a dit avec raison, la loi perd son empire le jour où elle autorise des condamnations dérisoires. Une fois qu'on entre dans cette voie, mieux vaudrait supprimer le Code pénal; autrement on pourrait dire avec un homme de beaucoup d'esprit : « Un jour notre Code se composera d'une loi unique en un seul article : Il n'y a plus rien. »

Si la passion excuse le crime, il n'y a plus de crime, car, à moins d'être un fou, on ne commet un crime que pour satisfaire une passion; s'il suffit qu'un sentiment soit violent pour devenir une excuse, on voit alors se produire des acquittements autrement monstrueux que les châtiments infligés par la sévérité de nos pères; un jour, par exemple, une jeune fille de vingt ans tue à coups de marteau, pour la voler ensuite, sa grand'mère âgée de quatre-vingts ans; l'accusation demande contre elle la peine du parricide; le défenseur, avec une témérité que la défaillance de nos mœurs peut seule expliquer, plaide l'acquittement; sa cliente n'est pas coupable, parce qu'elle n'a pas eu conscience de l'acte qu'elle commettait; emportée par la colère qu'avait provoquée l'avarice de son aïeule, elle a saisi le premier objet qui lui est tombé sous sa main, et elle a frappé la vieille femme dans une étreinte qui a trop peu duré, pour qu'un éclair de raison traversât son cerveau ; et cette thèse est accueillie par le jury.

Les hommes n'ont pas voulu laisser aux femmes le privilège de la vengeance ; à Mazas aussi bien qu'à Saint-Lazare, on voit des gens qui ont la prétention de ne pas être des criminels, par cette unique raison qu'ils ont la tête chaude, l'humeur irritable, qu'ils ont agi sous l'empire d'une passion prétendue.

J'ai dit tout à l'heure qu'il fallait se garder d'un trop grand enthousiasme en faveur de ces femmes qui ont la prétention de s'ériger en justicières, et que les sentiments qui les faisaient agir étaient le plus souvent de médiocre qualité ; je reconnais cependant qu'à raison de sa nature plus faible et plus impressionnable, de la vivacité de son imagination et de ses instincts affectifs, la femme cédera plus facilement que l'homme à l'impulsion de certaines impressions, et que, si elle mène une existence agitée au lieu de filer la laine et de garder la maison, elle arrivera plus vite au crime, en brûlant pour ainsi dire les étapes qui y conduisent habituellement.

L'homme, au contraire, précisément parce que ses sensations sont moins violentes, aura besoin d'être plus profondément perverti pour accomplir certaines actions ; aussi, dans la plupart des cas, celui qui commet un de ces crimes dits passionnels, a-t-il des antécédents judiciaires qui le placent dans la condition des criminels ordinaires.

Tous les jours, pour ainsi dire, on arrête des individus accusés d'avoir assommé, tué, défiguré la femme avec laquelle ils vivent ; presque tous sont des repris de justice, des malfaiteurs de profession, des souteneurs, que l'abandon de leurs maîtresses atteint dans leur intérêt bien plus que dans leur affection ; c'est bien au sujet de ces tristes personnages, qu'apparaît dans toute sa fausseté la doctrine qui veut faire du crime inspiré par la vengeance ou par la jalousie, un acte à part, échappant aux lois ordinaires de la criminalité, et apparaissant tout à coup, sans le moindre prodrôme, au milieu d'une vie jusque-là honnête ; la Cour d'assises jugeait dernièrement un jeune homme de vingt ans qui, par jalousie, avait tué une malheureuse fille dont il était le protecteur ; or il venait de sortir de prison, il avait déjà subi plusieurs condamnations et l'instruction révéla que dès l'âge de quatorze ans il avait participé à un assassinat.

Tels sont, à des degrés divers dans le mal, la plupart des gens qui deviennent des meurtriers le jour où leur volonté, depuis longtemps affaiblie, est dominée par un sentiment violent.

Sans doute il se rencontre quelquefois des hommes qui sous l'action d'une idée généreuse se laissent aller à se faire juges et bourreaux dans leur propre cause ; on peut les plaindre, bien qu'ils soient rarement sans reproche ; il y a cependant à Mazas des cellules devant lesquelles on ne peut passer sans se souvenir des grandes infortunes et des touchantes douleurs qu'elles ont abritées ; il m'est arrivé d'y voir, en même temps, deux hommes, entraînés par la passion la plus pure qui puisse faire battre le cœur, l'amour paternel et l'amour filial.

L'un, dans un accès de désespoir, et à la suite d'une scène violente, avait eu le malheur de tuer son gendre qui torturait sa fille ; l'autre, était un commissaire de police, sa mère venait d'être assassinée par la bande de Gamahut ; un misérable, dont le nom fut longtemps caché à la justice, avait eu l'infamie de le plaisanter à ce sujet dans le « Cri du Peuple » ; si le bonheur eût voulu que l'article passât sous les yeux d'une femme de talent qui écrivait alors dans ce journal, et dont la plume quelquefois téméraire a toujours été généreuse, il eût été jeté au ruisseau d'où il venait; il provoqua chez celui qu'il visait une explosion de colère; oubliant tout, le respect de la loi, ses devoirs de fonctionnaire, il arriva l'épée à la main, accompagné de son frère, officier de paix; ils firent irruption dans les bureaux et y déchaînèrent, comme s'ils étaient dans un pays sans loi et sans justice, une lutte terrible où son frère, un brave et beau garçon, tomba mortellement frappé.

J'ai cité ces deux douloureuses affaires comme des exceptions; elles ne font que confirmer la règle; si dans la foule de ceux qui tuent pour obéir à leurs passions on en rencontre de temps à autre dont la vie jusque-là a été exempte de reproche, dont le mobile a été généreux, dont les intentions ont été honnêtes et chez lesquels la commotion passionnelle a été si forte que la volonté s'est trouvée momentanément paralysée et qu'on peut leur appliquer cette excuse admise par saint Thomas lui-même. « *Si talis sit passio quæ totaliter involuntarium reddat actum sequentem, totaliter a peccato excusat* » ; presque tous ont suivi les mauvais chemins qui aboutissent au crime et présentent les caractères généraux que l'on rencontre chez les coupables; ces constatations sont rassurantes au point de vue du libre arbitre ; elles excluent ces idées d'impulsivité par lesquelles on veut expliquer le crime passionnel, comme on veut trouver dans l'atavisme la cause du crime ordinaire. L'homme tue pour satisfaire une passion, le désir ardent, le mouvement intérieur, le penchant qui le porte plus ou moins fortement vers un objet sensible et agréable à sa nature ; mais la passion naît et se développe par la mauvaise surveillance de soi-même et le relâchement des mœurs ; nous pouvons la dominer, la contenir, en faire un instrument de vie et non de mort, s'il nous plaît de nous en donner la peine.

CHAPITRE VIII

LA PRISON DE TOUT LE MONDE

Le coup de filet. — Les postes de police. — L'arrestation. — Le cabriolet. — L'entrée au Dépôt. — M. Meugé, directeur. — La salle commune. — La salle des habits noirs. — Les cellules. — Les cours. — Le petit Parquet. — Interrogatoire du magistrat. — La population du Dépôt. — Foyer de corruption. — Prison à démolir.

J'ai exploré les chemins qui conduisent à la prison, j'en ai parcouru les abords, j'en ai montré les étapes successives, depuis la première faute à laquelle on pourrait s'arrêter par un effort de volonté et sous l'action d'une répression bien entendue, jusqu'au dernier abîme où le crime précipite celui qui a lâché la bride à toutes ses passions; après avoir examiné l'homme tant qu'il jouit de la liberté d'aller et de venir et qu'il est son propre gardien, il faut maintenant observer ce qu'il devient et dans quelles conditions de vie physique et morale il se trouve placé quand il est privé de sa liberté.

Le Dépôt est en quelque sorte le portique par lequel on entre dans le monde des prisons, à ce point de vue il mérite une attention toute particulière.

Depuis le jour où le gardien de la paix appréhende au collet le jeune drôle en flagrant délit de larcin à l'étalage d'une boutique jusqu'à l'heure dernière où l'enfant, devenu homme, sentira la main du bourreau s'appesantir sur son épaule, les portes du Dépôt se seront ouvertes plus d'une fois devant lui et c'est sur les registres de cette maison qu'auront été marqués par chaque arrestation nouvelle les progrès de sa perversion, comme on voit le long des fleuves des étiages qui indiquent les principales crues.

Le casier judiciaire se borne à constater les condamnations, mais au Dépôt toutes les arrestations, même lorsqu'elles n'ont pas été maintenues par la justice, laissent une trace soigneusement conservée dans les sommiers de la Préfecture de police.

Vous avez vu quelquefois un pêcheur retirer ses filets ; il les étale sur le rivage sans trop savoir ce qu'il va y trouver : des débris sans valeur, des herbes, des insectes, des petits poissons, qu'il rejettera bien vite à l'eau, puis quelques grosses pièces qui le dédommageront de sa peine ; la Préfecture de police jette sans cesse ses filets dans les eaux troubles de Paris ; c'est au Dépôt qu'elle les vide, c'est là qu'elle procède au premier triage.

De ses vastes engins, il sort des femmes, des enfants, des vieux, des jeunes, des infirmes, des valides, des Parisiens, des ruraux, des étrangers, des naïfs, des escrocs, des fous, des innocents, des coupables, des voleurs, des mendiants, des assassins, quelquefois même, les jours de manifestation, des conseillers municipaux et des députés, on pourrait dire comme dans le « Bourgmestre de Saardam » : « Ambassadeurs, grands seigneurs, honnêtes gens et voleurs, mettez-moi tout ce monde en prison, j'y verrai plus clair demain matin. » Il faut se débrouiller au milieu de ce chaos et on doit le faire vite ; la loi exige que tous ces gens soient, avec les procès-verbaux qui les concernent, remis dans les vingt-quatre heures au plus tard à la disposition de la justice pour être interrogés, cette prescription inscrite dans nos lois modernes existait déjà sous l'ancienne législation; comme les magistrats entendent avec raison se montrer rigoureux observateurs de la loi et remplir d'une façon efficace leur rôle de protecteurs de la liberté individuelle, ils ont été obligés quelquefois de donner à leurs réclamations une forme un peu comminatoire pour arriver à obtenir des commissaires de police ou des bureaux de la Préfecture l'envoi des procès-verbaux dans les délais légaux.

Ces retards seraient d'autant plus regrettables que bien souvent les arrestations, faites sans motif légal, ne sont pas maintenues par le magistrat; il peut suffire d'un mot un peu vif adressé à un gardien de la paix pour aller au Dépôt, surtout dans les temps agités, et je me souviens d'une circulaire d'un préfet de police, prescrivant aux agents d'arrêter toujours pour les outrages qui leur seraient adressés, sans tenir le moindre compte des considérations de domicile ou de condition sociale; il s'agissait alors de l'exécution des décrets; et le Dépôt se trouva rempli outre mesure.

Tout le monde sait qu'il y a deux catégories d'arrestations: celles qui se font en cas de flagrant délit par les commissaires ou agents de police ou même par le premier venu, témoin d'un acte criminel; et celles qui sont opérées en vertu d'un mandat d'amener décerné par le juge d'instruction, contre un individu recherché; en dehors du flagrant délit, aucune autorité, autre que celle du juge, ne peut porter atteinte à la liberté individuelle; ce droit est essentiellement réservé au magistrat inamovible.

S'il est un droit respectable au monde, c'est bien la liberté personnelle; un mandat d'amener ne doit être décerné que s'il existe de graves apparences de culpabilité, et s'il y a lieu de craindre que le prévenu ne prenne la fuite, n'intimide les témoins, ou ne fasse disparaître les preuves; ce serait un détestable abus de pouvoir

(Au dépôt)
Montégut
29

que de prendre une semblable mesure à la légère, ou à titre d'intimidation ; dans les pays où on a le vrai sentiment de la légalité, un magistrat verrait l'indignation publique se soulever contre lui, s'il disposait trop facilement de la liberté des citoyens ; en France, il n'aurait guère à compter qu'avec sa conscience. Nous excellons à proclamer des principes, en même temps que nous nous soucions peu de leur application ; toutefois, ce n'est pas en général dans les délits de droit commun que la liberté individuelle court le plus de risque, peut-être même trouvera-t-on qu'elle est trop respectée, et qu'on rencontre des gens qui seraient beaucoup mieux dans les prisons que dans les rues.

Lorsqu'un individu est arrêté sur les ordres du juge d'instruction chargé de son affaire, il est amené directement devant ce magistrat qui le relâche, si ses explications sont satisfaisantes, ou l'envoie à Mazas dont je parlerai tout à l'heure, si sa culpabilité paraît probable et si le dépôt de sa personne dans la maison d'arrêt est nécessaire à l'instruction.

Il y a quelquefois des bandits qui résistent et contre lesquels les braves soldats de la Sûreté ont à engager, au péril de leur vie, des luttes terribles ; mais le plus souvent dès que les gens se voient pris ils courbent la tête avec une sorte de fatalisme, et se laissent emmener sans difficulté ; le récit suivant, d'un homme arrêté pour un fait très grave, est à peu près l'histoire de toutes les arrestations.

« Je longeais, dit-il, le boulevard Haussmann, lorsque deux individus, venus par derrière, me saisirent chacun brusquement par un bras, et me dirent ensemble : « Au nom de la loi, nous vous arrêtons. » Je pensai immédiatement à ma femme et à mon bébé ; il n'y avait pas vingt francs à la maison ; l'idée me vint de défendre ma liberté, que j'estimais valoir une vie ; j'eus envie de broyer, d'aplatir ces deux hommes, je m'en sentais la force ; enfin, la raison triompha, et c'est presque immédiatement après leur déclaration que je leur dis : « Pourquoi m'arrêtez-vous ? — Vous le savez bien, me répondit l'un d'eux, nous avons mission de vous conduire à la Sûreté. — Soit, dis-je, allons. » La Sûreté était à une demi-heure de là, personne ne s'aperçut de mon arrestation ; nous cheminions auprès d'enfants joyeux, ayant dans la main leur joujou aimé ; leur vue me faisait penser au mien, et ce fut avec un véritable soulagement que je me trouvai loin de mon quartier ; la route se fit sans échanger un mot. »

Cet abattement, cette sombre résignation se rencontrent souvent chez les individus qui se voient à bout de ressources et d'expédients, qui ne savent plus où se cacher, et puis, malgré tout, ces mots : « Au nom de la loi, » dits d'une certaine façon, ont encore une puissance magique ; et c'est ainsi que des hommes d'une force ordinaire, sans armes, renversent des colosses qui seraient capables de les culbuter d'un revers de main.

Les individus arrêtés en état de flagrant délit par les commissaires de police, par les agents, par les passants, sont d'abord consignés dans les postes des gardiens de la paix.

Voici dans quels termes un détenu décrit l'un de ces postes, pour lesquels l'Académie française elle-même a consacré dans son dictionnaire, le mot violon ; qui, s'il faut en croire Kastner, viendrait de psalterion, nom par lequel on désignait tout à la fois une sorte de harpe et un instrument avec lequel on attachait les pieds du prisonnier :

« Après avoir, dit l'homme arrêté et peu soucieux à coup sûr de cette étymologie, écrit mon nom sur un registre, le brigadier qui se distinguait par le peu d'aménité de ses manières, me

AU PETIT PARQUET

dit : « Allons, videz vos poches, et n'oubliez rien ; » j'exécutai l'ordre, des agents contrôlèrent en procédant à une nouvelle fouille. Puis on mit dans mon mouchoir, mon foulard, mes bretelles, ma cravate, un cigare, un canif, une montre, un porte-monnaie ; chaque objet fut appelé pour être inscrit. L'opération terminée, le brigadier donna l'ordre de me conduire au violon qui se trouvait au fond du poste ; je demandai mon mouchoir et mes bretelles ; le brigadier me regarda comme si je demandais une chose exorbitante et me dit : « Si votre pantalon ne tient pas, relevez-le, si vous êtes enrhumé mouchez-vous comme vous voudrez, vous ne devez rien avoir, c'est le règlement ; et puis voilà, assez d'observations comme cela, » et s'adressant à un gardien de la paix, il lui commanda : « Bouclez-moi cet homme ! » le gardien de la paix prit une clef et se dirigea vers le fond du poste où je le suivis. Le fond du poste était occupé par une cloison en bois, vitrée à partir d'un mètre cinquante du sol, jusqu'au plafond ; à droite et à gauche deux portes donnaient sur un corridor ; là se trouvaient trois cellules, il me mit dans l'une d'elles.

« C'était une cellule de quatre mètres ; deux bancs étaient scellés sur deux côtés ; le troisième coin était occupé par une chaise percée, dans le bas de laquelle se trouvait un baquet ; l'odeur qui se dégageait avait une analogie frappante avec celle de la tanière des renards du Jardin des Plantes ; un guichet grillagé occupait le milieu de la porte ; la cellule était occupée par un va-nu-pieds, plein de vermine, sale et déguenillé, ramassé la veille à cinq heures du soir. Sa première parole fut pour me demander du tabac ; sur ma réponse négative, il me demanda si je n'allais pas faire venir à manger ; il n'avait pas mangé depuis la veille au matin, et il était quatre heures de l'après-midi. Dans la disposition d'esprit où j'étais, je ne pensais guère à manger ; par commisération pour cet homme, je fis demander du pain, du fromage et du vin, il dévora ; je dirai peu de chose de cette nuit passée au poste ; j'eus très froid ; mon compagnon dormit tranquillement jusqu'à minuit, mais le froid le réveilla, et à coups de pieds frappés à la porte, il appela un gardien de la paix auquel il demanda la permission de se chauffer dans le poste ; elle lui fut accordée, et une demi-heure après je pris sa place près du poêle ; on nous accorda encore cette permission à cinq heures. »

Ce simple récit, malgré certain accent de mauvaise humeur assez naturelle, dépeint très exactement la physionomie d'un poste et les désagréments que l'homme, même le plus innocent, est assuré d'y rencontrer ; sans doute les postes de police ont été très améliorés depuis quelques années, mais ils laissent encore beaucoup à désirer, et je plains les gens bien élevés qui peuvent, par suite d'une simple erreur, avoir l'ennui d'y passer quelques heures. Il en sera ainsi tant qu'on n'aura pas construit dans chaque quartier des édifices municipaux où seront centralisés les divers services ; la Préfecture de police, pour loger ses postes, est obligée de louer un local dans des maisons particulières ; c'est en général dans l'arrière-boutique, dans un endroit obscur, étouffé, insalubre, que, pendant un temps qui dépasse parfois vingt-quatre heures, elle entasse les gens ramassés dans la rue par le service de la police municipale.

Les individus arrêtés se plaignent souvent non seulement du lieu, mais aussi de la façon dont ils sont traités par les agents ; le plus simple, c'est de ne pas se faire arrêter et le plus sage de supporter cette mésaventure même quand elle est imméritée ; les gardiens de la paix sont de braves gens, plutôt portés à une certaine mollesse ; il se peut que leur langage ne soit pas toujours très châtié, ils seraient des saints s'ils étaient toujours de belle humeur ;

d'ailleurs, celui qui se plaint d'avoir été maltraité par eux néglige le plus souvent de dire qu'il a commencé par vouloir les assommer.

Les gendarmes et les gardes républicains ont, pour maintenir les gens qu'ils arrêtent ou qu'ils sont chargés d'escorter, une chaînette avec manches de vrille en fer, qui s'appelle le cabriolet ou menottes; quand le poignet est serré par cette chaîne, que la moindre pression fait entrer dans les chairs, la résistance est impossible. Les gardiens de la paix n'ont que leurs mains, je ne parle pas de leur sabre et de leur revolver dont ils ne se servent pour ainsi dire jamais; les agents de la sûreté ont une espèce de cabriolet, composé d'une corde terminée par deux manches de bois de la forme d'une olive; cette corde est passée au poignet du malfaiteur et l'agent tenant les deux morceaux de bois à la main n'a qu'à imprimer une torsion à la corde pour maintenir le poignet.

En 1879, le journal «la Lanterne» publia sous le titre de: «Lettres d'un vieux petit employé », une série d'articles suggérés par des agents désireux de supplanter leurs chefs; on y disait qu'il était d'usage à la Sûreté de faire passer les prévenus à tabac, c'est-à-dire de les ligoter au point de faire sortir le sang pour obtenir des aveux. Le journal fut poursuivi et condamné pour diffamation; à l'audience, le chef de la Sûreté, M. Jacob, qui était l'honneur en personne, déclara hautement que s'il y avait jamais eu des violences de cette nature, c'était contrairement à ses ordres les plus formels et qu'il n'eût pas manqué d'en révoquer les auteurs; le zèle des agents deviendrait coupable s'il dépassait certaines limites et mériterait alors une répression sévère; c'est là une pure hypothèse; loin de redouter les agents, les prévenus sont toujours enchantés de sortir sous leur escorte, d'aller en extraction, comme on dit; ils espèrent toujours en obtenir quelques douceurs et préfèrent leurs familiarités à la discipline militaire du garde républicain.

Deux fois par jour les voitures cellulaires passent dans les postes et conduisent au Palais de Justice tous les individus dont le commissaire de police a signé l'ordre d'envoi, après avoir achevé le procès-verbal d'arrestation. Il est très curieux d'assister au débarquement de ces voitures ; elles entrent dans la cour de l'infirmerie du Dépôt, et viennent s'adosser au bâtiment de la Cour de cassation ; c'est là qu'au-dessous de la juridiction supérieure, dernier recours des condamnés, commence le premier échelon de la procédure criminelle ; on a installé, dans une salle du rez-de-chaussée, les bureaux dits de la permanence où des employés subalternes prennent, sans y mettre beaucoup de forme, livraison des nouveaux arrivants ; dès que la voiture est arrêtée, les gardes, le revolver en bandoulière, forment la haie afin d'empêcher toute évasion ; on ouvre la portière, on développe le marchepied et chaque individu sortant de sa case défile rapidement ; quand les détenus sont enregistrés, ils sont conduits par bandes au Dépôt ; ils n'ont qu'une centaine de pas à faire dans la cour, où tout le monde peut les voir, le matin ou vers deux heures de l'après-midi, marchant les uns derrière les autres, et offrant aux yeux des passants la triste procession de leur misère et de leur infamie, de leur cynisme et de leur humiliation.

La porte du Dépôt s'ouvre devant eux ; un gardien qui, pour se préserver des courants d'airs, porte sur son uniforme un manteau en drap gris qui le fait ressembler à un berger, compte les brebis qu'on lui amène et les fait entrer une à une dans leur triste bercail ; puis la porte de fer se referme lourdement.

Le vestibule a quelque chose d'imposant ; on est déjà loin du poste de police et la solennité de la justice commence à se faire sentir. Qu'on se figure une vaste salle, très sombre, dont le plafond élevé repose sur de massives colonnes de pierre, les murs sont froids et nus, sur des portes basses on lit ces mots : Greffe, Cabinet du Directeur ; au milieu est un bureau vitré où se tiennent

Au Dépôt. — Les Promenoirs.

(D'après nature.)

des surveillants ; c'est à leur guichet que se présentent d'abord les nouveaux venus pour déclarer leurs noms et qualités et être ensuite inscrits sur le régistre d'écrou ; c'est la meilleure place pour assister à ces défilés, sans cesse semblables les uns aux autres et pour observer la physionomie de tous ces malheureux au moment où ils éprouvent pour la première fois la sensation du véritable emprisonnement.

Le premier que je vois arriver est un enfant en haillons, il n'a que dix ans, on l'a trouvé mendiant dans les rues.

Le second est un cocher au gilet rouge et au chapeau ciré ; il est de la grève et il applique les principes modernes sur la liberté du travail en renversant la voiture de ceux qui veulent travailler, il paraît avoir le sentiment de sa valeur et se réclame de M. Basly.

Le troisième est un homme âgé, un jardinier de Vaugirard, sur lequel pèse l'accusation d'un crime ignoble ; il est marié et père de famille ; sa physionomie respire la candeur et ne paraît guère justifier les théories de Lavater et de Lombroso.

Après lui apparaît une jolie tête d'adolescent ; c'est un Arabe de quinze ans ; un officier l'avait ramené comme domestique, il a été arrêté au moment où il faisait passer une pièce fausse qu'il tenait d'un camarade.

Voici un homme très correctement habillé, aux allures de gentleman, il affecte de ne rien comprendre, il proteste par des gestes énergiques, c'est un pickpocket anglais qui a été pris dans les galeries de l'Exposition en train d'explorer les poches de ses voisins.

Un petit homme chétif, vêtu d'habits râpés, lui succède ; il a été trouvé la nuit sur les berges de la Seine, il arrive de Bretagne, il va en Italie où on lui a promis une place de professeur de français ; il a une pièce de théâtre dans sa poche, mais ce n'est pas le lieu de l'entendre : « Plus tard, lui dit-on, vous donnerez cela à votre juge d'instruction. »

Arrive à son tour un jeune homme, à la physionomie repoussante cheveux collés sur le front, casquette plate, col ouvert, il faisait partie d'une bande, les autres se sont sauvés, on a trouvé sur lui tout l'attirail des voleurs, des pinces, des fausses clefs, etc.

Je vois venir ensuite avec un certain fracas une grande jeune femme, jolie, fort bien mise, avec un chapeau cloche très fleuri, elle a eu des démêlés avec la police ; on voit qu'elle est habituée à ces aventures et qu'elle est de la maison ; puis, pour terminer cette série, une vieille, toute courbée et pouvant à peine se traîner, s'avance en donnant la main à un petit garçon, qui mord à belles dents dans un morceau de pain qu'on lui a donné au poste ; c'est la grand'mère et le petit-fils ; ils viennent de bien loin et se trouvent sans ressources et sans asile.

Et c'est ainsi que cette procession continuera, que toutes ces misères viendront remplir d'immenses répertoires jusqu'au dernier jour de l'année, aussi bien quand la neige tombera que lorsque le soleil brillera dans toute sa splendeur, aussi bien quand la ville sera en deuil, que lorsque les feux d'artifice de ses fêtes constelleront le ciel noir de leurs paillettes d'or.

Le Dépôt est un lieu de décharge où la police vient jeter tout ce qui l'embarrasse ; non seulement elle y met ce qui est ramassé dans les rues, mais comme si cela ne suffisait pas à produire un déplorable encombrement, on en fait un dépôt de condamnés, et des forçats, transférés de la Santé ou de la grande Roquette pour être envoyés aux colonies, viennent quelquefois pendant plusieurs jours occuper des cellules qui font défaut aux prévenus.

Dès que les noms ont été pris aux guichets d'entrée et que les nouveaux détenus ont été fouillés, il se fait un premier classement ; les hommes et les petits garçons sont dirigés sur leurs quartiers, à droite, et les femmes à gauche ; les petites filles sont logées à la Conciergerie ; en principe toute communication est interdite entre les filles de mauvaise vie et les prévenues ordinaires, mais le local est si exigu qu'elles se rencontrent souvent; ainsi, pour commencer, on les laisse dans la même pièce en attendant leur répartition dans les différentes salles de la maison; j'ai vu, assises sur les mêmes bancs et causant ensemble, des mères arrêtées avec leurs enfants pour mendicité et des femmes dont la tenue indécente et le langage grossier n'indiquaient que trop la honteuse condition.

Il y a parmi ces gens, que ramène le coup de filet quotidien de la police, de telles inégalités qu'il devrait y avoir une différence dans le traitement; sans doute certaines mesures s'imposent à tous, comme l'inscription sur les registres de la prison, la constatation de l'identité, et même la fouille, bien que rien ne cause plus d'humiliation à celui qui est victime d'une arrestation injuste; en dehors de ces indispensables formalités sur lesquelles je passe rapidement, d'autres ne devraient être réservées qu'à de certaines catégories. L'administration, dans d'excellentes intentions d'ailleurs, a pris l'habitude, avant même de livrer les détenus à la justice, de les soumettre, de sa propre autorité, à des opérations désagréables; je veux parler de la photographie et du signalement dit anthropométrique dont les indications reposent sur la connaissance des diverses longueurs osseuses relevées sur certaines parties du sujet examiné, telles que la taille, le doigt médius, le pied, la tête, etc.; la police, pour éclairer la justice, collectionne les photographies de tous les malfaiteurs, si souvent habiles à dissimuler leur identité, prend leur mesure exacte de la tête aux pieds par les procédés ingénieux de M. Alphonse Bertillon; il a créé de toutes pièces une véritable science; en même temps qu'elle déjoue les ruses imaginées par les récidivistes pour cacher leur personnalité, elle rend de grands services aux études anthropologiques; mais ce qui est nécessaire et dès lors légitime à l'égard des individus dont l'arrestation est maintenue par la justice devient arbitraire et inutile quand on l'applique à des innocents : « L'anthropométrie, disait dernièrement en refusant de s'y soumettre, un député arrêté dans une échauffourée, est une peine dont aucun texte de loi n'autorise l'application à des prévenus ; c'est déjà bien assez pour une personne arrêtée par erreur, dans quelque bagarre par exemple, que d'avoir à passer la nuit au violon et d'être amenée à la Préfecture dans la plus ignoble compagnie, sans être obligée encore de laisser son portrait dans la collection des criminels et de subir les investigations les plus indiscrètes de l'anthropométrie. » Ces actes, qui soulèvent de temps en temps des protestations, en général peu écoutées, à moins qu'il ne s'agisse de quelque personnage, sont de véritables mesures d'information, il serait plus convenable de les ajourner jusqu'à ce que le magistrat, après le premier interrogatoire, ait décidé si l'arrestation doit être maintenue et s'il y a matière à poursuite.

Après que toutes les opérations préliminaires de l'écrou, de la fouille sont terminées et que l'inculpé a reçu un pain, on l'introduit dans la prison ; elle est bien faite pour l'impressionner ; dans ces galeries presque souterraines, où l'air manque, où l'on ne verrait pas clair si quelques becs de gaz n'étaient toujours allumés, on se croirait à fond de cale de quelque grand navire ; les détenus sont répartis les uns dans des cellules simples, doubles ou triples, les autres dans une petite salle, les autres enfin dans une grande salle commune.

Au 31 août 1889, il y avait au Dépôt 654 individus dont 442 hommes et 212 femmes et le nombre des cellules est de soixante-seize pour les hommes et autant pour les femmes ; elles sont réservées à l'aristocratie de la maison, aux grands criminels et à tous les individus arrêtés en vertu d'un jugement ou d'un mandat du juge d'instruction.

La petite salle est surnommée la Salle des habits noirs, parce qu'elle reçoit les gens convenablement vêtus; l'escroquerie, l'abus de confiance sont en général les délits qui les y amènent. « C'est tous des gens d'affaires, des clercs de notaires, des hommes de lettres, » me dit le surveillant, avec un certain sentiment de considération; ils ne sont pas beaucoup plus à leur aise pour cela; dans le jour ils ont à leur disposition une cour dont la description très exacte est ainsi donnée par l'un d'eux : « Elle a vingt-cinq mètres carrés, tout autour se trouvent des bancs en fonte scellés au mur; dans un coin une latrine; c'est là que grouillent en moyenne trente ou quarante individus; en hiver on séjourne dans cette cour de sept heures et demie du matin à quatre heures et demie du soir; il faut qu'il fasse excessivenent froid pour qu'on donne l'ordre de remonter plus tôt; on n'a pas d'air, on est entouré de toutes parts par de hauts bâtiments, on est véritablement au fond d'un trou, aussi dit-on la Fosse aux Ours; une toiture vitrée en recouvre les deux tiers, on ne voit donc qu'un petit coin du ciel; quand il ne pleut pas, on ne peut faire trois pas sans se heurter à quelqu'un, quand il pleut, on ne peut plus bouger. »

Ces promenoirs sont organisés de façon à pouvoir établir certaines séparations dans la masse des détenus et à rendre ainsi la surveillance plus facile; si on n'appliquait la maxime, diviser pour régner, les gardiens qui déplairaient seraient exposés à être étouffés dans quelque formidable poussée, sans qu'il soit même possible de leur porter secours.

Dans deux préaux encaissés par les bâtiments du Palais de Justice on a établi une seconde enceinte, divisée elle-même par des cloisons de briques en plusieurs compartiments, assez semblables à des chenils ; ils sont fermés par des grilles permettant de voir ce qui se passe à l'intérieur ; au-dessus, s'élève une sorte de plate-forme d'où la surveillance peut s'exercer de tous les côtés à la fois ; elle repose sur des piliers en fer couronnés en guise de chapiteau par des pointes acérées disposées obliquement de façon à empêcher d'y grimper ; c'est dans ces cages que pendant la journée on parque les détenus par séries, pour leur donner un peu d'air si ce mot peut être employé, ou plutôt pour les empêcher d'être asphyxiés par un séjour trop prolongé dans les salles communes.

La grande salle peut contenir deux cent cinquante personnes ; on s'y tient dans le jour quand le temps est mauvais et la nuit on y couche en commun sur des paillasses étendues par terre ; elle est toujours comble, c'est là qu'on entasse les vagabonds, les mendiants, les pouilleux de toute espèce ; on y rencontre les types les plus étranges, des déclassés, des pauvres honteux, des habitués, des repris de justice, des vagabonds, des individus arrêtés pour des actes d'immoralité et même de malheureux mendiants qui, après avoir subi leur peine, sont mis à la disposition de la préfecture de police qui les envoie gagner quelques sous avant de les rendre à la liberté ; enfin tout ce qui constitue les couches les plus inférieures du vice et de la pauvreté.

La salle est vaste mais sombre et mal aérée, elle reste toujours imprégnée d'une vapeur humaine, elle prend le peu de jour que les architectes lui ont ménagé sous l'escalier monumental derrière les deux lions qui semblent veiller auprès des statues de la Justice ; quand on gravit ces degrés majestueux, on a sous les pieds tout ce qu'il y a de plus vil, de plus misérable dans Paris ; c'est pour un Palais de Justice un singulier piédestal ; et si on prête l'oreille à certaines heures du jour, on entend sortir par les grilles des soupiraux comme le grondement lointain de cette marée humaine allant et venant sur elle-même dans ce gouffre maudit.

On ne peut voir sans un profond sentiment de tristesse tous ces êtres humains entassés dans cette salle, n'ayant aucun moyen de s'occuper, marchant de long en large, comme des bêtes fauves; sur les dalles sonores, ou bien serrés les uns contre les autres sur des bancs trop étroits; les surveillants pleins de zèle ont bien du mal à mettre dans cette foule un peu d'ordre et de propreté, mais ce qu'ils ne peuvent empêcher, c'est la pourriture morale; le vice rouve là un admirable sol; de même que dans les terrains marécageux les végétations malfaisantes surgissent pour ainsi dire à vue d'œil, il suffit d'une heure passée au milieu des impuretés du Dépôt, pour que la semence du vice, aussitôt fécondée, se développe dans toute sa puissance.

Dans le couloir qui mène chez les femmes, je lis sur le mur cette inscription : « Collette aime son petit homme de la Bastille pour la vie, vivent les voleurs et mort aux honnêtes gens. » Autrefois la salle commune des hommes n'était séparée que par un mur de celle des femmes ; ce voisinage, les efforts tentés par les prévenus pour établir des communications, étaient une cause continuelle de désordre ; on prit le parti d'éloigner les femmes ; maintenant il y a entre elles et les hommes une grande salle qui sert à emmagasiner des matelas; grâce à cette espèce de blindage les passions sont amorties et leurs manifestations sont devenues moins redoutables pour le bon ordre de la maison.

Au Dépôt comme à Saint-Lazare la présence des sœurs au milieu de toutes ces hontes offre un singulier et bien touchant contraste; par certaines fenêtres du Palais de Justice, notamment près du vestiaire des avocats, le regard peut plonger sur le préau des femmes et apercevoir un étrange spectacle ; la cour est coupée en deux par un mur, d'un côté des filles de toutes les conditions, les unes en guenilles, les autres en robes de soie, débra

Grand vestibule du Dépôt.
(D'après nature.)

lées, les cheveux défaits, la poitrine au vent, se vautrent au soleil sur les dalles ; et de cette fosse, toute pleine de buée, montent avec des odeurs de parfumerie rance, des propos orduriers et cyniques ; de l'autre côté, dans la partie la plus étroite, trois ou quatre femmes enveloppées dans de grands voiles sont assises en rond autour d'une blanche statue de la Vierge, ornée de quelques fleurs; les unes prient, les autres travaillent en silence; ce sont les sœurs qui prennent leur heure de repos; ainsi s'offre aux yeux la plus violente opposition qui puisse se concevoir : la vertu dans ce qu'elle a de plus sublime, le vice dans ce qu'il a de plus abject, la femme élevée jusqu'à une héroïque charité par la foi, la femme abaissée par le matérialisme jusqu'à la bestialité : « Ceci tuera cela, » a dit le poète; le monde est là tout entier, et bien coupables seraient ceux qui dans cette lutte prendraient parti pour les vierges folles contre les vierges sages.

La vie au Dépôt est pénible surtout pour les gens qui n'ont pas d'argent; on reprochait aux anciennes prisons d'être beaucoup plus dures pour le pauvre que pour celui qui pouvait acheter certains adoucissements; c'est toujours la même chose; la pauvreté dans les prisons, où la charité privée n'a plus son entrée, est plus pénible qu'ailleurs; certains détenus se plaignent de ces inégalités et un célèbre assassin, Prado, dont l'esprit d'observation était sans cesse en éveil, écrivait à ce sujet : « J'arrivai au Dépôt, où, à ce qu'il paraît, quelques survenants sont mis en cellule, tandis que la plupart sont mis en commun, grouillant parmi toutes sortes d'insectes et d'immondices; je fus avantagé d'une cellule, il fallut payer quarante centimes pour avoir des draps de lit, les nuits suivantes sont à moitié prix, payées d'avance. Voilà, ajoute-t-il, une imposition forcée que je ne m'explique pas. » C'est là, en effet, le prix qu'il faut donner à l'administration si on ne veut pas trop souffrir de l'hospitalité qu'elle vous impose. Tout se paie, et le malheureux, qui n'a pas le sou pour acheter une feuille de papier à lettre et pour envoyer le commissionnaire patenté de la maison prévenir les siens qui ne connaissent pas le plus souvent son arrestation, est privé de tout secours et de toute communication avec le dehors; est-ce que l'administration ne ferait pas une chose humaine et n'éviterait pas de cruelles inquiétudes à bien des gens si elle prenait elle-même le soin de prévenir sans retard la famille de tout individu arrêté?

La nourriture est mauvaise et insuffisante pour ceux qui ne peuvent s'approvisionner à la cantine ou la faire venir du dehors; celui qui a la chance d'être arrêté le jeudi ou le dimanche a de la viande, les autres jours il faut se contenter du pain et de la pitance maigre. Il n'y a pas de réfectoire; les malheureux qui ne sont pas en cellule sont obligés de manger dans des conditions par trop primitives dont j'emprunte à un détenu la description très fidèle : « Au signal donné par le gardien, on sort les uns derrière les autres; chacun prend en sortant une terrine que lui tend un homme de la salle commune et tourne tout autour de la cour en longeant les murs; au troisième côté, il passe devant un homme qui, armé d'une louche, prend une cuillerée de soupe et la verse dans la terrine; l'homme servi continue son chemin et rentre dans la cour où il mange sa soupe; pendant cette promenade on a bien soin de garder son pain sous son bras, car si on s'en séparait un instant, on ne le retrouverait plus; chacun mange comme il l'entend, les uns pêchent les légumes avec des morceaux de pain, d'autres qui n'ont plus de pain avalent tout doucement leurs légumes en penchant la terrine; le dimanche et le jeudi, en passant devant l'homme à la louche, on prend sur la louche un morceau de viande, on revient dans la cour en le tenant à la main et on le déchire à pleines dents, » et le prévenu termine par cette réflexion : « J'ai vu manger de la même façon au Jardin des Plantes, mais ce n'étaient pas des hommes. »

Sans doute la cantine est là, supplice de Tantale pour ceux dont les poches sont absolument vides et c'est le plus grand nombre, ressource précieuse pour les autres ; elle vous fournit un menu assez varié, mais malheur au richard qui apporterait ses provisions dans la salle commune sans en donner la plus large part à ses voisins.

Le Dépôt n'est pas une prison dans le vrai sens du mot, c'est une sorte de campement dans la vermine et dans la saleté, car sauf l'arrosage des cellules à l'acide phénique aucune précaution hygiénique n'y est prise et il n'y a que deux baignoires pour toute la maison. Les habiles et les audacieux s'y tirent mieux d'affaire que les autres ; bien entendu on n'a ni livres, ni travail ; le temps passe comme il peut avec les quelques distractions qu'apportent les actes de l'instruction préparatoire ; c'est un va-et-vient perpétuel, et on entend sans cesse la voix retentissante des gardiens appelant un tel pour l'instruction, un tel pour la photographie, pour la mensuration, la préfecture, le médecin, etc.

On comprend avec quelle impatience les détenus désirent le moment où, après avoir été interrogés par le juge, ils seront mis en liberté, ou envoyés à la maison d'arrêt de Mazas ou de Saint-Lazare. On a comparé le Dépôt à une vallée de Josaphat, où les grands et les petits, les innocents et les coupables, attendent l'instant de paraître devant le juge toujours redoutable, mais non toujours inflexible, de qui dépend son sort.

Deux substituts et deux juges du tribunal de la Seine désignés à tour de rôle pour une période de six mois, procèdent, dans les formes expéditives de la loi de 1886 sur les flagrants délits, aux premiers interrogatoires et à des instructions sommaires, dans des salles au rez-de-chaussée de l'aile gauche de la façade du palais de justice sur la place Dauphine, désignées sous le nom de petit Parquet.

M. Maxime Ducamp a très exactement décrit le petit Parquet tel qu'il existait, en 1872, à gauche du porche de la Sainte-Chapelle, dans des pièces humides, étroites et sombres, au-dessous de la première chambre de la cour et de la bibliothèque des avocats ; il n'est guère mieux installé aujourd'hui, et on cherche à lui trouver dans le bâtiment du grand Parquet et de l'instruction, sur le boulevard du Palais, un emplacement plus convenable et surtout moins malsain.

Les audiences du petit Parquet commencent vers midi ; déjà, sur les bancs d'un grand vestibule auquel une demi-obscurité et de lourdes colonnes en fonte simulant le granit donnent un aspect sépulcral, sont assises des femmes qui viennent réclamer leur mari ou leur enfant ; les magistrats parcourent rapidement les procès-verbaux que la préfecture de police leur transmet ; puis les détenus sont amenés par les gardes de service ; ils arrivent par un souterrain ménagé dans le soubassement de la façade, sur la place Dauphine. Cette galerie très longue, à peine éclairée, ne manque ni de style ni de couleur locale ; le détenu, dès qu'il sort de cette obscurité, apparaît en pleine lumière devant le magistrat, qui l'observe et se fait d'après sa physionomie, une première impression ; à ce moment le garde enlève les menottes au prisonnier, la loi voulant qu'aucune apparence de contrainte matérielle ne puisse gêner la liberté de sa défense, au risque même d'exposer la vie des témoins, des gendarmes et des juges.

Au petit Parquet les instants sont comptés, il faut que le substitut se fasse vite une opinion ; s'il ne voit aucun délit dans le fait qui a motivé l'arrestation, il met le détenu en liberté, en lui donnant presque toujours une lettre de recommandation pour un asile ou un patronage ; il n'y a pas de lieu où on soit plus provoqué à faire la charité, où l'on ait de plus fréquentes occasions de soulager la misère ; à ce point de vue, il n'y a pas au tribunal de service plus attachant, et c'est ainsi que l'ont toujours compris ceux qui pensent que la justice n'est pas seulement faite pour punir ; si le délit est dès à présent prouvé, l'inculpé est envoyé séance tenante devant le tribunal ; enfin, s'il y a des témoins à entendre ou des recherches à faire, le magistrat envoie le dossier au juge d'instruction qui siège dans le cabinet voisin ; là, le détenu est interrogé plus à fond, et quelquefois à la suite de cette seconde épreuve il est relâché ; si l'affaire est simple, le juge la conserve ; si au contraire, elle est grave et compliquée, il l'envoie aux juges de la grande instruction.

On ne devrait rester au Dépôt que vingt-quatre heures, on y reste souvent cinq et six jours, soit parce que les pièces ont été transmises tardivement au juge d'instruction, soit parce que ce magistrat ayant besoin d'avoir l'inculpé sous la main avant de l'envoyer à Mazas, désire lui éviter des transfèrements toujours pénibles.

Pendant cette première période de l'instruction, il arrive parfois que les prévenus sont, par ordre du juge, conduits par des agents de la sûreté sur le lieu du crime ; c'est à cela sans doute, que M. Maxime Ducamp faisait allusion en disant à propos du Dépôt : « Les inspecteurs de la sûreté viennent chaque matin dans une petite salle isolée interroger un à un les gens accusés de crime ; on essaie d'obtenir d'eux l'aveu du méfait reproché ; » on pourrait supposer par là que l'interrogatoire, cet acte si solennel, que la loi anglaise n'admet pas, que notre législation entoure de garanties et auquel on songe à associer le défenseur lui-même, serait abandonné à de simples agents auxiliaires de police ;

c'est une erreur qu'il importe de rectifier; sans doute, il peut arriver que des agents au moment de l'arrestation ou lorsqu'ils sont chargés d'escorter un détenu pour quelque opération de justice cherchent d'eux-mêmes et par excès de zèle à le questionner et à lui persuader qu'il est de son intérêt de dire la vérité; mais s'ils allaient dans les prisons faire parler les détenus, si les portes des cellules s'ouvraient devant eux pour ces entretiens familiers, ils sortiraient de leur rôle, gêneraient l'action de la justice, et pourraient la compromettre en employant des arguments indignes d'elle, et de nature à inspirer aux prévenus de fâcheuses défiances. Les romans, les chroniques, les journaux, donnent l'idée la plus fausse des procédés judiciaires; on y voit des magistrats promettant l'impunité à des complices pour en faire des accusateurs, à des maîtresses pour qu'elles dénoncent leurs amants et se fassent, comme on dit « des pourvoyeuses de guillotine, » on les représente soutenant le faux pour savoir le vrai, et usant d'artifices blâmables afin d'obtenir des révélations par cela même suspectes; on raconte journellement des histoires de ce genre, et malgré leur exagération et leur fausseté, elles n'en sont pas moins accueillies par un certain public, comme des faits acquis sur lesquels la calomnie et la sottise prennent volontiers un point d'appui. Tels pourraient être sans doute les interrogatoires s'ils étaient faits par un simple agent, dans un esprit exclusivement policier; pour éviter ce danger, la loi a entendu les réserver au magistrat lui-même, à celui qui représente l'impartialité et la dignité de la justice jamais le moindre mensonge ne doit sortir de sa bouche; sans doute, il a devant lui des inculpés qui mettent toute leur intelligence à le tromper, et se dérobent à ses efforts; sur ces claviers divers et si peu sonores, il est bon, comme on l'a dit, de savoir quelle touche on doit attaquer, mais l'habileté cesserait d'être légitime, si elle devenait déloyale, et mieux vaudrait se passer d'aveux que de les surprendre en abusant un prévenu par des allégations contraires à la vérité.

La Préfecture de police fait servir le Dépôt à tant d'usages, qu'elle le considère comme sa maison, ne devant dépendre que de son autorité ; assurément elle y met bien des gens qui ne relèvent pas de la justice, ainsi la fille ramassée dans les rues, le malade auquel on donne un lit à l'infirmerie en attendant l'hôpital, le fou destiné à l'asile, les malheureux qui réclament en vain les secours de l'assistance publique ; mais au milieu de tous ces individus détenus à titre administratif en vertu de règlements spéciaux, laissant une certaine place à l'arbitraire, il ne faut pas perdre de vue ceux qui ont été arrêtés pour des faits de droit commun ; ils appartiennent à la justice ; ils ont le droit de réclamer la stricte application de la légalité, et plus ils sont exposés à être confondus avec ceux que l'administration détient, plus il importe que les magistrats redoublent de vigilance afin de protéger la liberté individuelle et d'assurer aux prévenus les garanties qui leur sont particulièrement nécessaires dans ces murs où la prison se mêle à l'hospice et au dispensaire. On s'explique mal qu'on ait eu la malencontreuse idée de tout réunir dans cette enceinte étroite et d'enfermer une prison si peuplée au milieu du Palais de Justice, de lui mesurer l'espace, l'air, la lumière dont elle avait besoin plus que toute autre ; il eût été si facile, sans l'éloigner du Palais, de lui trouver une meilleure place dans la cité ; la faute a été commise, et comme elle a coûté cher, elle est presque irréparable ; il est probable que pendant bien longtemps encore, les malheureux prévenus seront condamnés à habiter ce logis.

Ceux qui ne voient que sa façade en pierre de taille, son beau vestibule, ses dalles soigneusement lavées, ses parquets bien cirés, tout ce qui constitue en un mot la partie décorative, ne s'en font aucune idée et peuvent l'admirer; j'ai montré que l'intérieur répondait bien mal à ces apparences; mais les inconvénients matériels ne sont rien à côté de la promiscuité à laquelle on est condamné faute d'argent ou de cellulle libre.

« On peut aisément concevoir, disait de l'ancien Dépôt un inspecteur général des prisons, tout ce que cet amas de matières fangeuses et de cœurs dépravés engendre de corruption physique et de contagion morale. » Le Dépôt a été rebâti depuis, mais le danger est le même, il s'est plutôt aggravé par l'accroissement de la population; le criminel y exerce son empire, l'honnêteté chancelante y succombe, l'innocent est livré aux bêtes, la femme en sort souillée, et l'enfant emporte des leçons et des exemples qui pèseront sur sa vie tout entière.

C'est une prison à reconstruire sur un terrain plus vaste, de façon que les gens, arrêtés quelquefois sans motif ou pour une simple peccadille, soient traités comme des prévenus et non pas comme des condamnés, et puissent être tenus à la disposition de la justice sans être exposés à des contacts qui avilissent ou dépravent.

16

CHAPITRE IX

LES PRÉVENUS

Mazas. — M. Renouard, directeur. — La maison d'arrêt. — L'arrivée. — Impressions de détenus. — L'homme numéro. — La cellule. — La vie en prison. — Le secret. — La Souricière. — Une honte pour Paris. — La détention préventive. — Présomption d'innocence. — Principes méconnus. — Riches et pauvres.

En face la gare de Lyon, sur le chemin qui conduit les heureux de ce monde au pays du soleil, s'élèvent de hautes murailles en pierres meulières entourant un vaste carré d'une contenance de quatre hectares environ.

Tout autour c'est le mouvement, la vie ; les voitures roulent sur le pavé, les gens se pressent pour se rendre à leurs affaires ou à leurs plaisirs, des enfants jouent le long des murs à l'ombre des arbres qui en dissimulent la tristesse ; de l'autre côté, un millier d'hommes immobiles, silencieux, enfermés dans d'étroites et sombres cellules, subissent l'épreuve souvent longue de la détention préventive.

C'est la maison d'arrêt qui, le 19 mai 1850, remplaçait la grande Force, et deux ans plus tard, recevait dans ses cellules les représentants du peuple, grâce à la politique qui de temps en temps rend les prisons honorables.

On l'appela, à cause du boulevard sur lequel est son entrée,

Mazas, nom d'un colonel que sa bravoure avait rendu célèbre dans les armées du premier Empire ; elle a conservé ce nom, bien que depuis le Conseil municipal ait débaptisé la rue en l'honneur de l'auteur des « Pensées philosophiques et de la Religieuse ».

« Vous savez, écrivait Prado à l'un de ses complices, que la prison où je suis se trouve boulevard Diderot ; or, en repassant dans mon esprit mes philosophes, je trouve de celui-ci, par une drôle de coïncidence, la maxime suivante : « Il n'y a pas de lois pour le sage étant toutes sujettes à des erreurs ou à des exceptions, c'est à lui qu'il appartient de savoir quand il doit s'y soumettre ou s'en affranchir. » Et il ajoutait : « Il y a toujours à Mazas un millier de sages qui peuvent méditer mons Diderot et ses doctrines sujettes à ne pas être partagées par MM. les juges d'instruction, vraies pierres d'achoppement de cette belle philosophie. »

Un des caractères de l'architecture de la prison moderne c'est la vulgarité ; ni tours, ni créneaux, ni poternes comme aux vieilles bastilles, d'où il était plus facile de se sauver, mais de grandes bâtisses régulières, dont rien ne révèle la destination, et n'anime l'aspect banal ; sur le boulevard, une grande porte cintrée qui ressemble à une entrée de cimetière ; une première cour sur laquelle donnent les logements du personnel ; deux beaux lilas y fleurissent au printemps, et des lierres grimpant le long des murs jettent sur cette masse d'un brun rouge une note plus claire, comme pour rappeler aux employés qu'ils ne sont pas prisonniers eux-mêmes ; puis tout autour des chemins de ronde où les sentinelles se promènent d'un pas lent et échangent la nuit leurs monotones appels.

Quand on a franchi ce chemin et plusieurs grilles intérieures, on se trouve au centre de cette triste cité, d'un seul coup d'œil on peut en embrasser l'ensemble ; supposez un carrefour auquel aboutiraient six routes longues de 80 mètres et vous aurez tout le plan de Mazas ; au milieu du carrefour s'élève une rotonde sur laquelle sont écrites en grandes lettres rouges ces paroles d'espérance : « Gaudium erit in cœlo super uno peccatore pœnitentiam agente, quam super nonaginta novem justis qui non indigent pœnitentia. » De ce pavillon central l'œil embrasse les six avenues ; en bas est le bureau des gardiens ; en haut se dresse un autel d'une extrême simplicité, sur lequel chaque dimanche le prêtre, en vue de toutes les cellules dont on entrebâille la porte, célèbre l'office divin. C'est de cet autel que pendant la Commune, le directeur et les gardiens nommés par elle, surveillaient et menaçaient les otages ; la haine avait remplacé la piété.

Le long de chacune de ces six grandes divisions sont disposées sur deux étages les cellules des détenus ; celles du rez-de-chaussée ouvrent de plain-pied sur l'avenue, celles du second et du troisième étage sur des balcons très étroits, garnis d'une rampe de fer ; ces longs alignements, ces dispositions symétriques, impriment à cette prison je ne sais quoi de glacial et de morne ; on se demande si des êtres vivants respirent derrière les portes épaisses de ces cellules, ou si on n'est pas plutôt dans une sorte de musée où seraient collectionnés et étiquetés dans des armoires les échantillons variés des douleurs et des vices de l'humanité. La personnalité du détenu disparaît et dans ces galeries on n'entend retentir que l'appel du numéro sous lequel il est inscrit.

La prison de Mazas peut recevoir 1135 individus ; au 2 août 1889 elle en contenait 791 ; elle est spécialement destinée aux prévenus, mais les condamnés à moins de deux mois y subissent leur peine, et l'administration y garde souvent à titre d'employés auxiliaires des condamnés pour un temps plus long.

A MAZAS

Pour initier le lecteur à la vie intime de cette maison, je laisserai souvent parler les détenus eux-mêmes ; parmi eux il s'en rencontre qui sont parfaitement capables de noter leurs impressions ; je ne crois pas que ce mode d'enquête puisse être critiqué, il ne faut négliger aucune source d'information ; sans doute le témoignage des détenus, les principaux intéressés dans la question, doit être contrôlé, mais il a aussi sa valeur ; il faut le rapprocher des rapports officiels et savoir faire dans ces récits de ceux qui ont vu les choses par eux-mêmes et qui en ont souffert, « quæque ipse miserrima vidi », la part des vaines récriminations et celle des réclamations légitimes.

Un détenu vient de quitter le Dépôt, il a été interrogé dans les conditions déjà connues ; un de ces grands omnibus cellulaires qu'on appelle « calèche du préfet », encore « panier à salade », parce que les prévenus y sont secoués comme des salades, le mène à Mazas avec une fournée de prévenus ; et il décrit ainsi ses premières impressions.

« Il est neuf heures du matin, le gardien nous met dans les cellules d'attente qui se trouvent en dehors du mur d'enceinte ; un petit passage et une porte séparent le greffe de ces cellules ; au bout d'une demi-heure d'attente on passe au greffe ; chacun donne son état civil, montre ses avant-bras, passe sous la toise, le signalement déjà relevé à la Préfecture de Police est pris de nouveau et on sort du greffe ; à la porte un gardien dirige le nouveau venu vers la prison ; le détenu franchit l'enceinte entre deux grilles, monte une dizaine de marches et se trouve devant une porte grillée et vitrée derrière laquelle se tient un gardien uniquement chargé d'ouvrir et de fermer cette porte ; on est à Mazas ; un surveillant dont le bureau se trouve sous le pavillon central de la chapelle, m'inscrit sur un répertoire en qualité de nouvel arrivant et me remet une plaque sur laquelle sont inscrits le numéro de ma division et celui de ma cellule; une fois muni de cette plaque un gardien me conduit aux bains qui sont dans une cellule du rez-de-chaussée de la sixième division; je me déshabille, je mets mes effets par terre, car il n'y a pas de chaises, et je m'introduis dans la baignoire; pendant ce temps le gardien visite minutieusement mes effets, met tout sens dessus dessous, mes bottines sont sur ma chemise, mon pantalon sur mon chapeau et ainsi du reste. »

Ici se place une réflexion du narrateur : « Heureux, dit-il, le nouveau débarqué lorsqu'il ne prend pas un bain dans une eau sale ayant déjà servi à de nombreux prédécesseurs et lorsque la toile qu'on lui donnera pour s'essuyer ne sera pas mouillée et sale comme si elle avait servi à essuyer les briques. »

L'un des dignes prêtres arrêtés par la Commune, l'abbé Lamazou, vicaire de la Madeleine, raconte dans un livre sur les otages, l'impression de dégoût que lui fit éprouver cette cellule des bains : « Lorsque le gardien m'ordonna de me déshabiller, dit-il, je demeurai un instant interdit; la vue d'une baignoire malpropre et d'un torchon fumant qui venait d'essuyer peut-être le corps d'un immonde rôdeur de barrière, me rendit toute mon énergie. « — Je ne prendrai pas de bain. — Le règlement l'exige, il faut se soumettre au règlement. — Je vous déclare que, dût-on me fusiller, je ne prendrai pas de bain. — Eh bien, à votre place, j'en ferais autant, me répondit le gardien. »

Aujourd'hui le service s'est bien amélioré, l'eau est renouvelée, et à la condition de ne pas regarder le détenu qui précède, on peut, sans trop de dégoût, se plonger dans la baignoire.

Lorsque l'opération hygiénique du lavage est rapidement

achevée, le détenu, tenant sous son bras une partie de ses vêtements et le pain qu'on lui a donné à l'entrée, est remis avec sa plaque au soin du brigadier chargé de la division où il sera classé.

« Le sous-brigadier après avoir pris de nouveau mes nom et prénoms, continue le détenu que j'ai déjà cité, crie dans la galerie : « A vous le 27; » c'était le numéro de ma cellule, le gardien reprend : « Envoyez », comme s'il s'agissait de ballots de marchandises que des commis se lancent les uns aux autres. »

Le détenu n'a plus de nom, c'est un numéro, celui de sa cellule ; l'assassin de Marie Aguettant, qui aimait beaucoup à observer, trouvait très ingénieuse l'idée de cette petite plaque suspendue au dehors de la porte, que le détenu doit prendre dès qu'il quitte sa cellule pour circuler dans la prison. « Impossible, dit-il, de circuler sans ce passe-port ; d'ailleurs vous passez de main en main, annoncé comme un messie, envoyez le 8, voilà le 8 ; 8, par ci ; 8, par là. » C'est la loi commune et ces formalités ne sont pas réservées aux assassins de marque, à l'aristocratie de la maison, fait-il justement remarquer, en pensant à lui-même non sans quelque vanité, « il en est de même pour tout le monde, il n'y a pas de danger qu'on se perde ou qu'on reste oublié dans quelque coin ; ainsi quand mon juge me fait appeler au milieu de la journée à l'instruction, j'entends tout à coup : « Le 8 en supplément » ; puis une seconde voix : « Envoyez le 8 »; ma porte s'ouvre et un vieux surveillant qui se montre toujours très poli me dit : « M. le 8, préparez-vous »; — je lui réponds : « Je suis prêt, mon ami. » — Il me fouille, et dit : « Voilà le 8 » ; on met sur ma porte une plaque avec ces mots « Palais », pour qu'on sache que je suis à l'instruction ; le sous-brigadier note ma sortie, il me conduit à la rotonde centrale où il m'annonce sous ces mots :

« 8 supplément » ; là, nouvelles inscriptions, puis l'on dit : « Emmenez le 8 » et le 8 part enfin. »

Cette transformation de l'homme en numéro est une des choses qui impressionne le plus le détenu ; par elle, il sent dans son isolement la main toute-puissante de la société s'appesantir sur lui.

Ses premiers interrogatoires au Dépôt, ses allées et venues des bureaux de la Préfecture au petit Parquet, son transfèrement dans le panier à salade, les formalités du greffe, le bain, le numérotage, tout cela a été pour lui une sorte de distraction, mais c'est au moment où la porte de sa nouvelle demeure se referme, qu'il a bien la sensation de l'emprisonnement.

« Fût-il taré jusqu'aux moelles, a écrit un ancien détenu, l'homme vieux ou jeune qui, n'étant pas absolument corrompu, franchit pour la première fois le seuil du purgatoire pénal n'est pas loin de se croire irrévocablement perdu ; c'est un écrasement, un anéantissement moral et physique qui brise le cerveau, détend les nerfs, ramollit les muscles et fait du crâne une sorte de chiffon inerte. »

L'emprisonnement cellulaire est la règle générale ; mais elle reçoit de nombreuses exceptions, il existe trente chambres dites cellules doubles, où l'on réunit à d'autres prévenus ceux auxquels on suppose des intentions de suicide ; mais ces gardiens improvisés ne sont pas d'un grand secours et on devrait chercher un autre mode de surveillance. « On m'a mis, écrivait Prado, avec deux individus qu'on a dû chercher exprès, ce sont de vraies figures de fossoyeurs, ils dorment comme des justes, s'il n'y a qu'eux pour me surveiller, ils me laisseront trépasser tranquille. »

Le détenu innocent se félicite d'être seul, le malfaiteur souffre beaucoup de l'isolement ; aussi lorsque le juge entend un pré-

Mazas. — Promenoirs cellulaires.

venu réclamer la cellule double, il peut être presque certain qu'il a un coupable devant lui ; le tête-à-tête avec le remords est une torture que la plupart des criminels ne peut supporter. Cependant parmi les coupables il s'en trouve souvent qui ne sont pas profondément gangrenés et qui ont conservé un certain respect d'eux-mêmes ; pour ceux-là, comme pour ceux qui sont injustement soupçonnés, la cellule est un bienfait et même au milieu de leurs souffrances et des pensées douloureuses qui viennent les visiter, ils sont moins malheureux que s'il leur fallait subir le contact de gens grossiers et cyniques.

Ce serait assurément un paradoxe que de vouloir faire l'éloge de la prison, cependant j'ai rencontré des prévenus qui au fond éprouvaient comme une détente au moment où après les formalités, les interrogatoires qui suivent l'arrestation, ils se trouvaient enfin seuls ; il leur semblait qu'ils reprenaient possession d'eux-mêmes ; les gens que la justice enferme à Mazas ne sont pas tous insensibilisés par l'habitude du crime ; il y en a qui auraient mieux aimé faire le bien que le mal, ils n'ont péché que parce que, à un moment donné, ils n'ont pas eu le courage de trancher dans le vif, on peut leur appliquer l'éternelle lamentation de la conscience humaine :

Meliora video deteriora sequor.

Ecoutez-les parler, ils expriment les idées les plus sages, ils distinguent parfaitement le juste de l'injuste et leur conscience a conservé la faculté de condamner ce qui est contraire à la morale et d'approuver ce qui est conforme à ses lois ; ce serait se tromper que de vouloir expliquer par une simple hypocrisie la différence de leurs actes et de leurs discours, mais ils se sont laissés prendre dans de terribles engrenages ; ils ont, par une suite de dangereuses concessions, tellement approché du bord du fossé, que leur honneur a fini par y rouler tout entier; c'est l'histoire, par exemple, de ceux qui commettent des escroqueries ou des abus de confiance, et qui gardent souvent au fond de leur cœur le désir sincère de réparer le dommage qu'ils ont causé; beaucoup s'étaient étourdis, avaient dit à leur conscience : Fais-moi encore crédit, laisse-moi recourir à ce dernier expédient, laisse-moi tenter cette dernière affaire, elle sera le salut et je redeviendrai honnête; c'est alors que la justice arrachant brutalement le bandeau qu'ils s'étaient mis sur les yeux, les place en face de la réalité; leur arrestation met fin à cette lutte douloureuse qu'ils soutenaient contre leur propre conscience, sans oser regarder le lendemain; et au moment où la prison s'ouvre devant eux, au milieu même de l'effondrement de leur honneur et de leurs rêves insensés, ils éprouvent cette sorte de soulagement que ressent le soldat sans bravoure, lorsque l'ennemi le faisant captif, le soustrait aux dangers du champ de bataille; ils n'auront plus à combattre, ils n'auront plus à composer leur visage, à tromper ceux qui les entourent, à imaginer de nouveaux expédients; la cellule est pour eux une retraite où ils vont cacher leur honte, pleurer librement sur leurs fautes, sans avoir à supporter les regards et les reproches de ceux dont ils ont fait le malheur.

Le malfaiteur de profession s'irrite au contraire d'avoir été interrompu dans le cours de ses exploits; il ne songe qu'à prendre sa revanche, il a peur de la solitude et il espère combiner avec des camarades une évasion ou quelque nouveau méfait; tous demandent à être en cellule double, surtout les assassins, comme s'ils avaient besoin d'un compagnon pour éloigner les fantômes qui viennent troubler leurs nuits.

« Monsieur, écrit au juge un jeune homme inculpé d'assassinat, je vous serais obligé, si vous voulez avoir la bonté de donner l'ordre de me faire mettre en cellule double, car pour une affaire aussi grave que la mienne on est loin de voir les choses sous un jour gai. »

« Je vous en conjure, dit un autre, s'il est véritablement en votre pouvoir de me faire doubler, faites-le, je vous en supplie, car je suis dans un état d'abattement complet. »

« Si j'avais été dans une cellule simple, dit un homme qui a plusieurs meurtres sur la conscience, je me serais déjà tué, je me serais ennuyé d'être seul, ne sachant pas lire, n'ayant pas de travail et n'ayant qu'à réfléchir à ce que j'ai déjà trop fait. »

Un autre envoie cet ultimatum : « Faites bien attention, si je ne suis pas doublé, je vous promets que j'en nettoierai un là-bas. »

C'est une opinion assez répandue dans le public que le doublement est un procédé d'instruction tendant à obtenir des délations et dans la langue de l'argot on a donné le nom de « mouton », au détenu qu'on réunit à un autre dans la même cellule.

« Lorsqu'il s'agit d'un être dangereux, dit M. Maxime Ducamp, que son crime est d'une nature grave, qu'il est soupçonné d'avoir des complices ou qu'il se refuse aux aveux, le directeur de la prison a soin de lui donner un ou deux compagnons, détenus comme lui, mais appartenant à la catégorie des coqueurs (on appelle ainsi, paraît-il, les révélateurs) ; tout en causant avec l'inculpé en faisant les bons apôtres, ils tâchent de lui arracher son secret qui ne tarde pas à parvenir aux oreilles de la justice. »

Je crains qu'en écrivant ces lignes à une époque déjà lointaine, l'éminent auteur n'ait confondu avec les procédés honnêtes de l'instruction de prétendues habiletés policières que la justice a toujours blâmées et auxquelles un directeur de prison, ayant le sentiment de ses devoirs ne se serait jamais prêté ; à supposer que le moutonnage ait été autorisé dans des prisons bien tenues comme celles de Paris, je puis affirmer qu'il faut le reléguer aujourd'hui avec les carcans, les chaînes et les instruments de supplice qu'on exhibe dans les musées. Les directeurs des prisons ont le bon esprit de se renfermer dans leur rôle administratif, de rester étrangers aux affaires concernant leurs détenus et de se tenir en dehors de l'instruction, ils regardent les prisonniers un peu comme leurs protégés ; c'est à ce prix seulement qu'ils peuvent avoir sur eux une autorité morale ; ils doivent compte à la justice de la personne des prévenus, mais leur situation serait impossible s'ils se faisaient les auxiliaires de l'instruction et de la police. Quant aux magistrats, ils considèrent que leur mission est trop haute pour s'accomplir par des moyens inavouables et ils rougiraient de provoquer de honteuses délations. Il y a trois ans, un accusé invoqua en cour d'assises le témoignage d'un compagnon de cellule ; certains journaux ayant la spécialité de prêter aux magistrats les plus noires perfidies, reprirent à ce sujet la légende du moutonnage ; alors, sur la réclamation des Juges d'instruction, le Procureur de la République adressa, le 10 mai 1885, aux directeurs des prisons une circulaire les invitant à appliquer dans toute sa rigueur la règle de l'incarcération isolée, sauf dans des cas d'une gravité exceptionnelle et en demandant toujours l'autorisation du magistrat.

Bien des personnes confondent aussi la cellule avec le secret et s'imaginent que tout coupable transféré à Mazas est isolé du reste du monde ; la vérité est qu'il ne peut recevoir aucune visite, même de son avocat, sans un permis du juge et que quelquefois ce permis est refusé à des personnes qu'on ne pourrait laisser communiquer avec le détenu sans manquer aux convenances ou sans compromettre les intérêts de la justice.

Etienne dans ses lettres sur Paris écrivait, en 1820 : « De toutes parts un cri de douleur et d'effroi retentit contre cette autre torture appelée le secret, espèce de mort anticipée où l'homme, abandonné aux nombreux écarts de l'imagination est obsédé des fantômes de la solitude, languit des mois entiers au fond d'un cachot, privé des larmes mêmes d'une épouse, des embrassements d'un fils, des regards d'un ami. » Sous ce style emphatique apparaît l'exagération du tableau ; le secret n'était le plus souvent, dans un temps où l'emprisonnement était collectif, que l'application à un prévenu du système cellulaire étendu aujourd'hui à tous ; quoi qu'il en soit, pour ne parler que du présent, il est extrêmement rare et tout à fait en dehors des usages qu'un prévenu soit tenu dans un secret absolu, il peut toujours communiquer avec son avocat, ses hommes d'affaires, ses proches parents ; il faudrait qu'un juge d'instruction fut doué d'une certaine naïveté et ait abusé de la lecture de romans populaires, pour s'imaginer que par la mise au secret absolu, il obtiendra d'un prévenu des aveux de quelque valeur et que malgré toutes ses défenses, il pourra supprimer les mille moyens de communication imaginés par les détenus pour parler entre eux, donner des avis à ceux qui sortent et se procurer même des journaux ; le secret, serait-il utile, est impraticable dans une maison si peuplée où, pour surveiller un millier d'hommes, il n'y a que très peu de gardiens, ayant en outre comme auxiliaires des condamnés, qui pour le service circulent librement dans toute la maison.

Si le secret a disparu en fait de nos usages judiciaires, sauf de très rares exceptions, abandonnées à la conscience du juge, sa légende n'en subsiste pas moins et inspire encore une certaine terreur ; je causai un jour une bien vive surprise à un homme d'un grand cœur, Félix Platel (Ignotus), qui déjà taillait sa plume chevaleresque pour décrire les horreurs du secret qu'il appelait « l'empoisonnement légal », en lui racontant que, comme bien d'autres, je n'avais jamais mis personne au secret, même les plus fameux assassins, et que bien plus, si je n'avais été certain qu'ils s'empresseraient de prendre la fuite, j'aurais aimé à en laisser quelques-uns en liberté en les faisant surveiller par d'habiles agents ; l'homme qui se croit libre, qui peut parler, venir, chercher à revoir ses complices, se livre bien mieux que celui qu'on isole entre quatre murs et qui se trouve ainsi protégé contre ses propres imprudences.

La cellule en réalité a été adoptée dans notre système pénitentiaire en faveur du prévenu et non pas contre lui.

Ce n'est pas que le séjour en soit agréable et qu'on puisse y prendre toutes ses aises ; elle est petite, étouffée et sombre ; elle a $3^{m},60$ de longueur sur $1^{m},95$ de largeur et $2^{m},85$ de hauteur. Une lucarne à vitre cannelée et dépolie, qu'on ne peut qu'entre-bâiller, laisse passer une lumière grise comme celle d'un jour d'automne ; la teinte blanche et la surface lisse des murs les rendent plus tristes et plus monotones que les pierres frustes des anciennes prisons, et l'araignée qui consolait Pélisson ne pourrait même pas y tendre sa toile. Lorsque le prisonnier commence à distinguer les objets dans ce jour trouble, voici ce qu'il aperçoit, selon une description très vraie que Victor Hugo lui-même en a donnée, à propos des événements de 1852 : « Des murs blanchis à la chaux et verdis çà et là par des émanations diverses, dans un coin un trou rond, garni de barreaux de fer et exhalant une odeur infecte, dans un autre coin une tablette tournant sur une charnière comme le strapontin des citadines et pouvant servir de table, pas de lit, une chaise de paille. Sous les pieds un carreau de briques ; la première impression c'est l'ombre, la seconde c'est le froid. »

« Quand j'arrivai, continue le détenu dont je reprends le récit, le gardien me demanda si je venais pour la première fois, sur ma réponse affirmative, il me dit de prendre connaissance des règlements collés au mur, puis il sortit et donna deux tours de clef, j'étais seul; au bout de quelques instants j'achevais de m'habiller et je fis l'inventaire de ma cellule; je lus les règlements et les inscriptions écrites ou gravées le long des murs par mes prédécesseurs; dans le haut de la porte, dans l'ombre, on avait écrit au crayon le fameux vers du Dante : « O voi chi entrate », au-dessous, « 5 ans, juin 1886 ». Mauvais présage. »

Au Congrès pénitentiaire de Rome, un des assistants, M. Geyer, professeur d'université en Bohême, avait dit : « N'écrivez pas sur la porte des prisons, quittez tout espoir, mais plutôt espoir, justice charité .»

« Telles ne sont pas, à coup sûr, les pensées fortifiantes que peuvent évoquer aux premières heures de solitude les inscriptions que dans son désœuvrement le détenu s'amuse à tracer avec ses ongles ou la pointe d'une aiguille, sur la pierre de sa cellule. Au moment où le nouveau venu souffre le plus de se sentir isolé, où il n'a pas encore pris l'habitude du silence, ces murailles chargées d'inscriptions l'attirent, elles semblent l'inviter à converser avec quelque chose de vivant et d'humain, mais elles ne lui parlent que pour lui inspirer la haine, le vice, la débauche, le désespoir ; ni le style, ni les pensées ne sont variées, la nature humaine apparaît là dans toute sa bassesse et se complaît dans l'ordure ; d'ailleurs il est à remarquer que l'homme à tout âge, qu'il soit libre ou captif, n'a pas l'habitude de prendre les murailles pour confident

Mazas. — La chapelle.

de ses sentiments honnêtes et nobles et qu'il ne s'en sert guère que pour afficher sa dépravation et sa bestialité; il y a dans les collèges et dans les casernes des murailles qui pourraient rivaliser avec celles de Mazas et si les épigraphistes de l'avenir n'avaient que ces inscriptions pour reconstituer notre société, ils la mettraient au rang de celle qui, à Sodome et Gomorrhe, mérita les châtiments dont la tradition a gardé le souvenir.

La lecture du règlement, affiché sur les murs, est à coup sûr plus morale, mais elle n'est pas faite pour mieux réconforter le cœur du détenu.

Il apprend, entre autre choses, qu'il lui est défendu de chanter, qu'il doit prendre certaines précautions hygiéniques, que la ventilation de sa cellule se faisant par l'orifice du siège d'aisances, il doit le laisser découvert s'il ne veut être asphyxié; on lui dit qu'il doit plier avec soin ses couvertures et ses draps, ne pas appeler de la voix le surveillant, ne pas le déranger sans un motif urgent, se rendre avec célérité et en observant le plus grand silence au parloir, au promenoir ou au greffe, on lui rappelle aussi par un état de son mobilier, placardé sur le mur, que toute sa vaisselle se compose d'une gamelle et d'un bidon en fer battu, que l'usage de la fourchette lui est interdit, de peur qu'il ne s'en fasse une arme, et qu'il devra pour tous ses aliments se contenter d'une cuillère de bois ; il a une serviette deux fois par semaine, et depuis quelque temps, on lui permet l'usage du mouchoir, auquel il devait suppléer autrefois par des moyens plus primitifs.

Lorsqu'il s'est bien pénétré de la lettre et de l'esprit du règlement, qu'il a arpenté plusieurs fois les huit pieds carrés de sa cage, qu'il s'est frappé la tête contre la muraille ou qu'il a pleuré comme lorsqu'il était enfant, il ne lui reste plus qu'à écouter les paroles réconfortantes du bienfaisant directeur, à se soumettre à la discipline et à se faire le mieux possible à la dure vie de la maison. Les premiers jours sont terribles ; à la douleur aiguë, à la révolte succède l'engourdissement, on se fait une vie végétative à la mesure de ce qui vous reste de liberté, et dans cette diminution de la vitalité les choses les plus insignifiantes deviennent des plaisirs ; n'est-ce pas le comble du malheur que d'en arriver à être heureux d'une simple diminution de souffrances.

« A sept heures du matin, la cloche sonne à toute volée, c'est le réveil ; le détenu, c'est lui que je cite, saute à bas de son lit, passe son pantalon, balaie contre sa porte les ordures de sa cellule, avec son petit balai de bouleau et met dehors le bidon destiné à sa provision d'eau pour la journée ; quelques instants après la porte s'ouvre, un surveillant enlève les ordures, prend le bidon qu'il rapporte plein quelques instants après, avec le pain de la journée.
« Le détenu plie ensuite ses couvertures et ses draps, roule le hamac qui lui sert de lit, et se lave comme il peut dans sa terrine ; à huit heures, on distribue la soupe, dite l'eau chaude à cause de la rareté des légumes que l'on y voit surnager ; dans la journée il y a une promenade de trois quarts d'heure ; à trois heures, deuxième et dernier repas ; la gamelle contenant les légumes est placée sur le guichet, au bout de vingt minutes on vient la reprendre ; on n'a de la lumière le soir que si on travaille. »

Les journées sont longues à passer entre ces quatre murs ; le prévenu se distrait difficilement, ni les livres qu'on lui donne, ni le travail qu'il obtient quelquefois ne suffisent à éloigner sa pensée des préoccupations que lui cause son affaire ; c'est le point fixe qui l'hypnotise en quelque sorte ; partagé entre la crainte et l'espérance, il désire plus qu'il ne les redoute des entrevues avec son juge d'instruction ; il aime encore mieux la lutte, les accusations des témoins, les interrogatoires où il se sent perdu, que l'inaction et le silence de la cellule ; lorsque le magistrat tarde trop à le faire appeler, il lui écrit pour lui demander une audience, il imagine toute sorte de prétextes pour revenir devant lui le plus souvent possible ; il s'adresse à tout le monde, au Procureur général, au Ministre de la justice, au Président de la République, pour se plaindre de ne pas être assez souvent interrogé ; et cependant, toutes les fois qu'il va au Palais de Justice, il lui faut supporter, avant d'entrer dans le cabinet du juge, la voiture cellulaire, les menottes au poignet, la longue attente dans d'affreux cabanons, le jeûne s'il est extrait avant l'heure du repas.

Le lieu de passage où les prévenus attendent leur comparution soit devant les juges d'instruction, soit sur les bancs de la police correctionnelle, se nomme officiellement le Dépôt du Parquet, mais il est plus connu sous le nom de Souricière, et en argot on l'appelle « les trente-six carreaux » à cause des petits châssis de verre qui garnissent les portes des cellules. Il était autrefois quai de l'Horloge, au-dessous du niveau de la Seine, dans les anciennes cuisines de Saint-Louis ; les prisonniers s'y trouvaient fort mal, ils souffraient de l'humidité, et s'ils se laissaient aller au sommeil, les souris venaient manger leurs vêtements, on dit même que le nom de Souricière est venu de là ; l'endroit d'ailleurs ne manquait pas de majesté, et les détenus ayant des goûts distingués trouvaient une distraction dans la contemplation de ses beautés architecturales ; comme l'écrivait l'un d'eux, « l'aspect de cette crypte, de ces piliers élancés, de ces arêtes arrondies en ogive, plonge l'imagination dans les profondeurs de la rêverie ».

Il n'en est pas de même, assurément, dans la nouvelle Souricière installée au sous-sol des bâtiments de la police correctionnelle, cour et rue de la Sainte-Chapelle ; on ne peut rien imaginer de plus laid et de plus incommode en même temps. Le long d'une galerie communiquant, par un escalier intérieur, avec les salles d'audience et les cabinets des juges, on a dans deux sections, l'une pour les hommes, l'autre pour les femmes, établi deux étages de cellules, si l'on peut appeler ainsi des petites cases puantes, pleines de vermine et semblables à des latrines, où il est à peu près impossible de se remuer et de respirer ; ce qui n'empêche pas, comme il n'y en a que six et qu' il faut recevoir dans la journée plus de cent détenus, de réunir plusieurs de ces malheureux dans le même trou ; c'est grande pitié de voir traiter ainsi des créatures humaines, et une honte pour le Palais de justice d'avoir dans ses murs une pareille prison.

Comme la galerie est elle-même assez sombre, il en résulte qu'on ne voit pas clair du tout dans ces odieuses cellules. Les détenus, les femmes surtout, passent leur temps à se lamenter, à demander qu'on leur ouvre la porte, qu'on les laisse respirer un peu ; de guerre lasse ils prennent les murs pour confidents de leurs peines, ils les couvrent d'inscriptions tracées pour ainsi dire à tâtons ; c'est par milliers qu'on les compte, elles ont leur intérêt et laissent voir les passions qui fermentent dans le cœur de ces hommes ; chez les femmes, comme j'aurai l'occasion de le dire en parlant de Saint-Lazare, la religion et l'amour sont les deux sentiments qui dominent ; chez les hommes, c'est l'orgueil, la haine et la vengeance.

Presque tous se plaisent à graver leur nom le plus profondément possible, en le faisant suivre du sobriquet qui le rendait célèbre dans leur monde, c'est d'Artagnan du Châtelet, Fou d'amour de la Courtille, l'avocat de Montmartre, le Chourineur de la Villette, Filenver de Montparnasse, le Béguin des dames, etc. Puis, ce sont des déclarations de guerre à la Société ou des menaces contre les magistrats : « Mort au juge, Vive l'anarchie ! Vous sauterez bourgeois ! Vive la Révolution sociale ! Nous vengerons nos souffrances, Vive la Villette, faites sauter toutes les prisons ! » Il faut avouer, à la décharge de ces malheureux, que les dégoûtantes cellules dans lesquelles on les enferme ne sont pas faites pour leur inspirer des sentiments bienveillants à l'égard de la société. Mais la vengeance à tirer du délateur ou de la maîtresse qui a trahi est encore le sentiment qui paraît les dominer ; il n'est pas une pierre où on ne lise des inscriptions comme celles-ci : « Vengeons-nous », « Je te tuerai quand je sortirai », « Mort à la vache de Fernand qui m'a fait emballer, quand je vais sortir, je lui sortirai les tripes du ventre ; vivent les amis ! » Bidoche de la Bastille, donné par sa femme Joséphine : « J'allais être renvoyé en non-lieu, lorsque ma femme a déclaré que j'étais sous faux nom, que j'étais évadé de Clairvaux, — je me vengerai. » Souvent aussi ces inscriptions, que la police ne devrait pas négliger, contiennent des recommandations à des complices, du genre de celle-ci « C'est Louis de la Villette qui vous dit bonjour, courage et sang, Georges l'Anglais à V. et B. à tous les amis, courage, voilà la première fois que je viens à l'instruction, lundi et juin, et rien de neuf, pas de nouvelles de Londres, écrivez à L... »

On voit par ces quelques exemples que, non seulement cette prison, par son exiguïté et sa mauvaise installation inflige aux prévenus de réelles souffrances, les fatigue, les énerve, les prépare mal à se présenter avec toute leur présence d'esprit devant le magistrat, mais qu'elle est encore très nuisible aux intérêts de la justice ; au milieu de cet énorme va-et-vient, sur ces bancs où on fait asseoir les gens quand les cellules sont doublées et triplées, dans ces cellules dont les cloisons sont très minces, les détenus ont toutes les facilités possibles pour communiquer, rendre inutiles les précautions prises à Mazas afin de les isoler, s'entendre, se faire passer des lettres, se parler de leurs affaires et même de celles des autres, c'est ainsi qu'un prévenu est averti de l'arrestation de ses complices et qu'il connaît tout de suite les déclarations qu'ils ont faites à l'instruction.

Après être resté des journées entières, quelquefois jusqu'à huit heures du soir dans ces lieux, le prévenu retourne à Mazas, affamé et souffrant, le dernier repas ayant eu lieu à trois heures, il trouve sa soupe froide; il essaie de la réchauffer sur le bec de gaz, et souvent il s'en passe, il n'a plus qu'à faire son lit et à sept heures il lui est permis de se coucher.

C'est à ce moment que les gardiens de nuit viennent prendre leur service; on éteint le gaz, les guichets ménagés dans les portes sont ouverts pour la surveillance; le sommeil qui apporte l'oubli, ne visite pas toutes ces cellules, mais la nuit amène le silence réglementaire; dans le lointain, on entend sonner les horloges de la ville; dans les galeries, les surveillants, chaussés d'épaisses pantoufles, pour assourdir le bruit de leurs pas, viennent à des intervalles réguliers regarder par le guichet si quelque malheureux, obsédé par le remords ou le chagrin ne cherche pas à se débarrasser de la vie, ce qui arrive encore assez souvent; les ténèbres enveloppant ces longues nefs leur enlèvent leur vulgarité et leur donnent un aspect imposant; au rez-de-chaussée de la sixième division le gaz reste allumé dans les cellules réservées aux grands criminels soumis à une surveillance spéciale, c'est pour ainsi dire le crime qui projette ses feux à travers la nuit, puis au-dessus de la rotonde centrale, où veillent quelques employés, on voit parfois un rayon de lune passant à travers le vitrage de la coupole faire sortir de l'ombre, comme une apparition, la blanche statue de la Vierge des miséricordes.

Les rêves consolateurs visitent rarement les cabanons de Mazas : mais je sais, par plus d'une confidence dont la sincérité ne peut être mise en doute, que ces nuits de douze heures sont effroyables à passer pour tous ceux chez lesquels la sensibilité n'est pas éteinte ; tandis que le sommeil les fuit sur les lits incommodes, tandis que l'obscurité les enveloppe, tandis qu'ils sont obligés de rester couchés pour éviter des punitions, tandis qu'ils ne peuvent rien faire pour combattre l'insomnie, le remords s'ils sont coupables, l'anxiété s'ils sont innocents, le souvenir poignant de tous ceux qu'ils aiment, les angoisses du présent et de l'avenir, viennent les trouver à leur chevet ; il y a dans la séparation forcée de tout ce qui plaît, de tout ce qu'on aime, une souffrance plus insupportable pour certaines natures que le supplice qui ferait saigner la chair ; c'est la mort avec les sensations de la vie, ce sont toutes les aspirations de la nature violemment refoulées, on a la vision confuse de tout ce qu'on a laissé derrière soi et on ne peut le ressaisir, on ne s'appartient plus. Après quelques instants de somnolence, surtout dans les premières nuits, les réveils sont atroces, et chaque fois font revivre la douleur; dans un rêve le malheureux croit qu'il est encore chez lui, il aperçoit sa chambre, les personnes, les choses au milieu desquelles il est habitué à vivre, il se voit entouré de sa femme et de ses enfants ; bien soigné s'il est malade, soutenu, encouragé par d'affectueuses paroles au milieu des épreuves ; puis tout à coup le voile du sommeil se déchire, la cellule apparaît dans son horrible nudité, c'est à ce moment que si le gardien prêtait l'oreille il entendrait dans le calme de la nuit le bruit des sanglots étouffés.

Sans doute il peut être bon que le prisonnier souffre si cela peut le corriger et lui faire expier le mal qu'il a fait, mais les rigueurs légitimes et nécessaires vis-à-vis des uns ne le sont pas à l'égard des autres; un économiste distingué, Villermé, écrivait en 1820 : « Les prévenus sont plus maltraités en France que les condamnés, on ne leur distribue aucun vêtement, on les chauffe moins souvent en hiver, on ne leur permet pas toujours de travailler. » Les mêmes inconvénients subsistent encore. Il ne faut pas oublier que Mazas est une prison destinée à détenir les prévenus pendant la durée de l'instruction et non pas à faire subir les peines aux condamnés. Les seules différences entre eux sont que les prévenus ne portent pas le costume et ont le droit de geler, malgré la température réglementaire de treize degrés environ, s'ils n'ont en hiver que leurs vêtements d'été ; ils peuvent conserver leur barbe, ils peuvent faire venir leur nourriture du dehors, fumer, ce qui n'est permis aux condamnés que dans les cours; ils ne sont pas astreints au travail, et si, pour gagner quelques sous, ils obtiennent de l'entrepreneur quelques sacs de papier à coller, ils touchent sept dixièmes du prix du travail tandis que le condamné a cinq dixièmes. Enfin le directeur leur accorde parfois la faveur d'être doublés, tandis que le condamné reste toujours seul.

Le régime est d'ailleurs absolument le même, le prévenu habite les mêmes cellules que le condamné, il a la même nourriture s'il n'a pas d'argent pour acheter des vivres supplémentaires; il n'a d'autre promenade que les petites cours entourées de grilles.

Bien avant la Révolution on demandait que les simples prévenus fussent traités autrement que les condamnés. « La loi, écrivait

Mercier, arrête l'innocent comme le coupable, lorsqu'il s'agit de constater un délit, or pour s'assurer de ma personne, il ne faut pas pour cela attaquer ma santé, me priver des regards du soleil et de l'air, me jeter dans une demeure infecte, me faire languir au milieu d'une troupe de brigands, dont la seule vue est un supplice; si le soupçon exige que je sois totalement privé de ma liberté, que je ne sois pas à la merci de l'avarice d'un geôlier; qu'en m'arrachant à mes foyers on ne me confonde pas avec ceux qu'on va conduire au gibet, car je puis être innocent. »

Dans le royal édit de 1780 on lisait ces mots : « Nous ne voulons plus que des hommes accusés ou soupçonnés injustement et reconnus ensuite innocents par les tribunaux aient essuyé d'avance une punition rigoureuse par leur seule détention dans des lieux ténébreux et malsains. »

Tout homme étant présumé innocent jusqu'à ce qu'il ait été déclaré coupable, s'il est jugé indispensable de l'arrêter, toute rigueur qui ne serait pas nécessaire pour s'assurer de sa personne doit être sévèrement réprimée par la loi. C'est dans ces termes que la Déclaration des droits de l'homme, si souvent invoquée, proclamait le respect de la liberté individuelle et fixait le caractère de la détention préventive.

Dans tous les discours, dans tous les livres, ces principes ont été rappelés à satiété au point de devenir des lieux communs; mais on s'est contenté de vaines formules et, en réalité, sans que les magistrats puissent faire autre chose que de le déplorer, les prévenus et les condamnés sont traités à peu près de la même façon.

Sans doute il ne faut rien exagérer et si en théorie il est vrai que tout prévenu est réputé innocent, en fait, on doit, dans les précautions que l'on prend, user vis-à-vis d'un malfaiteur dont le crime est flagrant, ou qui est en état de récidive, d'une rigueur qui ne serait pas justifiée à l'égard de l'homme arrêté pour la première fois sur lequel ne planeraient peut-être que de légers soupçons; or, Mazas a été construit de telle façon, sur un plan si uniforme, qu'il est impossible de faire ces distinctions nécessaires ; les cellules sont les mêmes pour tous, aussi bien pour les assassins pris sur le fait que pour de petits délinquants dont la culpabilité n'est pas encore prouvée.

Un tel état de choses est contraire, non seulement à l'équité, mais au vœu formel de la loi et à son principe le plus fondamental ; il met le juge d'instruction dans une cruelle perplexité ; s'il n'arrête pas certains individus, il s'expose à compromettre gravement les intérêts publics ; s'il les arrête il les soumet, avant que la preuve soit faite, à un châtiment anticipé, qui, par une bien injuste rigueur de la loi, n'est même pas imputable sur la durée de la condamnation.

Je sais bien que Mazas est pour quelques prévenus un séjour fort supportable; ils pourraient dire comme l'un des personnages de Walter Scott : « Qu'est-ce qu'une prison, après tout, une maison dont on ne peut sortir, supposez un accès de goutte, je serais en prison. »

Les privilégiés qui possèdent de l'argent, même s'il est aux autres, ne sont pas trop à plaindre et pâtissent peut-être moins que leurs victimes ; l'ancien chef de la Sûreté, M. Macé, dans ses curieux « Lundis en prison », rappelle que plus d'une fois des financiers, que ses agents avaient été chargés d'arrêter, purent adoucir sensiblement les rigueurs de leur sort, en se couvrant de chauds vêtements et en remplaçant la cuisine de la maison par celle du meilleur restaurant du quartier ; on pourrait même en citer auxquels la cellule de Mazas rendit la chance et qui occupèrent leurs loisirs en redevenant millionnaires ; le règlement le permet et on ne saurait l'en blâmer, puisque le prévenu tant qu'il n'est pas condamné, doit être tenu pour innocent ; je me borne à plaindre ceux qui, n'ayant pas les mêmes ressources, souffrent sans être plus coupables, dans la cellule voisine, de la faim et de la misère. Sans fournir au prévenu indigent, que secouraient autrefois les associations charitables, des mets délicats et de confortables robes de chambre, on pourrait au moins lui épargner des souffrances qui ne sont légitimes qu'à l'égard des condamnés ; à l'audience du juge d'instruction, le prévenu est garanti par une présomption d'innocence, à Mazas, il est traité comme un coupable.

CHAPITRE X

LES FEMMES

Saint-Lazare. — M. Durlin, directeur. — La vieille maison. — Le sentiment chez les femmes. — La Chapelle. — L'avocat. — L'enfant. — Hôpital et prison. — La première et la seconde section. — Dangers de la promiscuité. — Exagération dans les critiques. — Les petites filles à la Conciergerie. — Les prévenues au Dépôt. — Les condamnées à Nanterre. — Laïcisation dangereuse. — La femme et la cellule. — Les dames visiteuses. — Le salut par les patronages. — Les sœurs de Marie-Joseph.

Le couvent, où saint Vincent de Paul recommandait à ses disciples de ne pas oublier dans leurs œuvres de charité le prisonnier, même le plus infâme, a conservé le nom de Saint-Lazare et sert aujourd'hui à détenir les femmes âgées de plus de seize ans, que la justice condamne ou que la police arrête.

Au n° 107 du faubourg Saint-Denis, tout près du boulevard Magenta, en plein mouvement parisien, on remarque un porche dans le style le plus austère du XVIIe siècle ; ses vieilles pierres font une tache noire au milieu des maisons modernes qui l'enserrent et cachent, aux yeux des passants, l'étrange cité s'étendant derrière ses murs, où s'agite dans la souffrance, dans le blasphème, dans le repentir, dans la prière, dans le dévouement, dans le travail, tout un monde plein de variété : communauté religieuse, hôpital, maison de police, prison, magasins généraux, lingerie et boulangerie centrales des prisons de la Seine.

Sous une voûte profonde et obscure, un banc de pierre est adossé à une muraille d'un gris foncé sur laquelle se détachent des noms gravés avec la pointe d'un couteau et l'avis suivant en lettres noires : « Tarif des commissionnaires, il est alloué 50 centimes pour transport dans l'intérieur d'un article apporté par les parents et pour toutes commissions faites de l'entrée à l'intérieur de la prison. » C'est l'enseigne de la maison.

Au-dessous de cette affiche, sur le banc, dans la pénombre de la voûte, sont assis et attendent dans l'attitude de l'ennui ou de la tristesse, des jeunes gens à la mine suspecte, des femmes de conditions diverses, des enfants; ce sont les amis, les parents et souvent les complices des hôtes de la prison; ils viennent les voir, leur apporter des vivres, ou guetter leur sortie; en face, on aperçoit une petite porte peinte en jaune, à l'aspect louche et mystérieux, avec un guichet garni de barreaux entre-croisés, si basse qu'elle fait baisser involontairement la tête; elle s'ouvre de temps en temps, avec un grondement de serrure pour laisser entrer un visiteur, ou sortir, tantôt une femme avec des allures d'oiseau s'échappant de sa cage, tantôt un employé de la prison ou quelque jeune avocat portant sous le bras, dans la serviette classique, avec les destinées de sa cliente, les espérances de son avenir.

Lorsqu'on entre dans ce vieil édifice, après avoir visité les prisons de la Santé, de Mazas, on croit passer d'un appartement moderne, dans un de ces simples logis oubliés encore dans quelque vieux quartiers de Paris.

Ce n'est pas cette austérité que je reprocherai à Saint-Lazare, j'aime au contraire son aspect claustral, sa physionomie vivante et originale, si différente de la banalité correcte et glaciale des autres prisons; j'aime ses larges cours, ses hauts bâtiments avec leurs fenêtres à petits carreaux, ses longues galeries et leurs grandes dalles de brique rouge sur lesquelles en hiver on entend résonner, avec un bruit de castagnettes mélancoliques, les lourds sabots des détenues, les rampes de bois de ses escaliers, les poutres saillantes de ses plafonds, sa vieille cloche de couvent, les mille détails qui la rattachent à sa noble origine et évoquent au milieu des tristesses et des hontes, auxquelles elle sert de refuge, les souvenirs des vertus dont elle fut autrefois le témoin.

L'illusion du passé vous saisit par moments et vous transporte bien loin du séjour des condamnées; ce magnifique réfectoire dans lequel on entre par une large porte encadrée dans une massive moulure, c'est celui où M. Vincent prenait ses repas avec ses religieux; cette petite pièce transformée en chapelle qui ouvre sur l'un des couloirs du premier étage, c'est la chambre du saint; ces vierges drapées dans leur voile bleu et noir qui passent comme des ombres, ce sont les sœurs de Marie-Joseph, et quand au fond des couloirs on voit défiler les unes derrière les autres des femmes habillées de bure grise, avec un petit fichu croisé sur la poitrine et un modeste bonnet blanc, on croit assister au passage de quelque pieux pèlerinage venant adorer les images de Notre-Dame et de saint Joseph suspendues aux murailles.

L'administration a eu le bon esprit de respecter ces emblèmes; il m'a semblé seulement qu'on les avait depuis quelque temps dépouillés des fleurs, des ornements qui attestaient d'une façon trop apparente non seulement la dévotion des religieuses, ce qui était assez naturel, mais aussi celle des détenues; si cette petite immolation de quelques feuillages pouvait apaiser les exigences de la laïcisation, il ne faudrait pas s'en plaindre, et je veux louer ceux dont le cœur a compris qu'il serait mauvais, en même temps que puéril, de donner aux détenues le fâcheux spectacle de la destruction des symboles dont la vue éveille si souvent en elles de bonnes impressions. Peut-être quelques créatures abjectes, chez lesquelles il ne reste

Saint-Lazare. — La pelouse (d'après nature).

plus rien de la femme, auraient-elles applaudi à cette destruction ; mais la grande majorité aurait pris parti pour les pauvres statues ; un des phénomènes les plus curieux qu'offre Saint-Lazare à l'observateur impartial, c'est la vénération de ces femmes habituées cependant à ne rien respecter, pour ces images qui rappellent à leur cœur les jours les plus heureux et les plus purs de leur vie.

Sur les murs de la prison plus d'une main a tracé d'assez profanes inscriptions; mais jamais les statues n'ont été souillées, plus d'une fois même, l'argent péniblement gagné à l'atelier au lieu d'être dépensé à la cantine, a servi à orner l'autel de la Vierge; les esprits forts traiteront cela de superstition, d'émotion purement factice, sensorielle; et qu'importe si mieux que les froids discours, les conférences ou les dissertations philosophiques, ces pratiques de piété rallument la flamme éteinte et la font monter vers de plus hautes régions; la religion de toutes ces femmes n'est sans doute, ni bien profonde, ni bien éclairée, mais il reste chez la plupart d'entre elles, un certain fond de vie morale que le vice n'a pas absolument desséché; elles ont besoin de croire, de se rattacher à quelque chose, de mettre leurs espérances au delà d'un monde où elles ont si souvent appris à mépriser les hommes et à connaître le fort et le faible des philanthropes et des législateurs; c'est un spectacle vraiment touchant et plein d'enseignement que de les voir pour la plupart, avant de partir pour le Palais de Justice où elles vont passer en jugement, s'agenouiller devant les images aimées et prier avec une très simple ferveur; je veux bien qu'il leur arrive de demander à Dieu que la justice des hommes ne soit pas trop perspicace ou qu'au moins elle se montre indulgente; mais, que de fois aussi il se produit dans ces âmes d'étranges secousses; la honte les écrase, le repentir les envahit, des larmes s'échappent de leurs yeux, elles se relèvent plus fortes, plus résignées, avec la résolution de faire des aveux que le juge, ne se doutant pas du mobile qui les inspire, attribuera naïvement à sa propre habileté. Tandis que dans les prisons d'hommes, le prévenu n'ose guère manifester ses sentiments religieux et que l'autel reste morne et désert, il s'élève de la prison des femmes une perpétuelle supplication et, par une touchante solidarité, toutes les fois qu'une prévenue est appelée à l'instruction ou qu'elle passe en jugement ses compagnes prient et font brûler des cierges à son intention.

La femme offre plus de prise à ceux qui cherchent à soutenir la faiblesse humaine contre les sollicitations du vice; d'abord, il est constaté par les statistiques du Ministère de la justice que la criminalité de la femme est six fois moindre que celle de l'homme; c'est cependant à cause d'elles que sont commis la plupart des crimes, mais bien souvent elles ignorent les moyens que l'homme emploie pour satisfaire leurs caprices; si elles s'en doutent, elles ferment les yeux, elles n'osent pas résister, elles cèdent à la menace ou se laissent aveugler par l'amour, elles deviennent des esclaves dociles et que de fois n'entend-on pas répéter sous une autre forme ce mot d'une pauvre fille à laquelle on reprochait d'avoir vécu avec un voleur : « Je le sais, mais si je n'aime rien, je ne suis rien », aussi leur complicité presque toujours purement morale, échappe plus facilement à l'action de la justice et, quand elles paraissent devant la Cour d'assises, les jurés se laissent souvent attendrir par leurs larmes ; c'est ainsi que sur cent femmes inculpées, il n'y en a pas plus de dix qui soient frappées par une condamnation.

Les femmes coupables, sauf quelques exceptions où se rencontre alors au suprême degré le hideux assemblage de tous les vices, se laissent plus aisément que les hommes toucher par le repentir, elles reviennent plus vite au bien, elles retombent dans la faute bien moins souvent et la rechute se fait attendre plus longtemps ; pour les hommes, la proportion des récidivistes est des deux cinquièmes, tandis que pour les femmes elle n'est que du quart.

On peut trouver une bien frappante confirmation de cette supériorité morale, en étudiant les inscriptions, très dignes d'examen, qui recouvrent les murailles des cabanons de la Souricière ; elles permettent d'étudier la prévenue dans ses pensées les plus intimes, c'est uniquement pour soulager son cœur, distraire sa solitude qu'elle a tracé ces lignes qui ne sont pas signées et qu'on ne peut déchiffrer qu'à la lueur d'un flambeau ; j'ai déjà dit que dans la section des hommes on ne rencontre que violences, impiétés, menaces, obscénités ; dans les cellules des femmes, au contraire, ce qui se manifeste le plus, c'est le besoin d'aimer, de penser à l'homme auquel elles ont imprudemment donné leur cœur, ou de tourner leurs espérances vers le grand consolateur ; si on dégage ces pensées de leur forme brutale et naïve, on y découvre toujours une certaine grandeur de sentiment, une touchante aspiration vers l'idéal.

Tantôt c'est un souvenir à l'homme qui les oublie sans doute :

« Dans cette cellule où languit mon amour, loin de toi que j'adore, je gémis et je souffre. »

« Jean ne m'aime plus, mais moi je l'aimerai toujours. »

« Vous qui venez dans cette cellule que l'on appelle Souricière, si vous n'êtes pas séparée d'une personne aimée, votre souffrance est à demi atténuée. »

« Que veux-tu que mon cœur te dicte dans cette sombre cellule, si ce n'est la douleur et le déchirement de mon pauvre cœur qui souffre, palpite pour mon bien-aimé. »

Quelquefois il se mêle à ces tendresses les fureurs de la jalousie et les désirs de vengeance.

UNE MÈRE A SAINT-LAZARE

« Henriette aime son petit homme plus qu'une femme peut aimer, mais aujourd'hui, elle le déteste. »

« Je m'ennuie à mourir, je veux revoir mon petit homme que j'aime et quand je sortirai, s'il me quitte, je le ferai crever par deux garçons ; sans lui je ne serais pas là et il est cause de tout, mais je l'aime tout de même, de tout mon cœur. »

« Souvenir de mes amours défuntes qui sont cause que je suis dans cette Souricière, mais dès que je sortirai enfin, mon amant pourra s'attendre au revolver. »

« Je jure de ne plus recommencer, écrit encore une de ces femmes, en forme de conclusion pratique, car des hommes, j'en ai assez, c'est par amour que je suis ici, j'ai tué mon amant et je suis acquittée, méfiez-vous des hommes, car ce sont des trompeurs. »

Mais ce qui m'a le plus frappé et ému, ce sont les pensées pieuses, les promesses de repentir, les invocations à la Providence : « Le jugement des hommes n'est rien, celui de Dieu est tout, 1er jour de mon instruction. »

« Dieu est si bon, qu'il a pitié des malheureux. »

« Vierge sainte, ô Marie, ma souveraine, je me jette à vos pieds et me mets sous votre protection. »

« Crois en Dieu, il te tirera de ta prison, souvent il m'a exaucé. »

« Supportons sans murmurer les tribulations ; si c'est à tort, cela expie nos péchés. »

« Jésus, Marie, Joseph, je vous donne mon cœur, daignez me prendre sous votre protection, et faites-moi la grâce de ne jamais retomber dans mes anciennes fautes qui puissent vous déplaire. »

« Mon Dieu, exaucez mes prières, je vous en supplie en grâce, je vous prouverai combien je serai sincère, et je vous promets que chaque soir et chaque matin, je n'oublierai plus mes prières, ayez pitié de moi. »

On voit, par ces quelques citations épigraphiques, que j'aurais pu multiplier à l'infini, que l'état moral des femmes détenues est bien supérieur à celui des hommes ; cela peut s'expliquer, par leur nature, leur éducation, mais il serait injuste de méconnaître ce qui revient dans ce résultat au régime de la prison ; la relation entre la cause et l'effet est trop directe pour pouvoir être contestée ; dans les prisons d'hommes, le détenu est livré à lui-même. A Saint-Lazare, la femme, enveloppée dans une atmosphère de charité, est sans cesse soumise à une action moralisatrice.

Il faut que le vice soit bien invétéré, pour que la sensibilité et la faculté d'aimer aient complètement disparu chez la femme, elle reste, malgré ses fautes, plus accessible que l'homme aux sentiments généreux et tendres ; c'est à son cœur qu'il faut parler ; en admettant qu'on puisse agir sur l'homme coupable par le raisonnement et la morale philosophique, on arriverait de cette façon à détruire chez la femme les dernières chances de relèvement. Il y a dans la maison de Saint-Lazare, plus de cœurs sensibles que d'esprits forts, et c'est pour cela qu'elle donne le spectacle des plus surprenantes conversions. La femme se laisse toucher avant tout par la charité ardente qui se dévoue, paie de sa personne, agit dans des vues désintéressées, mais toute gardienne qui serait simplement à ses yeux une personne exerçant un métier pour gagner sa vie n'aurait sur elle aucune autorité morale, et perdrait son temps à la sermonner.

C'est aussi ce besoin de rencontrer de la sympathie, de compter sur un dévouement, qui fait à l'avocat une situation toute particulière à Saint-Lazare ; il y est entouré d'un prestige beaucoup plus grand qu'à Mazas ; la femme, moins sceptique que l'homme, a l'enthousiasme prompt et l'espérance facile ; elle considère l'avocat comme un sauveur providentiel ; aussi elle l'appelle souvent, ses visites ne sont jamais assez fréquentes, et le moindre retard lui fait croire à un oubli. Il lui semble qu'elle n'a plus rien à redouter dès qu'il vient l'assister ; je me souviens de cette inscription relevée encore à la Souricière : « Je suis arrêtée pour un vol de trois mille francs, mais j'ai un avocat, » avec un gros point d'exclamation exprimant toute l'étendue de sa confiance ; dès qu'une détenue a vu son avocat, elle s'empresse d'en parler, en fait le portrait, on veut savoir s'il est jeune ou vieux, brun ou blond ; elle raconte ce qu'il a dit, elle vante son talent, sa bonté ; s'il porte un nom déjà célèbre, la détenue devient un personnage important et grandit de cent coudées aux yeux de ses compagnes ; si elle est acquittée, l'admiration n'a plus de bornes, le nom de l'heureux avocat vole de chambre en chambre, et pendant un certain temps ; il est le Dieu de la maison ; on lui élèverait des autels, toutes les détenues le réclament, jusqu'au jour où un plus grand succès obtenu par un autre, vient changer le courant de la popularité aussi capricieux dans les prisons que dans tout autre lieu.

La sensibilité des détenues se manifeste encore par l'intérêt qu'elles se témoignent les unes aux autres, en même temps que par le mépris avec lequel est accueillie parmi elles la femme, coupable à leurs yeux, d'une infâme trahison ; elles savent très bien faire une distinction entre la malheureuse qui fournit contre son amant des preuves à la justice, tout en croyant le sauver, comme dans l'affaire Pranzini ; soit pour se disculper elle-même, comme dans l'affaire Marchandon ; soit pour s'affranchir du joug d'un scélérat, comme dans l'affaire Prado, et la femme qui, par lâcheté consent à entrer dans un complot ourdi contre celui qu'elle prétend aimer; elles plaignent les premières d'avoir été obligées de faire ce qu'elles auraient fait elles-mêmes dans des circonstances semblables, mais l'action de l'autre révolte ces sentiments de tendresse et de générosité dont leur cœur, même flétri, conserve toujours quelque vestige; c'est ainsi que la femme Fenayrou qui, pour obéir à son mari, avait consenti à attirer son amant dans une embuscade mortelle, faillit être écharpée par les femmes de Saint-Lazare, le jour où elle parut pour la première fois sur le préau; Mme de Staël n'avait-elle pas raison quand elle disait : « Le cœur des femmes n'est fait que d'amour. »

Le petit enfant, pauvre innocent, a aussi une place importante à Saint-Lazare, dont la chapelle est la seule qui possède des fonts baptismaux; son influence est une de celles qui concourent à entretenir quelques bons sentiments dans le cœur de ces femmes et à purifier l'air de la maison; les détenues, soit qu'elles accouchent à la prison, soit qu'elles aient été arrêtées avec leur enfant, peuvent le garder pendant la période de l'allaitement et du sevrage; rien n'est plus triste que la salle où ces petits êtres, destinés presque tous à une vie misérable, essaient leurs premiers sourires au milieu de tant de douleurs; la fierté de la mère, quelque dégradée qu'elle soit, se réveille quand on admire son enfant, en même temps que sa jalousie éclate parfois en scènes violentes et porte le trouble dans le dortoir tout entier, si l'enfant de sa voisine est plus fort et plus fêté que le sien; à chaque instant dans cette vie de prison l'amour maternel affirme sa puissance; une femme intraitable entre toutes, à la suite de nombreuses punitions, avait été mise dans la cellule qu'on appelle le cachot et qui n'a d'ailleurs de terrible que le nom, rien ne pouvait triompher de ses violences et

à l'atelier
la promenade
à l'infirmerie
St Lazare.
Montégut
48

de sa méchanceté, on lui retire son enfant, aussitôt elle s'apaise et se soumet à la règle. Une de ces malheureuse avait été condamnée, elle avait accepté sa peine avec courage, mais sa petite fille meurt et aussitôt elle cherche à se tuer. Une autre ne veut pas laisser emporter son enfant qui vient d'expirer; elle le berce sur ses genoux, elle le couvre de ses baisers et dans un accès de désespoir, devant toutes les autres détenues qui mêlent leurs larmes aux siennes, elle s'écrie: « Pardonne, pardonne à ta mère de t'avoir amené dans cette prison pour y mourir. »

Ce n'est pas seulement sur la mère que l'enfant exerce son action, c'est aussi sur toutes ces femmes pour lesquelles il est une distraction et plus encore un être à aimer, un être qui réveille dans leur cœur les plus émouvants souvenirs; elles trouvent du plaisir à le soigner, à le prendre dans leurs bras; s'il vient à mourir, c'est un deuil pour toutes. « Les regards des prisonnières, nous dit dans un livre touchant intitulé « Cinquante ans de visite à Saint-Lazare », une dame qui fut souvent témoin de ces scènes, se concentrent sur le petit mort, on dirait qu'elles le dévorent des yeux; une terreur se réveille chez elles pendant cette contemplation et je ne crois pas qu'on puisse assister à un spectacle plus impressionnant. »

Cela est plus vrai que toutes les théories; on ne considère trop souvent chez le criminel que ses instincts mauvais, on néglige ce qui rappelle la dignité, la noblesse de la nature humaine; il y a pourtant des aspects bien consolants à observer, bien faits pour encourager ceux qui se consacrent au relèvement des coupables et je comprends ce mot d'une des dames visiteuses de Saint-Lazare: « Lorsqu'on entre en relation avec ces femmes dans la prison, on les aime sans aucun effort et sans qu'il en coûte. »

Saint-Lazare, dont j'ai rappelé l'origine illustre dans un précé dent chapitre, fut érigé en prison le 15 décembre 1794; après avoir renfermé des personnages des deux sexes, il fut, sur la proposition de Paganel, affecté aux femmes détenues à Sainte-Pélagie. Jusqu'en 1838 le service intérieur resta confié à des hommes, à cette époque on en chargea des surveillantes laïques, bien qu'elles eussent au cou une médaille avec ces mots: « Morale, religion », elles ne parvenaient pas à se faire respecter et à maintenir la discipline; l'une d'elles, par un excès de philanthropie, favorisa même l'évasion d'une femme accusée de faux. Aussi, en 1850, par un arrêté de M. Carlier, préfet de police, la communauté de Saint-Joseph, fondée en 1805 et dont les excellents services avaient déjà été appréciés dans les prisons de Lyon, fut appelée à remplacer les surveillantes.

Il n'y a pas d'autres employés hommes dans la maison que le directeur, les greffiers, et les gardiens chargés des services extérieurs.

La création de Saint-Lazare fut un progrès important dans notre système pénitentiaire et consacra le principe des maisons séparées pour les hommes et les femmes. Les premiers résultats furent satisfaisants et en 1805 un rapport officiel s'exprimait ainsi: « Cet établissement dont l'institution honore d'autant plus les administrateurs qui l'ont fondé que les succès progressifs ont démontré son utilité, a fourni la preuve de ce que la patience et une volonté ferme pouvent vaincre d'obstacles pour réaliser des moyens d'amélioration ; dans moins de cinq années, cette maison a changé en ouvrières actives et intelligentes des femmes dangereuses et à la charge de la société. »

Aujourd'hui, le langage est bien différent et il semble même, aux yeux de l'administration, que Saint-Lazare soit devenu un lieu de perdition.

Quand on voit cette prison du dehors, sa porte sombre, ses murailles noires et souillées de la lèpre du vice, on est disposé à croire qu'il n'y a aucune exagération dans les récits pleins d'horreur publiés sur son compte; que de gens seraient surpris d'y trouver de larges chemins de ronde qui ressemblent à de tranquilles rues de province, de beaux arbres dans les cours, et surtout le long du mur d'enceinte, un jardin si calme, si plein d'ombrage et de verdure, que l'on se croirait transporté bien loin du bruit de la ville, dans une honnête retraite au milieu des champs.

Les gens qui, sans avoir jamais mis les pieds à Saint-Lazare, prétendent juger cette prison sur certains pamphlets, copiés les uns sur les autres, s'en font une idée absolument fausse; ils en parlent avec horreur et ont fini par faire croire au public que cette maison est inhabitable, qu'il n'y a ni place, ni air, que les détenues y sont laissées sans frein, ni surveillance à la liberté de tous leurs mauvais instincts; on revient bien vite sur ces impressions; cette prison très défectueuse assurément par certains côtés, est infiniment plus gaie, plus saine et surtout plus visitée par la charité que toutes les autres.

La population de Saint-Lazare se divise en deux catégories bien distinctes : les détenues judiciaires, prévenues ou condamnées à plus de deux mois; elles forment la première section; les femmes de mauvaise vie détenues administrativement, malades ou bien portantes, soumises ou insoumises, elles forment la seconde section.

Le 8 août 1889, Saint-Lazare comptait 404 femmes de mauvaise vie sur lesquelles 312 étaient malades, 175 prévenues et 180 condamnées, soit un total de 769; le chiffre des détenues judiciaires a beaucoup diminué dans ces derniers temps, par cette raison que les condamnées à plus de deux mois vont depuis l'année dernière subir leur peine dans la maison centrale de Doullens.

Toute cette population, à laquelle il faut ajouter le personnel de la prison, les 46 sœurs surveillantes et 26 recluses de Nanterre, servant d'auxiliaires, est logée dans huit grands bâtiments principaux, coupés par plusieurs cours : la cour d'entrée, des filles valides, de l'infirmerie, des prévenues et des jugées.

Avant de pénétrer dans l'intérieur même de la geôle on traverse une salle qui sert de poste central aux gardiens prêts à répondre à l'appel des sœurs si quelque désordre grave venait à se produire; l'un d'eux vous ouvre une porte fortement verrouillée, vous montez au premier étage, vous apercevez en passant l'entrée d'une lingerie où des femmes travaillent et rangent des piles de draps et de serviettes, puis vous vous trouvez dans une grande pièce ; d'un côté est le logement des religieuses, de l'autre celui des détenues; une sœur est assise devant une table, on se croit dans le vestibule d'un ouvroir ou dans un parloir de pensionnat; une porte grillée vous rappelle à la réalité, elle se referme lourdement; vous êtes dans la prison.

Par suite d'ingénieuses dispositions et d'un véritable luxe de grilles et de portes qui obligent la sœur qui vous accompagne à se servir à chaque instant de sa grosse clef, il n'existe aucune communication entre les détenues des différentes sections; elles ont bien la même chapelle et le même réfectoire, mais le service est réglé de façon qu'elles ne puissent se rencontrer; il existe entre les deux grandes sections un antagonisme étrange ; chacune d'elles se considère comme supérieure à l'autre; les filles de débauche ont une certaine prétention à la probité, elles parlent sans trop de honte de leur triste condition, mais elles témoignent du mépris aux femmes arrêtées pour des délits de droit commun ; celles-ci, qui d'ailleurs sont neuf fois sur dix voleuses et vicieuses, aiment de leur côté à se donner des airs de vertus et parlent des filles dans des termes méprisants.

Ce qu'il y a de plus parfait à Saint-Lazare, c'est assurément l'infirmerie de la seconde section ; il n'existe pas d'hôpital mieux entendu et d'un aspect plus gai ; les salles, très élevées, ne contiennent qu'une dizaine de lits ; d'un côté s'ouvrent de larges fenêtres d'où l'on voit les pentes de Montmartre, les arbres des Champs-Elysées, les dômes et les tours de l'Exposition, tout ce grand et cruel Paris dont les vices emplissent la maison ; à l'autre extrémité les salles sont séparées par un vitrage d'une galerie très spacieuse donnant sur des cours plantées d'acacias et de sycomores. Le soleil anime tout cela, ses rayons tracent de grands dessins sur les murs et sur le dôme de la chapelle ; sur l'appui des croisées s'épanouissent des géraniums rouges, des résédas, et des volubilis grimpent le long des fenêtres ; un beau merle qui paraît l'objet de soins particuliers se démène dans sa prison d'osier ; c'est l'heure de la promenade, on aperçoit les femmes marchant dans la cour, les unes derrière les autres et causant assez librement ensemble ; d'autres sont restées dans les chambres et aident les vieilles hospitalières de Nanterre à faire le ménage ; une sœur déjà âgée apprend à une jeune fille à se servir d'une machine à coudre et on sent tout ce qu'il y a de maternel dans ce contact de la charité et du vice ; dans la salle, une pauvre fille, plus malade que les autres, est couchée sur son lit, elle vient d'avoir seize ans, elle n'a pas de parents, son visage, amaigri par la souffrance, a perdu cette expression de violence et de révolte qu'on retrouve chez beaucoup de ces femmes ; ses jours sont comptés, et c'est la mort, la grande libératrice, qui viendra la prendre, plus heureuse que les autres, pour l'empêcher de retomber dans la vie fatalement misérable qui attend la plupart de celles qui retournent à la rue.

Les femmes valides de la seconde section sont installées dans de moins bonnes conditions. Elles sont un peu à l'étroit dans leurs ateliers et le dortoir où elles couchent en commun n'est pas assez vaste, leurs lits sont beaucoup trop rapprochés, elles n'ont même pas de place pour ranger leurs vêtements.

Ces femmes qui sont arrêtées sans mandat, détenues sans jugement, peuvent par une simple décision administrative, prononcée sans appel, être enfermées pendant un temps qui varie de trois jours à deux mois ; ces lettres de cachet en réduction, que les spécialistes déclarent nécessaires, donnent d'assez mauvais résultats et n'empêchent pas, si même elles n'y contribuent, le nombre de ces malheureuses d'augmenter de jour en jour.

Saint-Lazare est une halte plutôt qu'une punition pour la plupart de ces femmes ; toutes ont passé et passeront par là ; c'est leur maison de campagne ; elle a inspiré plus d'une cynique chanson aux poètes des brasseries ; le coup de balai que de temps à autre les agents des mœurs donnent dans nos rues, ressemble trop au nettoyage d'un appartement dont on n'ouvrirait pas les fenêtres ; la poussière se déplacerait sans disparaître.

Pendant leur séjour en prison, beaucoup de ces femmes ne sont pas abandonnées par les gens de leur monde, elles reçoivent de l'argent, font faire de très bonnes recettes à la cantine ; celles-là ne figureront pas parmi les repenties, elles prennent tout simplement des forces pour recommencer leur vie, et, comme elles sont en commun, elles complètent leur éducation et se perfectionnent dans la science du mal.

Ne pourrait-on pas faire mieux ? il est permis de le penser ; ne devrait-on pas isoler ces femmes, plus encore qu'on ne le fait, sépa-

Saint-Lazarre. — Porte de l'Infirmerie.

(D'après nature.)

rer au moins les jeunes des vieilles, les novices des habituées, les repentantes des endurcies ; quelques jours de solitude dans des refuges en dehors de Paris, loin du souffle de la grande ville, seraient assurément préférables à des semaines passées en commun ; ne devrait-on pas pendant ce temps les soumettre à un régime extrêmement sévère, les priver de cantine, de secours extérieur; ne devrait-on pas arracher les filles mineures à leur mauvaise vie en les retenant jusqu'à leur majorité dans des maisons d'éducation; ne devrait-on pas songer aussi à transformer en délits certaines contraventions administratives, de façon à permettre à la justice d'appliquer sans arbitraire des peines vraiment moralisatrices et de fournir à la déportation des sujets jeunes, vigoureux, capables de se régénérer dans de nouvelles conditions sociales.

Mais c'est surtout dans la première section, réservée aux détenues judiciaires, qu'apparaît dans son énormité l'imprévoyance sociale; la promiscuité de jour et de nuit est complète. « On apprend de tout à Saint-Lazare, me disait une femme de soixante ans, une jeune fille ne peut que s'y perdre davantage, puisque des femmes âgées apprennent ce qu'elles ne savaient pas. » Sans doute il existe une séparation entre le quartier des prévenues et celui des condamnées, mais dans chacun de ces quartiers, le régime est celui de la communauté de jour et de nuit dans ce qu'il y a de plus absolu et de plus pervertissant ; cette communauté se pratique, le jour dans les ateliers où on se coudoie, où la surveillance de la sœur, assise sur une estrade comme une maîtresse d'école, est impuissante à empêcher les gestes, les regards, les conversations qui s'entre-croisent comme des messagers de vice et vont porter la contagion dans des âmes encore à demi innocentes. La nuit, le rapprochement est encore plus funeste, parce qu'il est plus intime ; dans de petites chambres, sans lumière, les lits au nombre de cinq à six, par chambres, sont absolument les uns sur les autres et tout semble disposé pour livrer à l'action malfaisante des matrones du vice, les femmes qu'une première faute amène dans cet enfer.

A l'infirmerie, dans une salle, vaste et très claire, les prévenues et les jugées sont encore absolument confondues ; c'est toujours le même inconvénient, mais il est un peu corrigé par la présence des sœurs et les fréquentes visites des dames de charité : « De tout temps nous dit l'une d'elle, la salle Sainte-Eléonore a été le rendez-vous favori de la dame visiteuse et de la détenue malade. Il s'y est fait beaucoup de bien par la simple lecture de la Parole de Dieu, par la piété, par l'affectueuse sympathie qu'il est naturel de témoigner aux personnes qui souffrent. » Aussi le séjour de l'infirmerie est-il très recherché, et le Directeur qui s'efforce le plus qu'il peut de séparer l'ivraie du bon grain, trouve volontiers un prétexte pour envoyer à l'infirmerie les détenues qui à raison de leur habitude de vie ou de leurs sentiments plus délicats, auraient trop à souffrir dans les dortoirs ordinaires.

Les prévenues peuvent aussi moyennant une petite redevance, vingt centimes par jour, connue sous le nom de pistole, être placées dans des cellules contenant trois ou quatre lits seulement, avec deux matelas au lieu d'un, et un oreiller de plumes et quelques meubles ; en outre, elles achètent à ce prix le droit de travailler dans leur chambre et de se lever à l'heure qui leur convient.

Mais l'isolement complet est impossible, c'est bien, comme le disait l'année dernière M. Millerand, au nom de la commission du budget, « la promiscuité dans toute son horreur ».

Les magistrats, témoins journaliers de ce mal, le signalent depuis bien longtemps et c'est avec raison qu'un des chefs du parquet de la Seine, M. Camille Bouchez, disait dans une circulaire adressée aux juges d'instruction : « Les locaux qui sont affectés aux femmes détenues préventivement sont tels que je ne puis que vous recommander d'en abréger autant que possible le séjour à celles à qui vous ne pouvez vous dispenser de l'infliger. » Il est souvent arrivé que des femmes, ont dû, à ce mauvais état de la prison, d'être mises en liberté provisoire, malgré la gravité de l'inculpation ; le juge trouvant moins d'inconvénient au point de vue social à courir le risque de les voir prendre la fuite qu'à les condamner à une corruption presque certaine.

On s'imagine sans peine à quels dangers est exposée, à quelles tortures morales est soumise la malheureuse qui, victime d'une erreur ou d'une dénonciation calomnieuse, est détenue pendant toute la durée de l'instruction ; en pénétrant tout à coup dans ce monde mystérieux de la dépravation, en entendant des mots dont le sens lui échappe encore, en se sentant sous des regards hardis il semble à l'honnête femme, à celle tout au moins qui n'est pas encore corrompue, qu'elle est, suivant l'expression de l'une d'elles, «livrée à des bêtes qui vont la dévorer » ; elle est comme fascinée, elle étouffe dans cet air impur, sous ces haleines brûlantes, comme me l'écrivait une détenue dans un accès de désespoir : « Je suis perdue si vous me laissez un jour de plus ici, et j'aime mieux mourir. »

Depuis longtemps beaucoup de ces inconvénients auraient été amoindris et supprimés si on n'avait ajourné les améliorations les plus pratiques sous le prétexte de faire disparaître la prison elle-même ; des commerçants du quartier ont fait des pétitions pour demander l'aliénation des terrains considérables qu'elle occupe et des syndicats sont déjà formés pour les acheter en spéculation ; ils n'ont pas été fâchés de voir faire à la prison une réputation si mauvaise qu'il semble qu'il n'y ait plus qu'à la démolir, voire même à la brûler. En même temps, passant d'un extrême à l'autre, on ne parle de rien moins que de substituer le régime cellulaire absolu au régime commun et à moins d'incidents imprévus, ce changement, souvent annoncé, peut être cette fois considéré comme déjà accompli.

A la fin de l'un des chapitres du « Paris bienfaisant », M. Maxime Ducamp, en 1888, annonçait ces réformes dans les termes suivants : « Depuis que ce chapitre est écrit, disait-il, d'importantes modifications ont été apportées au régime de Saint-Lazare, sur l'initiative de M. Herbette. Seules les femmes de mauvaise vie, punies par voie administrative resteront dans la vieille prison, les prévenues seront internées à la maison de répression de Nanterre; les détenues jugées seront transportées dans une division spéciale de la maison centrale de Doullens ; les jeunes filles en correction paternelle seront placées à la Conciergerie, dans l'ancien quartier des Cochers, que l'on est en train d'aménager pour elles. Ces mesures sont excellentes, ajoutait-il, et l'on ne saurait trop applaudir. »

Dans un rapport de M. Herbette, du 12 décembre 1888, au président du Conseil, ministre de l'intérieur, ces projets étaient exposés et le rapporteur ajoutait : « Votre administration se félicite qu'il ait été possible d'entreprendre et d'achever déjà pour une part une œuvre réclamée depuis plus de cinquante ans. »

Le principe même de la réforme mérite la plus complète approbation, tout le monde est d'avis sur la nécessité de séparer des catégories de détenues d'origine et de condition différentes, trop longtemps, sinon confondues dans les mêmes quartiers, au moins enfermées dans la même enceinte. Mais, tout en rendant pleinement hommage aux intentions de l'administration, on peut se demander si dans l'application, des inconvénients plus graves, que ceux auxquels on se propose de remédier, ne vont pas se manifester.

L'exécution de ces réformes a commencé depuis un an, les condamnées a plus de deux mois de prison sont envoyées dans la maison centrale de Doullens. En vertu d'un arrêté ministériel du 12 février 1889, les jeunes filles en correction paternelle ne vont plus à Saint-Lazare, on n'y reçoit aucune mineure de seize ans soit à titre judiciaire, soit à titre administratif, à moins que son état n'exige des soins particuliers à l'infirmerie spéciale de Saint-Lazare ; en outre on cesse d'y envoyer les femmes condamnées par le tribunal de simple police pour contravention.

Mais ces catégories d'origines si diverses sont-elles séparées, placées dans des maisons distinctes de façon que toute confusion devienne absolument impossible, comme on l'annonçait? Pas le moins du monde, elles sont réunies à la Conciergerie, on a tout simplement déplacé la promiscuité, en la transportant du faubourg Saint-Denis au quai de l'Horloge; à Saint-Lazare, les jeunes filles de moins de seize ans arrêtées par la police des mœurs ou enfermées par leurs parents, les femmes contrevenantes n'avaient entre elles aucune communication ; à la Conciergerie elles sont confondues, sinon en théorie, du moins en fait. Pour caser ces femmes et ces petites filles, on a fait déménager les cochers et on les a envoyés à la Petite Roquette où ils sont fort bien; ils occupaient à la Conciergerie le bâtiment qui se trouve derrière le cachot Marie-Antoinette sur cette cour en plein nord, triste et humide, à laquelle les Girondins ont donné leur nom ; c'est là l'unique promenade de ces pauvres enfants, en attendant souvent pendant de longs jours, leur envoi à la maison de Fouilleuse, près Rueil; combien ne doivent-elles pas regretter le grand jardin de Saint-Lazare, où les oiseaux chantent et où les fleurs peuvent vivre. Dans une salle basse où le jour arrive à peine et qui pouvait suffire aux cochers venant y dormir et fumer pendant deux ou trois jours, je vois autour d'une table, en train de manger et de lire, une douzaine de petites filles de dix à seize ans, l'une me raconte que « sa mère l'avait envoyée vendre des bouquets dans les cafés », l'autre « que son papa est à l'Asile de nuit », celle-ci « que sa patronne l'accuse de lui avoir volé de l'argent », ce sont des prévenues et des jugées; parmi elles j'aperçois une fillette d'une douzaine d'années, toute débraillée et plus mal peignée que les autres, j'apprends que c'est une enfant en correction paternelle; est-ce pour la soumettre au contact des voleuses et des coureuses de rues que son père a obtenu de la justice, l'autorisation de la faire enfermer dans une pareille geôle. A Saint-Lazare au moins, elle eût été dans un quartier spécial. Dans la cour, sous les yeux mêmes de ces enfants, près des arcades trapues de la triste galerie où André Chenier se promenait en récitant ces vers :

> Le messager de mort, noir recruteur des ombres.
> Remplira de mon nom ces longs corridors sombres.

une jeune fille de quinze ans à peine, assez coquettement vêtue, à la physionomie insolente, est assise sur un banc, elle tient à la main un petit paquet de linge, noué dans un mouchoir ; la police vient de la ramasser dans quelque coin; d'autres enfants traversent la cour pour aller à la fontaine lui parlent en riant ; un peu plus loin, dans une pièce dont la porte est ouverte, une femme d'une quarantaine d'années, tient un livre à la main; c'est une contrevenante aux règlements sur les garnis, c'est peut-être chez elle qu'ira se loger en sortant de prison la jeune fille qui est devant elle.

Ce n'est pas un tableau fait avec des traits rassemblés à plaisir, c'est la réalité prise sur le vif; on comprend que dans ces conditions la séparation réglementaire soit inapplicable et que des communications de tous les instants s'établissent bien plus facilement que dans l'ancienne prison, entre les détenues vivant côte à côte et sous les regards, trop facilement distraits, d'une unique gardienne.

La nuit on les sépare par groupe ; mais toutes les cellules ouvrent sur le même couloir ; elles sont là absolument livrées à elles-mêmes et les murs sont couverts d'inscriptions comme celles-ci, tracées par des fillettes de douze ans : « Je t'adore, mon Gustave... — Marie aime Eugène de la Courtille pour la vie. — Marceline, rêve de son petit homme Gaston, mort à lui s'il me fait des traits, etc. » Si une aussi déplorable situation était le fait du personnel de la prison, j'aurais ici gardé le silence, mais tout au contraire son rôle est à la hauteur des difficultés et le mal serait plus grand encore si le directeur et ses employés ne faisaient tous leurs efforts pour tirer le meilleur parti possible d'un local absolument défectueux.

Mais la mauvaise installation matérielle est encore le moindre inconvénient ; à Saint-Lazare les petites filles, plus intéressantes que les autres détenues par leur âge, leur état d'abandon, la possibilité d'être ramenées au bien, étaient l'objet d'une sollicitude toute particulière ; les sœurs leur témoignaient un soin affectueux et maternel, les emmenaient dans leur jardin, les soignaient avec une tendre sollicitude, les recommandaient aux dames visiteuses, et parvenaient souvent à les sauver ; on a pensé que mieux valait laisser ces malheureuses enfants dans un abandon complet que de permettre aux sœurs, qui sont au Dépôt, de l'autre côté du mur, de continuer auprès d'elles leur œuvre de charité ; on peut souhaiter que cette nouvelle organisation soit provisoire, car si elle devait durer on ne saurait vraiment la considérer comme un progrès.

Après avoir envoyé les petites filles et les contrevenantes à la Conciergerie, on se propose de mettre au Dépôt toutes les prévenues, sauf celles qui seraient signalées comme étant de mauvaise vie ; d'abord comment s'y prendra-t-on pour faire cette distinction ; à quel signe reconnaîtra-t-on la fille de mauvaise vie ; veut-on par là désigner seulement celle que la police a inscrite ; mais beaucoup d'autres n'ont pas une meilleure moralité, j'ai déjà dit que la plupart des voleuses étaient en même temps des débauchées, et dernièrement à Saint-Lazare, sur cent femmes inculpées de délits de droit commun, il y en avait soixante malades par suite de leur inconduite. A qui donc appartiendra-t-il de décider si une prévenue mérite la qualification de débauchée; ne faudrait-il pas une définition plus étroite pour prévenir les divergences de vue qui pourraient s'élever entre le juge qui décerne le mandat de dépôt et l'administration qui l'exécute.

On peut se demander encore si les prévenues vraiment dignes d'intérêt, celles dont la réputation jusqu'alors intacte aurait à souffrir d'un séjour dans une prison, dont le nom seul est une flétrissure et une intimidation, trouveront au Dépôt un régime meilleur, plus hygiénique, et de moins cruelles épreuves. Il est permis d'en douter ; on exposerait leur santé à de graves dangers en les entassant dans ce Dépôt malsain, qui même agrandi par la démolition d'une partie de l'ancienne Conciergerie, restera toujours une prison étroite, enfermée dens un trop petit contenant, encaissée dans les cours du Palais, avec des préaux sans espace et sans ombrage ; que de fois les détenues ne regretteront-elles pas les arbres de Saint-Lazare, les grandes cours, les fontaines des grands lavoirs, les vastes réfectoires ; ne faut-il pas aussi songer à tous les enfants nouveau-nés ou allaités, il y en a toujours une cinquantaine à Saint-Lazare, ils se trouvent là comme à la campagne, que deviendront-ils dans l'atmosphère lourde et souvent infecte du Dépôt, et quels ravages l'épidémie ne pourra-t-elle pas exercer dans d'aussi mauvaises conditions; pour quiconque connaît bien le Dépôt, ces craintes n'ont rien de chimérique.

Enfin la dernière réforme qui est sur le point de s'accomplir, consiste dans l'envoi au quartier cellulaire de Nanterre des femmes condamnées à moins de deux mois de prison ; il ne faut pas se faire trop d'illusions sur le succès de cette expérience. Sans doute la loi de 1875 autorisant les condamnés, sans distinction de sexe, à abréger la durée de leur peine en la subissant en cellule, il était injuste et illégal de ne pas avoir de cellules à la disposition des femmes ; mais ce qui paraît plus contestable, c'est l'idée de vouloir leur imposer à toutes le système cellulaire, dans toute sa dureté, en commençant par les éloigner des influences salutaires qui s'exerçaient sur elles à Saint-Lazare.

L'encellulement aussi bien que la communauté absolue est également funeste à la femme ; les peines que l'homme peut supporter ne conviennent pas à son tempérament plus impressionnable ; il est démontré par l'expérience qu'une femme est incapable de supporter le secret ; sa santé s'altère, sa raison se trouble et le moyen employé pour obtenir la vérité peut conduire à l'erreur. C'est ainsi que par un phénomène psychologique, dont l'honorable magistrat chargé de l'affaire n'avait pu se douter, la femme Doize s'accusait d'un crime atroce dont elle était innocente et soulevait autour de son nom un scandale si souvent exploité ; dernièrement une jeune ouvrière fut mise au secret pendant trois jours, lorsqu'elle sortit elle était comme folle et d'une telle faiblesse qu'il fallut la soutenir pour l'empêcher de tomber ; il n'est point de rêveries et d'hallucinations qui ne puissent s'emparer du cerveau d'une femme, terrifiée par la solitude ; c'est encore par les mêmes causes, que si l'homme accepte avec philosophie, parfois même avec une sorte de contentement, l'idée de la relégation : la femme en est affolée. Au moment où j'écris ces pages, il y a dans une salle réservée de Saint-Lazare, sous la surveillance d'une sœur, trois reléguées, l'une de quarante-sept ans, l'autre de quarante-quatre et la troisième de quarante et un ans ; elles auraient été condamnées à mort qu'elles seraient plus calmes, elles passent leur temps à gémir, à pleurer, à récriminer, à se plaindre qu'on les ait condamnées à une peine dont elles n'avaient jamais entendu parler et dont elles ne se faisaient aucune idée. « Tout tourne autour de notre tête, me dirent-elles, il vaut mieux assassiner, on est moins puni. Celui qui a inventé cela, je lui souhaiterais de ressentir pendant une heure seulement ce que nous éprouvons. »

L'encellulement provoquera les mêmes protestations, les mêmes révoltes ; il est contraire à la nature essentiellement communicative de la femme; je l'admets pendant quelques jours seulement pour les femmes de mauvaises mœurs, à titre de retraite, mais au delà il est impossible, et quand on voit à Nanterre le balcon qui dessert les cellules encore vides du second étage, on peut craindre que lorsque les femmes seront là pour des mois, il n'y en ait plus d'une qui soit tentée d'enjamber la rampe pour se briser le crâne sur les dalles.

L'expérience d'ailleurs va se faire dans les plus mauvaises conditions ; la condamnée ne trouvera pas à Nanterre le secours moral qui lui est indispensable, même aux yeux de ceux qui préconisent le plus la cellule, pour pouvoir supporter un régime si contraire à son organisation nerveuse. Une des dames de l'œuvre protestante des prisons, après avoir fait, dans le livre que j'ai déjà cité, un grand éloge du système cellulaire et des projets en cours d'exécution, ajoute : « Il faudra savoir demander à la cellule tout ce qu'elle peut donner ; il faudra qu'un esprit nouveau pénètre de part en part l'organisation nouvelle. Cet esprit nouveau, qui peut le donner si ce n'est l'Evangile ? Lui, et lui seul, tient en réserve l'air vivifiant, rénovateur, dans lequel la détenue cellulaire, enveloppée d'influences moralisatrices, sentira son énergie renaître et son courage se réveiller. » C'est précisément cet esprit, le grain de sel qui donne la saveur, qu'on a absolument négligé dans les nouvelles combinaisons, de telle sorte que, loin de produire le bien qu'on en attend, il pourrait bien arriver qu'elles contribuassent à l'accroissement de la récidive. A Saint-Lazare, les femmes, chez lesquelles s'éveillait le désir de se réhabiliter, étaient encouragées, aidées par les sœurs, par les dames visiteuses qui les mettaient en relation à leur sortie, avec des sociétés de patronage; à Nanterre, elles ne trouveront ni religieuses, ni aumônier, ni chapelle, les visites du dehors deviendront plus difficiles et plus rares; et ces malheureuses, isolées ainsi de tout ce qui pouvait toucher leur cœur, n'auront plus d'autres conseillers que les quatre murs de leur cellule et les sèches leçons de la maîtresse d'école.

Si tous ces projets se réalisent, la prison de Saint-Lazare aura vécu ; les enfants étant à la Conciergerie, les prévenues au Dépôt, les condamnées à Nanterre et à Doullens, elle ne sera plus qu'une prison municipale, une infirmerie pour les femmes de mauvaise vie ; et déjà l'administration, préparant pour l'avenir la suppression de quelques hôpitaux spéciaux pour les réunir en un seul établissement, a, par un arrêté du 12 décembre 1888, organisé à Saint-Lazare un vaste enseignement médical, en rapport avec l'état actuel de nos mœurs et comprenant quatre médecins, trois chirurgiens et deux internes; peut-être eût-il été plus à sa place dans un véritable hôpital que dans une prison, même administrative, où celles qui y sont enfermées d'office peuvent souhaiter de ne pas être livrées, malgré de sages précautions, à la curiosité des élèves admis à suivre les cliniques.

Je ne veux pas dire assurément que la prison de Saint-Lazare ait été parfaite ; j'ai flétri les nombreux vices de son organisation, la déplorable promiscuité de ses ateliers et de ses dortoirs, je crains seulement que le remède ne soit pire que le mal, et que pour éviter un danger on ne retombe dans un autre non moins redoutable ; ainsi, depuis que dans une excellente intention, on a envoyé les condamnées à plus de deux mois subir leur peine dans la prison laïcisée de Doullens, on a constaté que toutes celles qui, à la suite d'une nouvelle arrestation, revenaient à Saint-Lazare, étaient animées du plus mauvais esprit et se montraient particulièrement indisciplinées et insolentes vis-à-vis des sœurs ; elles avaient, en quelques mois, perdu l'habitude du respect.

Le régime moral de Saint-Lazare était excellent en principe, tous les inconvénients venaient du local, il eût été facile de l'améliorer ; il faudrait supprimer le mal sans détruire le bien. La prison occupe un espace plus que suffisant pour se prêter à toutes les améliorations, puisque pouvant contenir onze cents détenues, elle n'en compte actuellement que huit cents ; d'ailleurs, par des expropriations moins coûteuses que des reconstructions complètes, on pourrait l'étendre jusqu'à l'impasse de la Ferme Saint-Lazare et l'éloigner des maisons voisines dont les fenêtres la dominent. Au moyen de quelques additions et par des aménagements bien entendus on serait arrivé à mieux classer les détenues, à isoler celles dont l'influence peut être pernicieuse, à ne jamais mettre par exemple aucune femme inculpée d'un délit ordinaire avec celles qui sont l'objet de poursuites pour des faits contre la moralité, et enfin à établir un nombre de cellules suffisant pour les prévenues, l'isolement de nuit des condamnées et l'application de la loi de 1875.

C'est ainsi déjà, que le directeur actuel avait su, avec beaucoup d'intelligence, réaliser à peu de frais de très notables progrès ; il était arrivé à procurer l'isolement de nuit à un assez grand nombre de prévenues en leur donnant les cellules réservées autrefois aux jeunes filles en correction ; ces cellules sont disposées d'une façon très ingénieuse et beaucoup moins tristes que celles des autres prisons ; fermées non point par une porte pleine, mais par un grillage, ce qui leur a fait donner le nom de ménagerie ; elles ouvrent sur un couloir, par lequel se fait la surveillance et dont les larges fenêtres donnent de la vue, de l'air et du soleil. Avec des cloisons de plus et la construction de quelques annexes la prison était heureusement transformée, tout en gardant ses grands jardins qui lui donnent un caractère si particulier et l'ont toujours mise à l'abri des épidémies ; si c'est seulement l'infamie qui s'attachait au nom qu'on a voulu effacer par une nouvelle enseigne, je ne crois pas qu'on y réussisse ; bientôt Nanterre s'appellera le petit Saint-Lazare et la réputation des détenues ne gagnera pas beaucoup à sortir de la nouvelle prison plutôt que de l'ancienne.

Ce qui domine encore à Saint-Lazare et lui imprime un caractère tout particulier, c'est l'action de la charité ; elle est restée dans ses vieux murs comme une tradition du passé et l'on peut craindre qu'elle ne disparaisse avec eux ; des œuvres admirables de dévouement, de fraternité chrétienne, viennent en corriger les imperfections et arracher chaque jour de pauvres jeunes filles aux influences pernicieuses qui les entourent ; c'est la prison de Paris où il se fait le plus de bien, où il se dépense le plus de zèle, où on parle le plus de Dieu, où le repentir touche le plus souvent les cœurs ; on en a fait une prison pleine de mystère, de cachots ténébreux, c'est au contraire une maison de verre dont l'accès est facile à quiconque veut faire le bien ; un jour une dame, arrêtée dans les magasins du Louvre, voulut s'excuser en prétendant qu'elle avait employé ce moyen de connaître Saint-Lazare ; des ruses aussi suspectes ne sont pas nécessaires pour en franchir les portes, il suffit à une femme de s'y présenter au nom de la charité.

Chaque jour cette prison s'ouvre largement devant des femmes de toute condition portant les noms les plus obscurs et les plus illustres, elles viennent apporter à leurs sœurs déchues des paroles consolantes, de nobles encouragements et des secours matériels; sur leur passage la maison maudite devient une maison bénie, et revêtues du manteau de la bienfaisance, protégées par la majesté de l'idée dont elles sont les messagères, elles seules sont capables de traverser ces cloaques sans que la moindre souillure puisse les effleurer.

Toutes les croyances se mettent d'accord pour soulager tant de misères morales, il semble qu'en s'intéressant à ces prisonnières, dont les malheurs sont souvent plus grands que les fautes, la femme honnête veuille protester en quelque sorte contre l'injustice du sort que notre état social fait souvent à son sexe; mais dans ces œuvres où la satisfaction du bien accompli se mêle au dégoût que le vice inspire, elles sont soutenues avant tout par le sentiment religieux. Il ne se manifeste pas chez toutes de la même façon. La visiteuse catholique, exposée peut-être à certaines préventions, est, malgré l'esprit de foi qui inspire son apostolat, tenue à plus de réserve ; il semble qu'elle ait une sorte de crainte à parler au nom de ses croyances, et les enveloppant d'un voile discret, elle se place surtout sur le terrain de la charité, à ce point que c'est à l'une de ses œuvres que M. Renan a pu dire : « Nul plus que vous n'est dans le chemin de la vérité, faisant le bien sans esprit de parti, respectant la liberté individuelle par la tolérance la plus grande des idées et des principes de chacun.

« Le protestantisme, plus libre dans son action, ne redoute moins de mêler la propagande à la bienfaisance ; il se présente la Bible à la main et son programme hardiment formulé est suivant les termes mêmes des bulletins de ses associations « de faire briller dans les tristes murs de la prison l'espérance dont le flambeau s'est allumé sur le Calvaire ».Chaque jour de la semaine, avec un zèle exemplaire, une dame de l'œuvre protestante des prisons vient à Saint-Lazare, est autorisée à causer dans un petit oratoire avec les détenues de sa religion ; je trouve excellent que ces faveurs leur soient largement accordées, à la condition qu'elles soient étendues aux autres détenues, et qu'une catholique, voulant pratiquer sa religion ou assister dans la semaine à la messe, puisse trouver autant de facilités qu'une protestante en rencontre pour se rendre à son oratoire.

Les bons conseils, les marques de sympathie que toutes ces prisonnières, habituées aux propos grossiers et aux mauvais traitements, reçoivent des dames visiteuses les préparent à supporter les périls de la liberté ; tant qu'elles sont enfermées, il est relativement facile de provoquer chez elles un repentir qui, pour être sincère, n'en est pas moins fragile, il se brise au premier choc ; on ne peut en être surpris si l'on songe à la situation de la femme que la brusque levée de son écrou jette sans appui et sans ressources sur le pavé de Paris.

Dans un livre intitulé « La prison de Saint-Lazare depuis vingt ans », où malheureusement certaines exagérations nuisent aux vérités qui y sont contenues, une femme généreuse, Mlle Pauline de Grandpré, dont l'oncle fut longtemps aumônier de la prison, a imploré la pitié en faveur de ces malheureuses. « Il existe, disait-elle avec raison, un moment plus pénible encore que celui de l'entrée, c'est celui de la sortie. J'ai vu des femmes défaillir en franchissant la porte de la prison et saluer leur retour à la liberté par un cri de douleur. Hélas! que ce cri de souffrance était justifié, que la vie nouvelle qui s'ouvre pour la liberté est quelquefois amère; ordinairement sa famille la repousse, elle n'a plus d'amis, plus de position, plus d'asile et la première nuit se passe presque toujours dans un hôtel garni. »

Au moment où la prisonnière vient de retrouver la liberté, la première chose qu'elle aperçoit, c'est sur la façade de Saint-Lazare, une quantité d'avis écrits à la main sur de petits carrés de papier pour offrir un emploi aux ouvrières à la recherche d'un travail; le plus souvent ce n'est qu'un piège ou une déception; si elles se rendent à l'adresse indiquée, la place est prise ou une nouvelle occasion de se perdre leur est proposée. C'est pour tendre une main secourable à ces pauvres femmes, désireuses de persévérer dans les bonnes résolutions que l'administration, l'aumônier, les sœurs, les dames de charité, leur ont suggérées et pour leur trouver un asile honnête et du travail, que tant d'œuvres de patronage se sont fondées.

La société générale de patronage, le comité de patronage des prévenues acquittées, le refuge de Notre-Dame de Charité, la maison de Béthanie, les sociétés de patronage, les refuges des sœurs de Marie-Joseph, le refuge Saint-Michel, l'ouvroir de la Miséricorde, la maison des diaconesses, l'asile israélite, et bien d'autres encore s'efforcent de leur venir en aide et de les soutenir pendant le temps de leur convalescence morale; sans doute toutes ces œuvres ne sont pas également heureuses dans leurs résultats et quelques-unes font peut-être plus de bruit que besogne, mais toutes sont animées des meilleures intentions.

Au premier rang il faut nommer le Bon Pasteur, dont la fondation remonte au XVIIe siècle ; que de pauvres brebis recueillies à Saint-Lazare sont venues achever leur sauvetage dans son bercail hospitalier ; parmi les détenues de la seconde section il y en a qui figurent déjà sur les registres de la préfecture ; celles-là, sauf de très rares exceptions, sont à tout jamais perdues ; si l'homicide n'était un crime, mieux vaudrait jeter une femme dans le fleuve que de lui mettre au front l'estampille de la police ; mais il y en a d'autres, on les nomme les « insoumises », je les appellerai les débutantes, qui s'appartiennent encore, on peut réveiller chez elles le sentiment de la dignité ; c'est à cette tâche, pleine de difficultés, mais aussi de consolations, que se consacrent principalement les dames catholiques avec un admirable dévouement ; plus souvent qu'on ne le suppose, car le bien est discret, elles inspirent à ces jeunes filles, presque des enfants, la honte de leurs mauvaise vie et les plus courageuses résolutions ; le premier sacrifice de ces repenties est de couper leur chevelure, elles manifestent ainsi la volonté formelle de rompre avec le passé et elles achèvent de se purifier dans la retraite du Bon Pasteur.

M. Maxime Ducamp, qui a élevé un monument à la gloire de toutes ces œuvres, a consacré tout un chapitre à l'œuvre des libérées de Saint-Lazare, dirigée par Mmes de Barrau et Bogelot, où l'on s'occupe de procurer aux femmes le moyen de vivre et de se réhabiliter par le travail.

Enfin une des œuvres les plus anciennes et les plus actives de Saint-Lazare, c'est l'œuvre protestante des prisons de femmes ;

elle fut fondée il y a quarante ans par une Anglaise, Mme Fry; cette personne charitable ayant un jour rencontré à Plymouth des femmes condamnées aux travaux forcés, en ressentit une profonde émotion : « J'avais lu dans le Nouveau Testament, écrivait-elle, ce passage : « Que chacun regarde les autres, par humilité, comme plus excellents que soi-même», et j'ai réfléchi que, selon toute probabilité, si j'avais eu les mêmes tentations que ces femmes, j'aurais de même succombé. »

Elle vint à Paris en 1839 et à la suite de plusieurs visites à Saint-Lazare, accompagnée de Mme Delessert, femme du préfet de police, et de Mme la duchesse de Broglie, elle parvint à former pour la visite des détenues un comité, composé de dames catholiques et protestantes. « Il faut s'unir, disait-elle, dans les choses que l'on sent de même, et s'accorder pour différer dans les autres. »

Plus tard l'œuvre devint exclusivement protestante et des pasteurs vinrent en accentuer encore le caractère en lui prêtant leur concours; depuis sa fondation, 5,049 détenues ont été visitées, secourues, fortifiées dans leur repentir et des asiles ont été créés pour les recevoir à la sortie de prison, en attendant qu'elles aient trouvé des moyens d'existence honorables; à la tête de cette œuvre se trouve encore un des membres du comité fondateur, Mlle Dumas, qui, malgré ses quatre-vingt-seize ans, ne cesse de veiller avec sollicitude sur ses chères détenues auxquelles elle a consacré toute sa vie.

Mais à quelque culte qu'elles se rattachent, ces sociétés de patronage seraient souvent bien impuissantes si le terrain n'avait été bien préparé par les sœurs de la prison; si tant de jeunes filles, surtout parmi celles de la seconde section, vont à leur sortie se réfugier dans les patronages, elles en sont redevables surtout à la patience, à l'abnégation, aux leçons de leurs pieuses gardiennes.

« Il ne faut rien moins qu'un miracle, disait l'un des derniers rapports de l'œuvre protestante, pour que la femme qui a l'épouvantable malheur d'entrer à Saint-Lazare, n'en sorte pas irrévocablement perdue » ; il n'y a guère qu'à Saint-Lazare, ou dans les prisons, de moins en moins nombreuses soumises au même régime, que ces miracles s'accomplissent.

Peu de temps après que les sœurs de Saint-Joseph eurent commencé à s'occuper des prisons, l'inspecteur général, M. Moreau-Christophe, visitant leur noviciat du Dorat, dans la Haute-Vienne, leur disait : « Quelque jeune que vous soyez, et quelque nouvelle qne soit votre institution, je vous prédis des siècles de vie, car vous vivrez aussi longtemps qu'il y aura des larmes à tarir ou à essuyer; aussi longtemps qu'il y aura des plaies de l'âme à guérir ou à penser. C'est ce qui fait que les sœurs de Marie-Joseph, attachées désormais à l'œuvre pénitentiaire, dont elles sont un des éléments, vivront aussi longtemps que cette œuvre, bénies des hommes et de Dieu. »

Je ne sais pas si leur apostolat n'aura pas à traverser des temps difficiles et si elles ne seront pas obligées un jour de chercher ailleurs que dans nos prisons parisiennes le droit de se faire les servantes volontaires de toutes ces lépreuses d'esprit et de corps. Je doute fort qu'elles s'en inquiètent, elles savent qu'il y aura toujours sur quelque coin du monde des souffrances à soulager ; trop parler ici du bien qu'elles font, et dont j'ai été si souvent le témoin, serait tout au moins offenser leur modestie. Au milieu des difficultés de toutes sortes, contre lesquelles elles ont à lutter, elles sont soutenues par le sentiment du bien qu'elles font, quelquefois aussi par la reconnaissance de celles qu'elles sauvent ; et je ne sais rien de plus naïvement touchant que cette inscription qu'on peut lire encore dans une des cellules de la Souricière :

« Les sœurs sont toujours bonnes, même quand on leur fait du mal. »

CHAPITRE XI

LES ENFANTS

L'enfant depuis un siècle. — Victor Hugo. — L'école sans Dieu. — La petite Roquette. — M. Blanc, directeur. — Les contrevenants et les condamnés adultes. — Voisinage dangereux. — Les jeunes détenus. — Promiscuité du Dépôt. — Cellule de la prison. — Châtiment au lieu d'éducation. — Le cachot. — Le mal que fait la prison. — Danger des petites peines. — Devoir des magistrats. — Société de patronage. — Travail et moralisation.

LE 2 septembre 1792, dans la cour de l'Abbaye, rapporte la *Revue de la Révolution*, alors que les massacres étaient commencés, et qu'il y avait déjà plusieurs cadavres jetés les uns sur les autres, un mouvement se fit parmi les assistants, l'un d'eux avait dit : « Il faut laisser voir l'enfant. —Oui, oui, c'est vrai, » répondirent plusieurs voix, et chacun se rangea pour laisser passer un enfant que son père tenait par la main, et qui alla se mettre près des égorgeurs, à la meilleure place.

« La barbarie, disait Daunou dans sa prison, a été semée dans les âmes délicates, qui sait si des générations féroces ne menacent pas la patrie, ne grandissent pas pour le malheur d'un demi-siècle. »

Un siècle tout entier s'est écoulé; et, même ceux qui voudraient se faire des illusions, sont obligés de reconnaître que la perversité de l'enfance s'est développée d'une façon effrayante; l'événement de chaque jour atteste que les crimes les plus graves sont devenus l'œuvre de jeunes gens de quinze à vingt ans.

L'auteur des « Misérables » traçant dans son Gavroche, le portrait de l'enfant des rues, « l'homuncio, » suivant son expression, s'exprimait ainsi : « Il n'a rien de mauvais dans le cœur, il y a dans son âme une perle, l'innocence ; tant que l'homme est enfant, Dieu veut qu'il soit innocent ; » sa pensée était belle et juste, mais le Dieu de Victor-Hugo lui-même a été détrôné, et un autre, prenant sa place, a mis dans le cœur de l'enfant, au lieu de la perle fine, le caillou grossier.

La jouissance brutale est pour lui le but de vie et le crime le moyen de l'atteindre. « Quand on n'a pas d'argent, disait dernièrement à la Cour d'assises un gamin de quinze ans qui avait tué sa bienfaitrice après avoir essayé de l'endormir avec du chloroforme, je comprends qu'il y ait des malfaiteurs. » L'enfant dans sa précoce férocité organise un assassinat comme une partie de plaisir, et je me rappelle ce petit gredin qui « rigolait » tant, pour parler son langage, en allant commettre un meurtre et un vol, que son camarade, un peu plus sérieux, fut obligé de lui dire : « Il ne faut pas tant rire, quand on rit, on rate son coup ! »

Il ne faut pas s'étonner que les perpétuelles commotions au milieu desquelles la France s'agite depuis un siècle, n'aient pas été favorables à l'éducation des jeunes ; il est dans nos faubourgs bien peu d'enfants dans les veines desquels ne coule du sang d'athée ou d'émeutier ; moins protégé que les autres, moins abrité sous le toit domestique, l'enfant du peuple connaît rarement ce qu'on appelle l'âge de la candeur ; il est plus facilement pénétré par l'esprit de révolte et de négation ; il subit davantage les influences extérieures et le choc des événements ; sa place a singulièrement grandi et elle s'élargit tous les jours dans les statistiques criminelles, tandis que l'enfant appartenant aux classes supérieures, n'y apparaît presque jamais.

Il semblait que l'école serait la panacée universelle ; Léon Faucher, dans son étude sur la réforme des prisons, répondait avec raison : « On exagère le bienfait des lumières, quand on suppose qu'elles ont pour effet de diminuer le nombre des crimes. »

Des écoles pour les enfants ! tel était le cri qu'en 1829 Victor Hugo poussait à la fin de son violent réquisitoire contre la peine de mort; on le cite souvent, mais on se garde bien de dire qu'il ajoutait, pour compléter son programme : « Jésus en savait plus long que Voltaire ; donnez au peuple qui travaille et qui souffre, donnez au peuple pour qui ce monde-ici est mauvais, la croyance à un meilleur monde fait pour lui; il sera tranquille, il sera patient. » Le poète, ce jour-là, parlait comme un sage; des hauteurs de son génie, s'élevant au-dessus des mesquines passions, il montrait la voie à l'humanité ; combien de fois depuis, sous des régimes divers, ne s'est-on pas imprudemment engagé dans d'autres chemins.

C'est ainsi que l'école, qui devait être un instrument de civilisation, de progrès, de lumière, est restée stérile, et que, contrairement à bien des prévisions, nous assistons à ce douloureux et singulier phénomène de la criminalité augmentant principalement dans les départements et dans les classes où il y a le moins d'illettrés. Ainsi, dans la dernière statistique (tableau XIX), donnant le degré d'instruction des accusés classés suivant la nature des faits pour lesquels ils étaient poursuivis, on voit, entre autres constatations : 73 assassinats dans la catégorie des illettrés, contre 218 commis par des gens sachant lire ou ayant reçu une instruction supérieure, 5 parricides contre 14; 67 infanticides contre 113 ; 214 attentats aux mœurs contre 610; 15 avortements contre 56 ; 411 vols qualifiés contre 1216.

Bien que le rapport exprime cette idée que la brutalité accom-

parloir en commun (grande Roquette)
jeunes détenus
atelier de fleurs artificielles (petite Roquette)
Montégut

pagne souvent l'ignorance, les chiffres que je viens de rappeler proclament, avec une trop incontestable certitude, qu'il n'y a aucun antagonisme entre l'instruction entendue d'une certaine façon, et les crimes qui impliquent le plus de violence et de férocité; et dans un des plus intéressants chapitres de son livre tout récent sur la « France criminelle », M. Henri Joly démontre par des chiffres incontestables que le nombre des illettrés comparaissant devant les tribunaux diminue de plus en plus.

Au risque d'abuser des citations, c'est bien le cas de rappeler cette autre recommandation de l'auteur du « Dernier jour d'un condamné », tant elle paraît convenir à notre époque : « Quand la France saura lire, ne laissez pas sans direction cette intelligence que vous aurez développée, ce serait un autre désordre; l'ignorance vaut mieux que la mauvaise science. Souvenez-vous qu'il y a un livre plus philosophique que le « Compère Mathieu », plus populaire que « le Constitutionnel », plus éternel que la Charte de 1830, c'est l'Ecriture sainte, et il ajoutait : donc, ensemencez les villages d'Evangile. »

Lorsque les hommes que leurs croyances religieuses rendent suspects à certains esprits, tiennent ce langage, on leur reproche d'appartenir à un autre temps, mais quand on le rencontre dans la bouche des philosophes, que notre siècle conduit triomphalement au Panthéon, il est plus difficile de le traiter avec dédain.

Tout récemment, trois assassinats étaient commis dans le centre de Paris, par de jeunes escarpes sortant des maisons de correction et dont l'âge variait de quatorze à dix-neuf ans; un écrivain de beaucoup de talent, M. Henry Fouquier, auquel les affaires de cette nature inspirent souvent de fort remarquables articles sur les questions sociales, faisait à ce sujet, après avoir mis un soin extrême à se défendre contre le soupçon compromettant de cléricalisme, les réflexions suivantes : « L'éducation se fait par le milieu, par l'école et par l'église ; j'ai vu les programmes de morale civile, ils sont superbes vraiment pour un philosophe, mais c'est vouloir empêcher le petit Gustave de voler les pommes du verger voisin, en lui lisant la profession de foi du vicaire savoyard. »

Si l'école philosophique est impuissante à elle seule, si malgré ses coûteux et gigantesques efforts, elle ne moralise pas le peuple, qui ne peut jamais jouer aussi impunément que nous avec les hypothèses et les systèmes ; si la morale libre, reflet décoloré de l'idée religieuse, ne suffit pas à réchauffer son cœur ; si l'enfant va de plus en plus grossir l'armée du crime, la prison a-t-elle fait plus que l'école, et ne peut-on pas, en les regardant toutes deux, répéter ce mot si juste d'un de nos nouveaux législateurs de la majorité : « En haut rien qui console, en bas rien qui arrête. »

Presque tous les jeunes gens qui commettent ces grands crimes, qui effraient Paris, ont passé par la petite Roquette, et cherchent leur première excuse dans les mauvaises relations que le séjour de la prison leur a permis de contracter.

« Mes parents, m'écrivait un assassin de dix-sept ans, se sont bien trompés en mêlant la justice à leurs affaires, j'ai été à la petite Roquette avec des condamnés, ce n'est pas là qu'on se purifie, je vous assure, tout au contraire. »

Un autre, coupable d'assassinat et de vol, s'exprime ainsi : « On m'a condamné la première fois pour bien peu de chose, j'avais été avec des camarades manger des fruits dans les champs, le séjour à la Roquette ne m'a pas été profitable ; du reste, tout le monde sait que quand on y a été une fois, on y retourne ; bien qu'on soit en cellule, on se voit en venant à l'école, à la promenade, et on se communique bien des choses ; on sort de là plus mauvais que quand on y est entré ; du reste, ajoute-t-il, il en est de même de toutes les prisons. »

Dans une lettre pleine de regrets amers, un jeune homme, qui allait être condamné à mort, rappelait à ses parents que sa vie mauvaise s'était aggravée à la suite de son emprisonnement à titre de correction paternelle.

« Avez-vous oublié, leur disait-il, ma lettre d'il y a trois ans, pour vous supplier de toutes mes forces de me retirer de ce foyer vicieux, où le crime règne en maître ; mais, hélas ! vous avez été sourds à mes plaintes, vous m'avez laissé six longs mois au sein de ces pervers et le germe du vice a suivi son cours; vous avez cru bien faire en prolongeant mon enfermement, et il y a douze jours je me suis jeté dans la honte et dans le crime ; à ce moment-là je pouvais me relever, je n'étais que blessé, mais aujourd'hui je suis mort. »

Je pourrais multiplier ces désolantes citations ; y a-t-il de l'exagération dans ce jugement que les jeunes détenus portent eux-mêmes sur les prisons destinées à les corriger.

Toute personne âgée de plus de seize ans, est réputée jusqu'à preuve contraire avoir agi avec discernement. Au-dessous de seize ans, la responsabilité peut disparaître par le seul fait de l'âge, et le tribunal doit toujours se demander si la conscience était assez développée pour apprécier la valeur de l'acte.

Si l'enfant est déclaré avoir agi avec discernement, le Code pénal lui fait encore une situation privilégiée, la peine est adoucie pour lui ; a-t-il encouru la peine de mort, des travaux forcés à perpétuité, de la déportation, il sera simplement condamné à la peine de dix à vingt ans d'emprisonnement dans une maison de correction ; pour lui, la peine des travaux forcés à temps, de la détention ou de la réclusion sera changée, pour une durée réduite au tiers au moins et à la moitié au plus, en détention dans une maison de correction.

Ainsi, par suite de cette indulgence dont les crimes récents démontrent le péril, un individu qui aura, à l'âge de quinze ans, par exemple, commis le plus atroce des assassinats, mérité la peine de mort, manifesté d'une façon éclatante qu'il est un être dangereux, sera libre à trente-cinq ans au plus tard, dans toute la force de l'âge et de ses mauvais instincts, très probablement aggravés par son séjour dans la maison de correction ; ne peut-on pas souhaiter pour le moins que tout mineur ayant commis un crime passible de la peine de mort ou des travaux forcés à perpétuité, soit soumis à une relégation perpétuelle et une irrévocable interdiction de revenir dans le pays où le crime a été accompli.

Si les juges estiment au contraire que l'enfant a agi sans discernement, ils ont à choisir entre deux partis, le rendre à sa famille si elle paraît capable d'en faire un homme laborieux et honnête, ou le confier pour un temps ne pouvant dépasser l'accomplissement de sa vingtième année à l'Etat, qui se charge de l'élever ; en outre, aux termes de l'article 271 du Code pénal, les mineurs de seize ans ne peuvent être condamnés à la prison pour vagabondage, ils sont seulement placés sous la surveillance de la haute police, aujourd'hui abrogée, à moins qu'ils ne contractent un engagement militaire.

Enfin, le Code civil, au titre de la Puissance paternelle, donne au père ayant des sujets de mécontentement très graves sur la conduite de son enfant et sous certaines conditions à la mère survivante et non remariée, le droit d'ordonner ou de requérir, suivant le cas, sa détention à leurs frais, pendant un temps qui ne peut dépasser six mois. Le règlement sur les prisons prescrit que ces enfants soient placés dans des quartiers séparés ; il aurait dû dire dans des maisons spéciales, en dehors du voisinage des condamnés ordinaires ; c'eût été le seul moyen de ne pas rendre plus dangereux que salutaire cet usage de l'autorité paternelle.

J'ai dit, en parlant des anciennes prisons, que pendant longtemps, les enfants coupables qui n'étaient pas recueillis par la charité dans des établissements privés, étaient mêlés aux autres détenus dans toutes les prisons et notamment à Bicêtre. En 1790, un comité de mendicité, nommé par l'Assemblée nationale, ayant visité cet hôpital, fut très ému de la triste situation de ces enfants, et, sur son rapport, leur sortie immédiate fut ordonnée.

Ils n'en furent pas beaucoup mieux pour cela, on répartit entre les Magdelonnettes et Sainte-Pélagie ces jeunes détenus, désignés alors sous le nom de « mômes »; on se contenta de leur réserver un quartier spécial, mais comme on les employait à des services intérieurs, qui leur permettaient de circuler dans toute la maison, et en faisaient en quelque sorte les domestiques des autres condamnés, ils se pervertissaient à leur contact, et, trop souvent, les infirmeries étaient remplies de ces petits malheureux.

Une ordonnance royale du 9 septembre 1814, voulant remédier à ces maux, prescrivit l'institution d'une prison d'essai ouverte à tous les condamnés du royaume au-dessous de vingt ans, « pour les préparer, disait-elle, par l'ordre, le travail et les instructions religieuses et morales, à devenir, en recouvrant leur liberté, des citoyens paisibles et utiles à la société ». L'ouverture de cette prison, confiée à la surveillance du vénérable duc de la Rochefoucauld-Liancourt, devait avoir lieu le 1er mai 1815 ; les événements du 20 mars arrêtèrent la suite de cet essai.

Presque tous les jeunes détenus avaient été réunis à Sainte-Pélagie ; cependant dès 1812, la ville de Paris avait acheté l'hôtel de Bazoncourt, quai Saint-Bernard, 10, devenu plus tard, on se le rappelle, la prison de la garde nationale, pour y loger les enfants en correction paternelle ; ils y restèrent jusqu'en 1828 ; quelques jeunes condamnés, paraissant animés de bonnes dispositions étaient aussi placés dans une maison de refuge, située rue des Grès, 40 ; elle avait été fondée en 1817 par l'abbé Arnoult ; les frères de la Doctrine chrétienne la dirigeaient ; elle fut le germe des patronages, et deux hommes dévoués, qui depuis ont contribué à leur bienfaisant développement, le baron Charles Daru et M. Victor Bournat, rapportent dans leur livre sur l'adoption et la correction des enfants abandonnés que la modeste maison de la rue des Grès fonctionna jusqu'en 1831, et que, dans cette période, elle éleva deux cent cinquante enfants, sur lesquels vingt-cinq seulement furent surpris en récidive.

En 1833 s'établissait à Paris, suivant l'exemple déjà donné par des villes de province, la Société de patronage des jeunes détenus et des jeunes libérés du département de la Seine ; le gouvernement, pour favoriser son action, autorisait par une mesure administrative la liberté provisoire des enfants et leur placement en apprentissage chez des cultivateurs ou des artisans chargés de les élever, de les occuper et de les instruire utilement. Mais les jeunes détenus qui n'obtenaient pas cette liberté anticipée, continuaient à être exposés à la contagion de ces mauvaises mœurs, qui semblent faire partie de la prison elle-même.

A Sainte-Pélagie surtout, ils étaient dans les conditions les plus défavorables ; au lendemain de la révolution de Juillet, un préfet de police, M. Baude, avait eu la singulière idée, sans doute pour distraire les condamnés politiques, de les charger de s'occuper des enfants; c'était pour le moins une tentative hardie, que de vouloir transformer des hommes, dont les idées paraissaient subversives au

Petite Roquette. — Quartier central.

point d'être condamnées, en éducateurs de l'enfance coupable; parmi les plus célèbres, Raspail devint ainsi maître d'école; il a laissé ses impressions, peu favorables d'ailleurs, sur ses jeunes élèves, plus disposé, trouvait-il, à s'instruire sur les différentes manières de voler, qu'à écouter des conférences sur les droits de l'homme. Ces essais portèrent le trouble dans la maison et, quand les idées sages rentrèrent un peu dans les esprits, on comprit que ce n'était pas sur les principes des révolutionnaires qu'il fallait asseoir une œuvre de correction et de relèvement.

Ce fut au mois de mars 1836 seulement, que la maison de la petite Roquette, destinée dans le principe à remplacer Saint-Lazare. reçut les jeunes détenus. « Un jour, en visitant l'infirmerie de Sainte-Pélagie, raconte M. Moreau Christophe, j'aperçus sous un lit de malade un pauvre petit garçon de douze ans à peine, qui avait été victime d'odieuses violences de la part d'un condamné aux fers ; je courus aussitôt prévenir le préfet de police ; deux heures après, un arrêté prescrivait la réunion de tous les jeunes détenus dans la prison de la petite Roquette. »

Mais le remède était encore insuffisant, et de l'aveu même de l'auteur que je viens de citer, les enfants séparés individuellement pendant la nuit seulement, se pervertissaient les uns les autres ; « chaque quartier n'étant en définitive, dit-il, qu'un foyer de corruption où les plus habiles montraient aux moins adroits, tout ce que l'enfant doit oublier ou ignorer pour que ses facultés physiques, morales et intellectuelles acquièrent leur naturel développement.

Ce fut alors que M. Benjamin Delessert, préfet de police, prit le parti d'appliquer aux enfants le régime cellulaire de jour et de nuit; en même temps, notamment sous le ministère de M. Duchâtel, l'administration s'appliqua à laisser les enfants le moins longtemps possible en prison et à les placer en état de liberté suspensive, chez de simples particuliers et dans des colonies agricoles; et le 5 avril 1850, une loi, résultant d'une longue expérience, vint consacrer ce système, sur le rapport de l'un des membres les plus éminents de l'Assemblée législative, M. Corne.

Cinq ordres d'établissements existent aujourd'hui, pour la répression des mineurs de seize ans : 1° la maison d'arrêt et de justice pour les prévenus ; 2° la prison pour les condamnés à moins de six mois, que la brièveté même de leur peine ne permet pas d'envoyer dans une colonie, et pour les enfants en correction paternelle ; 3° la colonie pénitentiaire privée ou publique, où sont envoyés les enfants acquittés, comme ayant agi sans discernement, mais non remis à leurs parents, et les condamnés à plus de six mois et à moins de deux ans ; 4° la colonie correctionnelle, dont le régime est plus sévère, destinée aux condamnés à plus de deux ans et aux insubordonnés des colonies pénitentiaires ; 5° les maisons pénitentiaires à l'usage des jeunes filles de ces différentes catégories.

L'idée qui domine dans cette loi, c'est la substitution de la vie des champs à la prison fermée, pour tous les enfants condamnés à plus de six mois ; de l'éducation morale, religieuse et professionnelle, à la répression par l'emprisonnement brutal.

J'ai dit ce qu'était la Conciergerie pour les petites filles, il faut voir maintenant si pour les jeunes gens la petite Roquette répond moins mal, au vœu de la loi.

Cette prison, dont le nom officiel est : Maison des jeunes détenus, est la seule qui existe dans le département de la Seine, pour les garçons ; elle est trop grande pour l'usage auquel on l'a affecté ; elle pourrait contenir cinq cents détenus et le nombre des enfants dépasse rarement cent cinquante ; aussi, quelques-uns de ses bâtiments semblent abandonnés, ils ont la tristesse du vide ; malgré cela, l'espace manque dans les promenoirs ; les enfants sont perdus dans cette vaste et silencieuse solitude, sans avoir pour cela l'air nécessaire à leur santé ; on ne peut parcourir ces grands couloirs déserts, ces préaux, dont la moitié au moins est toujours dans l'ombre projetée par les bâtiments, sans songer combien une plus modeste prison, dans la banlieue de Paris, avec un peu de verdure autour, sans tourelles à ses angles, comme celle-là, sans portes bardées de fer, vaudrait mieux pour l'esprit et le corps de tous ces petits malheureux.

Il y a comme à Mazas, une rotonde centrale ; mais au lieu d'être intérieure elle est extérieure, isolée comme une tour et reliée par des ponts aux bâtiments qui convergent vers elle ; dans cette tour se trouve la salle où les enfants, comme des abeilles captives dans leurs alvéoles, sont enfermés dans des stalles disposées en amphithéâtre, où ils viennent recevoir leur nourriture morale ; c'est de l'intérieur de ces boîtes, d'où émerge seulement leur tête, qu'ils suivent les leçons de l'instituteur, que le dimanche ils entendent la messe, et qu'ils se plaisent à écouter les intéressants récits, par lesquels le directeur de la prison avec une autorité rehaussée encore à leurs yeux, par son grade de lieutenant-colonel de l'armée territoriale, cherche à faire vibrer dans leur cœur la fibre patriotique et le goût des belles actions.

Le service de la maison est fait par vingt-cinq gardiens hommes, auxquels sont adjoints quarante hospitalisés venant de Nanterre ; nulle part, pas même à l'infirmerie, aucune femme ne remplace la mère absente auprès de ces pauvres enfants.

Au 6 octobre 1889, il y avait à la prison, 42 enfants en prévention, 61 jugés et 44 détenus par voie de correction paternelle, en tout 147.

A 7 heures en hiver, et à 6 heures et demie en été, on sonne la cloche du réveil; un des enfants est chargé, de même que le soir, de réciter à haute voix dans chaque division, un « pater et un ave ; » puis, chacun d'eux, muni d'un essuie-main, d'une terrine et d'un morceau de savon, va se laver à la fontaine du promenoir cellulaire; comme ils s'y rendent à tour de rôle, de façon à être toujours isolés, il arrive que les derniers font leur toilette fort tard, ou même ne la font pas du tout. Ils ont environ huit heures de travail industriel, une heure d'école et une heure de travail scolaire en cellule; ils passent une heure au promenoir, et pour chacun de leurs trois repas, le matin, à midi et à quatre heures, on leur donne une demi-heure; à sept heures les jours ouvrables, et à six heures le dimanche ils vont se coucher, et dès qu'ils sont au lit, on leur enlève leur petit lumignon; on leur retire leurs effets pour prévenir toute velléité d'évasion, et ils dorment s'ils peuvent pendant douze heures; les rêves mauvais occupent plus souvent leur esprit; je trouve dans une de ces nombreuses lettres qu'ils se font passer cette réflexion : « Tu me dis que tu ne dors pas, je suis à peu près comme toi, mais patience, un peu de graisse à laisser; ah mince, on va se rattraper ! »

La loi, elle est de 1850, prescrivant dans son article 1, que l'éducation religieuse soit donnée aux jeunes détenus; l'aumônier deux fois par semaine, le mardi et le vendredi, fait le catéchisme pendant une heure aux enfants qui se préparent à la première communion; le dimanche ils vont à l'office; puis, pour occuper leur temps, un jeune détenu leur fait la lecture, sur un ton monotone, et comme il se tient dans le couloir sur lequel donnent les cellules qui restent closes, c'est tout au plus si quelques sons arrivent par le petit guichet ménagé dans la porte jusqu'aux chambres les plus rapprochées; ce jour-là aussi la lecture individuelle est autorisée, et alors dans la compagnie de Jules Vernes, qui est leur auteur préféré, ils vont en imagination courir les aventures.

Le système cellulaire de jour et de nuit est la règle de la maison, mais les cellules sont plus grandes et ont beaucoup plus de jour que celles de Mazas ; elles ressemblent tout à fait à une modeste chambre d'ouvrier.

C'est cette solitude et cette vie sédentaire que l'enfant est obligé de subir pendant un temps souvent trop long ; s'il a été condamné à une peine ne dépassant pas six mois, il reste à la petite Roquette ; si sa peine est, heureusement pour lui, assez longue pour être subie en colonie, on commence par le tenir en observation quelquefois pendant huit à neuf mois dans la prison, puis on le dirige sur le lieu de sa destination, à moins qu'ayant obtenu la liberté provisoire, il ne soit mis en patronage.

L'école, la récréation solitaire dans une courette grillée, véritable cage où on leur fait faire ce qu'on appelle des mouvements d'assouplissement ; une visite du directeur et de l'inspecteur, quelquefois d'un membre de la Société du patronage, de temps en temps le parloir où l'on voit ses parents à travers des barreaux, telles sont les seules distractions, je ne parle pas de celles qui sont défendues, bien qu'elles soient les plus recherchées, qui viennent rompre un peu la monotonie de l'encellulement.

Mais ce régime est encore aggravé par certaines punitions ; le cachot est un des moyens que l'administration a le droit d'employer pour réprimer certaines infractions au règlement, et jamais il n'est vide ; ce cachot n'est pas comme dans les anciennes prisons, dans des souterrains, mais il n'en vaut pas beaucoup mieux ; c'est une assez vaste cellule, carrelée, n'ayant pour tout mobilier qu'une paillasse ; il y fait à peine jour, et si on ferme pour rendre le châtiment plus sévère, le petit volet de la fenêtre donnant sur le couloir, l'obscurité devient complète; l'enfant n'a ni travail ni livre, il est en tête à tête avec ses mauvais instincts, et il n'a qu'à rester couché sur sa paille comme un animal sur sa litière; cela peut durer quinze jours. Le règlement le veut ainsi; sans doute, il faut maintenir le bon ordre dans la maison et mater ces natures rebelles et vicieuses, mais le cachot, s'il les terrasse pour un instant, ne les rend-il pas au fond plus mauvaises encore; je com prends qu'on corrige un enfant en lui imposant certaines pénitences, ou un surcroît de travail, je doute fort qu'il soit possible, de le rendre meilleur en le condamnant à l'oisiveté au milieu de l'obscurité; on a beaucoup déclamé contre les corrections manuelles, des écoles ont été fermées par ce que des enfants avaient reçu des taloches, et le surveillant qui se permettrait d'en donner une s'exposerait à être révoqué; mais le cachot n'est-il donc pas un châtiment corporel; il a même sur les autres cet inconvénient de corrompre en même temps qu'il fait souffrir; sauf à me faire honnir, je déclare nettement qu'il vaudrait bien mieux revenir aux verges de nos ancêtres; Henri IV, dans une lettre à Mme de Monglat, gouvernante des enfants de France, se félicitait d'avoir été fouetté, et, sans faire de comparaison, plus d'un enfant de la petite Roquette trouverait autrement de profit à recevoir une bonne fessée sagement administrée, pour appeler les choses par leur nom, qu'à subir uinze jours de ténèbres et d'inaction, en compagnie de ses mauvaises pensées.

L'administration, frappée des effets fâcheux du régime cellulaire sur certains enfants, a voulu, pour quelques-uns d'entre eux, essayer du régime en commun dans le jour; on a ouvert le 1er mars 1889 un atelier de fleurs artificielles, et on a installé pour les enfants admis dans cette section une gymnastique dans la cour; cet atelier comprend vingt enfants soumis à l'éducation correctionnelle ; ils sont choisis parmi ceux qui témoignent d'aptitudes spéciales pour les travaux industriels et de bonnes intentions ; au bout de quelques mois d'apprentissage, ils sont soit rendus aux parents, soit confiés au patronage ou envoyés en colonie par voie de sélection basée sur le mérite de chacun ; l'idée est très bonne, mais l'application est encore trop récente pour être jugée ; en tout cas, ces ateliers ne peuvent réussir qu'en restant peu nombreux, afin qu'ils puissent être composés avec grand soin et très sérieusement surveillés ; ainsi on s'est aperçu que des enfants avaient imaginé de cacher des billets, ce qu'en terme d'argot ils appellent des « biftons » dans les corbeilles de fleurs qui servent aux entrepreneurs à distribuer le travail de place en place, de telle sorte que ceux-ci faisaient à leur insu l'office de facteurs ; depuis que l'expérience est tentée, deux enfants seulement ont été exclus pour inconduite.

Cet essai fait honneur à l'administration, il faut éviter, surtout dans les maisons de jeunes détenus, les systèmes absolus, il ne faut pas tomber dans cette faute capitale de l'éducation, commise par tant de pères de famille qui consiste à traiter tous les enfants de la même façon , sans tenir compte de leur tempérament, de leur aptitudes ; ce qui convient à l'un est détestable pour l'autre ; il y a à la petite Roquette des jeunes gens pour lesquels la cellule est bonne et d'autres qui y trouvent leur perdition complète.

Mais dans l'un ou dans l'autre des systèmes on doit s'attacher avant tout à ne pas mettre en contact les éléments qui peuvent se nuire et à éviter ou par l'isolement ou par une prudente sélection, les dangers d'une absolue promiscuité ; or, sous ce rapport, les précautions les plus indispensables ne sont pas prises ou plutôt elles sont prises trop tard, si le mal ne se fait pas à la petite

Roquette il se fait largement au Dépôt ; la seconde de ces prisons essaie vainement de réparer les imprudences de la première ; l'enfant apporte à la Roquette le germe de la maladie qui l'emportera un jour; comme ces êtres à peine visibles que la science accuse de semer la mort sur leur passage, un air pestilentiel qui se dégage de la promiscuité du Dépôt de la Préfecture de police jette, dans ces jeunes esprits, déjà tout prêts à féconder les mauvaises semences, les pensées, les impressions, les souvenirs d'où le crime sortira plus tard. Les enfants ne devraient pas même passer une seconde dans ce lieu d'inévitable perdition ; or, ils y restent souvent pendant plusieurs jours.

Je les prends par exemple un jour du mois d'août dernier ; on les a fait sortir de la salle où ils sont réunis, pour les mettre dans la cour ou plutôt dans un étroit passage à ciel ouvert, entouré de deux cloisons de briques de trois mètres de haut et fermé à ses extrémités par des grilles devant lesquelles le gardien passe de temps à autre; le sol est bitumé pour pouvoir supporter les fréquents lavages que la mauvaise odeur rend nécessaires, le long des cloisons un banc en fer, à jour ; dans la cour un baquet dont l'usage se devine. Au moment où j'entre deux enfants nettoyent ce chenil humain à grands renforts de seaux d'eau ; les autres, pour ne pas avoir les pieds mouillés, sont montés sur les bancs, ou ils se tiennent le dos à la muraille et collés les uns contre les autres ; j'en compte cinquante-quatre, et la cour n'a que vingt mètres de long sur quatre mètres de large; à les voir ainsi perchés sur la banquette, je songe à ces chapelets de petits oiseaux que le pinceau de Giacomelli aime à peindre tous blottis sur un bâton de cage ; mais ici quelle tristesse, et comme ces pauvres êtres ont perdu leur plumage, ce ne sont que guenilles, vêtements salis et troués, loques dégoûtantes, chaussures éculées, tout l'attirail de la misère ; ils sont là semblables à ces petits contrevenants à la loi sur les pauvres dont Dickens a si bien fait le portrait, passant leur journée à se rouler par terre sans avoir la crainte de trop manger ou d'être trop vêtus ; le hasard les a groupés, les petits à côté des grands, les forts coudoyant les chétifs, les joufflus ne laissant pas de place aux décharnés, des blonds dorés par le soleil à côté des bruns au pâle visage, ceux qui pleurent près de ceux qui rient, l'enfant du ruisseau au regard insolent et l'enfant de la campagne tout ahuri, et jusqu'à un pauvre nègre dont le langage incompréhensible excite les rires de tous les autres ; les uns sont arrêtés pour la première fois, il y en a un qui vient pour la quatorzième fois, un autre est évadé d'une colonie.

Pourquoi sont-ils là ? J'en interroge quelques-uns au hasard et ils font ces réponses que je reproduis textuellement : « Je revenais du théâtre avec un camarade et je m'étais couché sur un banc. — Je vendais du mouron. — J'attendais l'omnibus avec un autre. — J'ai couché dehors, ce sont des grands qui m'ont entraîné, papa viendra me réclamer au tribunal. — J'ai pris une pomme. — J'arrive de Bruxelles avec mon père qui est à l'hospice. — J'ai culbuté les wagons d'une montagne russe dans une carrière. — C'est maman qui m'a envoyé jouer et puis elle a déménagé. — J'ai couché dans une voiture. — C'est le marchand qui dit que je lui ai pris un saucisson, mais c'est pas vrai. — C'est papa qui m'a perdu. » Et en sortant de cette cour, je lis près de la porte cette inscription, fraîchement tracée : « Le Rossignol de France partant pour la Nouvelle ! »

Depuis combien de temps sont-ils dans cette foule ? les uns depuis trois ou quatre jours, d'autres depuis six, huit et enfin, celui qui arrive de Bruxelles, depuis treize jours. Le nombre des enfants vagabonds, perdus, abandonnés, augmenta singulièrement pendant la durée de l'Exposition universelle, il fallut pour les loger ouvrir de nouvelles cellules à la petite Roquette ; un jour, la police arrêta deux pauvres petits garçons, l'un de huit, l'autre de dix ans dont l'histoire était curieuse. Dans le fond de leur village, près de Lille, ils avaient tellement entendu parler de la tour Eiffel, elle leur était apparue sous des proportions si fantastiques, qu'elle était devenue pour leur jeune imagination le sujet d'une véritable obsession, et un beau matin, sans rien dire à personne, n'ayant à eux deux que vingt sous dans leur poche, ils se décidèrent à partir sans s'inquiéter des longueurs, des difficultés de la route et des inquiétudes de leurs parents ; après avoir cheminé pendant bien des jours demandant l'aumône et couchant à la belle étoile, ils arrivèrent enfin à Paris, la fameuse tour était bien là devant leurs yeux ; tandis qu'ils la contemplaient, ils s'endormirent de fatigue ou d'admiration sur le banc où ils étaient assis et des agents vinrent les recueillir pour les mener au poste ; la société de l'Union française pour le sauvetage de l'enfance, ayant été informée de leur aventure, s'empressa de les réclamer le premier jour de leur arrivée au Dépôt, et après une bonne admonestation, atténuée par une ascension à la première plate-forme, les renvoya dans leur famille. Si au lieu de rencontrer ce secours imprévu, ils avaient dû comme tant d'autres séjourner plus longtemps dans la prison, ils auraient gagné à leur escapade de devenir de vrais vagabonds ; lorsque l'enfant est resté quelques jours sous ce toit malsain, sans surveillance réelle, sans conseils, sans travail, il est perdu, les relations mauvaises sont formées, les mystères de la prison sont connus et ce n'est pas la cellule qui peut les faire oublier.

C'est ainsi que presque tous arrivent à la petite Roquette connaissant sur le bout du doigt le moyen de communiquer avec les camarades et de se jouer de toutes les précautions du système cellulaire. En voici un, par exemple, qui à peine arrivé du Dépôt, fait passer un petit dessin à son voisin avec ces mots : « C'est mon portrait qui a été fait par un dessinateur à la Préfecture, il m'a pris vingt-cinq centimes pour le faire, tu verras si c'est bien moi. » Et l'autre de lui faire la réponse suivante : « Je te rends ton portrait, il n'est pas mal fait, mais ce qui est encore plus beau, c'est la liberté. » Les moindres occasions sont mises à profit par eux pour s'entendre : « Quand tu vas à la promenade, écrit l'un, tu cours comme un fou, je n'ai le temps de te rien passer. » « Quand j'irai au cabinet, dit un autre, tu ouvriras bien ton guichet afin que je puisse te passer des biftons. »

Un homme tout à la fois savant et philosophe, M. le Dr Mottet, qui depuis des années, comme médecin de la maison, prodigue ses soins aux jeunes détenus, a pu trouver bien des sujets d'observation dans ces correspondances, dont les termes habituels ne sauraient être reproduits ici, et mieux que personne il pourrait dire que l'imagination de l'enfant atteint du premier coup les derniers sommets du vice.

Avec une habileté extraordinaire, ces enfants sous les yeux mêmes de leurs gardiens, arrivent toujours à entretenir des relations suivies les uns avec les autres ; tous les moyens leur sont bons ; et c'est souvent à l'heure où on les croit disposés au repentir qu'ils s'occupent de mal faire ; ainsi au moment où l'un d'eux sort de la conférence, on voit qu'il cache un papier, on le fouille, on apprend qu'il est en correspondance suivie avec un de ses camarades qui doit sortir bientôt et auquel il donne des commissions en vue d'un mauvais coup à faire. « Je fais réponse à ton journal, lui écrit-il, et je t'envoie un peu de papier pour me copier une ou deux chansons, quand tu sortiras, commande-moi des souliers avec des gros clous, si je te demande ceci, c'est parce que je veux me battre en sortant avec Auguste. »

On peut voir par ces quelques exemples, que ces jeunes gens n'exagèrent rien, lorsque devenus plus tard de grands criminels, ils attribuent leur perte aux mauvaises connaissances qu'ils ont faites pendant leur séjour à la petite Roquette.

Les jeunes détenus doivent être des pupilles plutôt que des condamnés, et la maison où on les enferme ne saurait être confondue avec une prison ordinaire ; c'est à elle, bien plus qu'aux prisons d'adultes, où il faut que l'idée du châtiment domine, que peut s'appliquer cette parole de M. Bonneville de Marsangy : « La prison doit être un hôpital moral pour la régénération des malfaiteurs. »

Or il semble au contraire que la Petite-Roquette tende de plus en plus à devenir une prison ; je ne parle pas des contrevenants qui y sont maintenant envoyés et qui ont pour eux la cour la plus gaie et la plus ensoleillée de toute la prison ; ces cochers en maraude, ivrognes ces incorrigibles, ces patrons de garnis borgnes, sans être bien recommandables, ne sont pas de bien grands criminels ; ils viennent là pendant deux ou trois jours loger à la pistole, pour 40 centimes par jour, ce qui leur fait faire des économies ; l'été, ils paressent au soleil comme des lézards, l'hiver ils se chauffent autour d'un bon poêle ; ils soignent les parterres de la cour comme s'ils étaient leur propriété, et étant presque tous des récidivistes de simple police et des habitués de la maison, ils font des semis et des boutures en prévision de leur prochain retour ; il y a ainsi tout un carré de joubarbes qui a été planté petit à petit par le même contrevenant; si ces condamnés, par leurs allées et venues perpétuelles, donnent à l'employé du greffe un travail énorme d'écritures et n'apportent pas beaucoup de moralité de la maison, on peut pas dire qu'ils la déshonorent.

Il n'en est malheureusement pas de même d'une autre section récemment ouverte; les adultes de seize à vingt et un ans subissent maintenant leur peine à la petite Roquette, dans les cellules du deuxième étage; je veux bien qu'on puisse à la rigueur, les empêcher de communiquer avec leurs cadets, de les rencontrer dans les couloirs, leur influence ne s'en exerce pas moins, ils sont les grands, les aînés, déjà célèbres peut-être; les petits les sentent en quelque sorte ; ce voisinage les rapproche, les fait entrer dans leur monde, et lorsque, rendus à la liberté, ils voudront être admis dans leur bande, ils auront déjà un titre à invoquer, celui d'avoir été comme eux à la petite Roquette et d'avoir porté la livrée de droguet gris du condamné.

Sans doute il y aurait peut-être pour les mineurs de 16 à 21 ans quelque chose de préférable au système actuel, je le dirai plus loin, mais en les amenant dans ces prétendues maisons d'éducation où ils sont du reste traités comme à Sainte-Pélagie ou à la Santé, on y a introduit ce qu'il y a de plus dépravé, de plus dangereux dans la population parisienne. Les condamnés plus âgés sont beaucoup moins redoutables, s'ils n'ont pas gagné en moralité, ils ont perdu en énergie ; ils sont devenus des non-valeurs même pour le crime ; chez ces jeunes adultes au contraire, le mal est dans toute sa force; c'est parmi eux que se rencontre la fine fleur des souteneurs et l'on peut dire que par leur présence, la prison, détournée de sa destination, est devenue la grande pépinière des criminels.

Dans de telles conditions, le nombre des enfants que la prison rend plus mauvais, serait encore plus considérable, si la loi de 1850 n'avait donné la possibilité de leur donner une liberté relative et subordonnée à leur bonne conduite, en les confiant, quelle que soit a durée de la peine, à des sociétés charitables.

Ces œuvres, dont j'ai rappelé l'origine, secondent très heureusement les efforts du directeur, de son inspecteur, M. Pancrazi, qui a su faire de sa fonction un ministère de charité et de dévouement; elles enlèvent à la corruption de la prison, autant de victimes qu'elles peuvent.

Le patronage de la rue de Mézières qui prête à l'administration un concours si précieux pour le placement des enfants libérés provisoirement; l'Union française, présidée par M. Jules Simon, pour la défense ou la tutelle des enfants maltraités ou en danger moral; la colonie d'Orgeville, de M. Bonjean; l'école industrielle protestante de la rue Clavel, la société de protection des libérés engagés militaires, et bien d'autres encore, tendent une main secourable à ceux de ces enfants qui ont parus dignes de la liberté provisoire; elles obtiennent des conversions qui attestent hautement cette faculté de se corriger que l'on se plaît à contester aujourd'hui, et plus d'un homme devenu officier ou patron, reportant sa pensée vers les sombres jours de son enfance, prononce avec reconnaissance le nom de ses bienfaisants sauveurs.

Malgré tous ces merveilleux efforts de la charité privée, le système pénal pratiqué au Dépôt et à la petite Roquette n'en a pas moins une action directe sur l'accroissement de la criminalité chez les jeunes gens. Tout le monde est d'accord depuis longtemps pour reconnaître que la prison ne vaut rien pour l'enfant; elle l'irrite, le dégrade et consomme sa perte, et tous les jours cependant on en use contre lui ni plus ni moins que contre l'adulte, pendant des semaines et des mois.

Je ne voudrais pas que, par suite de la distinction que fait la loi entre l'enfant qui agit avec discernement et celui qui agit sans discernement, il puisse jamais être condamné à la prison; les tribunaux, le fait étant prouvé, ne devraient avoir à résoudre qu'une seule question portant sur le mode de correction, est-ce à la famille ou à l'Etat qu'il convient de confier l'éducation de l'enfant.

Si les parents sont indignes, s'il convient même d'appliquer la loi nouvelle qui permet de les déclarer déchus de leur autorité, placez l'enfant sous la tutelle publique, mais n'oubliez pas que l'éducation est une œuvre de patience et ne se fait pas en quelques semaines, donnez aux maîtres qui seront chargés de cette tâche le temps de l'accomplir.

Il faut le dire franchement, c'est en grande partie parce que la magistrature a oublié que les petites peines privent l'enfant du bénéfice de l'éducation correctionnelle, l'exposent aux dangers de la prison, que tant de petits malheureux se perdent sur le pavé, et que, par exemple de 1885 à 1887, le nombre des jeunes mendiants, prêts à toutes les mauvaises besognes, s'est élevé de 1238 à 1537.

Tous les directeurs de colonies agricoles sur lesquelles on dirige les enfants de la petite Roquette estiment avec raison qu'il n'y a absolument rien à attendre du séjour d'un enfant dans une colonie pendant quelques mois ou même une année entière; outre qu'il est impossible de faire sérieusement l'apprentissage d'un métier dans un délai aussi court, l'enfant escompte en quelque sorte le jour de sa sortie, il ne profite nullement des leçons qui lui sont données, et, comme le soldat peu épris du métier militaire, il n'a qu'une chose en vue, la libération de sa classe et l'affranchissement de la discipline.

Dans un intéressant article, un magistrat du tribunal de la Seine, M. Flandin, qui a longtemps pratiqué le petit Parquet, signalait avec les statistiques l'inutilité et le danger des petites peines et d'un temps trop court de correction, il montrait ces jeunes vagabonds dé-

Chapelle de la petite Roquette. — Stalles cellulaires.

filant sans cesse au Dépôt, trois ou quatre fois dans la même semaine, reparaissant avec une allure dégagée et cynique, obtenant une lettre pour l'hospitalité de nuit, se faisant arrêter trois ou quatre jours après, condamnés enfin à quelques jours de prison et dès lors voués pour ainsi dire à la misérable existence des repris de justice.

L'expérience a condamné cette répression aveugle toute de hasard, d'aventure et de caprice, sans programme arrêté, sans idée d'ensemble, sans préoccupation du lendemain.

Il est grandement temps d'aviser si les cellules de la petite Roquette ont été un progrès en 1830 ; si elles ont mis un terme aux immondes communautés de Sainte-Pélagie, elles ne peuvent être considérées comme un bon instrument d'éducation. Pour tenter avec quelques chances de succès de maîtriser les instincts vicieux et rebelles de l'enfant, il faut une éducation prolongée, des travaux qui l'intéressent, qui lui préparent des moyens d'existence, la vie à air libre, et une forte discipline.

A coup sûr, il faut mettre en première ligne les travaux agricoles qui ramènent l'homme à la terre et l'éloignent des villes funestes ; cependant, la loi de 1850 a peut-être été un peu absolue en ne prescrivant que les travaux de l'agriculture et les industries qui s'y rattachent ; il y a des enfants qui ne peuvent, à cause de leur santé, se faire à ce genre de travail, comme me le disait avec esprit l'inspecteur de la petite Roquette : « On laboure la terre, non avec des chats, mais avec des bœufs, et certains de nos petits Parisiens ne sauraient être classés dans cette dernière classe de quadrupèdes ; » il y en a d'autres que leur origine citadine ramène, quoi qu'on fasse, à leur point de départ ou que leur famille rappelle ; dès leur libération, ils s'empressent de rentrer à Paris ; mais comme on ne leur a appris aucun métier urbain, ils sont des déclassés et retombent à la première occasion ; on peut donc souhaiter que des colonies industrielles, véritables maisons d'éducation professionnelle, viennent compléter l'œuvre des colonies agricoles.

Les Anglais, qui ont aussi sur les bras un bon nombre de jeunes gredins, les embarquent sur des vaisseaux-écoles et en font de solides matelots. « Croyez-moi, disait un jour le commandant du vaisseau « le Gange », à un Français, je connais votre système pénitencier, il est défectueux et ne vous donne que de mauvais résultats ; l'odeur de la terre enivre vos jeunes voleurs, la mer seule peut en faire d'honnêtes gens et de précieux serviteurs de l'Etat. »

Sous le ministère de M. de Goulard, on étudia l'organisation d'une école maritime pour les jeunes détenus ; l'amiral Pothuau, alors ministre de la marine, avait mis à la disposition de son collègue une ancienne frégate de soixante canons « l'Iphigénie » ; l'état-major se composait de deux officiers et de cinq maîtres de profession ; quarante matelots vétérans formaient l'équipage. Le service d'ordre était fait par une compagnie d'infanterie de marine ; le navire devait être mouillé à l'embouchure de la Seudre ; M. de Goulard mourut et son successeur ne crut pas devoir mettre à exécution l'étude qui avait été faite ; mais un décret du 21 mars 1870 annexa à la grande colonie de Belle-Ile-en-Mer une section maritime pour les jeunes détenus ayant au moins quatorze ans ; en 1882, cette œuvre à laquelle on donna un navire fixe et cinq petites embarcations, commença à fonctionner sous la direction d'un capitaine au long cours, et, bien que ses ressources trop restreintes ne lui aient pas permis de recevoir un grand nombre d'enfants, elle a déjà fourni soixante-deux matelots à la marine marchande et cinq à la marine de l'Etat. Depuis le 1er janvier 1889, trois des enfants de la petite Roquette, dont un avait donné la preuve d'une adresse et d'une énergie surprenantes, en tentant par les toits la plus audacieuse des évasions, ont été dirigés sur cette section.

La captivité de l'enfant coupable doit toujours être tempérée par une certaine dose de liberté ; c'est pour cela que la place des prisons d'enfants n'est pas à Paris, mais dans les champs.

Il faut laisser voir le ciel à ces pauvres êtres ; leur faire comprendre tout ce que la nature apporte de calme à l'esprit, leur donner le goût des rudes et honnêtes labeurs, les faire monter aux mâts des vaisseaux, près du drapeau qui flotte dans l'espace, et prendre surtout comme base de cette éducation régénératrice, l'idée de Dieu, sur laquelle les grands peuples appuient la puissance de leurs empires, et dont, moins que tout autre, la fragilité de la jeunesse ne saurait se passer.

CHAPITRE XII

LES CONDAMNÉS

Sainte-Pélagie. — Maison de correction. — M. Porral, directeur. — Le Pavillon de la presse. — Condamnés de droit commun. — Les dettiers. — Prison corruptrice. — La Santé. — Maison d'arrêt et de correction. — M. Laguesse, directeur. — Quartier commun et cellulaire. — L'infirmerie. — Relations formées en prison. — La Conciergerie. — M. Fabre, directeur.— Maison de justice. — Les accusés. — Les jeunes filles détenues. — Destruction d'une relique. — Le Cherche-Midi. — Le capitaine Maitrot, directeur. — Détenus militaires.

SAINTE-PÉLAGIE. — La vieille prison de Sainte-Pélagie est restée debout et ceux qui l'habitaient au siècle dernier la reconnaîtraient aisément ; tant d'écrivains célèbres, tant de conspirateurs devenus hommes d'État, ont passé dans ses murs, que cela lui a donné un lustre particulier aux yeux du public et on oublie que, prison aussi vulgaire que les autres, elle renferme en même temps toute une population de malfaiteurs.

Elle se divise en trois quartiers : celui des condamnés, pour délits de droit commun, à un an et au-dessous, subissant leur peine ; celui des détenus pour dettes, et celui des condamnés politiques ; elle peut loger 700 détenus, elle en renfermait 629 le 31 août dernier.

Située dans la région la plus calme de Paris, derrière l'hôpital de la Pitié et le labyrinthe du Jardin des Plantes, dans des rues où l'herbe pousse entre les pavés, et où existent encore les pensions bourgeoises, la prison de la Santé est un lieu de retraite, calme et silencieux, qui convient admirablement aux travailleurs, et à ceux qui, de temps à autre, éprouvent le besoin de venir, loin des agitations de la ville, retremper leur talent dans la solitude.

Les vrais écrivains y deviennent de plus en plus rares ; plus souvent on voit à leur place de pauvres diables de gérants de journaux, qui font de la prison comme on fait un métier, et paraissent enchantés d'être nourris pendant quelque temps aux frais du gouvernement, sans qu'on puisse apercevoir bien nettement le profit que celui-ci peut en tirer ; si encore cette prison était un lieu de torture, si on y coupait la main des hommes de lettre ou si on leur perçait la langue avec un fer rouge, elle pourrait intimider ceux qui n'ont pas de goût pour les souffrances du martyre ; mais telle qu'elle existe depuis bien des années, et malgré de récentes aggravations apportées à son régime, il ne semble pas qu'elle ait jamais effrayé personne.

Le bâtiment, connu sous le nom de Pavillon, réservé aux condamnés pour délits politiques et de presse, est absolument séparé des autres ; son escalier est même celui qui conduit aux appartements privés du directeur ; quand on visite Sainte-Pélagie, on n'entre pas dans les chambres des condamnés politiques, mais en revanche on les rencontre à chaque instant dans les couloirs ; on se croirait dans un de ces vieux hôtels meublés du quartier Latin où la simplicité de la mansarde, toujours ouverte aux aimables voisins, se prêtait à la gaîté mieux encore qu'au travail.

Les politiques, bien qu'ils aient donné à leurs chambres les noms légendaires de grand et petit tombeau, petite et grande Sibérie, boîte aux lettres, etc., ont toujours été traités avec des égards particuliers où se mêlait à des sentiments d'humanité une certaine préoccupation de ne pas trop irriter les puissants du lendemain. « Par le temps qui court, disait, il y a quelques mois, M. Anatole de la Forge, à ses collègues de l'Assemblée, nous pouvons les uns ou les autres être envoyés à Sainte-Pélagie ; par conséquent, en demandant au ministre de revenir à un régime plus doux, je crois lui adresser une réclamation juste, sensée et sage. »

Comme la prison de Clichy, comme la prison de la Garde Nationale, Sainte-Pélagie était une sorte d'hôtellerie obligatoire où l'on pouvait recevoir ses amis ; correspondre avec le dehors, donner des petites fêtes, et tout faire en un mot, à la condition de ne pas sortir, et encore M. Ranc, dont le témoignage ne me paraît pas suspect, raconte que, sous le second Empire, M. Carlier, préfet de police, accordait sans la moindre difficulté des permissions de sortie en toute liberté, sans agents ; il suffisait que l'on lui donnât un prétexte quelconque et qu'on prît l'engagement d'honneur de rentrer au bercail ; Proudhon allait ainsi se promener un jour chaque semaine.

Dans ses « Lundis de prison », M. Macé raconte que de même Vermorel et Vallès sortaient tous les jours jusqu'à minuit et allaient au spectacle ; M. Maret se souvient d'y avoir fait des parties de colin-maillard dans les escaliers avec MM. Yves Guyot et Sigismond Lacroix ; et j'ai lu dans un curieux récit de M. Lockroy, qu'il y fut un jour avec ses co-détenus, Ranc, Clémenceau et Raoul Rigault, condamné à mort pour jacobinisme ; c'était Delescluze qui avait trouvé plaisant de se constituer en tribunal révolutionnaire ; peu de temps après, le 23 mars 1871, un disciple de Proudhon, l'avocat Gustave Chaudey y était fusillé pour tout de bon, dans le chemin de ronde, par les ordres de Rigault ; le drame suivait de près la comédie.

Sauf de très rares exceptions, l'isolement n'a jamais été appliqué aux détenus politiques, et je me borne à enregistrer cette réflexion mélancolique que faisait en 1846 un inspecteur général des prisons :

« Si la séparation individuelle eut été appliquée à tous les détenus sans distinction, de grands malheurs eussent été épargnés à la France ; car telle est du moins ma conviction intime, tous les crimes politiques qui ont ensanglanté les rues de la capitale, tous les attentats qui out été commis contre la vie du roi, toutes les transformations qu'ont subies les sociétés secrètes, tous les pactes d'alliances qui ont relié entre eux les divers partis depuis 1830 ont été fabriqués et concertés dans les conciliabules de Sainte-Pélagie. »

Au mois de juin 1889, certains articles et des caricatures irrévérencieuses étant sortis de la prison où se trouvaient alors le député Numa Gilly et le dessinateur Alfred Le Petit, qui s'était amusé à demander la permission d'enlever la porte de sa chambre sur laquelle il avait peint sa propre charge, l'administration remit en vigueur le règlement de droit commun de 1867, tombé en désuétude, et entre autres choses, exigea que les visites fussent reçues dans un parloir et non plus dans la chambre du détenu lui-même. Ces mesures, que je rappelle à titre d'historien impartial, soulevèrent une vive émotion dans la presse et donnèrent lieu à une interpellation à la Chambre des députés ; la tenue de la maison devint plus réglementaire, et, sauf exceptions, qui peu à peu redeviendront la règle, les détenus ne reçoivent plus dans l'intimité de leurs chambres.

On a installé un parloir commun, je dirais volontiers le salon de réception, si des chaises de paille rangées le long des murs, n'en étaient l'unique ornement, dans la chambre la plus belle, la plus enviée de toute la maison ; elle fut la demeure de Proudhon pendant trois ans ; à la veille de devenir membre du gouvernement de la Défense nationale, Rochefort harangua, par ses larges fenêtres, la foule rassemblée dans la rue ; les détenus donnèrent à cette pièce le nom de Laurent Pichat, en souvenir d'un vieux fauteuil à la Voltaire que par une aimable attention, le poète

Sainte-Pélagie. — Cour des détenus politiques.

journaliste, qui devait bientôt avoir un meilleur fauteuil au Sénat, avait laissé à l'intention de ses successeurs moins favorisés.

Je ne crois pas qu'en réunissant dans la même prison, les délinquants en matière de presse, parmi lesquels les grands moralistes ne se rencontrent pas tous les jours, et les malfaiteurs de droit commun, l'administration ait obéi à une idée philosophique et voulu établir un lien entre la littérature et la criminalité ; sans doute les crimes procèdent parfois d'idées et de doctrines imprudemment lancées dans les masses ignorantes. N'est-ce point Victor Hugo qui dans sa préface du Dernier jour d'un condamné allait jusqu'à attribuer à Voltaire et à Pigault Lebrun la perversion des âmes des jeunes criminels ? Sans méconnaître le mal que produit la vulgarisation de certaines œuvres, je les considère comme des adjuvants plutôt que comme des causes premières; elles répondent aux instincts mauvais et leur procurent un aliment plutôt qu'ils ne les font naître.

Dans une de ses charmantes causeries parisiennes, M. Jules Claretie raconte qu'un jour à la Cour d'assises, pendant une suspension d'audience, il eut l'idée de demander à un jeune assassin : « Vous avez dû souvent lire Ponson du Terrail ?

— Moi, répondit le jeune gredin, à quoi bon ; nous travaillons tous les deux dans les coups de couteau et je suis joliment plus fort que lui. »

Sans chercher, je le crois du moins, à établir le moindre rapprochement entre les idées et les faits, le ministre de l'intérieur a réuni dans les mêmes murs les délits de presse et les délits de droit commun, par cette seule raison qu'on n'avait pas d'autre prison pour les séparer ; mais pour être logés à la même enseigne, ils n'en sont pas moins soumis à des régimes absolument différents.

Je ne connais rien de plus épouvantable que le quartier des condamnés ; le mal que cette prison fait aux coupables que la justice remet à l'administration à la charge de les rendre meilleurs, est incalculable; sans doute on doit la démolir ; mais elle est sous cette menace depuis si longtemps qu'elle ne doit plus s'en effrayer beaucoup; en attendant, elle est une école de vice en pleine prospérité, et les statistiques criminelles enregistrent chaque année ses succès.

Il est du devoir de tous ceux, qui savent ce qu'elle est, de le dire bien haut, dans l'espoir de favoriser les projets de l'administration en soulevant un mouvement de légitime indignation; l'opinion, si elle était éclairée, réclamerait la fermeture de cette geôle avec une telle énergie qu'il faudrait bien trouver les fonds nécessaires pour en débarrasser Paris ; c'est contre Sainte-Pélagie bien plutôt que contre Saint-Lazare, qu'il eût été utile d'organiser une campagne, c'est bien cette prison dont on peut dire qu'il faut la brûler au plus vite.

« Ce que la moralité souffre dans de pareils cloaques, où l'égout social semble avoir dégorgé toutes ses immondices, ne peut être soupçonné » ; il y a plus de dix ans que M. Maxime Ducamp tenait ce langage ; s'il avait eu le pouvoir, la prison à coup sûr ne serait pas restée longtemps debout, et c'est un regret de plus pour Paris que l'événement qui allait en faire son Préfet de police ne se soit pas réalisé. C'est au public, à quiconque songe à l'âme des condamnés, ou s'effraie de l'accroissement des crimes, qu'il appartient de prendre, par ses protestations, la pioche des démolisseurs et de frapper ferme sur ces vieilles murailles, toutes dégoûtantes d'immoralité et de vice. Je puis tenir ce langage sans méconnaître le zèle du directeur et de ses agents ; leur dévouement est à la hauteur des difficultés que leur impose une si détestable installation.

Dans cette prison étroite et resserrée, sept cents hommes environ, de tout âge à partir de seize ans, sont entassés les uns sur les autres ; leurs coudes se touchent, les haleines se mêlent, les corruptions se confondent et il semble qu'un même sang vicié coule dans toutes ces veines ; à l'atelier, qu'ils appellent le turbin, ils sont si près les uns des autres que leurs mouvements en sont gênés ; dans les cours, lorsqu'il n'y a pas de travail, ils se rassemblent le long des murs ou sur les bancs, comme attachés les uns aux autres ; mais ce qui est véritablement odieux, c'est de les voir réunis dans une salle basse, dont le badigeon jaune et noir, recouvre de temps à autre les ignobles inscriptions tracées chaque jour sur les murs ; les piliers massifs et de forme carrée qui portent le plafond ne permettent pas à l'œil de tout voir à la fois et forment des coins d'ombre favorables aux entretiens suspects ; cette salle sert de promenoir quand il pleut, et de réfectoire où les détenus sont obligés de manger debout ; comme elle n'est pas assez vaste pour les contenir tous, le plus fort se fait de la place au détriment du plus faible ; il y a là d'horribles poussées où les haines mystérieuses de la prison peuvent se satisfaire sans résistance possible.

Loin d'apporter un remède à des maux si cruels pour celui qu'une première faute amène dans cet enfer, la nuit les rend plus épouvantables encore ; le détenu ne peut pas se dire : ce soir, je serai seul, je m'appartiendrai, je n'aurai plus sous les yeux le spectacle de tous ces vices ; non, dès que la nuit arrive, il monte dans des petits dortoirs de cinq mètres carrés, contenant de cinq à dix lits qui se touchent ; on ferme la porte et là, dans l'obscurité la plus complète, il reste jusqu'au lendemain matin avec les compagnons que le hasard lui a donnés.

Sans doute un gardien circule dans le couloir et vient de temps en temps, s'il croit entendre un bruit suspect, mettre son œil à un petit judas ménagé dans la porte ; seulement il ne voit absolument rien, son regard ne pouvant se porter dans les angles et la chambre n'étant pas éclairée ; pourrait-on mieux faire si l'on se proposait d'organiser l'enseignement mutuel de la corruption.

Ce qui ajoute encore au danger de cette promiscuité et rend la surveillance presque impossible, c'est l'étroitesse de tous les dégagements ; ce ne sont que recoins obscurs, petits escaliers, réduits ténébreux, passages voûtés, où il est facile de se cacher, de causer sans être vu et de préparer quelque mauvais coup.

UN CONDAMNÉ

Il serait à souhaiter au moins qu'en attendant la destruction de cette maison on n'y envoyât que les récidivistes, malheureusement on y met aussi bien ceux qui en sont à leur première faute et peuvent être encore relativement honnêtes ; ainsi, elle reçoit en même temps que la prison de la Santé les individus jugés en flagrant délit, c'est-à-dire pour des faits peu graves ; l'envoi dans l'une ou l'autre des deux prisons dépend non pas comme on pourrait le supposer de la nature du délit ou de la condition du condamné, mais tout simplement du jour de la condamnation ; les premiers jours de la semaine sont réservés à la Santé, les autres à Sainte-Pélagie, c'est une sorte de loterie ; si vous avez la chance d'être jugé le lundi, vous bénéficiez du régime cellulaire de la Santé, si vous êtes jugé le jeudi, vous allez subir le régime odieux de Sainte-Pélagie.

Il y a un troisième quartier dans cette prison, celui de la Dette ; il est le moins nombreux de tous ; il ne compte en ce moment que dix-sept détenus ; la contrainte par corps abolie en 1867 pour les dettes civiles a été maintenue par les lois des 22 juillet 1867 et 9 décembre 1871, pour le paiement des amendes et frais de justice et des dommages-intérêts accordés à des particuliers à la suite d'une condamnation criminelle ou correctionnelle.

On met aussi dans ce quartier les fraudeurs en matière de régie ; ce qui fournit le plus à cette division, ce sont les marchands d'allumettes de contrebande ; il y en a presque toujours quatre ou cinq sous les verrous ; ce sont en général de fort mauvais sujets, comme ils sont plusieurs dans la même cellule, et que l'hiver ils se réunissent dans un chauffoir, la prison n'ayant pas de calorifère comme à Mazas, il leur est facile d'achever leur éducation. Je me souviens de l'impression pénible que j'ai éprouvée en trouvant dans une cellule étroite à ne pouvoir se remuer, un garçon de dix-sept ans à côté d'un vieillard de soixante-dix ans, portant tous deux sur leur visage les stigmates du vice, et passant là des journées entières, sans travail et sans la moindre surveillance.

Il existe bien à Sainte-Pélagie quelques cellules où, moyennant la fameuse pistole, on peut être seul ou avec trois ou quatre détenus seulement; mais elles sont en si petit nombre qu'elles ne peuvent remédier aux inconvénients de la maison.

La Santé. — A peu de distance de l'Observatoire, rue de la Santé, l'architecte Vandremer a construit la prison portant le nom de cette rue; elle fut ouverte en 1867, pour remplacer les Magdelonnettes; comme Mazas, elle forme un vaste îlot, enfermé dans un grand mur, ce qui lui donne l'aspect d'un immense réservoir. Elle a déjà été mêlée aux événements politiques; on y logea pendant le siège les prisonniers allemands et la Commune y enferma quelques jours le général Chanzy. Elle peut contenir 1,000 détenus; au 16 août 1889, elle en comptait 1,130.

Après avoir traversé la cour d'entrée, on pénètre dans le vestibule; on a devant soi deux grandes grilles auxquelles aboutissent deux couloirs séparés; l'une est l'entrée du quartier commun, l'autre celle du quartier cellulaire. On applique dans cette maison les deux formes de l'emprisonnement; d'une part, l'isolement absolu de jour et de nuit, tel qu'il est pratiqué à Mazas, dans des corps de bâtiment rayonnant autour d'un pavillon central; et d'autre part ce régime mixte auquel on a donné le nom de système auburnien et qui consiste dans la vie en commun pendant le jour et la cellule la nuit.

Chaque cellule est de $3^{m},60$ de longueur, sur 2 mètres de large et 3 mètres de hauteur; elle est éclairée sur les cours par une croisée vitrée, dont la partie supérieure ne s'ouvre qu'à une distance réglementaire; elle est pourvue d'un lit de fer fixé au mur et dont la partie mobile peut se relever le long du mur pendant le jour; l'appareil d'éclairage est placé dans le mur sur le côté de la porte; le chauffage a lieu au moyen d'une bouche de chaleur.

Les détenus qui sont soumis au régime cellulaire sont les forçats et les condamnés à la réclusion qui attendent leur départ pour la Nouvelle-Calédonie ou la maison centrale, et les condamnés correctionnels à un an et au-dessous, qui n'ont pas d'antécédents.

Le régime en commun est appliqué aux condamnés correctionnels ayant déjà subi une ou plusieurs condamnations; en un mot, comme la prison ne renferme que cinq cents cellules, on est obligé de faire la part du feu, on isole ceux qu'on suppose guérissables, parce qu'ils n'ont été condamnés qu'une fois, ce qui ne veut pas dire qu'ils n'ont commis qu'une faute, et on abandonne les autres à la contagion.

Les deux quartiers sont installés dans des bâtiments séparés et disposés de façon à éviter les communications que les règlements interdisent de la façon la plus absolue. Mais les règlements les plus prévoyants, les précautions les mieux prises, ne peuvent rien contre la force des choses et les ruses des détenus; dans toute prison où il y aura des cellulaires à côté d'un quartier en commun, on peut être sûr que des communications ne tarderont pas à s'établir entre les deux sections; sans doute, elles sont rapides, incomplètes; elles consistent dans un signe échangé, un mot murmuré à l'oreille, un avis passé en courant, mais souvent il n'en faut pas davantage entre gens faisant partie des mêmes bandes et se comprenant pas un simple clignement d'yeux.

Je demandais un jour à un détenu qui, ayant été au quartier commun, prétendait avoir su qu'un de ses camarades était au quartier cellulaire, comment il avait pu en être informé; il parut surpris de ma naïveté et m'expliqua que par les auxiliaires, c'est-à-dire les détenus qu'on emploie à aider le personnel, par les gardiens eux-mêmes quelquefois, par des rencontres fortuites, quand on va chez le médecin, au greffe, chez le directeur, on parvient facilement à avoir des nouvelles les uns des autres ; cela peut paraître extraordinaire à première vue, mais l'expérience du monde des prisons fait cesser ces surprises; plus la séquestration est sévère, plus elle développe chez l'homme la finesse des sens en vue de s'en affranchir et de satisfaire ses besoins de sociabilité; semblable au sauvage pour qui le moindre signe est une révélation, lorsqu'il est sur la piste de guerre, le prisonnier par une attention soutenue, par une observation perpétuellement en éveil, par une attraction, en quelque sorte magnétique traversant les murailles, arrive à un degré de sensibilisation telle que le plus mince rayon de lumière, filtrant à travers ses barreaux, laisse sur lui une empreinte; il observe les choses les plus insignifiantes; s'il trouve par terre un bout de fil, une épingle, un morceau de papier, il les ramasse précieusement; son oreille perçoit le moindre son, son œil est toujours ouvert, et, avant même d'entrer en prison, il connaît par ses camarades tous les moyens imaginés, avec une merveilleuse puissance d'invention, pour établir des relations entre tous ces hommes servant la même cause, ressentant les mêmes appétits et se considérant comme en état de légitime défense vis-à-vis de la société qui les tient captifs.

Si des communications parviennent à s'établir même entre des quartiers absolument séparés, on comprend combien elles doivent être faciles dans la division où les détenus sont en commun pendant

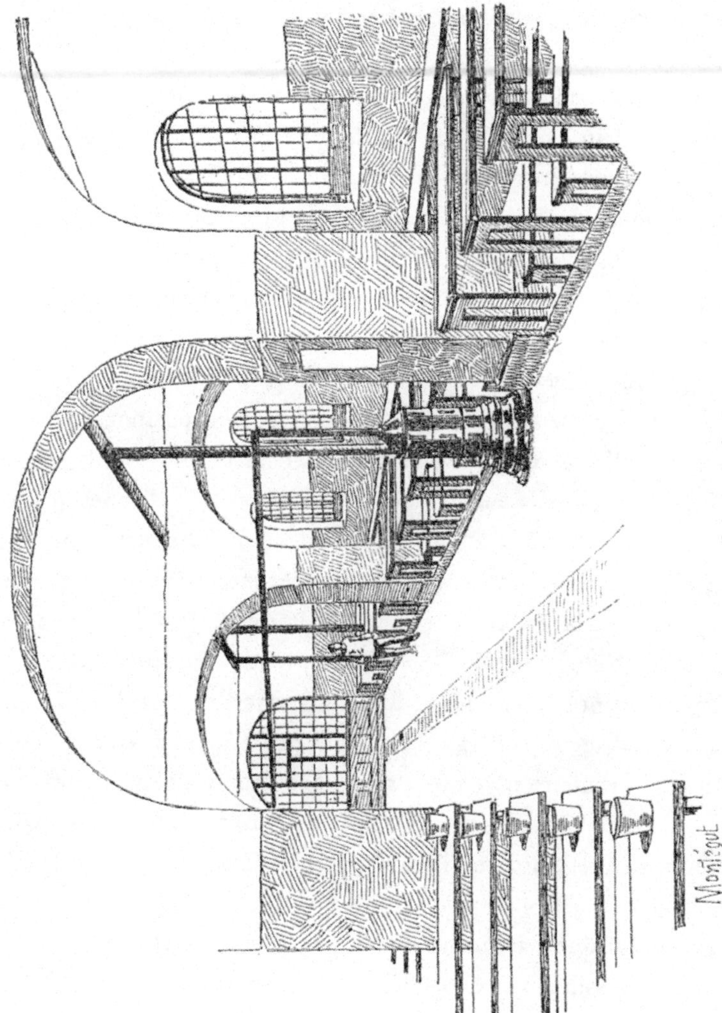

Prison de la Santé. — Réfectoire.

le jour. La séparation de nuit peut prévenir certains désordres, faciliter la surveillance, procurer à des esprits méditatifs quelques heures de recueillement, mais elle laisse subsister tous les dangers de la communauté, puisque dans la journée, à l'atelier, au réfectoire, dans les promenades, les détenus se voient et ont, malgré la défense qui leur est faite, mille occasions de se parler.

Or, dans une prison de Paris, comme la Santé, ce danger est infiniment plus considérable que dans une maison centrale où l'on reste plus longtemps et, où, venant de pays différents, on est étranger les uns aux autres. A la Santé, au contraire, les condamnés font un court séjour puisqu'on n'y subit que les peines inférieures à un an; ils ont en perspective une liberté prochaine; pour la plupart d'entre eux liberté signifie reprise de la vie coupable, nouvelles expéditions à organiser, nouvelles entreprises à tenter; tous ces détenus ont la même origine et se connaissent; ce sont des Parisiens condamnés par le tribunal de la Seine et en admettant même qu'ils n'aient pas été en relations antérieures ils se trouvent dès leur entrée en pays de connaissance; ils rencontrent tout de suite quelqu'un de leur quartier, de la Villette ou de Montmartre, pour leur servir de chaperons; la Santé, quoi qu'on dise, est donc à ce point de vue un des foyers où se propage la contagion du mal; il est à regretter que le système cellulaire n'y soit pas pratiqué dans toute sa rigueur et que l'on mette précisément en commun ceux qu'on aurait le plus d'intérêt à isoler parce qu'ils sont les plus dangereux, c'est-à-dire les récidivistes.

Il est vrai que par une attentive sélection entre eux on cherche autant que possible à grouper les bons éléments, s'il en existe, et à les séparer des plus mauvais; mais malgré tout que de méfaits, que de crimes ont été projetés, que d'enrôlements dans les bandes de voleurs ont été préparés dans les ateliers et dans les préaux de cette prison, sans doute plus facilement surveillés que ceux de Sainte-Pélagie, mais encore trop favorables à la corruption des détenus et à l'enseignement mutuel qu'ils se donnent.

Citerai-je, par exemple, les deux auteurs de cet assassinat commis au Palais-Royal, dont j'ai déjà parlé? Ce fut dans la prison de la Santé où chacun d'eux subissait une peine correctionnelle que les deux criminels firent connaissance; à leur sortie de prison ils continuèrent à se fréquenter et leur intimité devint telle qu'ils habitèrent ensemble; ils renoncèrent bientôt à tout travail pour ne plus vivre que du produit des vols qu'ils commettaient.

Jamais on ne vit une preuve plus manifeste des dangers de la vie commune que dans l'assassinat commis par une bande de malfaiteurs dans une villa d'Auteuil; c'est parce que trois condamnés à de petites peines, trois, six et huit mois de prison pour coups et vol, se rencontrèrent à la Santé, que trois mois après un malheureux homme était tué dans les circonstances les plus atroces. Les juges correctionnels, par la condamnation antérieure qu'ils avaient prononcée contre ces hommes les avaient remis à l'administration et en quelques mois ils devenaient des assassins. L'un d'eux à écrit cette triste histoire et son témoignage est trop instructif pour que je ne le rapporte pas en entier :

« En qualité de récidiviste, dit-il, on me mit dans le quartier commun, où je fis la connaissance d'Allorto, Catelain et tant d'autres. Nous étions dans le même atelier sauf Catelain qui était auxiliaire à la 5e division sur lequel notre atelier était. J'étais aux sacs en papier comme 2e emballeur, Catelain comme 1er, et Allorto était balayeur, de sorte qu'on lia connaissance; ils connaissaient l'emplacement de mes parents, ils savaient que je les avais volés et avaient même vu des montres que j'avais données à des femmes, de sorte qu'une liaison s'établit bien vite entre nous. On parla du dehors, chacun raconta ses exploits à sa manière; Catelain fut libéré le premier, Allorto le deuxième et moi le dernier; je devais aller les chercher à leur sortie; je les rencontrai peu de jours après, avec plusieurs femmes, on s'attabla, on but plusieurs tournées; je commis l'imprudence de leur donner l'adresse du restaurant où je mangeais d'habitude et à partir de ce moment on se vit tous les jours, jusqu'au moment où ils vinrent me chercher pour entreprendre cette terrible affaire. »

Voilà ce qui sort du quartier commun de la Santé, par la faute du système; voilà les inconvénients que ne peuvent éviter ni la direction, malgré tous les soins qu'elle apporte à classer le mieux possible les condamnés confiés à sa garde, ni les surveillants trop peu nombreux.

Dans un des bâtiments de la prison on a installé une infirmerie générale, véritable hôpital, où sont envoyés indistinctement les malades des différentes prisons de Paris, soit lorsque la maladie est grave, soit lorsqu'ils sont l'objet d'une faveur particulière; on est en effet beaucoup mieux, dans une grande salle éclairée par de larges fenêtres que dans une étroite cellule; sans compter les autres avantages de nourriture, de coucher, de distraction; mais si cette infirmerie est convoitée par les détenus, ce n'est pas seulement parce que le régime est plus doux, c'est surtout parce qu'elle substitue la vie commune au régime cellulaire; or, c'est précisément par là qu'elle devient dangereuse; toutes les garanties que présentait la cellule au point de vue de la préservation du prévenu disparaissent complètement, les malades vrais ou faux, sont pour ainsi dire livrés à eux-mêmes, et c'est là le plus souvent que se font les mauvaises connaissances, des communications s'établissent avec le dehors et les épidémies morales exercent librement leurs ravages.

Après ces tristes constatations, qui appellent un remède énergique et prompt : la cellule sans exception, les chambres isolées et surveillées pour les malades, je ne crois pas que le lecteur trouve beaucoup d'intérêt à apprendre que la Santé occupe une superficie de trois hectares, qu'elle est réputée comme un modède ; que l'aspect de ses bâtiments est plutôt riant que triste; qu'elle ressemble un peu à une vaste cité ouvrière, que l'air y circule largement; que les ateliers sont plus vastes et plus beaux que ceux d'aucune usine ; les cellules plus grandes, les lits plus confortables, les planchers mieux parquetés, les lavabos mieux installés qu'ailleurs; que les cours des communs sont plantées d'arbres et ornées de massifs de fleurs, de telle sorte que les condamnés que le remords ne trouble point, n'y passent pas d'une façon trop pénible, les quelques mois de repos relatif que le tribunal à cru devoir leur octroyer.

La Conciergerie. — Lorsque la porte toute cuirassée de fer, qui se trouve sur le quai de l'Horloge, s'ouvre pour la première fois devant un accusé, celui-ci doit se demander si ses gardiens ne se sont pas trompés et ne l'ont pas amené dans un palais au lieu de le conduire dans une prison ; après avoir traversé une cour d'un aspect très décoratif, dominée par les hautes murailles de la salle des Pas-Perdus et les poivrières des tours, après avoir franchi les grilles qui se développent au bas de quelques marches sous l'arc élégant d'une porte gothique, il se trouve dans une merveilleuse salle dite des Gardes, dont les voûtes ogivales reposent sur de gracieux piliers aux chapiteaux délicatement fouillés ; quelque grossier et ignorant qu'il puisse être, il ne peut se défendre d'une certaine émotion ou tout au moins d'un sentiment de surprise; il a entendu vaguement parler des événements qui se sont passés dans ces lieux imposants, il n'ignore pas que les rois l'ont habité au temps de leur puissance, et que les reines y ont demeuré au temps de leur infortune; alors de singulières réflexions viennent troubler son esprit; il se croit le jouet de quelque rêve; son imagination, toute épaisse qu'elle soit, est frappée par l'aspect grandiose de ces murailles, de ces escaliers, de ces hautes cheminées, de ces longues files de piliers, les uns fins comme de jeunes arbres, les autres majestueux comme de vieux chênes; il se dit : est-ce bien pour moi, habitué à vivre dans des bouges, est-ce bien pour mes misères et mes crimes, qu'on a préparé une telle demeure, est-ce bien pour moi, souillé par tous les vices qu'on a relevé le palais de saint Louis, est-ce pour me conduire à la Cour d'assises qu'on a rouvert le chemin, qui, à travers ces superbes galeries, conduisit une reine à l'échafaud?

Je sais bien qu'on ne lui laisse pas trop le temps de se livrer à ces réflexions, et que bientôt il entre dans le quartier plus vulgaire qui lui est réservé; dans un vaste rectangle, on a planté, en ménageant une galerie qui en fait le tour, une sorte de boîte comprenant soixante-seize cellules disposées comme celles de Mazas.

Elles sont destinées aux appelants devant la Cour des jugements de police correctionnelle, et aux accusés qui viennent y attendre leur comparution devant la Cour d'assises dès qu'ils ont reçu à Mazas la notification de l'arrêt de renvoi de la chambre des mises en accusation; les femmes n'y sont pas envoyées, elles restent à Saint-Lazare jusqu'à la dernière heure.

Le nombre des accusés dépassant presque toujours d'une trentaine celui des cellules, on est obligé de les doubler, ce qui offre les plus graves inconvénients; les repris de justice donnent des consultations aux jeunes, leur apprennent comment il faut se défendre devant le jury. Le passage des accusés dans cette maison, d'où l'on sort acquitté ou d'où l'on retourne soit à la Santé soit à la grande Roquette, ne dépasse guère un mois ; il ne saurait être prolongé sans dommage pour l'accusé; une humidité glaciale règne dans ces souterrains qui sont presque au niveau de la Seine, l'air est épais et ne s'y renouvelle pas, et il faut tenir le gaz allumé dans le jour. Les cours sont étroites comme celles du Dépôt, et lorsque les gardes républicains auxquels revient ce périlleux service, conduisent les accusés à la Cour d'assises, il faut qu'ils aient l'œil bien ouvert et la poigne solide pour ne pas être terrassés dans les escaliers obscurs par les bandits qu'ils sont chargés d'escorter.

Je n'oserais affirmer que tous les accusés éprouvent en entrant dans cette prison les impressions que je leur prête, mais je ne doute pas qu'elles ne viennent à l'esprit des visiteurs ayant tant soit peu le sentiment du beau et le respect des souvenirs; si l'on tenait à l'entrée un registre pour recueillir les protestations contre la profanation par le séjour des criminels de ces lieux vraiment augustes, il se couvrirait de milliers de signatures; bien des gens diraient sans doute que si on a eu raison de dépenser des millions pour conserver à l'art et à l'histoire les restes du palais de saint Louis, il ne fallait pas en faire le vestibule de la prison des voleurs et des assassins.

« Le cœur saigne, écrivait Balzac en 1838, à voir comment on a taillé des geôles, des réduits, des corridors, des logements, des salles sans jour ni air, dans cette magnifique composition où le byzantin, le roman, le gothique, ces trois faces de l'art ancien, ont été raccordées par l'architecture du XIIIe siècle.»

Depuis, d'importantes restaurations ont été faites, et la prison a été un peu refoulée, mais elle est toujours là ; il semble même, qu'elle veuille reconquérir le terrain perdu et reprendre son œuvre de vandalisme ; son utilité ne justifie pourtant pas ses fâcheuses ambitions, il semble même qu'au point de vue de l'isolement, il serait bien préférable de laisser les accusés attendre dans leur cellule de Mazas le jour de l'audience.

Il y a, dans la partie de la Conciergerie à laquelle on n'a pas encore touché, des lieux bien souvent décrits et que les nobles infortunes dont ils ont été les témoins ont rendus vénérables.

C'est la cour et son promenoir, semblable aux arcades de la place Royale ; la belle salle, transformée en chapelle aujourd'hui déserte, où les Girondins, victimes à leur tour des lois inexorables des révolutions, attendirent la mort sinon autour de la table du banquet légendaire, au moins avec une stoïque indifférence.

C'est surtout, ce qui est comme la relique de la maison, la petite chambre où Marie-Antoinette eut tant à souffrir, et d'où elle sortit, portant si haut et si fièrement la tête comme il convient aux martyrs, qu'elle se heurta le front contre la porte. Sans doute ce qu'on a appelé le vandalisme respectueux, presque aussi à redouter que le vandalisme haineux, a orné ce cachot d'une façon maladroite et comme le dit Victor Hugo dans « Les choses vues et inoubliables » ! « C'eût été une émotion profonde et une impression inexprimable, si l'on voyait encore le pavé nu, la muraille nue, les barreaux au soupirail; » jamais trône d'or ni de diamants n'aurait eu un rayonnement semblable à celui qui se serait dégagé de la misère de cette cellule, et le gardien, qui cumule les fonctions de surveillant des accusés et de guide des étrangers, peut attester avec quel attendrissement et quelle respectueuse curiosité des multitudes de visiteurs pénètrent dans ce sanctuaire devenu lieu de pèlerinage.

Or, on dit que les architectes veulent raser tout cela pour agrandir la prison; il y a des choses auxquelles il ne faut pas toucher à moins d'être du parti des iconoclastes; ces monuments sont comme les feuillets de notre histoire; si chacun, sous le prétexte d'effacer de douloureux souvenirs, détache la page qui lui déplaît, le livre sera bientôt vide; les souvenirs glorieux réjouissent, les autres servent de leçon; le cachot de Marie-Antoinette a plus contribué à faire détester la Terreur que tous les livres du monde; un peuple gagne autant à considérer ses fautes qu'à s'enorgueillir de ses succès, ce sont les monuments, témoins irrécusables, qui sauvent la vérité historique contre ceux qui cherchent dans l'erreur, dans la destruction des preuves, la réhabilitation des actes les plus criminels.

Il faut donc que la prison des Girondins, le cachot de Marie-Antoinette demeurent; il le faut dans l'intérêt de l'histoire, de la morale et de l'art; et si vraiment il a pu entrer dans l'esprit de quelqu'un de renverser ces pierres devant lesquelles l'incendie de la Commune s'était lui-même arrêté, il faut que l'opinion publique avertie à temps, proteste par tous les moyens qui sont à sa disposition contre un pareil sacrilège et le rende impossible.

Le Cherche-Midi. — L'armée a toujours eu le privilège d'avoir son code pénal, ses conseils de guerre et ses prisons; la suppression des divers tribunaux, qui sous des titres quelconques introduisent dans la loi des exceptions presque toujours fatales au principe de l'égalité devant la justice, peut être souhaitée par les esprits vraiment libéraux; mais les fautes militaires sont d'un ordre tellement particulier qu'il serait difficile sans affaiblir la discipline de les soumettre aux juridictions de droit commun.

Les prisons militaires sont le complément nécessaire des tribunaux spéciaux institués par les lois des 13 brumaire an V, 18 vendémiaire et 27 fructidor an VI. La maison militaire d'arrêt et de correction située rue du Cherche-Midi, 38, en face d'un vieil hôtel où siègent les conseils de guerre et de revision, a été ouverte le 30 décembre 1851.

Elle reçoit des prévenus, des passagers, des condamnés de un à cinq ans et des soldats punis disciplinairement. Le nombre des détenus de ces différentes catégories est de 240 environ; les prévenus et les disciplinaires sont en cellule et les condamnés en commun.

Comme dans les prisons civiles les condamnés sont astreints au travail, qui est à l'entreprise, ils peuvent, sur le prix de leur salaire, se procurer des vivres supplémentaires jusqu'à concurrence de 3 fr. 50 cent. par semaine.

Le régime est plus doux; les détenus qui travaillent et les disciplinaires reçoivent une soupe grasse le matin avec 150 grammes de viande, et le soir une soupe maigre à l'exception des jeudis et des dimanches où on leur donne le plat bien connu de tous les troupiers sous le nom de rata au mouton.

Pendant la saison des chaleurs ils reçoivent des distributions journalières d'eau-de-vie pour assainir leur eau, à raison d'un trente-deuxième de litre par homme; lorsqu'ils sont malades on les transporte dans une voiture du train des équipages au Val-de-Grâce, dans une salle spéciale dite des consignés.

Le directeur de la prison est un chef de bataillon ou capitaine, placé hors cadre et ayant le titre de commandant des prisons; les surveillants nommés par le ministre de la guerre, se recrutent parmi les sous-officiers de l'armée active, et la surveillance appartient, comme celles des régiments, à l'Intendance militaire; enfin, il y a une chapelle et un aumônier.

La prison du Cherche-Midi, avec sa façade donnant directement sur la rue, a l'aspect d'une caserne; elle ne relève en aucune façon de l'administration pénitentiaire. Tout s'y passe avec un ordre tout militaire et l'homme y est traité comme un soldat plutôt que comme un détenu.

L'avocat est le seul qui représente l'élément civil; les portes du parloir lui sont largement ouvertes. Les conseils de guerre aiment à l'entendre, ils laissent à sa parole la liberté la plus grande et, plus souvent peut-être que les juges civils, les militaires se laissent volontiers toucher par les chaleureux appels adressés à leur cœur.

CHAPITRE XIII

PAUVRETÉ ET VICE

Le Dépôt. — Le bon et le mauvais pauvre. — Bienfaisance et répression. — L'hospitalité de nuit. — Le délit de mendicité et de vagabondage. — Villers-Cotterets et Saint-Denis. — Le dépôt de Nanterre. — M. Caplat, directeur. Hospitalisés et condamnés. — Le quartier cellulaire. — Contact malfaisant. La question de la mendicité. — Rôle des autorités locales. — Assistance par les communes. — Pénalité sévère. — Transportation. — Prison luxueuse. L'âme oubliée.

Le système des prisons du département de la Seine se complète par la maison de Nanterre, destinée principalement à la répression de la mendicité.

La mendicité et le vagabondage, qui se confond toujours avec elle, sont des plaies sociales qui attendent leur guérison de la charité privée et de l'assistance publique; lorsque ces deux forces s'entendent le mal diminue, quand elles sont en lutte, il augmente.

La charité a toujours eu pitié de ceux que les maladies ou une misère involontaire ont réduits à l'humiliante nécessité de tendre la main à leurs frères plus heureux; pour honorer et soulager cette pauvreté sans reproches, des saints se sont même réduits eux-mêmes à une mendicité volontaire. Ce n'était pas à coup sûr à la mendicité, née de la paresse et du vagabondage, qu'ils voulaient rendre hommage; ils étaient les premiers à la condamner avec sévérité; mais ils se gardaient bien en même temps d'englober tous les mendiants dans une réprobation si générale qu'elle aurait rendu méprisable le pauvre lui-même.

Sans doute, la race des paresseux, des rôdeurs effrontés et insolents, des truands et des malandrins, n'est pas éteinte; on ne peut parcourir nos rues sans en rencontrer quelques échantillons; parmi ces gens, les uns vous attendrissent par leurs larmes, les autres exagèrent leurs infirmités; on a raconté bien souvent qu'ils replient leurs jambes et leurs bras, au point d'avoir l'air de culs-de-jatte et de manchots; qu'avec un morceau de savon ils simulent la bave de l'épilepsie; et qu'on voit sur leurs genoux des enfants éternellement à la mamelle; ces mendiants-là, on les connaît, on sait leur nom; on peut désigner tel endroit de nos boulevards et de nos rues où ils vont tous les jours, avec la régularité de l'employé se rendant à son bureau; ils semblent si tranquilles dans l'exercice de leur métier, qu'on se demande, en vérité, si l'Etat ne leur fait pas payer patente, ou ne reçoit pas d'eux quelque service secret en échange de la tolérance dont on use à leur égard.

Ce sont des exceptions que la police et l'Assistance publique supprimeront le jour où elles le voudront; mais à côté il y a la vraie misère, qui se cache dans les mansardes, dans les bouges, dans les repaires, où sommeille la question sociale comme le fauve dans sa tanière, en attendant l'heure des terribles réveils; la comédie de l'indigence avec ses accessoires d'infirmités simulées, ne se joue pas aussi facilement qu'on aime à le dire; il suffit d'aller à la porte toujours encombrée du Dépôt, des hôpitaux, des hospitalités nocturnes, pour voir qu'en refusant une aumône, on s'expose plus souvent à laisser une souffrance sans soulagement qu'à être dupe de quelque escroc, et comme le disait très justement le vicomte d'Haussonville dans ses belles études sur le combat contre la vie, « lorsqu'on voit défiler sous la prévention de mendicité ou de vagabondage, des vieillards ou des vieilles femmes incapables d'un travail sérieux, des infirmes hors d'état de subvenir à leurs besoins, des malades repoussés des hôpitaux comme incurables; en un mot, tous les vaincus du combat de la vie, qui devraient être recueillis comme on recueille les blessés sur le champ de bataille et qu'on laisse au contraire étaler au grand soleil leurs misères et leurs plaies, la première conclusion à laquelle conduit l'étude de la mendicité et du vagabondage à Paris, est l'insuffisance des secours publics, qu'il s'agisse des malades à soulager ou des indigents à secourir, et malheureusement cette insuffisance ne fait que s'accroître ».

Que serait-ce donc si la bienfaisance privée n'intervenait ; si tant d'œuvres, d'associations, de communautés n'avaient résisté aux tempêtes où elles ont failli sombrer ; notre siècle a inspiré des prodiges de charité; dans cette lutte contre la souffrance, il a vu des hommes de dévouement ouvrir des asiles pour ceux qui n'ont ni pain ni abri ; il a vu les hommes de toutes les opinions, en dehors de toute propagande d'Église ou de parti, répondre aux appels de la souffrance ; il a vu, par exemple, de ses propres yeux, cette œuvre de l'hospitalité de nuit qui depuis onze ans a abrité, dans ses asiles de la rue Tocqueville, de la rue Laghouat et des boulevards de Vaugirard et de Charonne, plus de quatre cent mille pensionnaires ; « œuvre de miséricorde et de salut, comme à l'une de ses assemblées générales le disait si bien M. Rousse, dans son beau langage, œuvre se renouvelant chaque soir sans relâche, sans repos et sans bruit, avec la régularité tranquille et silencieuse de la nuit, qui revient à son heure pour faire oublier aux hommes les soucis et les fatigues du jour ».

Le présent se rattache au passé par un commun effort au profit de ceux dont la prison deviendrait le refuge si la charité ne cherchait à les abriter ; c'est ainsi que la bienfaisance doit précéder la répression. Dès le XIVe siècle, l'hospitalité de nuit existait déjà à Paris dans des conditions pour ainsi dire identiques à celles où nous la voyons fonctionner aujourd'hui.

Parmi les maisons qui pratiquèrent le mieux cette belle œuvre, qui évite à tant de malheureux d'être conduits au Dépôt, il faut citer celle du Saint-Esprit-en-Grève, près de l'Hôtel de Ville, fondée en 1361 par une réunion de bourgeois parisiens. Comme aujourd'hui la réception des pauvres se faisait sans qu'on s'inquiétât de leurs antécédents, sans faveur ni acception de personne; comme aujourd'hui la prière précédait le sommeil; les nouveaux arrivants étaient astreints à certains soins de propreté ; chaque soir on tirait de l'eau plein un cuvier, pour faire laver les pieds et jambes des « dictes pôvres »; le directeur de la maison assignait à chacun son lit « afin que les pôvres femmes et les plus impotents, auxquelles doibt être pourvu en premier lieu, ne soient défraudés » ; comme aujourd'hui on ne voulait pas que cette hospitalité devint un encouragement à la paresse et que l'on pût en bénéficier éternellement : « Si auculnes fortes femmes et jeunes, taillées et habituées à gagner leur pain à aulcun labeur, voulaient s'accoutumer à venir gésir à l'hôpital continuellement, portait le règlement, l'hospitalière leur pourra dire que ne seront plus receus ni hébergés et qu'elles fuient oisyveté. »

C'est là le vrai principe dont la charité éclairée et soucieuse de la dignité de ceux qu'elle soulage, s'est toujours inspiré; l'assistance privée et publique doivent commencer par intervenir; c'est seulement dans le cas où le pauvre refuse leur secours, préfère le vagabondage à l'hospitalité qu'on lui offre, l'oisiveté au travail qu'on lui propose, que la loi pénale à le droit de le frapper.

« Pour ôter la mendicité, a dit Bossuet dans sa politique sacrée, il faut trouver des remèdes contre l'indigence; le pauvre qui n'a plus la force de travailler et que la charité ne va pas trouver dans sa mansarde, a le droit d'aller lui-même solliciter le secours; la société ne serait en droit de lui reprocher sa mendicité que s'il refusait l'asile qui lui serait offert. » C'est ainsi que le pauvre qui méconnaît la grande loi du travail et qui aime mieux tendre la main et errer par les chemins a toujours été considéré comme un homme dangereux qui entretient le désordre et favorise le développement du crime ; mais la paresse et l'attrait du vagabondage ont toujours été les plus forts et, de même que nos pénalités modernes ne peuvent en triompher, l'ancien régime avait vainement épuisé contre eux les châtiments les plus sévères : le pilori, les verges, la marque au fer rouge, les galères, le bannissement, les rigueurs de Bicêtre, de Saint-Denis et de la Salpêtrière. « Malgré tout, comme a dit M. Taine, l'ulcère grandissait par le remède et les centres de répression devenaient des foyers de corruption. »

La Convention nationale eut la prétention de supprimer la misère par ses décrets. « La mendicité, disait-elle par la bouche de Barrère, était une accusation vivante contre le gouvernement elle est incompatible avec le gouvernement populaire ; ce mot honteux de mendicité ne fut jamais écrit dans le dictionnaire du républicain, et le tableau de la mendicité n'a été jusqu'à présent sur la terre que l'histoire de la conspiration des grands propriétaires contre les hommes qui n'ont rien. »

La grande propriété fut détruite, la loi des successions amena un morcellement excessif des héritages et bien qu'aujourd'hui il n'y ait guère de paysan qui ne possède un lopin de terre, le vagabondage et la mendicité n'en ont pas moins progressé ; en cinquante ans, il s'est produit sur ces deux délits une augmentation de plus des quatre cinquièmes.

Que de fois n'a-t-on pas cité les récits des désordres causés par le vagabondage à la fin du XVIIe siècle : Mercier comptant avec effroi en France une armée de plus de 10,000 vagabonds et mendiants ;

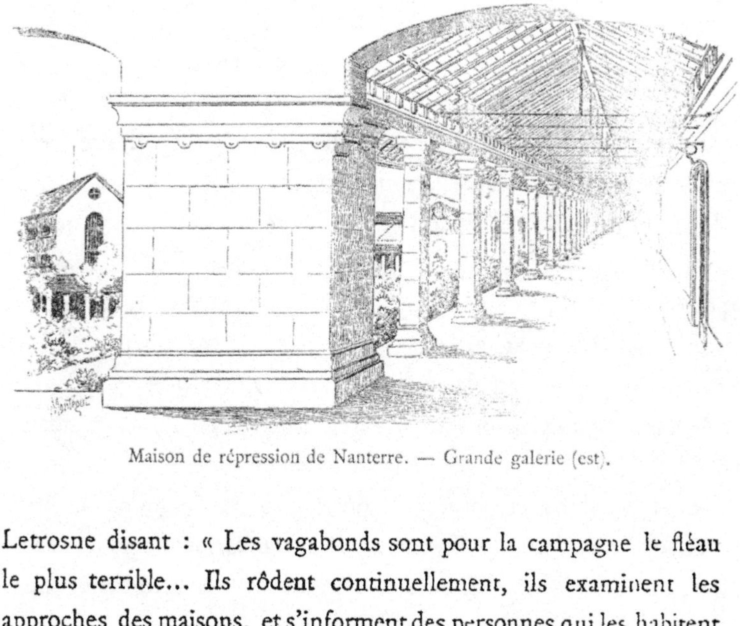

Maison de répression de Nanterre. — Grande galerie (est).

Letrosne disant : « Les vagabonds sont pour la campagne le fléau le plus terrible... Ils rôdent continuellement, ils examinent les approches des maisons, et s'informent des personnes qui les habitent et des facultés du maître. Combien de vols de grand chemin et de vols avec effraction. »

Sommes-nous donc si loin de cette situation que nous ayons le droit de nous enorgueillir beaucoup ; si nous ouvrons le dernier compte général de la justice (1887), qu'y voyons-nous en effet ?

36,431 condamnations pour vol, 17,626 pour vagabondage, 12,462 pour mendicité ; et dernièrement, à la Chambre, un député, M. Belle, signalait au gouvernement le trouble répandu dans les campagnes par l'audace et le nombre des vagabonds. »

L'histoire du délit de mendicité et de vagabondage qui marchent toujours ensemble, serait longue à écrire.

Toutes les lois depuis Charlemagne se sont toujours appliquées à rappeler aux paresseux l'obligation sociale du travail, et à faire une distinction entre la mendicité, à laquelle le pauvre est quelquefois contraint, et la mendicité illégitime des gens sans aveu, « les oiseux et les truands », comme on les appelait ; plus d'une fois aussi, les Académies ont mis au concours public la recherche des moyens propres à détruire ce fléau et à rendre les mendiants utiles à l'Etat.

Le seul mode de répression et d'extinction de la mendicité qu'on ait trouvé jusqu'à présent, c'est le Dépôt de mendicité, institué par Napoléon en 1807, et dont l'idée première, comme le rappelle une savante étude d'un avocat général de Rouen, M. Chanoine d'Avranches, se trouve dans les « Renfermeries » instituées par Marie de Médicis « pour favoriser les vrais pauvres et punir les mauvais ».

Le Dépôt, dans la pensée de son fondateur, ne devait pas être une prison, mais un établissement d'assistance publique destiné à assurer un asile aux malheureux n'ayant que la mendicité pour ressource.

Sous le régime du code pénal, le délit de mendicité dépend de l'existence du dépôt ; si le département possède un dépôt ou s'il a traité pour l'admission de ses pauvres avec un département voisin, la mendicité est interdite d'une façon absolue et devient punissable ; s'il n'y a pas dépôt, la mendicité est permise aux invalides et même aux valides, à la condition de ne pas être habituelle ; dans les deux cas, elle constitue un délit si elle est accompagnée de violences, de simulation d'infirmités, ou si elle a lieu en réunion.

Ainsi la mendicité est toujours répréhensible chez celui qui es en état de travailler, ou chez l'infirme qui refuse d'entrer dans l'asile que l'Etat est censé mettre à sa disposition; la loi part de cette idée très juste, mais souvent mal appliquée, que pour avoir le droit d'interdire et de réprimer la mendicité, il faut commencer par la soulager quand elle est digne d'intérêt; tant que le besoin subsiste, la sollicitation reste légitime; elle ne devient blâmable que le jour où elle repousse la satisfaction qui lui est proposée.

Mais il faut que cette satisfaction soit réelle ou qu'elle lui soit donnée comme un secours et non comme une peine; le Dépôt de mendicité, dont le nom est déjà si triste, doit être une maison où la pauvreté soit soulagée, en même temps que respectée; il cesse d'être un établissement de charité, et le pauvre s'en éloigne avec dégoût, et ne l'accepte qu'aux dépens de sa dignité, quand il devient une véritable prison où se rencontrent, à côté des indigents honnêtes, des individus condamnés pour vagabondage ou des faits de mendicité coupable.

Tel est précisément le vice capital du Dépôt de mendicité du département de la Seine.

Il existait autrefois, pour Paris, deux dépôts; l'un à Villers-Cottrets fonctionne encore, il est devenu une véritable infirmerie où les vieillards qui n'ont pu trouver de place dans les hospices viennent achever leur misérable vie; l'autre était à Saint-Denis, au-dessus d'un égout dont les exhalaisons pestilentielles aidaient singulièrement au rapide renouvellement des détenus; c'était une prison véritablement hideuse, infecte sous tous les rapports, et où paraît-il, les gardiennes, pratiquaient ouvertement le commerce des cheveux des détenues ; on ne cessait de demander la suppression de ce cloaque, il fut enfin fermé en 1886, et il ne reste plus à Saint-Denis qu'un dépôt de sûreté où les individus arrêtés dans la localité attendent pendant vingt-quatre heures ou plus, leur envoi à la Préfecture de police.

La maison de Saint-Denis fut remplacée en 1887 par la somptueuse prison qui s'élève aujourd'hui à peu de distance de la nouvelle gare de la Garenne-Bezons dans la plaine de Nanterre. C'est un édifice qui fait beaucoup d'honneur à son architecte, M. Hermant, il occupe une superficie de douze hectares, il a coûté la bagatelle de douze millions, et il n'est pas achevé.

Je ne crois pas que dans aucun pays on puisse voir un établissement plus vaste et où on ait porté plus loin ce que j'appellerai le luxe pénitentiaire ; ce n'est pas un abri, mais un palais qu'on a élevé à la mendicité ; il est au point de vue matériel, la perfection du genre, et à moins qu'on ne finisse par donner aux prisonniers des lambris dorés, des escaliers de marbre, je ne crois pas qu'on puisse aller plus loin ; ce n'est pas la vieille prison étroite, ramassée et comme enfouie dans la profondeur de ses murailles ; c'est dans la vaste enceinte d'un grand mur de ronde une série de bâtiments offrant un harmonieux assemblage de meulières, de pierres de taille et de briques, se rattachant les uns aux autres par de superbes cloîtres s'étendant à leur aise au milieu de cours plantées, et de corbeilles de fleurs ; du haut de l'immense terrasse sur laquelle donnent les appartements du directeur on admire l'ensemble de cette riante cité assise en pleine campagne sur les bords du fleuve ; les toits rouges des pavillons, les attiques des corniches, les colonnades des péristyles, évoquent l'image d'un lycée de la Grèce antique, et sous ces longues galeries qui semblent faites pour discourir, on cherche les disciples d'Aristote et l'on n'aperçoit hélas, que le détenu vêtu de sa veste grise et traînant sur les dalles de pierre ses lourdes galoches.

A l'intérieur on a poussé jusqu'à ses dernières limites la recherche des détails, vastes escaliers au développement majestueux, dortoirs et ateliers spacieux, promenoirs immenses, salles de bain, appareils de chauffage, éclairage au gaz, monte-charge, machines à vapeur, systèmes de ventilation, distribution d'eau, fontaines dans les cours, lavabos dans l'intérieur, filtrage des eaux, étuves de désinfection, utilisation des eaux d'égout, rien n'y manque, et je comprends qu'à un certain point de vue l'administration pénitentiaire se complaise dans son œuvre toute moderne; le seul défaut, et il est grand, c'est que c'est une prison!

De chaque côté de la cour principale on a réservé derrière de hautes murailles formant une enceinte distincte, deux bâtiments suivant le système celullaire; les dispositions essentielles rappellent celles de Mazas et de la Santé, mais les cellules sont beaucoup mieux installées; les fenêtres, plus ouvertes qu'à Paris, laissent mieux voir le ciel; le lit en fer se replie par un mécanisme ingénieux de façon à laisser dans la journée toute sa largeur à la cellule, de même la table, d'une dimension très suffisante pour manger, travailler ou écrire, se relève contre le mur; devant est une bonne chaise en bois plein, d'une forme élégante; dans un angle une petite étagère sur laquelle le détenu peut placer différents objets; plus loin une tablette pour sa nourriture; puis une petite fontaine qui lui permet d'avoir autant d'eau qu'il veut; une sonnerie électrique pour appeler le gardien, et un bec de gaz au-dessus de sa table. Aucune de ces cellules, à l'aspect vraiment confortable, n'a encore servi. Elles attendent leurs hôtes, sans doute les condamnées de Saint-Lazare.

A l'exception de ce quartier cellulaire qui enlève à la maison son unité, tout le reste est en commun dans cet hôpital-prison.

Une partie est réservée aux femmes, sous la surveillance des anciennes gardiennes du dépôt de Saint-Denis, l'autre aux hommes; ils sont soumis les uns et les autres à la même classification, reposant sur cette idée juste qu'il faut le plus possible séparer le mendiant condamné du mendiant simplement recueilli; on entre à Nanterre de deux façons principales, ou volontairement amené par la misère ou en vertu d'un jugement.

La population de la maison se subdivise en quatre sections.

La première comprend les mendiants libérés, c'est-à-dire ceux qui ayant subi la peine que le tribunal leur a infligée, ont été mis à la disposition de l'administration en vertu de l'article 273 du Code pénal, pour être conduits au Dépôt jusqu'à ce qu'ils soient en état de se suffire à eux-mêmes par leur travail.

La seconde section est destinée à toutes les personnes à antécédents judiciaires ayant réclamé volontairement leur admission.

La troisième comprend des personnes admises également sur leur demande mais n'ayant pas d'antécédents; elles sont reçues comme celles de la section précédente sur la présentation d'ordres émanant de la Préfecture de police ou de lettres d'introduction délivrées par les commissaires de police; le temps du séjour des individus appartenant à ces deux catégories n'est pas limité, et il dépend de l'administration de le prolonger pendant bien des mois dans l'intérêt de l'hospitalisé.

Enfin dans la quatrième, dernier résidu de la misère, sont réunis tous les vieillards impotents, paralytiques, gâteux, infirmes appartenant à l'une ou à l'autre des trois catégories précédentes ; dans cette section on ne travaille pas; tous ces malheureux qui n'ont plus rien à perdre et ne peuvent plus rien gagner, sont abandonnés à eux-mêmes ; assis sur des bancs dans la cour, ils passent leur journée dans la plus complète oisiveté, un peu distraite par des lectures qui de temps en temps leur sont faites à haute voix dans les réfectoires ; quelques-uns demandent des livres à la bibliothèque, d'autres causent ; les plus valides se promènent de long en large, rendent des petits services dans la maison et contribuent à entretenir l'éclat des cuivres et des parquets ; d'autres ne quittent pas les dortoirs, et étendus sur leur lit, ils attendent, immobiles et patients, que la mort se décide à mettre fin à leurs misères.

A l'exception de ce quartier, tout le monde travaille dans la maison ; c'est une loi à laquelle chacun est tenu de se soumettre sous peine de punition ou d'exclusion, selon qu'on appartient à la catégorie des condamnés ou des hospitalisés ; cette règle d'ailleurs est facilement acceptée, d'abord comme une distraction, ensuite comme une ressource ; sur la production journalière de chaque détenu, il lui est réservé une part de 50 p. 100 dont la moitié forme son pécule de sortie et l'autre moitié sert à ses besoins personnels, à ses dépenses de cantine pendant la durée de son séjour.

En hiver, on se lève à sept heures et en été à six ; la journée de travail est de dix heures, coupées par des récréations, promenades dans les préaux et repas ; le coucher a lieu à huit heures en hiver et à neuf heures en été.

Toutes les conditions, tous les âges se rencontrent dans cette maison ; on y voit des femmes qui ont eu leur heure de célébrité, des hommes qui ont porté l'épée et manié la plume ; d'autres qui ont enlevé eux-mêmes le ruban rouge de leur boutonnière et le tiennent caché au fond de leur poche; des gens qui ont connu la richesse ou toujours vécu dans la misère ; ceux qui finissent la vie auprès de ceux qui la commencent, des vieillards impotents et des jeunes gens robustes ; dans un atelier de coupage de poil de lapin, je vois au milieu de vieilles femmes une jeune fille qui a trouvé moyen de faire de son bonnet de détenue une coiffure presque gracieuse; elle m'explique qu'on l'a condamnée à un mois de prison, pour mendicité, parce qu'elle vendait des fleurs sur le boulevard, et comme je l'engage à changer de métier, elle me répond : « Que voulez-vous, on fait ce qu'on peut, on n'est pas des princes. »

Il y en a même qui viennent au monde au milieu de ces misères; j'aperçois dans un berceau à côté du lit de sa mère, qui arrive du fond de la Bretagne, un bel enfant né de la veille; mais en général, on n'entre là que pour mourir ; la prison a son cimetière spécial, grand de cinq hectares et déjà il compte bien des tombes ; favorisés sont encore ceux que le triste enterrement civil, car la maison n'en connaît pas d'autres, conduit à cette dernière demeure; la plupart sont emportés dans le fourgon des amphithéâtres, pour servir de sujets d'étude aux élèves de l'Ecole de médecine et du Val-de-Grâce.

Malgré tout, et sauf quelques visages sur lesquels on aperçoit, dans la profondeur des rides, la trace des grandes douleurs, on ne remarque pas cette impression de tristesse qui se dégage des autres prisons; ceux qui se trouvent là sont pour la plupart des philosophes, des résignés, pour ne pas dire des indifférents, ils ont pris depuis longtemps leur parti de la vie, telle misérable que la leur aient faite les événements et surtout leurs fautes; ils ont le gîte, la nourriture, variant suivant les catégories de deux à quatre rations grasses et de cinq à trois rations maigres par semaine, sans compter

Surveillante
26 ans de service
Surveillante
Cour de la Communauté
dans la cour de l'infirmerie
Cour des vieillards
Montégut.

NANTERRE

la cantine; ils ont un bon lit, quelques petites douceurs, de la société, et, s'ils sont malades, la plus confortable, je dirai même la plus élégante des infirmeries, installée dans de vastes chambres garnies de boiseries de vieux chêne; aussi, il n'y a pas besoin de soldats pour garder cette population; le poste est vide; c'est une prison où l'on désire entrer plutôt qu'on ne veut en sortir, surtout l'hiver, et quand on est dehors on cherche l'occasion d'y revenir.

Je rencontre dans une galerie trois jeunes gens de dix-sept à dix-neuf ans, ce sont de grands garçons, ils sont solides et bien portants; ils n'ont pas été condamnés, on les a admis à titre hospitalier; ils paraissent très satisfaits de leur sort, leur existence matérielle est assurée sans qu'ils aient à faire le moindre effort; ils resteront là à peu près le temps qu'ils voudront, et il est fort probable, si l'on en juge par ce qui arrive habituellement, qu'après leur sortie, il se passera peu de temps avant qu'ils ne reviennent frapper de nouveau à la porte de l'hospitalière maison.

Tous les individus entrés volontairement dans l'établissement peuvent sortir définitivement quand bon leur semble; il est rare qu'on consente à les garder plus de cinq mois; en outre, ils obtiennent facilement l'autorisation de s'absenter, même pendant quelques jours, sous le prétexte d'aller chercher du travail ou voir leurs parents.

Quant aux mendiants conduits au Dépôt après avoir subi leur peine, on les met en liberté dès qu'ils ont gagné dans les ateliers de la prison de quoi vivre pendant quelques jours.

On comprend que dans ces conditions la place devienne insuffisante et que le nombre des détenus augmente tous les jours.

Du 1er juin 1887, date de l'ouverture de la maison, au 11 octobre, l'effectif s'est élevé progressivement de 755 à 1353. L'année suivante, il atteint le chiffre de 2,008, puis après, une décroissance momentanée, il monte en février 1889, à 2,977, et dans ce nombre, ceux qui, sans s'être laissés condamnés pour mendicité, ont sollicité eux-mêmes leur admission, figurent pour les neuf dixièmes.

Un des reproches que l'on doit faire à la maison de Nanterre, c'est, comme je l'ai déjà dit, de réunir dans la même enceinte, sous le même toit, bien que dans des quartiers différents, des coupables et des innocents; ne se souvient-on pas de tous les reproches auxquels avait donné lieu l'ancien hospice de Bicêtre, parce qu'il recevait tout à la fois des malades, des infirmes, des indigents et des malfaiteurs, on disait avec raison que c'était imposer une cruelle humiliation à la misère digne de pitié, que de la confondre avec le vice méprisable; déjà à Nanterre les pauvres, les infirmes se trouvent sous le même toit que les libérés après condamnation, les récidivistes, leur régime est le même; on ne les distingue que par une casquette de laine différente et une petite garniture de fausse dentelle au bonnet des femmes; mais lorsque les quartiers cellulaires seront peuplés de condamnés et serviront de déversoir à Sainte-Pélagie ou à Saint-Lazare, il s'attachera à la maison une note d'infamie qui sera pour le pauvre une nouvelle souffrance, en même temps qu'une difficulté de plus à trouver du travail, lorsqu'il sera libéré ; aux yeux de bien des gens Nanterre ne sera qu'une prison, son caractère hospitalier passera inaperçu, et tous ceux qui en sortiront auront à supporter les conséquences de cette confusion compromettante.

Il arrive plus d'une fois à l'ouvrier le plus laborieux de se trouver sans travail : le chômage, la maladie surtout, peuvent le réduire bien vite à une extrême misère; les hospices n'ouvrent pas souvent leurs portes à ceux qui n'ont pas d'appui, tandis qu'à Nanterre il suffit de se présenter pour être admis ; mais cette hospitalité pour être généreuse à certains égards, n'en est pas moins dégradante ; qui a passé là quelque temps se sent diminué ; bien heureux encore s'il n'y fait pas la connaissance de quelque malfaiteur par lequel il sera entraîné plus tard.

Je remarquais un jour sur les registres de véritables chefs-d'œuvre de calligraphie, comme je m'étonnais que leur auteur, un ouvrier peintre d'une trentaine d'années, se trouvât avec une main si habile dans un pareil endroit, il me fut expliqué que des douleurs rhumatismales l'empêchaient de se livrer à un travail régulier ; ce n'était pas la première fois que j'avais la preuve de l'insuffisance de l'assistance publique en face des ouvriers qui méritent mieux que la prison, même quand on la décore du nom de dépôt de mendicité.

On reproche souvent à la magistrature de se montrer trop faible vis-à-vis des mendiants et des vagabonds, de les rendre trop facilement à la liberté ; c'est qu'elle entend faire la part de la misère et du vice, de la faute et de l'accident, avec d'autant plus de soin qu'elle sait que celui qui entre honnête en prison peut en sortir à tout jamais corrompu ; c'est un inspecteur général M. Lalou, qui disait, dans l'enquête pénitentiaire de 1872 : « Vingt-quatre heures de prison peuvent suffire pour perdre une existence. »

Quand un mendiant valide, ayant des bras solides, entend vivre par calcul aux dépens de la société, il mérite d'être traité comme un coupable, tandis que le mendiant infirme est digne de compassion ; il est permis de se demander si Nanterre n'est pas tout à la fois un asile trop humiliant pour les pauvres, et une prison trop confortable pour les paresseux. Il faut qu'un pauvre, ayant encore conservé une certaine dignité, soit réduit à la dernière extrémité pour demander asile à la prison ; au contraire le mendiant vagabond, celui qui ne veut pas travailler, y reviendra avec plaisir, loin d'en ressentir aucune honte. Tous les malheureux qui sont sans domicile et sans ressources à cause de leurs infirmités ou de leur âge relèvent de la charité et non de la pénalité ; il faut donc que rien ne rattache même à l'idée de prison l'asile que leur doit l'assistance publique ; pour les autres un châtiment sévère est nécessaire afin de dompter leur paresse et de prévenir la récidive.

Les mendiants vagabonds, ils sont en général les deux à la fois, qu'on rencontre en si grand nombre dans la banlieue de Paris, peuvent se diviser en trois groupes, les étrangers, les indigènes et les nomades.

Le nombre des étrangers est considérable, le dernier compte rendu du baron de Livois, président de l'hospitalité de nuit constate que du 2 juin 1878 au 31 décembre 1887, l'œuvre a abrité 7,412 suisses, 15,494 belges, 17,197 allemands, 4,371 italiens, sans parler des autres nationalités, et tout récemment une statistique officielle nous apprenait qu'aucune capitale n'est plus envahie que la nôtre et qu'un dixième de notre population est composée d'étrangers, lesquels habitent pour les deux tiers dans les quartiers pauvres, et par conséquent tirent de nos poches plus d'argent qu'ils n'en apportent ; il est bon de se montrer hospitalier et généreux, mais pas jusqu'à l'abandon de ses propres intérêts ; or, pour réprimer le vagabondage et la mendicité des étrangers, il suffit d'appliquer dès la première fois et sans la moindre hésitation l'article 272 du Code pénal, qui donne au gouvernement le droit de les faire conduire hors du territoire français.

Les indigènes peuvent être plus facilement surveillés par la police ; c'est à elle, par un vigoureux emploi des moyens plus que suffisants qu'elle a dans les mains, surtout depuis la loi sur la récidive, à débarrasser la rue de certaines industries sous lesquelles se cache la plus honteuse des mendicités, et le plus dangereux des vagabondages.

Restent les nomades, qui forment la majorité, la véritable armée des vagabonds et des mendiants ; c'est de ce côté qu'il faut porter l'effort.

Le vagabondage, le plus souvent accompagné de mendicité, est le délit qui procède le plus directement de l'état de la société. La déclaration du 3 août 1762 qui, la première, a essayé une définition du vagabondage, ne considérait comme vagabond que celui qui étant sans ressources et sans métier, ne connaissait personne digne de foi pouvant le réclamer, certifier sa moralité et ses habitudes ; déjà dans le même ordre d'idées, le règlement de 1712 prescrivait aux mendiants de se retirer dans la paroisse de leur domicile ou de leur naissance ; le décret du 24 vendémiaire an II, les renvoyait après une première admonestation du juge de paix, dans le lieu de leur résidence, ou s'ils n'étaient pas domiciliés, les faisait incarcérer jusqu'à ce que leur municipalité d'origine les eût fait réclamer ; la loi du 7 frimaire an V, ordonnait à tout mendiant valide de rejoindre sa commune d'origine, et enfin dans le code pénal, on inséra l'article 273 permettant aux communes et aux citoyens solvables de réclamer les vagabonds même après leur condamnation.

Dans ces différentes dispositions on aperçoit la pensée excellente, mais très confusément exprimée, de rattacher l'homme à sa commune d'origine, et de faire participer les municipalités et la charité locale à l'œuvre de l'extinction du vagabondage et de la mendicité ;

c'est dans cet ordre d'idées que peut se trouver seulement la solution du problème devant lequel, jusqu'à ce jour, tant de systèmes ont échoué.

On se contente d'expédients; on réprime le vagabondage au jour le jour, sans se demander assez si les moyens qu'on emploie ne contribuent pas à la propagation du mal; à peine un vagabond ou un mendiant sont-ils arrêtés, qu'ils sont condamnés dans les formes les plus sommaires, sans qu'on ait eu le temps de savoir ce qu'ils sont, d'où ils viennent, à quel pays, à quelle famille ils appartiennent, et pourquoi ils sont vagabonds; si au lieu de sévir contre eux, dès la première fois, sur des renseignements pris à la hâte, on informait leur famille, les autorités locales de leur arrestation, si on mettait celles-ci en demeure de les réclamer, bien des individus, évitant la condamnation qui les perdra à tout jamais, seraient rendus à la vie honnête.

C'est en intéressant les communes au sort de leurs habitants, en allant jusqu'à engager leur responsabilité de même qu'on les oblige à contribuer par le secours de domicile à l'entretien de leurs aliénés dans les maisons de santé, en établissant un principe de solidarité et d'assistance, que l'on arriverait, peut-être, à diminuer le nombre de ces dangereux nomades qui errent de tous les côtés, comme s'ils étaient sans famille et sans patrie.

En s'appuyant sur cette idée de l'assistance par la commune, en organisant entre les habitants un système de secours fondé sur des souscriptions permanentes, un des plus éminents préfets du second empire, M. de Magnitot, auquel on doit un très beau livre sur ces questions, était arrivé à vaincre la mendicité et le vagabondage dans un de leurs foyers les plus intenses, le département de la Nièvre; dans l'espace de cinq ans, le nombre des mendiants diminua dans une proportion énorme, les crimes et délits diminuèrent également en même temps qu'augmentait le nombre des enfants

Maison de répression de Nanterre. — Pavillon des surveillantes.

envoyés à l'école, et les tribunaux n'eurent plus à sévir que contre les étrangers.

Je ne prétends pas que la tâche soit aisée et toujours couronnée de succès ; mais au moins il faut reconnaître que le mal vient surtout de l'abandon, de l'isolement de l'individu, et que l'effort doit tendre à resserrer par les lois, par les mœurs, les liens qui l'unissent à son pays et à sa famille.

Quant à celui qui persistera malgré tout dans sa vie de paresse et de mendicité errante, il ne mérite qu'un châtiment sévère, et un palais comme celui de Nanterre ne doit pas être élevé pour lui ; la société ne doit pas se faire sa complice par une trop grande indulgence ; l'homme qui, ayant été rapatrié, mis en demeure de travailler, se fait arrêter encore comme mendiant, ou vagabond, devrait être condamné à un encellulement sévère de six mois au moins et contraint à des travaux très rudes ; puis dès la seconde condamnation, il conviendrait, surtout s'il est jeune, qu'il fût mis pour plusieurs années à la disposition du gouvernement qui, selon son âge et ses aptitudes, pourrait l'envoyer dans les colonies ou l'employer sur le continent à des travaux publics ; parmi ces vagabonds, il en est plus d'un qui, sentant la gendarmerie à ses trousses, s'en va tout simplement, comme un bon mendiant, frapper à la porte de la maison de Nanterre, où il trouve un abri et se fait héberger, jusqu'au moment où il lui plaît de continuer sa route.

La loi du 27 mai 1885 sur les récidivistes a été trop indulgente pour la mendicité et le vagabondage, en n'en faisant pas une des causes principales de transportation ; on peut être condamné cent fois pour ce genre de délit sans être pour cela, serait-on l'homme le plus valide, le plus capable de travailler, dans la catégorie des récidivistes relégables, si l'on n'a subi aucune condamnation pour des crimes ou de très graves délits, tels que le vol ; tant qu'on ne se sera pas débarrassé du mendiant et du vagabond d'habitude et qu'on se contentera de lui infliger une série d'impuissantes condamnations de quelques semaines de prison, les honnêtes gens ne seront pas protégés et le nombre des crimes ne diminuera pas.

La maison de Nanterre procure assurément un soulagement passager à certaines misères, elle est un lieu de repos, mais elle n'atteint pas le but du régime pénitentiaire qui est de corriger, et quand après un séjour plus ou moins prolongé, pendant lequel rien n'a été fait, rien n'a été prévu pour procurer du travail au mendiant, les portes de la prison s'ouvrent devant lui, il se trouve absolument dans les mêmes conditions qu'au moment de son entrée. A certaines heures, sur la route de Nanterre à Paris, on rencontre des gens à l'aspect misérable, mal vêtus, avec une besace sur le dos, tendant déjà la main; ce sont les libérés de la journée; on vient de leur rendre, avec la vermine en moins il est vrai, les haillons dont ils étaient vêtus à leur entrée; c'est avec cette triste livrée qu'ils reprennent leur chemin sans bien savoir où ils vont, sans même que l'administration les ait mis en rapport avec un patron qui pourrait leur procurer de l'ouvrage ou avec une société qui s'occuperait de les guider; quand la nuit viendra, que la faim et le froid se feront sentir, ils se souviendront qu'ils avaient un excellent lit, un bon calorifère, d'épais vêtements, une soupe bien chaude et toujours prête à l'heure; faut-il s'étonner que la pensée de rentrer, loin de les effrayer se présente comme un attrait; il ne me semble pas que ce soit faire l'éloge d'une prison au point de vue répressif que de dire, comme je l'ai lu, « que nombre de détenus amenés à Nanterre à la suite d'une condamnation, sollicitent comme une faveur, après avoir fait leur temps, d'y rester à titre d'hospitalisés; » une même maison, un même régime, un même costume ne sauraient convenir à l'innocent et au coupable, au bon et au mauvais pauvre.

Le pain assuré sans travail pénible à une foule d'indolents, le contact du vice imposé à la misère honnête, et il faut bien le dire, au milieu de tout cela rien de vraiment efficace pour consoler les uns et réformer les autres, voilà ce qui domine à Nanterre ; le côté matériel de la vie paraît être le seul auquel on ait songé; sans doute dans le plan primitif on avait pensé à pourvoir aux besoins spirituels; une grande chapelle devait s'élever au centre des bâtiments, avec un oratoire pour les protestants et les israélites; on voulait donner à tous ces parias, que la misère a souvent glacés jusqu'au cœur, la chaude atmosphère de la charité en mettant des Sœurs auprès d'eux; on voulait par respect pour la liberté de leur conscience qu'ils eussent un aumônier à leur portée.

Tout cela a été abandonné ; un grand espace nu où on aperçoit sous les mauvaises herbes les traces des fondations, indique la place de la chapelle, où va s'élever un vaste atelier; les étrangers qui viennent visiter cette maison, qu'on leur offre comme un modèle, expriment leur surprise et demandent s'ils foulent le sol de France; qui pourrait croire que dans un pays civilisé il existe une agglomération de près de quatre mille âmes en comptant le personnel de la maison, sans qu'il y ait une seule place où l'enfant, la femme et le vieillard puissent venir s'agenouiller; qui pourrait s'imaginer que cette place soit restée vide précisément dans la prison où on meurt le plus; qui oserait dire que la pitance distribuée à ces malheureux suffise à leur donner la force de supporter le poids de leur misérable sort et que ceux dont la vie a été abreuvée d'amertume n'aient pas à l'heure de la mort des injures à pardonner, des torts à réparer, des aspirations vers de meilleures destinées à satisfaire; la misère dans la vie libre est souvent bien dure; dans la prison de Nanterre, la mort sans consolation, est plus cruelle encore.

CHAPITRE XIV

LA DERNIÈRE ÉTAPE

La grande Roquette. — M. Beauquesne, directeur. — Les otages. — La prison de la mort.—L'échafaud.—La cellule des condamnés. —Claude Gueux et le Dernier jour d'un condamné. — La peine de mort. — Sa nécessité.—Scandales des exécutions publiques.—Une loi urgente. — Préparation à la mort.— La dignité dans le supplice

Les cortèges qui accompagnent les cercueils à la nécropole du Père-Lachaise gravissent la longue rue de la Roquette toute remplie par ces industries variées en même temps que lugubres, que la mort alimente; on ne voit dans les boutiques que couronnes d'immortelles, emblèmes funéraires, pierres tombales, croix de bois, monuments funèbres, tout évoque des idées de deuil; à peu de distance du cimetière la rue s'élargit et forme comme une place où la population pauvre du quartier vient s'asseoir sur des bancs à l'ombre de quelques arbres rabougris; toutes les fois qu'un convoi arrive à cet endroit, on voit les gens se pencher curieusement à la portière des noires voitures; ce qu'on regarde pour ainsi dire malgré soi, ce qui attire un instant les yeux, même les plus attristés, c'est la grande Roquette, avec son portail de fer, devant lequel depuis un demi-siècle quarante et un criminels ont été décapités.

On passe devant n'importe quelle prison sans même la remarquer, mais devant celle-ci on ne peut se défendre d'une impression pénible. Qui ne se souvient d'abord qu'elle fut, il y a dix-huit ans, le Calvaire que tant de nobles victimes durent gravir, pendant de longs jours de captivité, pour arriver à l'horrible fusillade du 24 mai 1871.

A l'extrémité du chemin de ronde de gauche, à l'endroit où l'Archevêque de Paris donna sa dernière bénédiction à ceux qui allaient tomber autour de lui, on a mis une plaque de marbre avec ces mots, simples comme leur héroïsme : « *Respect à ce lieu témoin de la mort des nobles et saintes victimes du 24 mai 1871;* » des fleurs entretenues par des mains pieuses recouvrent la place où le drame s'est accompli; des lierres et des arbustes garnissent les hautes murailles qui entourent le chemin et au printemps de larges bordures d'iris violets semblent faire aux visiteurs attendris une haie de fleurs en deuil.

Ainsi cette prison évoque en même temps l'image de la mort qui ceint les fronts de la couronne des martyrs et de celle qui leur imprime une marque d'infamie.

Ce fut le 22 décembre 1836 que la grande Roquette, désignée d'abord sous le nom de petit Bicêtre, et dont la construction venait d'être achevée, fut affectée au dépôt des condamnés à la réclusion et aux travaux forcés en attendant leur départ pour les maisons centrales de province et pour les bagnes de Toulon et de Brest, que remplacèrent en 1854 les établissements pénitentiaires de la Guyane et de la Nouvelle-Calédonie.

La réunion de ces malfaiteurs de première catégorie était un danger; en 1886, une révolte éclata dans les ateliers et, sans la courageuse intervention d'un vieux gardien chef très aimé et très respecté dans la maison, le directeur aurait été victime de la vengeance des détenus. A la suite de cet incident, auquel aucune suite judiciaire ne fut donnée, la grande Roquette cessa de recevoir les condamnés à des peines graves ; c'est maintenant dans les cellules de la Santé, isolés les uns des autres, qu'ils attendent leur transfèrement dans les maisons centrales ou à l'île de Ré et à Avignon, d'où ils partent pour les colonies.

Les bâtiments de la grande Roquette, devenus ainsi disponibles, ne reçoivent plus que les condamnés correctionnels, à plus d'un an avant leur envoi dans une maison centrale et les récidivistes âgés de plus de dix-neuf ans, condamnés à moins d'un an ; au 31 août dernier, son effectif était de 369, dont 241 condamnés subissant leur peine dans la prison et 128 condamnés à plus d'un an, devant être tranférés ; comme prison ordinaire, elle ne mérite aucune mention, elle offre les mêmes inconvénients de promiscuité que les autres prisons ; les condamnés sont isolés la nuit, mais dans la journée ils travaillent, mangent et se promènent ensemble ; on peut les voir, aux heures de récréation surtout, entassés dans l'unique cour ; par leurs gestes et leurs regards, par un mot dit tout bas, ils communiquent avec une extrême facilité, tandis que sous l'œil des gardiens, ils marchent les uns derrière les autres en files contraires, qui s'entre-croisent autour d'un point central :

« Porte-lanterne ou gibet,

a dit un de leurs poètes,

« Au haut duquel ne manquerait
« Rien qu'une corde. »

La grande Roquette ne serait donc qu'une prison banale si deux grandes visions, le massacre des otages et l'échafaud, ne planaient sur elle.

Lorsqu'on exécutait place de Grève, les condamnés étaient amenés le matin de Bicêtre à la Conciergerie; à partir de 1832 le lieu des exécutions ayant été reporté barrière Saint-Jacques, on les amena directement de Bicêtre; enfin, depuis 1851, ils sont envoyés à la grande Roquette dès le jour de leur condamnation, et ils n'ont plus qu'à traverser la cour de la prison et les salles du greffe pour rencontrer l'échafaud.

Ce qui domine aujourd'hui dans la prison, c'est la mort; elle est partout; il semble même que cette maison soit un corps sans âme quand elle ne renferme aucun condamné à la peine capitale. Tout se résume dans le condamné à mort et le directeur auquel il faut plus qu'à tout autre le don de ne pas s'émouvoir trop facilement, est en quelque sorte le maître de cérémonie de la guillotine.

Après avoir franchi le grand préau commun, on a devant soi une grille plus formidable encore que les autres, on l'appelle la grille des morts; on est ensuite au cœur de la place, et comme on salue un cercueil qui passe, on a presque envie de se découvrir en entrant dans ce dernier abri de ceux qui vont mourir; sans l'idée qui s'y attache, le lieu par lui-même, n'aurait rien qui puisse terrifier, au contraire son aspect est calme et presque riant; c'est d'abord une petite cour pleine de soleil, bien sablée, avec une fontaine, des fleurs, quelques arbres, une sorte de cloître où l'on serait à l'aise pour méditer; deux hommes à cheveux blancs, que je prendrais pour des moines, s'ils ne portaient le costume de la prison, assis sur un banc de pierre, se chauffent au soleil et se racontent sans doute leurs aventures passées; un autre se désaltère dans la vasque de la fontaine où une eau limpide coule lentement; c'est dans cette cour réservée aux vieillards, qu'à certaines heures de la journée vient se promener avec son gardien le condamné à mort, c'est là qu'il peut encore éprouver les dernières joies de la vie, voir

Le mur des otages. — Grand chemin de ronde.
Grande Roquette.

le ciel, entendre les oiseaux chanter et deviner l'espace et la liberté derrière les murailles.

La porte de sa cellule ouvre sur la galerie qui entoure la cour Cette cellule a été souvent décrite ; on en a même exhibé une reproduction à l'Exposition universelle, en y ajoutant, pour mieux satisfaire certaines curiosités, les noms des criminels les plus fameux par lesquels elle fut habitée; c'est plutôt une chambre qu'une cellule; on n'y est pas à l'étroit comme dans les autres prisons, et le mobilier est plus confortable; le lit paraît meilleur, la table est plus large, les murs peints en jaune sont propres, il y a plusieurs chaises et un bon poêle; l'administration fait bien les choses et si elle donne ailleurs, à ceux qui doivent retrouver la liberté, des cellules où on peut à peine remuer et respirer, elle se montre plus généreuse pour ceux de ses hôtes qui n'ont plus qu'à mourir; le condamné à mort est l'objet de faveurs toutes spéciales; il connaît dans ses derniers jours un confortable qui souvent lui a manqué toute sa vie; on met à sa disposition des cartes, un jeu de dominos; il n'est astreint à aucun travail, il peut à sa guise rester couché ou se lever, parler où se taire, rire ou pleurer, fumer ou lire; on lui donne une nourriture plus abondante, il a tous les jours de la viande et un peu de vin, sans compter ce qu'il peut faire venir de la cantine ou du dehors, s'il a de l'argent, et si ses parents ou ses amis ne l'oublient pas.

Mais comme on craint, que malgré tous ces adoucissements, il ne cherche à se débarrasser de la vie avant l'heure marquée par la loi, on veille sur lui avec le plus grand souci; autrefois après sa condamnation, dès qu'il avait descendu les quatre-vingts marches de l'escalier obscur qui communique de la Cour d'assises à la Conciergerie, il était revêtu de la camisole de force; vêtement de grosse toile dont le bout des deux manches, lié par une corde, tient enfermé dedans les deux mains du patient et va s'attacher, en passant entre les jambes, à une courroie de cuir qui remonte s'agrafer derrière le dos; c'était comme le commencement de l'exécution, et sous ces ligotements, le condamné éprouvait une impression d'étouffement et sentait que son corps était déjà au bourreau ; on ne met plus maintenant cette camisole qu'aux condamnés indociles ; les autres restent libres de leurs mouvements ; mais nuit et jour, à la cellule comme à la promenade, deux inspecteurs du service de la sûreté surveillent ses moindres mouvements, lui rappelant ainsi par leur seule présence que sa vie appartient à la loi, et que celle-ci entend la garder pour l'immoler bientôt sous les yeux du peuple ; on pourrait croire que le condamné devrait prendre en horreur ses deux gardes du corps, tout au contraire ils deviennent souvent ses derniers amis ; c'est une distraction pour lui de causer et de fumer avec eux tout en faisant d'interminables parties de cartes ou en poussant les pions sur un petit damier crasseux tout usé par les doigts de bien des assassins ; il se prend à oublier que ses partenaires ne sont là que dans l'intérêt de la guillotine ; ces étranges parties paraissent ne pas avoir d'enjeu, le règlement le défend, mais dans le fond de sa pensée le condamné leur donne plus d'importance que s'il y avait des piles d'or sur la table ; elles ont à ses yeux une signification mystérieuse et terrible, il lui semble que c'est sa tête même qu'il joue avec le bourreau, et qu'il aura sa grâce s'il parvient à gagner ; les agents savent cela, et comme ils sont bons enfants, ils s'arrangent de façon à se laisser battre, surtout si leur adversaire leur paraît inquiet et nerveux.

Le condamné trouve aussi une grande distraction dans la lecture ; avec une avidité fiévreuse il dévore en quelques semaines plus de livres qu'il n'en a peut-être lus dans sa vie tout entière ; c est pour le futur supplicié, apparaissant partout comme le premier rôle de la maison, que la bibliothèque, très bien tenue, réserve ses ouvrages les plus recherchés, les romans nouveaux, et par-dessus tout l'œuvre presque entière de l'auteur des « Trois Mousquetaires ». Alexandre Dumas qui a récréé tant d'esprits honnêtes, n'eût peut-être pas considéré comme un de ses moindres succès d'avoir, plus que tout autre, le charme magique de dérider les fronts assombris par la vision de l'échafaud.

On tient à la bibliothèque un registre, bien étrange, pour les condamnés à mort, sur la couverture, un détenu, employé comme auxiliaire, a dessiné une tête de mort et les accessoires de l'exécution ; on peut en le parcourant savoir, si cela intéresse, le nombre et le titre des ouvrages que chaque condamné a lus pendant les longs jours de son agonie ; l'approche de la mort ne les détache pas de ce qui peut faire aimer la vie, ce sont en général les voyages, les aventures qu'ils recherchent. Ils lisent rapidement et l'on sent, que malgré tout, leur pensée est ailleurs, tandis que leurs doigts tournent fiévreusement les pages ; dans l'espace de quarante-trois jours, Prado se fit donner soixante-huit ouvrages, parmi lesquels les « Guêpes » d'Alphonse Karr, où il put lire cette petite phrase, qui fit jadis beaucoup de chemin dans le monde : « Abolissons la peine de mort, mais que messieurs les assassins commencent », et quatre volumes des « Mémoires de Saint-Simon »; à la fin il revint aux œuvres dont le titre répondait à ses instincts, et le dernier livre qui figure à son nom est un roman de Paul Féval, intitulé le « Fils du Diable ». Chaque condamné à mort a aussi, dans les archives de la bibliothèque un petit carnet individuel contenant la liste des ouvrages qu'il a demandés; sur la couverture la date et les circonstances de son exécution sont rappelées en quelques lignes soigneusement calligraphiées ; le principal intérêt de ces singuliers résumés c'est d'être fait par des détenus et de laisser voir, par certains traits, ce qui se passe au fond de leur conscience et la façon dont ils se jugent entre eux.

UN SURVEILLANT

Voici, par exemple, ce que j'ai lu sur le cahier de l'assassin Schumacher : « En vertu du réquisitoire du procureur général, le susnommé a été exécuté le 10 septembre 1888, à 5 heures 45 minutes ; après avoir demandé pardon à Dieu et aux hommes du crime qu'il avait commis, il dut recevoir les dernières consolations et les baisers d'adieu du pasteur protestant qui l'accompagnait à l'échafaud ; M. Arboux ne fit en cela qu'accomplir les dernières volontés du condamné mort courageusement. La presse ayant fait entendre quelques murmures, M. Arboux répondit : « C'est pour son père. » Les gens qui assistaient à la lugubre cérémonie, étaient peu nombreux. Nos félicitations à M. Arboux et le pardon à celui qui a payé justement la dette de son crime. »

Chaque condamné donne lieu ainsi, de la part du détenu qui tient les cahiers, à des appréciations variées au fond desquelles on trouve toujours une sorte de respect pour le coupable qui a subi la peine capitale ; il personnifie la prison, il est celui vers lequel tout converge, et l'on garde précieusement son compte de bibliothèque, comme dans les écoles on inscrit au tableau d'honneur, pour la plus grande gloire de la maison, le nom des élèves qui ont obtenu les premières récompenses.

Lorsque la lourde porte grince sur ses gonds pour laisser passer la voiture qui amène de la Conciergerie l'homme que le verdict du jury vient de condamner à mort, la nouvelle s'en répand bien vite aux quatres coins de la prison, chacun cherche à l'apercevoir, et si les détenus en avaient la permission, ils se presseraient en foule pour contempler curieusement et peut-être même pour saluer au passage une des célébrités de leur monde.

C'est un moment solennel que celui où le condamné franchit pour la première fois la grille des morts pour entrer dans le quartier qui lui est réservé, jusqu'à sa dernière heure; les luttes de l'instruction, de l'audience sont terminées, il n'a plus l'espoir de tromper, d'apitoyer ses juges, d'échapper à ses gardiens; tout est consommé, il en a conscience, il sent le contact de la mort, parfois il y a chez lui une velléité de révolte; Campi, en arrivant, voulut prendre une bûche pour assommer le surveillant; depuis cette époque, on enferme le bois dans une armoire; mais le plus souvent le condamné pâlit, et quelquefois même, il pleure; les surveillants trouvent en général de bonnes paroles pour lui rendre du courage; je pourrais en citer un qui est depuis fort longtemps dans la maison, et dont le cœur s'est si peu endurci à tous ces spectacles, qu'on surprend une larme dans ses yeux, lorsque avec émotion il raconte les scènes profondément émouvantes dont il a été le témoin.

Pendant la première nuit, le condamné, fatigué par les longues audiences de la Cour d'assises, dort presque toujours d'un sommeil très lourd; le corps épuisé ne laisse plus à l'esprit la force de penser, mais le réveil est plein d'angoisse, et quand le prisonnier aperçoit en ouvrant les yeux les deux hommes qui veillent à son chevet, il comprend que la société le tient bien et ne le lâchera plus, c'est à ce moment surtout qu'il perd courage et qu'il tombe dans un abattement profond; et vraiment, ayant vu de près un grand nombre de ces malheureux, je ne comprends pas que Lombroso ait pu dire « que la plupart des condamnés conservent une grande indifférence jusqu'à la dernière heure et qu'ils prouvent par cette attitude que l'amour de la conservation, l'instinct le plus commun et le plus fort dans l'homme, a complètement disparu de leur âme »; deux ou trois jours après leur arrivée, l'instinct de la vie reprend le dessus, le condamné accepte quelques distractions, il espère dans le pourvoi que son avocat est venu de lui faire signer; alors, pendant quelque temps, la fatale pensée cesse de l'obséder, il arrive presque à l'oubli ; il se fait à sa vie nouvelle, et se sentant bien nourri, bien choyé, entouré de gardiens qui se prêtent à tous ses désirs, et ont l'ordre de ne pas lui parler de son affaire, il se dit qu'après tout, les exécutions sont rares, et que ce n'est pas pour le faire mourir qu'on le traite aussi bien.

Mais le temps a marché : un jour il s'aperçoit qu'il est là depuis un mois, il se souvient par les récits qu'il a lus, que c'est en général au bout de ce délai que le recours en grâce est admis ou rejeté ; alors, tout lui revient à l'esprit, son passé, son crime, la Cour d'assises, l'échafaud ; son front se mouille d'une sueur froide, un frisson passe dans tout son être ; désormais il n'aura plus de repos, ses nuits seront agitées, toujours inquiet, nerveux, il ne pourra prendre aucune distraction, il n'aura d'autre désir que de voir finir cette poignante anxiété et ce sera pour lui une délivrance que d'entendre enfin, au lever du jour, le directeur de la prison entrer dans sa cellule et lui dire : « Votre pourvoi est rejeté » ; ce qui signifie, dans dix minutes vous aurez vécu.

« Autrefois, dit M. Maxime Ducamp, la justice, dans le louable esprit d'humanité qui doit toujours inspirer ses actes, avait compris qu'il était cruel de laisser trop longtemps un. condamné à mort se débattre dans la dure alternative de la terreur et de l'espérance, elle activait l'œuvre de la séparation suprême. » Ces habitudes, d'une humaine célérité, ont fait place à des lenteurs qui rendent parfois digne de pitié les plus abominables scélérats.

La dernière exécution rapide fut celle de Tropmann ; condamné le 30 décembre 1869, il subissait sa peine vingt jours après.

Voici quels ont été depuis, à Paris, les délais écoulés entre le verdict du jury et l'exécution :

Moreau, l'herboriste empoisonneur. Condamnation, 11 septembre 1874; exécution, 13 octobre. — 33 jours.

Boudas, assassinat et vol d'un vieux brocanteur. Condamnation; 12 septembre 1874; exécution, 13 octobre. — 32 jours.

Bacquet, assassinat suivi de vol. Condamnation, 26 février 1875; exécution, 31 mars. — 35 jours.

Gervais, assassinat de la mère de sa fiancée pour s'emparer de sa fortune, enfouissement du cadavre dans une cave. Condamnation, 11 juillet 1876; exécution, 12 août. — 29 jours.

Billoir, sous-officier retraité, assassinat d'une femme et dépeçage du cadavre. Condamnation, 15 mars 1877; exécution, 26 avril. — 41 jours.

Walker, assassinat d'une jeune fille et profanation du cadavre. Condamnation, 13 août 1877; exécution, 12 septembre. — 29 jours.

Albert, assassinat suivi de vol. Condamnation, 28 septembre 1877; exécution, 25 octobre. — 27 jours.

Barré, clerc de notaire, et Lebiez, étudiant en médecine, assassinat, dépeçage du cadavre et vol. Condamnation, 1er août 1878; exécution, 7 septembre. — 36 jours.

Prévost, le gardien de la paix, assassinat et vol, dépeçage du cadavre. Condamnation, 9 décembre 1879; exécution, 19 janvier 1880. — 39 jours.

Menescloux, assassinat de sa fille. Condamnation, 30 juillet 1880; exécution, 7 septembre. — 38 jours.

Campi, double assassinat et vol. Condamnation, 22 mars 1884; exécution, 30 avril. — 33 jours.

Gamahut, assassinat de Mme Ballerich et vol. Condamnation, 11 mars 1885; exécution, 24 avril. — 43 jours.

Gaspard, assassinat et vol, de complicité avec un nommé Mayer. Condamnation, 22 juin 1885 ; exécution, 10 août. — 49 jours.

Cellule n° 1 des condamnés à mort. — La grande Roquette.

Marchandon, assassinat et vol. Condamnation, 27 juin 1885 ; exécution, 10 août. — 44 jours.

Kœnig, attaque nocturnen et assassinat. Condamnation, 10 février 1886; exécution, 8 avril. — 58 jours.

Frey et Rivière, assassinat et vol. Condamnation, 9 juillet 1886; exécution, 4 octobre. — Ce qui fit dire à Rivière pendant qu'on le liait : « Je m'en doutais, mais vraiment quatre-vingt-six jours d'attente, c'est trop long ! » — En même temps, un nommé Emile Furet, condamné par la Cour d'assises de la Charente-Inférieure, pour un double assassinat, avait attendu 87 jours son exécution; il est vrai qu'à cette époque il y eut dans les prisons de France, jusqu'à vingt-deux condamnés à mort.

Pranzini, triple assassinat. Condamnation, 16 juillet 1887; exécution, 31 août. — 44 jours.

Schumacher, un jeune soldat, assassin et voleur. Condamnation, 12 juillet 1888; exécution, 10 septembre. — 58 jours.

Mathelin, assassinat et vol de son camarade. Condamnation, 8 septembre 1888; exécution, 31 octobre. — 53 jours.

De Linska de Castillon, dit Prado, assassinat, tentative de meurtre et vol. Condamnation, 15 novembre 1888; exécution, 28 décembre. — 43 jours.

Géomay, caporal dans un régiment de ligne, assassin et voleur. Condamnation, 26 mars 1889, exécution, 23 mai. — 58 jours.

Allorto et Sellier, assassinat et vol. Condamnation, 28 juin 1889; exécution, 18 août. — 51 jours.

On voit par ce simple tableau jusqu'à quel point les délais tendent à se prolonger, puisque de vingt jours en 1869 ils se sont élevés jusqu'à cinquante-huit et même quatre-vingt-cinq jours, bien que la procédure du pourvoi en cassation et les formalités du recours en grâce n'aient subi aucune modification et n'exigent pas plus de temps qu'autrefois.

Aux termes de l'article 376 du code d'instruction criminelle, si le condamné veut, à la dernière heure, faire une déclaration, elle sera reçue par l'un des juges du lieu de l'exécution; il faut donc qu'un juge soit présent; cette prescription, tombée en désuétude, fut reprise à l'occasion de Pranzini qui avait insinué qu'au pied de l'échafaud il fournirait la preuve de son innocence en justifiant d'un alibi. Le magistrat qui a été chargé de l'instruction doit décliner la mission de recevoir les dernières déclarations, non point qu'il n'ose accepter la suprême conséquence de son œuvre sociale, mais parce qu'il ne serait pas convenable que la justice eût l'air de triompher en se trouvant sur le passage de l'homme qu'elle a vaincu; tout homme de cœur, qui a exercé des fonctions judiciaires, sait que l'accomplissement d'un devoir pénible entre tous n'a rien qui ressemble à un triomphe; disposer de la vie des autres, aussi bien dans les prétoires de la justice que sur les champs de bataille, est toujours un acte terrible qui fait tressaillir le cœur des plus braves et des plus convaincus.

Le magistrat, comme on l'a entendu dire quelquefois, par des hommes intègres du haut du siège du ministère public, peut envisager avec anxiété les graves questions que soulève la peine de mort et souhaiter que l'humanité puisse un jour être dispensée de recourir à des châtiments si terribles, mais s'il requiert au nom de la loi, c'est que dans sa conscience qui ne saurait transiger sur ce point, il estime que le châtiment est légitime, que la loi est juste et que ses ordres sont de ceux auxquels il est permis d'obéir.

La légitimité de la peine de mort a soulevé d'ardentes controverses, mais, chose digne de remarque, elle a rencontré des défenseurs aux pôles extrêmes de la philosophie. Le cinquième précepte du Décalogue nous dit : « non occides », mais l'Eglise bien qu'elle ait toujours condamné le meurtre, le duel, le parricide, les guerres injustes, a en même temps admis que la guerre est légitime quand elle se fait conformément au droit des gens pour une cause juste et vraiment grave. « Justa bella definiri solent, disait saint Augustin, quæ ulciscuntur injurias; » de même il est permis de tuer d'autorité privée un injuste agresseur pour conserver sa vie et celle de ses semblables : « Vim vi repellere omnes leges omniaque jura permittunt, » enseigne saint Thomas.

C'est ainsi que les théologiens ont toujours accepté la peine de mort. « Comme elle est nécessaire, dit Gousset dans un livre classique, pour protéger les innocents, et qu'elle est un moyen de juste et de légitime défense pour la société, le législateur peut la décerner contre ceux qui sont coupables de quelque grand crime; les tribunaux sont obligés de l'infliger dans les cas déterminés par la loi en se conformant aux procédures et formalités prescrites. » De leur côté les matérialistes arrivent aux mêmes conclusions; l'homme n'étant à leurs yeux qu'un animal, il n'y a pas plus de raison pour épargner sa vie, s'il est malfaisant, que pour interdire la destruction des bêtes fauves; il n'y a pas à regarder la qualité de la bête, mais seulement à sa férocité. Aussi à un congrès de Rome la peine de mort a été défendue au nom des principes de l'école positiviste.

« La société, a-t-on dit, en faisant tomber la tête d'un homme opère ce travail de sélection que le darwinisme considère comme la loi naturelle du perfectionnement; en condamnant à mort le délinquant né ou instinctif, la société favorise en l'accélérant l'œuvre de la nature dans le but d'obtenir la réalisation de l'intérêt social; les nécessités de la vie civile et l'influence du milieu ambiant ont altéré les conditions naturelles de la lutte pour l'existence parmi les membres de la société; aux forces de la nature ont été substituées celles des conventions sociales; il serait dangereux pour la société de ne pas se délivrer, du moins par approximation, des éléments criminels qui l'infestent. »

« Je comprends, dit encore M. Garofalo, l'opposition à la peine de mort de la part de ceux qui voient dans le criminel, un homme susceptible de remords ou de repentir, je ne puis la comprendre de la part de ceux qui soutiennent l'existence du criminel né ou instinctif; et sa conclusion est celle-ci : « Soyons donc logiques et ne nous laissons pas influencer par des considérations d'un ordre inférieur, lorsqu'il s'agit de laisser intacts les principes qui sont la raison d'être de notre doctrine. »

En 1829 et en 1832, Victor Hugo, dans deux pamphlets retentissants : « Le Dernier jour d'un condamné et Claude Gueux », fit contre la peine de mort ces réquisitoires célèbres, dont toutes les imaginations se sont nourries en attendant l'âge de l'expérience.

Claude Gueux, son héros, personnage très réel, était le plus abominable coquin qui puisse se rencontrer; condamné une première fois, pour tentative de meurtre sur un gardien de Clairvaux, il fut gracié; quelque temps après, il en assomma un autre à coups de hache, pour se venger d'avoir été séparé d'un infâme compagnon d'atelier, condamné comme lui aux travaux forcés pour meurtre, et avec lequel il troublait l'ordre dans la maison; le poète mettant les choses sens dessus dessous fit de ce misérable un martyr et des juges d'haïssables bourreaux; j'ai sous les yeux une lettre écrite en 1844, par l'inspecteur général des prisons, Moreau Christophe, au procureur du roi, à Troyes, où le procès avait été jugé, dans laquelle il dit : « On ne peut s'imaginer à quel point Victor Hugo s'est moqué de la vérité, de la justice et de ses lecteurs, j'ai sur la conduite du condamné à Bicêtre et au bagne des détails qui font frémir. » Les deux livres, grâce à l'éclat du style, n'en soulevèrent pas moins un vif mouvement d'opinion ; il devint à la mode de prendre le parti des criminels contre la justice, et de trouver les condamnés à mort plus intéressants que leurs victimes ; les assassins eurent le tort d'abuser un peu trop de la sympathie qu'on leur témoignait et loin de désarmer ils poursuivirent leurs exploits avec une incorrigible ardeur, répondant sans cesse par de nouvelles férocités aux manifestations sentimentales dont ils étaient l'objet, et couvrant la voix de leurs défenseurs par le retentissement de leurs forfaits.

Aujourd'hui, le parti des abolitionnistes a perdu beaucoup de terrain, et ce fut l'excès de la clémence qui ramena la société à un sentiment plus exact de ses intérêts. Sous la présidence de M. Grévy, qui avait pour la peine de mort la même aversion que le roi Louis-Philippe, les criminels virent leurs chances d'être graciés augmenter sensiblement ; les exécutions retardées le plus possible n'eurent plus lieu qu'à la dernière extrémité, sous la pression de l'opinion, de façon à lui en laisser toute la responsabilité ; mais comme en même temps les crimes se multiplièrent à Paris, au point que la population fut effrayée par la fréquence des attaques nocturnes et des vols à main armée au centre même de la ville, le public se prononça contre ces trop rares applications de la loi, et pour un peu il eût demandé la suppression du droit de grâce lui-même ; on pouvait admettre sous l'ancienne monarchie, disait-on, que le roi, investi par la naissance d'un droit antérieur et supérieur aux lois corrigeât par sa clémence les rigueurs de la justice, mais sous la République, qui doit être le régime de la loi pure, la justice sociale ne peut être tenue en échec par le bon plaisir d'un seul, fût-il le premier dans l'Etat; d'autres ajoutaient : « un tel arbitraire accordé à un être humain est exorbitant; c'est à la loi seule et à ses organes réguliers qu'il doit appartenir de prononcer les arrêts suprêmes ; quand ils ont définitivement parlé, tout doit se taire.

Au moment où pendant près d'une semaine la foule se dirigeait tous les soirs place de la Roquette, dans l'espoir de voir tomber la tête de Pranzini, la question du droit de grâce fut discutée dans toute la presse; les plus brillants rédacteurs des journaux, représentant les opinions les plus avancées, depuis M. Auguste Vacquerie, M. Henri Rochefort, jusqu'à M. Jules Delafosse, se prononcèrent avec une grande vivacité contre le maintien de ce vieux droit. M. Edouard Hervé, s'élevant avec l'autorité de son talent au-dessus des raisons passagères et personnelles, fut un des rares défenseurs de cette prérogative nécessaire du pouvoir suprême, il répondait avec raison : « Vous pouvez dire : les décisions de la justice doivent être toujours exécutées. Vous ne pouvez pas dire : les décisions de la justice doivent être exécutées uniquement quand elles entraînent la mort. Vous reculeriez devant une si monstrueuse contradiction. Celui qui sera condamné à un an de prison restera effectivement enfermé pendant douze mois. Je me demande ce que deviendront alors les prisons, ou plutôt je ne me le demande pas! Il faudra renoncer à tout espoir d'amender les condamnés le jour où on ne pourra plus leur offrir comme récompense de leur repentir ou de leur soumission, la remise d'une partie de leur peine. »

Ces réflexions sont pleines de sagesse, l'abus du droit de grâce peut être fâcheux, mais la suppression de ce droit serait un mal plus grand encore et les jurés n'oseraient plus prendre la responsabilité d'une condamnation capitale, s'ils ne savaient que dans des cas exceptionnels le chef de l'Etat pourra adoucir la rigueur de leur verdict.

Mais en même temps que le droit de grâce répond à certaines situations et à l'instinct même des masses, la peine de mort répond aussi à ce besoin de défense dont la société reconnaît plus que jamais l'impérieuse nécessité; ce châtiment constitue à l'heure actuelle, en attendant que l'humanité devienne meilleure, un des rares moyens de protection un peu efficaces contre les entreprises des malfaiteurs; sa nécessité fait sa légitimité; si je suis attaqué par ces rôdeurs nocturnes, si nombreux aujourd'hui, qui se battent comme des sauvages, vous défoncent la poitrine d'un coup de tête et vous font sauter l'œil d'un coup de pouce, serai-je un assassin si je les tue pour me défendre?

La société ne fait pas autre chose; ses prisons ne suffisent pas à la protéger, elles n'inspirent aucune terreur; le bagne transformé par la transportation est devenu un attrait, et les assassins graciés partent en chantant pour la « Nouvelle », comme ils disent; on prétend que la peine de mort n'effraye plus, rien n'est plus faux; on cite l'exemple de Gilles et d'Abadie qui ne manquaient jamais une exécution; leur forfanterie venant de ce que se croyant plus habiles que les autres, ils pensaient ne jamais se laisser prendre, mais dès qu'ils ont été entre les mains de la justice, ils ont fait tout ce qu'ils ont pu pour sauver leur tête; alors même qu'on ferait de la prison de véritables lieux de torture en ressuscitant les anciens in-pace par l'encellulement perpétuel, elle laisserait toujours aux condamnés l'espoir pour ne pas dire la certitude des réductions de peine, des grâces, des amnisties.

J'avais dernièrement sous les yeux deux lettres écrites par un condamné à mort la veille et le lendemain de sa grâce ; dans la première apparaît à chaque ligne l'effroi inspiré par l'approche du supplice : « Je crois que ma raison s'égare, c'est en pleurant que j'écris ces lignes, chose qui ne m'est jamais arrivée depuis mon arrestation ; la mort involontaire, fatale, me répugne, la pensée du suicide me sourit ; tout ce que je demande c'est de ne pas être exécuté pour la mémoire de ma famille ; peut-être lorsqu'on m'annoncera ma commutation cela me changera les idées, pour le moment je suis complètement démoralisé. » Dans la seconde lettre la joie déborde, le condamné parle de son avenir et de la vie nouvelle qu'il veut se faire, comme s'il s'agissait tout simplement de quelque fredaine de jeunesse à réparer. Le crime diminue singulièrement de gravité aux yeux du coupable gracié, rien n'en fait mieux comprendre l'horreur à lui-même et aux autres et n'excite plus au repentir que la vue de l'échafaud.

D'ailleurs certains hommes, et c'est pour ceux-là surtout que la peine de mort s'impose, restent dangereux même dans la prison la plus rigoureuse et la mieux gardée, en les graciant, on condamne des honnêtes gens à mort ; il y a des détenus qui, un jour ou l'autre, tueront certainement un gardien ; dernièrement le jury de la Seine accordait des circonstances atténuantes à un anarchiste qui, par pure haine de la richesse, avait tiré à la Bourse des coups de revolver sur les agents de change ; à peine était-il arrivé à Nouméa que sur une observation qui lui fut faite par son gardien, il s'écriait : « Il faut en finir avec ces oppresseurs ! » et il lui brisait les reins d'un coup de pioche.

Il faut en prendre son parti, la peine de mort restera longtemps encore la ressource suprême, mais, pour qu'elle soit en même temps une grande leçon, il faut qu'on en fasse autre chose que ce qu'elle est aujourd'hui; la manière dont on traite le condamné manque de dignité et de logique; elle offre un singulier assemblage d'idées matérialistes et de sentiments religieux, de petitesse et de grandeur.

Les dernières heures d'un condamné ne ressemblent en rien à l'agonie de l'homme libre qui, étendu pendant de longs jours sur son lit de souffrance, se sachant perdu, s'habitue à l'idée de sa fin prochaine, et fait avec résignation le sacrifice d'une vie souvent heureuse; à l'aide de petits moyens inspirés par une fausse sensiblerie on cherche à éviter au criminel ces angoisses salutaires, à écarter de lui jusqu'à la pensée de la mort; on le distrait, on l'occupe, on le trompe, son avocat, qui à force de répéter qu'il est innocent a fini par en être persuadé lui-même, est obligé par les règlements de la prison de se prêter à ces subterfuges; chacun fait croire au condamné que son pourvoi n'est pas encore jugé, que son recours sera admis, on l'endort dans de fausses espérances; autant vaudrait administrer un narcotique et tuer doucement, pendant son sommeil, celui qui n'a pas craint pour un misérable intérêt de faire subir aux autres la mort la plus atroce. Sans doute par tradition, on lui permet de voir l'aumônier et dans la chapelle il a une place où le dimanche, derrière une grille, il peut entendre la messe; mais si au moment où on le réveille subitement pour le prévenir qu'il va mourir, il veut voir le ministre de sa religion et s'entretenir avec lui, le bourreau lui en laisse à peine le temps et le pousse en toute hâte vers la porte derrière laquelle l'attend l'échafaud et la foule qui hurle et piétine comme lorsque le rideau tarde à se lever.

Il ne serait pas cruel mais au contraire plus digne, plus humain, et en même temps plus exemplaire, de prévenir le condamné au moins la veille de son exécution, afin que voyant bien la mort en face, il ait le temps, même en dehors de toute idée religieuse, d'exprimer ses volontés, de repousser le prêtre si cela lui convient, et s'il l'accepte, de se recueillir avec lui au lieu de se contenter le plus souvent, dans le trouble des horribles préparatifs, d'appliquer machinalement ses lèvres décolorées sur le crucifix au moment où l'instrument de son supplice se dresse devant ses yeux effarés.

Dernièrement un assassin, qui était cependant un grand sceptique, disait : « On a eu tort de ne pas me prévenir hier, j'avais des dispositions à prendre pour assurer le sort de mon enfant. »

Un autre, celui-là un homme du peuple, s'exprimait ainsi : « Une seule chose me chiffonnera, ce sera de n'être prévenu qu'au dernier moment; on a beau être brave, avoir l'âme bien trempée, quand on n'a que dix minutes pour recouvrer le sang-froid, il y a toujours un instant d'émotion; je ne crains pas la mort, je la braverais, mais je donnerais bien des choses pour avoir deux heures devant moi; avant de faire le saut de l'éternité il est bien permis de vouloir se reconnaître. »

De même que dans les abattoirs on cherche avec raison à faire souffrir les animaux le moins possible et à les tuer par les procédés les plus expéditifs, il semble que la philanthropie serait pleinement satisfaite si on arrivait à faire passer le condamné de vie à trépas sans qu'il ait le temps de s'en douter ; on ne pense qu'à lui épargner une douleur et une émotion physiques ; c'est à peine si l'on songe à la pauvre âme que le couperet du bourreau envoie, repentante ou souillée de crime, dans les régions de l'éternité.

A l'une des dernières exécutions il se passa une scène profondément triste, qui montre bien le point de vue exclusivement matérialiste auquel la mort est aujourd'hui envisagée par un grand nombre ;

le condamné, un tout jeune homme, ayant voulu, presque au pied de l'échafaud, faire une recommandation dernière au pasteur protestant, qui l'accompagnait, des murmures d'impatience et de protestation se firent entendre dans les groupes les plus rapprochés; le pasteur n'en continua pas moins à écouter le malheureux; le lendemain quelques journaux l'attaquèrent avec une extrême violence, le traitèrent d'homme barbare, cruel, fanatique, et demandèrent de supprimer désormais « toutes ces mômeries »; chose étrange, ce fut dans la prison, par tous ces misérables, que le rôle du pasteur fut bien compris et dans le récit de l'exécution écrit par un détenu sur le carnet de biliothèque du supplicié, on peut lire ces mots que j'ai déjà cités : « Honneur à M. le pasteur Arboux. »

Il y aurait donc tout à la fois plus de dignité dans le châtiment suprême et plus de profit moral pour le condamné à ne pas attendre la dernière minute avant de lui faire connaître le rejet de son recours en grâce; au lieu de penser à lui épargner des émotions, mieux vaudrait qu'on s'occupât d'avantage de le protéger contre les indiscrétions de ceux qui le gardent; dès qu'un homme est condamné à mort, la loi, par respect pour les arrêts de la justice, pour la douleur d'une famille, par respect aussi pour celui qui va expier sa faute d'une façon si terrible, devrait imposer le silence autour de lui et débarrasser la prison, où il attend la mort, de ces curiosités mauvaises qui cherchent à arriver jusqu'à sa cellule. Depuis quelque temps surtout, il semble que le condamné soit exposé sur une sorte de pilori aux regards de tous; les gazettes, dans leurs faits divers, réservent une place importante à ses moindres actions; on publie les prétendues poésies qu'il compose, on raconte les visites qu'il reçoit, ses conversations avec sa famille, ses impressions, ses angoisses, on donne le nombre des cigarettes qu'il fume, des verres de liqueur qu'il boit; ces informations, le plus souvent inexactes, ont non seulement l'inconvénient de donner une sorte de célébrité aux criminels, qu'il faudrait laisser dans l'oubli, mais elles leur sont très préjudiciables en soulevant contre eux des courants d'opinion, en les rendant encore plus odieux qu'ils ne le sont vraiment; ainsi tout récemment, pendant que trois condamnés à mort attendaient leur sort, on racontait que l'un d'eux, le plus jeune, manifestait les sentiments les plus abominables, qu'il se glorifiait de son crime et annonçait l'intention d'en commettre d'autres; tout au contraire il donnait à ce moment même les preuves du plus grand repentir; il écrivait à sa famille des lettres touchantes pour implorer son pardon; c'est ainsi que trop souvent lorsque l'avocat se présente devant le chef de l'Etat, afin d'appuyer le recours en grâce, il est obligé de défendre son client non seulement contre le verdict du jury, mais encore contre les articles des journaux; je n'ai pas à rechercher ici l'origine de ces informations; l'administration pénitentiaire s'en est beaucoup émue, et elle pense, à tort ou à raison, qu'elles seraient plus souvent évitées si on faisait garder les condamnés à mort par les surveillants de la prison au lieu de mettre auprès d'eux, par un vieil usage qui ne se comprend guère, des agents de la sûreté, dont le temps serait mieux employé à rechercher les malfaiteurs qui courent les rues.

Déjà par l'ignorance dans laquelle on se plaît à laisser le condamné sur son sort jusqu'à la dernière seconde, aussi bien que par le tapage inconvenant qui se fait autour de lui, la grandeur de la peine capitale se trouve singulièrement diminuée, mais le jour de l'exécution elle disparaît tout à fait au milieu des scènes honteuses dont la place de la Roquette est devenu le théâtre habituel.

Tandis que l'autorité militaire, moins complaisante pour la curiosité du public trouve le moyen de procéder avec décence à ses imposantes exécutions, loin du tumulte et des clameurs de la populace, il n'est pas un seul criminel condamné par les cours d'assises qui puisse payer sa dette sans que sa mort ne soit l'occasion des plus tristes scandales. Chaque fois que l'échafaud se dresse à Paris, vous pouvez ouvrir au hasard n'importe quel journal, vous êtes sûr d'y trouver les lignes suivantes : « Il n'y a qu'une voix pour protester contre les hontes de la Roquette; c'est un rendez-vous pour les oiseaux de nuit, pour les rôdeurs et les noceurs; un petit souper matinal qui couronne et motive une orgie, une descente de la Courtille après un bruyant carnaval de quelques heures; tout ce que la débauche entretient ou ruine de misérables afflue à cette foire et la société fait tomber une tête pour donner une représentation gratuite à la canaille avinée. »

Quel que soit le criminel que la loi ait livré au bourreau, les choses se passent toujours de la même façon ; le chroniqueur peut même se dispenser de sortir de chez lui, il n'a qu'à prendre dans son tiroir le cliché relatif aux exécutions capitales, avec ses divisions habituelles : mesures d'ordre; — minuit; — le réveil du condamné; — la dernière heure; le ligottement; — l'échafaud; — arrivée de la justice; — la cellule; — après l'exécution; — simulacre d'inhumation; — cadavre réclamé; — expériences; — la vie après la décapitation; — le moulage; c'est toujours la même chose; il peut, en changeant seulement les noms, adapter ses descriptions réalistes à n'importe quelle exécution.

Cette publicité donnée aux détails les plus répugnants du supplice, aux désordres de la foule, à ses débauches sanguinaires, enlève à l'expiation suprême toute sa majesté et la transforme en un sujet de trouble et de démoralisation.

En 1839 le garde des sceaux recommandait d'éviter de faire les exécutions les jours de marché; « la réunion d'une grande foule, disait-il, faisant d'une peine un spectacle populaire qui, loin de répandre d'utiles enseignements peut contribuer à la dépravation des mœurs ».

En 1848, le gouvernement provisoire abolissait le carcan et l'exposition publique comme étant de nature à éteindre le sentiment de la pitié et à familiariser avec la vue du crime; depuis on s'est appliqué à simplifier de plus en plus la mise en scène de l'échafaud; on l'a fait descendre de son estrade pour le mettre à ras de terre, on a supprimé la chemise rouge pour l'assassin et l'incendiaire, le voile noir, les pieds nus, la mutilation du poignet pour les parricides; enfin depuis bien des années les criminalistes et n'ont pas cessé de réclamer la suppression de la publicité absolue des exécutions telle qu'elle existe aujourd'hui. M. Bérenger (de la Drôme), en 1854, dans un de ses plus beaux livres, M. Charles Lucas, dans de nombreuses pétitions adressées aux pouvoirs publics, M. Jules Simon, à la tribune du Corps législatif, M. Dufaure et M. Bardoux pendant leur passage au ministère de la justice se sont faits tour à tour les défenseurs de cette réforme; le Sénat impérial, le Sénat républicain, les Chambres, ont été saisis de la question, des projets de loi qui auraient pu être votés en une séance, tant l'opinion était unanime, ont été mis à l'étude, et au mois de janvier 1885, la Cour de cassation, résumant le désir de la magistrature tout entière, s'exprimait en ces termes dans un remarquable rapport de M. l'avocat général Arthur Desjardins : « La Cour ne croit pas que l'opinion publique ait sur ce point depuis plus d'un demi-siècle fait fausse route; la publicité des exécutions capitales offre, à ses yeux, dans la pratique, au point de vue des mœurs publiques, des inconvénients de nature à en justifier la suppression ; dans les grandes villes le scandale est à son comble. »

Mais en même temps que la Cour consacrait par sa haute autorité le principe de la non-publicité, elle le rendait presque illusoire par de trop nombreuses exceptions ; outre les fonctionnaires, dont la présence est à coup sûr indispensable pour constater l'exécution de la loi, non seulement d'autres personnes, telles que tous les magistrats du département, les conseillers municipaux, les jurés, les journalistes, etc., seraient admis à assister à l'exécution, mais en outre on réserverait des places au public ordinaire, les femmes et enfants exceptés, et les portes de la prison seraient ouvertes pour leur introduction.

La Cour suprême ayant dans cette circonstance exprimé un avis et non pas rendu un arrêt, il est permis, sans manquer au respect qui lui est dû, de penser que la combinaison qu'elle propose laisserait subsister, en les aggravant peut-être, tous les inconvénients du système actuel. A quoi bon ouvrir les portes à cette populace et lui laisser croire par là même que le coupable pourrait être soustrait au châtiment par des magistrats et des fonctionnaires complaisants, si elle n'était là pour les surveiller de près ; ce sont des idées qu'il est dangereux de répandre dans les foules ; jusqu'à ce jour les représentants du pouvoir judiciaire n'avaient pas besoin de s'entourer de la foule pour donner de l'authenticité aux actes qu'ils étaient chargés de dresser ; leur caractère, les élevant au-dessus du soupçon, suffisait à garantir la sincérité de leurs constatations ; procéder autrement lorsqu'il s'agit d'exécution capitale ce n'est pas seulement exposer les représentants de la loi à des soupçons immérités, c'est perpétuer les scandales de la publicité. Un journaliste bien connu, un des grands maîtres du reportage parisien, M. Georges Grison, qui a assisté, je crois, à toutes les exécutions depuis bien des années et qui mieux que personne pourrait en raconter l'histoire, écrivait à ce sujet: « Alors que dans la foule étendue sur plus de cent mètres on se bouscule, on se bat pour avoir le premier rang, quelles scènes n'aurez-vous pas quand cette foule saura que vingt-cinq à trente personnes sorties de son sein pourront pénétrer dans la prison. Tout le monde voudra en être et pour cela cherchera à se mettre en tête. Il y a déjà des étouffements; il y aura des massacres. »

Ce qu'il faut d'ailleurs, ce n'est pas seulement repousser cette tourbe humaine qui assiège l'échafaud, c'est empêcher aussi la publicité excessive qui suit l'exécution; de même que le huis-clos des audiences ne permet pas de rendre compte des débats, le huis-clos de l'exécution devrait aussi imposer une certaine réserve; et la plume des journalistes pourrait s'employer plus utilement qu'à décrire les horreurs d'un supplice, je suis sûr qu'ils seraient les premiers enchantés s'ils pouvaient se dispenser d'aller à chaque exécution se bousculer et se morfondre sur la place de la Roquette pour la satisfaction du public. Il faut ou bien revenir aux cérémonies du moyen âge qui ne manquaient pas de grandeur, au cortège du supplice avec les pénitents récitant les prières des morts, au costume rouge du bourreau, à une mise en scène qui frappait les imaginations populaires ou bien alors supprimer cette publicité moderne, mesquine, honteuse d'elle-même qui ne sert qu'à satisfaire les mauvais instincts des foules.

Il est grandement temps que cette publicité disparaisse; quant aux esprits malveillants qui s'imaginent qu'à la faveur du huis-clos on pourra sauver un condamné, il ne faut pas s'en inquiéter; des procès-verbaux dressés par des magistrats ou des fonctionnaires d'un rang élevé auront en fin de compte plus d'autorité que de misérables et ridicules insinuations. D'ailleurs il y aurait deux excellents moyens de prouver la réalité de l'exécution ; l'un, trop moderne peut-être, serait, si l'on veut, de dresser avec les appareils de la Préfecture de police, ce que j'appellerai le procès-verbal photographique de l'exécution ; le second, d'ordonner que la peine capitale se compléterait par la remise du corps des suppliciés à la faculté de médecine.

Cette dernière disposition aurait en outre l'avantage de donner satisfaction aux vœux de la science, exprimés encore dans le dernier congrès de médecine légale, et de prévenir les scènes scandaleuses qui se sont quelquefois passées sur le bord de la tombe entre le délégué de la faculté réclamant un sujet pour des expériences et le prêtre lui opposant la volonté dernière du condamné, de reposer tranquillement dans la tombe ; volonté très légitime et devant être respectée dans l'état actuel de notre législation.

Plus la peine de mort sera débarrassée de tous ces scandales de la rue, plus le peuple la verra de loin, plus elle fera d'impression sur lui, plus elle mettra un terme à cette forfanterie dangereuse par laquelle à leur dernière heure les criminels semblent se transformer en héros.

Une enceinte réservée, aux portes de Paris plutôt que dans la ville même ; quatre ou cinq magistrats et fonctionnaires d'un ordre très élevé ; un procès-verbal sans phrase et plus digne que ces rapports épisodiques de mode aujourd'hui ; si l'on veut encore, une sonnerie de cloches, un drapeau noir hissé sur quelque édifice, l'affichage du procès-verbal et l'interdiction de tout autre compte rendu, voilà ce qui ferait du châtiment suprême autre chose qu'un amusement corrupteur pour un certain monde.

Ce n'est pas la peine de mort qu'il faut supprimer, c'est la façon dont on l'applique qu'il importe de modifier ; l'état de la criminalité exige qu'elle soit maintenue, la moralité commande de la rendre exemplaire et vraiment imposante.

CHAPITRE XV

LES CAHIERS DES PRÉVENUS

Doléances des détenus. — Le règlement de 1885. — La cellule. — Formalités humiliantes. — La photographie. — La fouille. — La nourriture. — La cantine. — Les entrepreneurs. — Les salaires. — Les gardiens. — Les punitions. — La bibliothèque. — Le parloir. — Visite du juge.

En 1777, Voltaire prétendait que la plupart des geôles étaient des cloaques d'infection, répandant les maladies et la mort; en 1889, M. Emile Gautier, dont j'ai déjà cité les fines observations qu'il eut le loisir de faire, ayant par suite de condamnations politiques habité cinq ou six prisons diverses, de 1882 à 1885, disait à son tour, dans la « Revue d'anthropologie criminelle », en se servant des mêmes expressions à plus d'un siècle de distance : « La prison, telle qu'elle est organisée, est un véritable cloaque épanchant dans la société un flot continu de purulences et de germes, de contagion physiologique et morale ; elle empoisonne, abrutit, déprime et corrompt. C'est à la fois une fabrique de phtisiques, de fous et de criminels. »

La question pénitentiaire n'est donc en réalité pas plus résolue qu'elle ne l'était du temps de Voltaire.

Un grand mouvement d'opinion, à la tête duquel marchait non seulement les philosophes, mais la Royauté elle-même et des hommes d'Etat, comme de Lamoignon, Malesherbes et Necker, s'était élevé contre le système des lois pénales, et de toute part les assemblées provinciales exprimaient des vœux sur l'amélioration du régime des prisons.

Le centenaire a réveillé de différentes façons le souvenir des cahiers des Etats généraux et les a mis à la mode ; mais pour trouver la vérité dans ce genre de consultation, il faut que tout le monde y soit appelé; que les gouvernants comme les gouvernés, ceux qui appliquent la loi comme ceux qui la subissent, puissent apporter leurs idées ou faire entendre leurs doléances; par cette raison il me semblerait peu juste, pour ne parler que de la question pénitentiaire, de refuser la parole à celui qui est emprisonné, et de ne la laisser qu'à ceux qui ont le droit de mettre les gens en prison ; j'ai sous les yeux les notes d'un assez grand nombre de détenus, et sans entendre approuver tous leurs vœux, il me paraît intéressant de les exposer : ce sont ces cahiers d'un nouveau genre que je veux interroger.

On pourrait croire, à première vue, que le vœu des détenus serait, avant tout, la suppression de la prison elle-même ; pas le moins du monde; peut-être chacun en particulier le souhaiterait-il pour lui-même, mais il ne le voudrait pas pour ses compagnons, sachant mieux que personne combien ils sont redoutables.

« Parmi tous ces hommes, dit un détenu de Sainte-Pélagie, il en est beaucoup qui sont à tout jamais perdus ; il y a des bêtes féroces qui sont toujours altérées de sang, qui tuent pour satisfaire le moindre instinct; il en est de ceux-là comme des tigres et des panthères, il semble que cela leur fait plaisir de faire mal ; chaque crime commis par eux est un sujet d'admiration pour ceux qui les entendent ; il est regrettable que l'administration ne puisse pas les isoler non seulement des autres condamnés moins pervertis, mais même les isoler les uns des autres. »

Les détenus se jugent entre eux beaucoup mieux que nous ne les jugeons nous-mêmes ; ils ne se laissent pas prendre si facilement à ces comédies d'innocence qui éveillent souvent les scrupules de notre conscience ; ils connaissent le fond des choses, habilement dissimulé à l'avocat aussi bien qu'au juge ; combien par exemple ne devaient-ils pas sourire de certains attendrissements, les complices de Prado, assis à côté de lui sur les bancs de la Cour d'assises, en l'entendant affirmer son innocence sur la tête de sa fille, alors qu'il leur avait dit quelques jours auparavant, comme ils l'ont déclaré depuis : « J'ai une morte dans mon affaire, c'est moi qui ait fait le crime » ; les détenus sont plus sceptiques que nous ; ils n'ont pas les naïvetés dont s'honore parfois la justice.

« Qu'ils se taisent, écrit l'un d'eux, récidiviste et relégué, ceux qui prétendent qu'ils sont innocents, condamnés à faux, pour me servir de leur propre expression ; grâce à Dieu, les précautions prises pour avoir la preuve du délit sont pour l'inculpé des garanties dont on ne peut méconnaître la suffisance dans presque tous les cas. Il y a toujours un fait, une circonstance quelconque qui, rapprochés les uns des autres et de certains actes émanés du prévenu, donnent à l'inculpation ou à la prévention un corps qui fait la base de la condamnation elle-même. J'ai vu et parlé dans les maisons centrales à des détenus qui se prétendaient innocents ; après quelques entretiens, j'emportais la conviction qu'ils ne croyaient pas à leur innocence, qu'ils y croyaient moins que moi, et Dieu sait si j'étais fixé ! »

Mais en même temps que le prévenu fait, comme c'est son droit légal, tous ses efforts pour tromper la justice, il ne lui en veut point de ne pas se laisser prendre à ses ruses ; il est le premier à reconnaître la légitimité de la peine ; il comprend que le juge remplit un devoir et, à la condition d'être traité avec humanité, il a rarement de la haine contre lui, et si parfois il songe à le tuer, c'est par intérêt et non pas par vengeance.

« Je sais bien, remarque justement un autre détenu, que si les prisonniers devaient avoir toutes leurs aises en prison, on ne les y enverrait pas ; que les privations qui n'influent pas sur leur santé ou sur leur constitution fait partie intégrante de la peine infligée ; qu'il faut qu'ils conservent le souvenir de ce qu'ils auront souffert, de façon que l'expiation de leurs fautes leur soit salutaire, que sans doute le régime matériel n'est pas si mauvais, puisque tant de gens viennent et reviennent en user. »

« Dans le rapide aperçu que je vais faire de ma prison, disait un jour dans le même sens un célèbre assassin, je ne me ferai pas faute de mettre en évidence les abus routiniers, les contradictions choquantes, les mesures ridicules et inutiles qui subsistent dans le système pénitentiaire que jusqu'ici j'ai subi. Je dois avant tout déclarer que grâce aux idées libérales du siècle et à la philanthropie des législateurs, à l'humanité des lois, les prisons quels que soient les noms spéciaux sous lesquels on les désigne, répondent à l'idée de leur destination. Il y a loin d'elles au plomb de Venise et autres analogues de la même époque ; certes on y souffre, chacun selon sa naissance, son caractère, son tempérament, son imagination, mais une fois admis le droit que s'est arrogé la société d'élever des prisons contre ceux de ses membres qui sont en révolte contre ses lois, par des actes criminels et répréhensibles ou jugés comme tels, il serait stupide d'en faire un Eden ou un Elysée. »

Mais en même temps que les détenus s'inclinent volontiers devant la légitimité des mesures prises à leur égard, ils sont très sensibles à ce qui leur semble injustement rigoureux ; c'est ainsi que les prévenus sont unanimes à se plaindre que par avance on les traite, à quelque chose près, comme s'ils étaient condamnés ; j'ai dit, en parlant de Mazas, combien ces protestations me semblaient légitimes. L'un d'eux résume ainsi leurs sentiments.

« Le régime qui occasionne pour tous ceux qui le subissent des humiliations de toute nature, ne saurait, dit-il, être le même pour les prévenus que pour ceux que la justice a frappés ; il ne diffère guère cependant que par le port du costume pénal ; pour l'une et l'autre catégorie, la vie de famille est suspendue, les affaires d'intérêt sont arrêtées et par cela même compromises dans leur réussite ; les relations cessent avec les amis et les étrangers avec lesquels vous avez un commerce quelconque. Si l'instruction se prolonge, votre avenir est perdu, alors même que vous sortiriez indemne de toute accusation et de toute prévention. »

Dans le régime intérieur de la prison, ce que le détenu paraît supporter avec le plus de peine, c'est la cellule elle-même. Les malfaiteurs de profession cherchent à en sortir à tout prix, des hommes qui en sont à leur première faute aiment souvent mieux les plus répugnantes communautés ; d'autre expriment le vœu d'être classés par catégories.

« Si la cellule, dit l'un d'eux ayant occupé dans le monde une situation honorable et arrêté pour abus de confiance, est un obstacle suffisant à un malheur complet, ne serait-il pas possible sous certaines restrictions, de réunir à une heure de la journée, deux ou trois fois par semaine au moins, les détenus qui paraissent offrir toutes garantie à tous les points de vue de la moralité et de l'éducation. La chose serait d'autant plus facile qu'il ne doit pas s'en trouver un nombre considérable. Pour cela on les laisserait ou plutôt on les conduirait dans une salle affectée à cela, ou dans un promenoir, où les rigueurs de la captivité se trouveraient adoucies de la sorte, dans une certaine mesure, sans que la répression y perde ses

Mur du chemin de ronde où a été fusillé Chaudey.

droits; nul ne doute que quelquefois, ainsi réunis, ces détenus qui n'auraient pas, bien entendu, d'autre casier judiciaire que la condamnation qu'ils purgent, ne se livrassent à des réflexions sur leurs familles, sur leurs situations; les meilleurs donneraient des bons conseils aux défaillants. »

C'est un peu ce qu'a voulu faire l'article 28 du règlement général de 1885 en recommandant aux directeurs d'isoler autant que possible par groupes distincts les détenus ayant déjà subi des condamnations de ceux qui sont sans antécédents judiciaires; mais, malheureusement, l'état actuel des prisons ne permet guère de multiplier ces groupes autant qu'il le faudrait pour empêcher le mélange des éléments absolument corrompus avec ceux qui sont encore relativement sains.

Il est à remarquer que les détenus se plaignent en général bien moins de ce qui les fait souffrir que de ce qui les humilie et les avilit à leurs yeux; sans doute ils trouvent que la cellule n'est pas un lieu agréable, mais ils comprennent très bien que les prisons ne sont pas faites pour leur agrément; certaines mesures au contraire les irritent, les froissent, et leur semblent d'inutiles vexations.

« Avant que le juge nous ait interrogé, disent-ils, la Préfecture de police nous a obligé à être photographiés, si encore c'était pour garder notre portrait, mais on le donne à tout le monde, et les journaux le mettent dans leur salle. »

Sur ce point ce qui peut être justement critiqué c'est l'abus, ces constatations étant au fond d'une grande utilité; mais pourquoi par exemple, comme le fait observer un détenu, prend-on votre signalement et vous fait-on passer sous la toise toutes les fois qu'on change de prison; est-ce qu'une copie du bulletin de mensuration fait au service de l'anthropométrie ne devrait pas suffire une fois pour toutes et accompagner le dossier dans ses pérégrinations du Dépôt à Mazas, de Mazas à la Conciergerie, de la Conciergerie à la grande Roquette; le prisonnier serait ainsi affranchi de pénibles répétitions, sans compter que son signalement serait plus exact et que sa taille ne gagnerait pas ou ne perdrait pas quelques centimètres au gré de la toise de chaque prison.

Ce qui est encore l'objet de réclamations, surtout de la part de la femme, c'est la fouille qui a pour but de s'assurer que le prévenu n'a sur lui aucun objet dont il pourrait faire un mauvais usage

Tous les détenus, porte l'article 34 du règlement, doivent être fouillés à leur entrée dans la prison, et chaque fois qu'ils sont extraits de la prison, menés à l'instruction ou à l'audience et ramenés à la prison. Ils pourront être également fouillés pendant le cours de leur détention aussi souvent que le directeur et le gardien-chef le jugeront nécessaire.

« Cette fouille, d'après un détenu, a lieu dans des conditions qui répugnent à tout homme ayant encore le respect de lui-même ; elle est complète et ne peut laisser dans l'esprit de la personne qui en a été chargée aucune crainte qu'il puisse être entré dans le séjour de la détention rien dont le règlement défende l'admission ; pourquoi la fouille recommence-t-elle à la sortie du Dépôt, pour aller par exemple à Mazas et pourquoi se renouvelle-t-elle encore à Mazas dans les mêmes conditions ? »

« J'ajouterai, dit un autre, que l'on fait déshabiller trop souvent les détenus ; il semble que quand l'on quitte Mazas pour aller à la Conciergerie, et la Conciergerie pour Mazas, il serait inutile de le faire se déshabiller, puisque l'on quitte une prison pour retourner dans une autre. »

Je comprends que les prisonniers soient fort opposés à la fouille, elle est pénible à ceux qui n'ont pas de mauvaises intentions, elle est désagréable pour les autres ; mais elle est nécessaire et il serait bon qu'elle fût faite avec plus de soin ; elle doit lutter d'adresse avec le prévenu et si la main du fouilleur était trop discrète, elle laisserait passer plus d'un objet habilement dissimulé dans les retraites les plus intimes ; si l'on réalisait les vœux des prisonniers sur ce point les évasions deviendraient bien plus fréquentes, la vie des magistrats et des gardes serait chaque jour en péril; malgré la perspicacité des geôliers les plus experts, on voit sans cesse des prisonniers parvenir à cacher des armes et de l'argent; un détenu est arrivé un jour du Dépôt avec un revolver chargé, un autre est venu dans le cabinet du juge avec un poignard et une échelle de corde, et dernièrement un fanfaron du crime qui voulait absolument commettre un assassinat de plus pendant l'instruction, avait trouvé le moyen d'apporter une arme aiguisée, faite avec l'un des boulons de son lit, toutes les fois qu'il était amené au Palais de justice.

Les détenus ont trop d'intérêt à la suppression de la fouille pour qu'ils puissent être écoutés sur ce point; mais ils manifestent d'autres répugnances qui peuvent sembler moins suspectes; tous se plaignent de ces sièges particuliers qui sont toujours sous leurs yeux et encore plus sous leur nez, dans un coin de la cellule; sans doute certains détenus savent en tirer un singulier parti, et M. Emile Gautier nous apprend qu'ils servent, à ceux qui ne craignent pas de s'y fourrer la tête, de tuyau acoustique pour communiquer avec le voisin et que d'autres y pêchent à la ligne des rats de l'espèce stercoraire qu'ils vendent pour un demi-litre de vin ou un paquet de tabac. Mais la plupart des détenus considèrent qu'en les condamnant à ce contact malpropre et à cet air irrespirable, on les traite comme des animaux plutôt que comme des hommes; les souffrances auxquelles se mêle de l'abjection ne servent qu'à faire perdre à tous ces hommes le peu de respect d'eux-mêmes qui leur reste encore; il est dangereux, a dit Pascal, de trop faire voir à l'homme, combien il est égal aux bêtes, sans lui montrer sa grandeur.

Tous se plaignent de la façon dont ils sont conduits de la prison au Palais de Justice; la voiture cellulaire, les menottes sont extrêmement pénibles surtout à ceux qui ne sont pas habitués par plusieurs condamnations à la vie des prisons. « Certains détenus offrant toute garantie, dit l'un d'eux, pourraient être accompagnés par un ou plusieurs agents, au lieu d'être conduits dans la voiture, ce serait pour eux, ajoute-t-il, une occasion pour respirer. » Mais ce mode de transport serait trop dispendieux et fournirait l'occasion de jouer, à des agents trop confiants, le mauvais tour de s'échapper de leurs mains.

La nourriture est aussi l'objet de très nombreuses réclamations ; on sait qu'à Paris des entrepreneurs subviennent aux frais de l'entretien des détenus moyennant un prix de journée fixé en adjudication, plus une part du salaire du détenu et les bénéfices de la cantine ; ce système éveille les défiances du détenu et voici ce que je lis dans plusieurs notes : « ... Je me borne à dire qu'à Paris, le régime de la prison mis à la charge de l'entrepreneur est insuffisant pour le détenu qui a un appétit raisonnable, il empêche très certainement de mourir de faim, mais voilà tout et ce n'est pas suffisant... il est impossible au détenu de se suffire avec la nourriture accordée. C'est insuffisant d'une manière absolue pour une personne, surtout si elle est jeune et a bon appétit... » Des gens, pour ne pas endurer des souffrances que le code n'a pas prévues, sont obligés d'implorer la pitié des gardiens qui leur donnent les pains de la maison, dits boules de son, abandonnés par les prisonniers ayant de l'argent et pouvant acheter du pain blanc à la cantine. » Autrefois le prisonnier ne recevait que ce qu'on appelait le pain du Roi et de l'eau ; ce fut vers 1829 que l'usage de la viande commença à s'introduire en même temps que le matelas vint remplacer la paillasse légendaire.

Aujourd'hui le détenu peut-il se plaindre ? Voici, pour qu'on puisse juger de la valeur de ses réclamations, quel est son régime alimentaire.

« Le nombre des repas, dit l'article 50 du règlement, est de deux par jour ; en toute saison le repas du matin a lieu à neuf heures et celui du soir à quatre heures ; le repas du matin se compose d'une soupe aux légumes ; le repas du soir de trois décilitres de haricots, lentilles ou de riz, soit au beurre, soit à la graisse de saindoux ; le dimanche ce repas est de cent grammes de viande désossée, avec des pommes de terre ; les individus soumis au régime cellulaire, qui est considéré comme affaiblissant, ont en outre même quantité de viande le jeudi ; tous les détenus font aussi un repas gras aux fêtes de l'Ascension, de l'Assomption, de la Toussaint, de Noël, le 1er janvier, le lundi de Pâques et le 14 juillet ; la ration journalière de pain, est de 850 grammes pour les hommes et de 800 pour les femmes.

Il est évident que si ce régime n'altère pas la santé, et quelquefois même la rétablit chez les gens fatigués par les excès, il impose une abstinence, moins grande assurément que celle à laquelle les Trappistes se condamnent, mais encore fort sensible à ceux dont l'estomac est tant soit peu exigeant. Si cette souffrance n'avait d'autre objet que de punir les coupables, je serais loin de la trouver trop dure ; mais son utilité principale est de faire faire des économies à l'Etat en obligeant le condamné à se nourrir avec l'argent qu'il gagne par son travail, et surtout avec celui qu'il reçoit du dehors. Il existe dans toutes les prisons, sous le nom de cantine, un débit de boissons et d'aliments où les condamnés peuvent acheter cinq cents grammes de pain de ration, une portion de légumes, œufs, lait, beurre ou fromage, trente centilitres de vin ou cinquante centilitres de bière ou de cidre, en outre, trois fois par semaine, une ration de ragoût ou de fruit; tous les détenus, on le comprend aisément, sont partisans de la cantine, ils se plaignent seulement que les prix en soient trop élevés, et à tort ou à raison ils sont convaincus que l'entrepreneur s'enrichit à leurs dépens; je suis convaincu que cela n'est pas vrai, mais je trouve mauvais le système qui donne nécessairement lieu à de telles suppositions.

« Dans les maisons centrales, dit un détenu qui les a souvent habitées, tout est meilleur, plus volumineux et moitié moins cher que dans les prisons de la Seine; avec 20 ou 30 centimes par jour en centrale, vous avez des vivres supplémentaires qui vous permettent de vous nourrir relativement très bien et même de penser à ceux de vos co-détenus sans ressources momentanément; or à Paris, alors que le gain journalier est bien moindre, vous ne pouvez vous nourrir comme en centrale sans dépenser au moins 50 à 60 centimes encore n'avez-vous comme quantité qu'une petite partie de ce que vous avez là-bas. »

« Tout s'y trouve coté plus cher que dehors, ajoute un autre, et encore nous n'assistons pas de visu au poids ou à la mesure dont on se sert, peut-être ne serait-ce pas inutile. »

Un détenu entrant dans plus de détails trouve les prix exorbitants vu la qualité; il dit qu'un prévenu, pour vivre strictement en ne se servant qu'une fois par jour à la cantine, ne peut dépenser moins de 1 fr. 45, se décomposant ainsi : un plat de viande, 60 centimes, pain 25 cent., 75 centilitres de vin (c'est la quantité accordée aux prévenus), 60 centimes; et il fait remarquer notamment qu'une simple tasse de café coûte aussi cher en prison que dans les plus luxueux établissements des boulevards, tandis qu'il y a aujourd'hui dans les quartiers populaires des débits où pour dix centimes l'ouvrier peut se réconforter avec une tasse de café chaud; je n'ai pas à faire ici des rapprochements entre le prix des cantines et celui des restaurants économiques de Paris, je me bornerai pour prendre mes comparaisons dans un ordre littéraire, à faire remarquer que les prix des portions sont plus élevés dans les prisons que dans l'honnête et distingué buffet où la Bibliothèque nationale vient de mettre à la disposition de ses lecteurs le moyen de soutenir leurs laborieuses ardeurs.

Mais prenant les choses de plus haut et laissant de côté les réclamations des détenus, ne peut-on pas penser aussi qu'on leur donne les moyens de se procurer trop de bien-être; la cantine, sans nous ramener au temps où l'on reprochait aux geôliers de vendre jusqu'à l'air aux prisonniers, fait trop ressembler la prison à une hôtellerie et en outre, si on peut admettre que le détenu auquel le régime de la maison ne suffit pas ait le droit d'obtenir par son travail une plus grande quantité d'aliments, il ne faut pas aller jusqu'à lui permettre de trop adoucir le régime et de varier à sa guise le menu de ses repas; que l'État, se débarrassant enfin de toutes les industries qui s'exercent dans la prison, ait dans ses cuisines des fourneaux dans le genre de ceux des sociétés de charité et qu'au moyen de bons, représentant une portion du salaire gagné par le prisonnier, il puisse pour quelques sous, lui fournir non pas des vivres de choix, mais simplement des rations supplémentaires, cela se conçoit; mais la cantine telle qu'elle est pratiquée aujourd'hui donne lieu à bien des abus et rend le régime de la prison vraiment trop doux pour certains condamnés; mieux vaut assurément qu'ils puissent moins dépenser et qu'ils aient à leur sortie un pécule un peu plus fort.

L'administration des prisons n'ignore pas que l'organisation du travail donne lieu aussi à de nombreuses réclamations, et dans son

La Conciergerie. (D'après nature.)

désir de progrès, elle se préoccupe beaucoup de cette question; le travail pénitentiaire est indispensable pour deux raisons; il occupe le prisonnier et lui procure pour le jour de sa sortie des ressources sans lesquelles sa rechute immédiate serait inévitable, il ne faut pas l'exposer à faire comme le détenu Bacquet, qui en 1885, étant sorti de la grande Roquette sans argent, n'eut rien de plus pressé que de s'en aller le lendemain assassiner un négociant de la rue Hauteville.

L'idéal de travail des détenus serait qu'il fût pénible pour les punir; rémunérateur pour leur fournir le pécule de sortie; régulier pour éviter les chômages qui engendrent l'oisiveté et le désordre; et appliqué par l'Etat pour ne pas faire concurrence par ses bas prix à l'industrie privée.

Ces conditions ne se rencontrent pas; le travail est en général trop doux, c'est ainsi qu'à la petite Roquette les jeunes détenus font des fleurs et qu'à Sainte-Pélagie on fabrique principalement des ballons en papier pour les illuminations; il résulte aussi de cette organisation que le détenu apprend des métiers qu'il ne pourra pas utiliser dans la vie libre; on a constaté que l'une des causes de l'insuccès de la relégation, c'est que les condamnés au lieu d'être préparés à des métiers virils, comme on prépare le soldat à la guerre, n'apprennent qu'à trier des chiffons, casser des noix, découper des boutons, faire des chaussons, des couronnes, des sacs en toile, tresser des paniers, fabriquer des cannes et des balais.

En second lieu le travail est souvent interrompu; des divisions entières restent dans la plus dangereuse inaction; en même temps il expose l'ouvrier honnête à une concurrence redoutable; ces petits objets qu'on vend à vil prix dans tous les bazars, lorsqu'ils n'arrivent pas de l'Allemagne, viennent des prisons; préoccupé de cette situation, l'Etat essaye de faire fabriquer des objets à son usage personnel et c'est ainsi qu'on a pu voir à l'Exposition universelle des uniformes de gardiens et des imprimés administratifs, venant d'ateliers récemment organisés à la maison centrale de Melun.

Enfin tous les détenus se plaignent de ne pas être suffisamment rémunérés. Aux termes de l'article 72 du règlement, le produit du travail est réparti par portions égales entre eux et l'entrepreneur; il revient aux condamnés cinq dixièmes, dont la moitié est disponible pour leurs besoins journaliers ou ceux de leur famille, et l'autre mis en réserve pour former le pécule de sortie.

Si les travaux étaient mis en régie et non à l'entreprise, ce prélèvement aurait alors un caractère de pénalité, et le prévenu qui ne va pas au fond des choses, éprouverait moins cette impression mauvaise que son châtiment devient un instrument de richesse pour des industriels ; il est très juste que le condamné soit obligé de supporter les dépenses que par ses méfaits il oblige la société à faire pour son logement et son entretien; mais en même temps il serait bon que le salaire fut assez élevé pour lui assurer des moyens d'existence à sa sortie.

« Le prix de confection, dit un détenu occupé à faire des sacs, est vraiment dérisoire; 1,000 cahiers à coudre à 0 fr. 60; 1,000 sacs à plier et à coudre, 1 fr. 15; 1,000 sacs à coller, de 35 à 50 centimes, et il n'est guère possible d'en faire plus de 6 à 700 par jour. »

Les entrepreneurs prétendent, il est vrai, qu'ils sont obligés de se couvrir contre les pertes résultant de l'inexpérience des détenus; ceux-ci réfutent ainsi cette objection : « La détérioration des matières premières, disent-ils, vient surtout de la malveillance de certains détenus; il faut la frapper par des punitions personnelles, au lieu d'en rendre tous les autres victimes; quant à la perte provenant du manque d'habitude, elle est presque nulle, le travail étant très facile et n'exigeant pour ainsi dire pas d'apprentissage. »

« Que ce soient, ajoute l'un d'eux, qui avant son entrée à Mazas ne s'était jamais livré à aucun travail manuel, des cahiers d'enfant à plier et à coudre, des anneaux en fer ou en acier à joindre d'une façon ou de l'autre les uns avec les autres ; des sacs en papier à coller sur un moule, des perles à enfiler les unes à côté des autres et enfin une série de travaux de ce genre, il n'est nullement nécessaire d'apprendre et le moins exercé peut au bout d'une heure en savoir faire autant que le plus vieux prisonnier. »

Le système de la régie, par lequel l'Etat fait travailler pour son propre compte et assure lui-même l'entretien des détenus, est celui que d'instinct ceux-ci paraissent préférer ; à tort ou à raison ils considèrent l'entrepreneur comme un exploiteur, qui les laisse chômer quand le travail ne lui rapporte plus, réalise à la cantine des bénéfices à leur préjudice, leur fait payer très cher le commissionnaire qui apporte dans l'intérieur de la prison les objets remis par les parents, ne les considère que comme une chose dont il faut tirer au point de vue industriel le meilleur parti possible et obtient de l'administration, comme cela vient d'arriver à Mazas, la suppression d'un jour de parloir pour avoir une journée de plus de travail ; le seul avantage qu'il ait peut-être à leurs yeux, c'est que par les contremaîtres qu'il introduit dans la maison, il facilite les communications avec le dehors et l'entrée des journaux.

Les détenus se louent beaucoup des directeurs, ils rendent hommage à leur dévouement, emportent un souvenir reconnaissant des marques d'intérêt qu'ils en ont reçus et bien souvent leur écrivent de bien touchantes lettres de remercîment.

Ils n'ont pas toujours les mêmes sentiments à l'égard des gardiens, sans doute il y a parmi ceux-ci des hommes d'un vrai mérite, ayant le sentiment très juste et très élevé de leurs devoirs, mais il s'introduit dans leur rang des nouveaux venus qui n'ont pas la moindre aptitude pour ces difficiles fonctions; les détenus s'en aperçoivent tout de suite et on sent que leur soumission n'est pas celle qu'inspire l'autorité morale.

« Les uns sont bons, écrit un détenu, d'autres sont grossiers et toujours de mauvaise humeur; mais ma foi, ajoute-t-il, avec franchise, il faut être d'une trempe toute particulière pour consentir à passer sa vie dans une pareille situation; prisonniers autant que les condamnés eux-mêmes, tenus aussi militairement que des conscrits, presque toujours en défaut dans leur service, ils subissent des mercuriales de leurs chefs qui ne les ménagent guère. Il en résulte qu'ils sont presque toujours sous l'influence d'un mécontentement et qu'ils se vengent en quelque sorte sur leurs hommes des désagréments de toute nature dont ils ont à souffrir. »

Les nouveaux surtout, arrivant avec cette idée, assez naturelle, qu'ils vont être en contact avec une fort vilaine engeance, s'imaginent qu'ils ne se feront respecter que par la sévérité et la dureté du commandement.

« Un surveillant récemment nommé me demandait, dit un détenu, en prenant le service, quelques renseignements sur les hommes de l'atelier, je lui répondis : « Ne voyez, n'entendez que « ce qu'il faut absolument voir et entendre, fermez les yeux sur les « choses insignifiantes, votre prédécesseur irritait tout le monde, on « ne travaillait plus et pendant le dernier mois la moitié de l'atelier « a été punie. » — Il suivit mon conseil; à la fin du mois la feuille de paie était de deux cents et quelques francs plus élevée que la précédente, il n'y avait pas eu de punition et le gardien avait été tranquille. »

Les prisonniers manifestent d'ordinaire une assez grande aversion pour ceux de leurs camarades qui sont employés comme auxiliaires, soit que cette faveur excite leur envie, soit qu'ils supposent qu'elle est le prix de quelque délation.

« Il est regrettable, disent-ils, qu'aux surveillants soient adjoints des détenus qui sont pour leurs compagnons des délateurs tout en étant leurs complices d'infractions plus ou moins importantes ; quelques surveillants peu scrupuleux s'en remettent à des détenus qui ont captivé leur confiance, du soin de les prévenir de ce qui pourrait se passer d'irrégulier dans l'atelier ou partout ailleurs. Il en est qui ont payé de plusieurs mois d'hôpital des rapports vrais ou mensongers faits contre leurs camarades, et cette correction n'était pas toujours imméritée. »

Il faut excuser ces soupçons chez des gens qui souffrent et se sentent l'objet d'une surveillance continuelle, mais jamais, il faut le dire bien haut, la délation n'a été encouragée.

« Loin de la favoriser, les directeurs (c'est un autre détenu qui parle) ne manquent pas de frapper indistinctement d'une peine disciplinaire le délateur et celui qui s'est vengé de la délation ; ils considèrent même le délateur comme un agresseur et le punissent quelquefois davantage. »

Aussi le détenu prudent et qui veut vivre en bonne intelligence avec ceux dont il lui faut subir la compagnie, évite avec grand soin de paraître trop intime avec les gardiens et de s'exposer ainsi aux soupçons de ses camarades.

« Un gardien, écrit un détenu, me demandait un jour de lui prêter mon concours pour prendre en défaut un condamné qui lui avait attiré une semonce d'un de ses chefs ; j'appelai immédiatement cet homme et lui dis : « Monsieur me demande de l'aider à vous prendre en défaut; je lui ai promis, méfiez-vous de moi ; » le gardien était présent, il se retira en riant à moitié, il avait compris qu'il avait fait une sottise. »

On parle beaucoup de la rigueur des punitions qui sont infligées aux prisonniers; dans son livre M. l'abbé Moreau, aumônier de la grande Roquette, a eu le tort, surtout à cause de son caractère, d'exagérer et de généraliser des faits particuliers, de répandre dans le public cette idée qu'un directeur trop bourru peut frapper un détenu; les punitions sont soumises au contrôle du prétoire, on appelle ainsi une sorte de tribunal composé du directeur, de l'inspecteur, de l'instituteur et du gardien-chef; le prévenu est autorisé à fournir ses explications; les punitions fixées par l'article 52 du règlement sont : la réprimande, la privation de cantine, de vin, la mise au pain sec pendant trois jours au plus, le cachot pendant quinze jours, la mise aux fers, l'usage de la promenade, de la lecture, la suppression des correspondances, des visites, de l'usage du tabac.

Les fautes qui peuvent être ainsi punies sont, bien entendu, d'un ordre purement disciplinaire, telles que celles-ci que je relève sur le registre de punition de l'une des prisons de Paris : « S'est moqué d'un gardien ; s'est battu au chauffoir ; quitté son travail sans autorisation ; s'est endormi à l'atelier ; a déchiré son ouvrage ; a donné un démenti à un garde ; paresse invétérée ; cache du tabac dans son pain ; surpris à fumer une cigarette ; trafic d'aliments ; attitude insolente devant un gardien ; surpris à lire le journal ; a coupé les doublures de son gilet ; a averti ses co-détenus de l'arrivée du gardien ; a joué aux dominos ; a écrit à sa maîtresse ; port de barbe non autorisé ; a perdu un livre à la bibliothèque ; a écrit à un codétenu une lettre ordurière » ; et ainsi de suite pendant des pages entières.

Malgré tout, les détenus reconnaissent qu'on peut arriver à éviter les punitions.

« Je ne fais aucune difficulté de reconnaître quant à moi, dit l'un d'eux, que je resterais des années dans une cellule sans donner lieu à aucun surveillant, fut-il le geôlier le plus rigoureux, de pouvoir sous quelque rapport que ce soit, m'adresser le plus petit reproche justifié par ma conduite ; mensonge donc de la part de ceux prétendent qu'on ne peut éviter les punitions. »

A côté des punitions destinées à assurer l'ordre matériel dans ce monde où tous n'ont pas l'humeur aussi facile que celle du détenu que je viens de citer, le règlement a prévu certaines distractions, la promenade, la lecture, le parloir.

On sait ce qu'est la promenade : un triste défilé qu'on ne peut voir sans un serrement de cœur, les jeux de toute sorte sont interdits, mais des exercices reconnus nécessaires à la santé peuvent être autorisés par le ministre, sur l'autorisation du préfet ; ce serait répondre aux vœux de beaucoup de prévenus que de provoquer plus souvent cette autorisation ; mieux vaudrait pour la moralité des prévenus, des exercices et même certains jeux que ces promenades abrutissantes en file indienne ou « en queue de cervelas », comme ils disent, qui ressemblent au mouvement des chenilles processionnaires.

La bibliothèque est aussi l'occasion de bien des réclamations. Les condamnés qui n'ont pas la bibliothèque de faveur se plaignent d'avoir des livres dépareillés, sans intérêt et dont les pages sont trop souvent couvertes d'expressions ordurières; celui qui traite ainsi les livres est puni, mais comme le fait observer justement un prévenu, ne devrait-on pas aussi supprimer le livre ou au moins en faire disparaître les souillures.

En traversant une salle d'école de la Santé, je prends au hasard un volume, l' « Histoire des Merveilles », par Figuier, et je vois ces mots sur une des pages : « Oh liberté chérie ! Adieu Paris, Charlot de la Villette, Mort aux femmes infidèles, courage Charlot »; en revanche sur une autre page, un poète, dont les idées valent mieux que les vers, a écrit :

La vie, mais c'est un court espace
Donné par Dieu à l'homme
Dont la limite a pour base
Une mort plus ou moins bonne.

Si j'ai pris ces exemples à la Santé je ne veux pas dire que la bibliothèque y soit moins bien tenue qu'ailleurs, tout au contraire, elle est une des mieux organisée, et je me plais à citer cet article du règlement fait par l'instituteur : « Le bibliothécaire doit s'inspirer pour le choix des livres, des aptitudes intellectuelles du détenu et ne pas oublier que la lecture ne doit pas être simplement un élément de distraction, mais un moyen puissant pour influer sur le cœur et l'esprit des détenus, afin d'éveiller en eux des sentiments nobles et généreux qu'une lecture mal ordonnée pourrait au contraire éteindre davantage. »

Le parloir est encore la distraction à laquelle le détenu tient le plus; il y voit son avocat et les personnes auxquelles l'autorité judiciaire ou administrative, selon qu'il s'agit d'un prévenu ou d'un condamné, a donné un permis.

L'article 20 du règlement défend aux gardiens « d'agir de façon directe ou indirecte auprès des détenus, pour influer sur leurs moyens de défense et sur le choix de leur défenseur », la dignité du barreau a tout à gagner à ce que le prévenu déclare devant le magistrat quel avocat il lui plaît de choisir ou signe la lettre imprimée, mise à sa disposition, pour demander au bâtonnier un avocat d'office; les détenus se plaignent aussi que les parloirs sont mal installés ; les jours de visite trop rares et leur durée trop courte.

L'article 7 du règlement porte que les prévenus pourront recevoir des visites tous les jours ; rien de plus juste et de plus naturel; le juge, auquel appartient le droit de faire sortir les gens de prison, doit également pouvoir leur accorder toutes les communications possibles ; cependant les prévenus se plaignent qu'il n'y ait de parloir que deux fois la semaine ; en outre les visiteurs doivent à titre de mesure d'ordre, faire viser à la préfecture de police le permis donné par le juge pour le parloir de faveur ; or, comme ce sont le plus souvent de pauvres gens dont le temps est précieux, ces exigences les obligent à des allées et venues, à de longues attentes à la porte des bureaux et ils s'en montrent généralement fort irrités ; c'est à ceux qui souffrent, qui sont aigris par le malheur qu'il importe de faire bon accueil, c'est pour eux surtout qu'il faut simplifier des démarches pénibles.

J'ai noté aussi chez les détenus le regret de sentir les magistrats sinon indifférents au moins impuissants à leur égard, en ce qui touche, bien entendu, le régime de la prison.

« Je ne veux pas oublier une autre habitude qui m'a tout l'air d'être une duperie, écrivait Prado dans son très curieux mémoire sur Mazas, auquel j'ai déjà emprunté plusieurs citations, tous les mois il passe à Mazas un magistrat qu'on m'a dit être un juge d'instruction ; il vient savoir si quelque détenu a à faire des réclamations, un employé passe dans chaque cellule l'annoncer, j'ai remarqué que les réclamations qu'on lui faisait restaient sans résultat, j'en ai déduit que sa mission était de pure forme. »

La conclusion ne manquait pas de justesse; l'article 611 du Code d'instruction criminelle porte bien que le juge d'instruction est tenu de visiter au moins une fois par mois, les personnes retenues dans la maison d'arrêt, et que dans le cours de chaque session d'assises, le président doit visiter la maison de justice, mais ces visites se bornent à constater que les écrous sont réguliers, qu'il n'y a aucune détention arbitraire et que les procédures ne subissent pas de trop longs retards; le magistrat n'a pas à s'occuper des réclamations concernant le régime et le personnel de la maison; il ferait naître des conflits s'il écoutait, en tant que juge, les plaintes des prisonniers sur d'autres points et on lui reprocherait de méconnaître le grand principe de la séparation des pouvoirs; d'ailleurs son inspection doit se borner aux prisons de prévenus, et un directeur qui, par impossible, n'aurait pas le sentiment des convenances, aurait, à la rigueur, le droit de lui refuser l'entrée d'une prison de condamnés, s'il n'avait une autorisation du ministre de l'intérieur; c'est ainsi que petit à petit la justice a été un peu mise à la porte de chez elle, et nous sommes bien loin du temps où à propos de cet article 611, le rapporteur de la loi disait devant le Corps législatif de 1808 : « Il me semble que les apparitions des magistrats sont non seulement des devoirs remplis envers l'infortune, si bien nommée *res sacra*, mais encore des actes de haute moralité publique. »

Ce qui cause aussi un certain étonnement aux détenus pour lequel le mot de religion n'est pas encore tout à fait dénué de sens, c'est de voir sa place à peu près vide dans les prisons! « Il y a des ministres des cultes, écrit l'un d'eux, mais on ne voit jamais d'aumônier; les dimanches seulement, les détenus savent qu'il se dit une messe, ou du moins il s'en doutent parce qu'on entre-bâille leurs portes. »

Il y en a, qui, peu au courant des choses, s'imaginent que cela vient de l'indifférence de l'aumônier et dans une note de l'un d'eux, empreinte des sentiments haineux, je lis cette phrase : « Le pasteur et le rabbin visitent toutes les semaines leurs coreligionnaires, le curé probablement parce qu'il en a trop, ne visite que les détenus qui lui demandent un entretien, je ne crois pas que ces visites lui fassent perdre beaucoup de temps.

Je ne veux pas multiplier ces citations, mais que d'avertissements on peut y rencontrer; j'espère que personne ne trouvera mauvais que j'ai voulu, dans ce rapide exposé, faire une part aux sentiments personnels des détenus, sur le régime auquel ils sont soumis; si quelqu'un se montrait surpris de ce procédé d'observation, je me contenterais de lui répondre par cette recommandation de d'Aguesseau aux conseillers du Parlement chargés de visiter les prisons :

« On y doit ouïr les plaintes et requêtes des prisonniers, les faire venir, les interroger du temps et des causes pourquoi ils sont prisonniers, et autre chose que lesdits conseillers verront être à faire, et mettront par écrit la réponse faite par iceux. »

CHAPITRE XVI

L'INTÉRÊT SOCIAL

Impuissance des prisons. — Leur nécessité. — Réforme du code pénal. — La prison moins souvent appliquée. — Peines pécuniaires. — Travail pénal. — La relégation pour les jeunes. — Emprisonnement rigoureux. — Intimidation. — Réparation. — Moralisation. — La cellule. — La liberté conditionnelle. — Les grâces. — Assistance et patronage. — L'action religieuse. — Le rôle de la justice.

Le lecteur, s'il a eu la patience de me suivre jusqu'à ces dernières pages, aura parcouru au moins dans son ensemble le cycle complet des prisons parisiennes, où chaque année on voit défiler plus de 40,000 individus; il aura rencontré partout, au sommet comme enbas, un personnel animé du zèle le plus louable, désireux de faire le bien, cherchant à tirer le meilleur parti possible des lois trop imparfaites dont l'application lui est confiée et des instruments trop défectueux remis entre ses mains.

Mais en même temps que de spectacles affligeants se seront déroulés sous ses yeux; au Dépôt, dans une prison qui cache ses plaies sous les décors d'une architecture solennelle, un foyer permanent de corruption où l'enfant lui-même est jeté; à l'infirmerie, des aliénés enfermés dans des conditions contraires à toutes les lois de l'hygiène; à la Conciergerie, les petites filles des différentes catégories en contact les unes avec les autres; à Mazas, à Saint-

Lazare, les prévenus, des innocents présumés, soumis au même régime que les pires scélérats et emprisonnés à la Souricière dans d'horribles cabanons ; la petite Roquette cessant d'être une maison d'éducation pour devenir une véritable prison ; à Sainte-Pélagie une abominable promiscuité ; à la Santé, une application si restreinte de l'isolement qu'il s'y forme chaque jour, des associations de malfaiteurs ; à Nanterre, la pauvreté et le vice réunis sous le même toit ; un souci excessif du bien-être matériel et l'oubli absolu des besoins moraux.

Faut-il dès lors s'étonner que les condamnations prononcées par la justice portent si peu de fruit ; les hommes qui aiment à se faire des illusions prétendent pour se soustraire à tout effort qu'autrefois les choses n'allaient ni mieux, ni plus mal, et qu'il faut en prendre son parti ; ils négligent les avertissements des statistiques, ou bien, s'ils les consultent, le plus petit chiffre devient un argument à l'appui de leur optimisme ; je lisais dans un discours récent, tout à l'éloge des lois nouvelles, que déjà le nombre des délits de vagabondage avait considérablement diminué ; et cela tout simplement parce qu'en 1887 il y avait eu 731 condamnations pour vagabondage en moins, ce qui, soit dit en passant, ne prouve pas absolument que le nombre des vagabonds ait diminué d'autant; mais en même temps, le tableau qui donnait ces chiffres constatait qu'en 1886 il y avait eu 8263 vagabonds de plus que dans la période de 1871 à 1875, et que pour compenser le nombre des vagabonds arrêtés en moins en 1887, le nombre des voleurs s'était augmenté d'un millier.

Ce n'est pas sur des petits chiffres qu'il convient de discuter ainsi ; il faut considérer la situation de plus haut et dans son ensemble, et quand le gouvernement lui-même, malgré son très

LA SŒUR DES PRISONS

légitime désir de voir la situation s'améliorer est le premier à proclamer « que l'inefficacité de la peine au point de vue moralisateur ressort des listes des récidivistes », il faudrait être bien sceptique pour ne pas croire qu'il est plus près de la vérité que ceux qui prétendent que la moralité progresse sous l'influence du régime pénitentiaire.

Vainement voudrait-on encore attribuer l'élévation des chiffres constatés dans les statistiques du ministère de la justice, à une application plus énergique de la loi pénale ; il est permis de penser au contraire que, par des causes diverses, la répression s'est affaiblie ; à côté de quelques succès retentissants, avec lesquels s'entretient la confiance du public, que de crimes restent inconnus et impunis ; un symptôme bien inquiétant pour qui connaît un peu les rouages de la police judiciaire, c'est le chiffre de plus en plus important des affaires laissées sans poursuite par le ministère public ; il ne s'élève pas à moins de 227,276 affaires, sur lesquelles il y en a 70,068 dont les auteurs n'ont pas été découverts et 22,282 où la preuve n'a pu être établie, sans compter bien entendu les ordonnances de non-lieu rendues par les juges d'instruction.

L'insuffisance des crédits dont dispose la justice et la police purement judiciaire, est l'une des causes de ces trop nombreux échecs ; par des raisons d'économie certaines plaintes ne sont pas suivies parce que le plaignant ne veut pas se porter partie civile, et prendre ainsi l'engagement de payer les frais en cas d'insuccès, ou bien encore, des enquêtes sommaires de police remplacent les instructions approfondies pour éviter le plus possible les dépenses occasionnées par l'audition des témoins ; une circulaire de la direction des affaires criminelles, du 23 février 1887, inspirée par les nécessités budgétaires, a vivement recommandé aux magistrats d'employer les procédés les moins coûteux, bien qu'au point de vue du succès ils ne soient pas toujours les meilleurs ; et cette année le compte général de la justice se félicitait qu'une grande amélioration ait été obtenue dans les frais de justice, grâce à la diminution des affaires communiquées à l'instruction ; la proportion des affaires mises à l'instruction qui était de 17 p. 100 de 1871 à 1875, est descendue en effet à 11 p. 100 ; il est permis de se demander si ce succès d'un ordre particulier, n'a pas été obtenu aux dépens de la sécurité publique, et au dernier congrès international de médecine légale le professeur Lacassagne, si compétent dans ces questions, regrettait que ces économies, toutes justifiées qu'elles soient, aient été nuisibles dans bien des cas à la bonne organisation des expertises judiciaires et par suite à la découverte de la vérité.

On a donc le droit de s'inquiéter du nombre des condamnations et plus encore de celui des méfaits restés impunis ; le mal n'est pas en décroissance et s'il est vrai qu'en 1887 il y ait eu 3,164 accusations criminelles au lieu de 3,853 de 1871 à 1875, il faut avant de s'en réjouir, ne pas oublier que tous les jours, pour éviter des acquittements dont le jury semble avoir pris l'habitude, le ministère public, abandonnant les circonstances aggravantes, préfère s'adresser à la juridiction correctionnelle ; aussi le nombre des affaires qu'elle juge après avoir été de 1871 à 1875 de 155,545, s'est élevé à 187,720 en 1886 et à 191,108 en 1887.

Le parti pris de tout voir en beau pourrait seul en présence de tels chiffres soutenir que la criminalité tend à diminuer ; il serait déjà fort triste qu'elle fût restée stationnaire dans un siècle qui se prétend supérieur aux autres, parce qu'il a asservi la matière, mais il est bien plus affligeant encore de voir qu'elle a marché en avant.

Le chiffre total des crimes et des délits jugés en 1887 est de 194,272, en 1827 il était de 65,226, en 1838 de 88,940, avec une population de près de trente-quatre millions d'habitants, ce qui n'est pas bien loin du chiffre actuel, et déjà, en 1840, M. de Tocqueville jetait un cri d'alarme et disait à la Chambre des députés saisie d'un

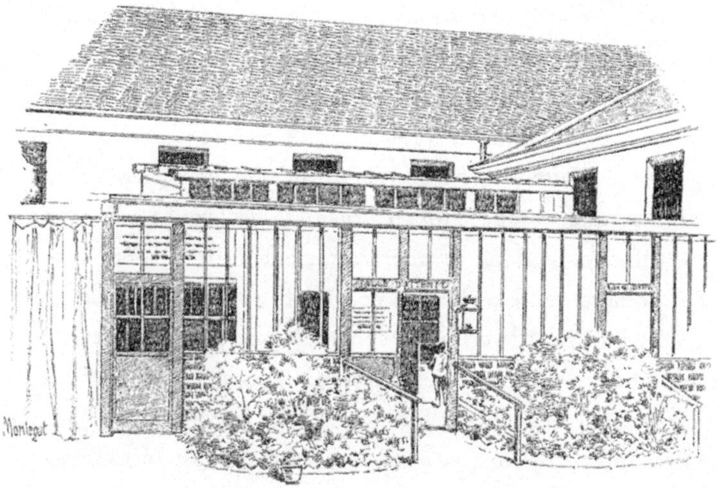

L'hospitalité de nuit, rue de Tocqueville.

projet de réforme du régime des prisons : « Le nombre des délinquants s'accroit cinq fois plus vite que celui des citoyens, » et il attribuait une des causes de ce fléau au système pénitentiaire. « Les prisons, disait-il, ont cessé d'être intimidantes, sans devenir réformatrices. » Plus que jamais ce langage se trouve justifié.

L'homme que ses crimes amènent devant la justice est déjà perdu par son éducation première et l'influence du milieu, les tribunaux le condamnent, et ils ont raison, l'administration le reçoit de leurs mains déjà mauvais et quelque temps après le leur rend détestable ; il se fait ainsi un perpétuel échange entre la justice et les prisons, jusqu'au jour où le criminel arrive au sommet de sa route, c'est-à-dire à l'échafaud ou au bagne.

Tout en cherchant le progrès, gardons-nous des illusions; la prison pourra être plus ou moins bien organisée, mais on ne doit pas compter sur elle pour réformer les mœurs; elle sera toujours un mal nécessaire, un de ces remèdes parfois mortels, dont il faut user le moins possible et avec un extrême discernement. Sans doute il ne peut venir à l'esprit d'aucune personne sensée de fermer demain toutes les prisons, sous le prétexte qu'elles sont impuissantes à corriger les malfaiteurs ; on assisterait au plus effroyable désordre, et il faudrait que chaque citoyen organisât, les armes à la main, sa défense personnelle dans sa maison fortement barricadée.

Tel homme qui fera étalage de philanthropie, qui trouvera de bon goût d'être pour le criminel contre la société, qui sera ravi de prendre en défaut le juge d'instruction, le président des assises ou l'avocat général, tendra les bras vers cette même justice, s'il est lui-même menacé dans sa personne ou dans ses biens, ressemblant en cela aux gens qui ne sont libéraux que tant qu'ils sont dans l'opposition et il ne trouvera dans nos codes aucune loi assez rigoureuse pour le protéger; l'opinion tombe quelquefois à cet égard dans de bien amusantes contradictions; tous les jours elle fait comme ce journal où je voyais, à la première page, un article demandant l'adoucissement des peines, la suppression de la détention préventive, la diminution des pouvoirs du juge; puis, à la seconde page, on pouvait lire les réflexions suivantes, à propos d'un assassinat que de jeunes scélérats venaient de commettre.

« Il ne se passe pas de jour que nous n'ayons à enregistrer quelques-uns de ces crimes effroyables dont s'épouvante à bon droit l'opinion. Paris est devenu cent fois plus dangereux que ne l'était jadis la forêt de Bondy de sinistre mémoire, et l'on ne sait où s'arrêtera l'audace des assassins ; à la lecture quotidienne de ces monstrueux attentats, l'inquiétude se répand dans les familles qui ne se sentent pas protégées par la force publique et qui ne savent pas comment se protéger elles-mêmes. »

Les plus grands humanitaires seraient les premiers désolés si on supprimait les prisons; ce qu'il faut éviter, c'est l'abus; étant admis, et je crois que la démonstration n'est plus à faire, que les prisons rendent les coupables plus mauvais, il faut les y mettre le moins souvent possible et chercher pour certaines fautes un autre mode de pénalité.

Dans son traité de l'amélioration de la loi criminelle, un éminent magistrat, M. de Bonneville de Marsangy, a exprimé, il y a déjà bien longtemps, cette idée juste « que la peine privative de la liberté ne devrait jamais être prononcée lorsque la peine pécuniaire suffit à la répression ».

La prison est nécessaire toutes les fois que, par la liberté des coupables, la sécurité des personnes est compromise. Ainsi, il est bien entendu qu'elle s'impose lorsqu'il s'agit de crimes, d'attentats contre les personnes, de violences contre les propriétés, mais dans d'autres circonstances, pour une foule de délits, elle cesse d'être nécessaire, car alors elle n'offre plus que l'inconvénient de faire entrer dans le monde corrompu des prisons un homme dont la faute était légère et peut-être réparable.

Ne peut-on pas, par exemple, imaginer d'autres peines que la prison pour punir, lorsqu'ils ne présentent pas de gravité, un premier délit de vagabondage ou de mendicité, les délits de rébellion, d'outrages, de bris de scellés, de dégradation de monuments publics, de port illégal de décorations, de blessure, d'homicide, d'incendie involontaire, d'adultère, de dénonciation calomnieuse, de révélation de secret professionnel, de détournement d'objets saisis, de banqueroute simple, de faux témoignage en matière civile, de tenue de maisons de jeux, de tromperie sur la marchandise, d'ivresse, de délits ayant dégénéré en contraventions de simple police, et bien d'autres encore.

Est-il bien nécessaire, par exemple, d'entretenir à Sainte-Pélagie un quartier pour les délits de presse, et de nourrir aux frais de l'Etat, pendant un temps plus ou moins long, quelque pauvre diable de gérant à peine capable de lire l'article qu'on lui a fait signer; quant aux écrivains, depuis le plus grand des penseurs jusqu'au dernier des pornographes modernes, peut-on en citer un seul qui se soit vu diminué ou converti par une condamnation; elle ne sert en général qu'à le rendre plus célèbre ou plus violent et à mieux faire vendre son livre; Sainte-Pélagie n'a été le plus souvent ainsi que le chemin du pouvoir, et n'a empêché aucun gouvernement de périr lorsque, par ses fautes ou ses faiblesses, il avait lui-même préparé sa chute; quant aux particuliers victimes de diffamation, n'est-ce pas plutôt dans la constatation du mensonge, dans le retour en leur faveur de l'opinion publique mieux éclairée, dans la large réparation du préjudice causé qu'ils trouveront un véritable dédommagement?

Est-ce à dire qu'il faille laisser impunis tous les délits du genre de ceux que je viens d'indiquer à titre d'exemple? Pas le moins du monde. Il ne s'agit point d'affaiblir la répression, mais au contraire de la rendre plus pratique et plus efficace; il y a mille manières de frapper durement, dans leurs intérêts, les auteurs de ces délits; mais c'est une pénalité mauvaise que celle qui expose un condamné, avant qu'il soit devenu un malfaiteur dangereux, à laisser dans la prison ce qu'il peut avoir de bon, et la société à voir se perdre, dans l'oisiveté des geôles, des forces qui ailleurs pourraient être utilisées.

On peut chercher l'équivalent de la prison dans des pénalités atteignant le coupable dans sa considération ou sa fortune; par exemple, l'admonition de l'ancien droit que l'Italie vient d'introduire dans son Code pénal; une déclaration de flétrissure; l'affichage du jugement; l'interdiction de séjour; la fermeture d'un établissement; la confiscation du matériel; la défense d'exercer certaines professions; la privation du droit électoral, de certains droits civils, du permis de chasse; une augmentation de l'impôt, la prolongation du service militaire; et des amendes, non pas de celles, tellement légères que le condamné les passe simplement au compte des profits et pertes, sans que le gain de sa coupable industrie soit le moins du monde amoindri; je veux parler d'amendes sérieuses, portant aux intérêts matériels une atteinte assez sensible pour qu'il faille, avant de la réparer, un long temps de travail et d'économie, et de fortes réparations civiles prenant la place de ces mesquines indemnités qui font si beau jeu aux condamnés, surtout en matière de diffamation.

Enfin, pourquoi ne pas songer à remplacer la prison par un certain nombre de jours de travail personnel, par l'accomplissement d'une tâche déterminée, de même que le contribuable peut payer par des prestations en nature sa dette d'impôt. Le travail n'est-il pas le châtiment le plus utile aux autres et le plus moralisateur pour le coupable? Bien souvent, dans les anciens règlements sur les mendiants, on trouve ces mots : « Ils seront contraints à labourer, à besogner. — Tous les gens valides devront besogner pour gagner leur vie. » Que de quartiers dans nos faubourgs seraient mieux tenus, si les bras qui restent inactifs dans les prisons étaient employés à des corvées dans un intérêt général ! On ne saurait dire que ces idées, que je me borne à formuler, soient des utopies. A Berlin, on se sert des prisonniers pour nettoyer les égouts, et, à Angoulême, on emploie, pour le balayage et l'arrosage des rues, les vagabonds et les mendiants qui viennent à la mairie demander un secours en nature ou une indemnité de route.

Il est aussi une importante catégorie, les mineurs de seize ans, pour lesquels la prison devrait complètement disparaître et être remplacée par la colonie, le travail en plein air, comme je l'ai déjà dit en parlant de la petite Roquette.

Ne conviendrait-il pas d'aller plus loin encore ? Un des grands vices de nos habitudes judiciaires, c'est la condamnation à une série de petites peines prononcées contre les malfaiteurs, avant de prendre à leur égard des mesures radicales, qui ne sont inutiles que parce qu'elles arrivent trop tard. On attend que les gens soient devenus incorrigibles pour essayer de les corriger ; c'est par suite de ces hésitations, de ces atermoiements, que la relégation est impuissante à arrêter les progrès du crime ; il faudrait la féconder par les jeunes, on la stérilise par les vieux.

Lorsque dans une famille honorable un jeune homme se laisse entraîner dans une vie mauvaise, où il risque de perdre son avenir et l'honneur de son nom, on cherche à tourner son activité vers le bien, par l'attrait des entreprises lointaines ou du service militaire ; et plus d'une fois le mauvais sujet devient un homme utile et se conduit en brave.

On espérait que les relégués seraient les pionniers de la civilisation, surtout dans les colonies de peuplement ; pour un peu on aurait dit avec le sentimental Delille :

> Enlevez ces brigands, rendez leur peine utile,
> Et qu'arrachant aux fers le remords vertueux,
> Le pardon change en bien des maux infructueux.

Le rapport qui vient d'être adressé au président de la République ne cache pas les déceptions éprouvées; les colonies ont répondu par une fin de non-recevoir et quelques chantiers établis à grands frais par l'Etat végètent misérablement.

Pour expliquer cet échec, facile à prévoir, il suffit de jeter les yeux sur le tableau concernant l'âge des relégués ; du 18 novembre 1886 au 6 décembre 1887, trois convois, formant un total de 586 condamnés, sont partis pour la Guyane et la Nouvelle-Calédonie ; or, dans ce nombre, 20 seulement étaient âgés de moins de 25 ans, on en comptait 218 de 41 à 50, et 119 de 51 à 60 ans.

Non seulement ces individus étaient véritablement hors d'âge, mais le vice et le séjour prolongé de la prison les avaient complètement usés, et dans le tableau concernant le nombre de leurs condamnations antérieures, on voit que 39 seulement avaient moins de cinq condamnations, que 207 en comptaient de 11 à 20, 107 de 21 à 30, 39 de 31 à 40, 12 de 41 à 50. En outre, 61 étaient estropiés et 241 avaient une santé faible ou mauvaise.

Les femmes, au nombre de 32, ne valaient pas mieux que les hommes, et le rapport déclare avec franchise : « Il n'y a dans cette population féminine aucun élément de colonisation pour l'avenir ; usées par la débauche, vieillies avant l'âge, elles seraient pour la plupart classées aux impotents. »

Tandis que les relégués profondément anémiés sont impropres

à la vie coloniale, les forçats transportés au contraire sont bien plus aptes au travail parce que ce sont presque tous des jeunes gens robustes, dont la prison n'a pas altéré la santé et détruit l'énergie.

Ainsi d'un côté la colonisation par les relégués n'est possible qu'avec de jeunes condamnés, et d'autre part, la relégation appliquée à temps peut empêcher un homme jeune de devenir un habitué de prison et un criminel; l'intérêt, bien entendu, de l'individu et celui de la société sont ici d'accord.

Pourquoi dès lors ne pas donner aux tribunaux la faculté, dans des cas à déterminer, de mettre à la disposition du gouvernement, soit pour être employés dans les colonies, soit pour être incorporés dans l'armée, les hommes de 16 à 25 ans. Duguesclin ne dédaigna pas le concours des malandrins pour combattre les Anglais; en enrégimentant les natures violentes et sanguinaires dans des corps spéciaux, on pourrait donner une dérivation naturelle à leurs mauvais instincts; mieux vaudrait voir sur les frontières de Chine et dans les climats mortels ces jeunes clients de la prison que les honnêtes enfants dont les bras manquent à l'agriculture.

Les prisons ainsi dégarnies par une plus rare application de la peine d'emprisonnement et par l'utilisation aux travaux publics ou au service militaire d'un grand nombre de condamnés, âgés de moins de vingt-cinq ans, ne serviraient plus guère qu'aux condamnés pour crimes ou délits graves et aux individus n'étant plus utilisables, à raison de leur âge ou de leur santé; les prisons seraient encore suffisamment pleines.

Leur organisation actuelle répondrait-t-elle aux légitimes exigences de la répression ? Trois éléments doivent se rencontrer dans la pénalité : l'intimidation, la réparation, la moralisation.

L'emprisonnement ne peut intimider que s'il est long et rigou-

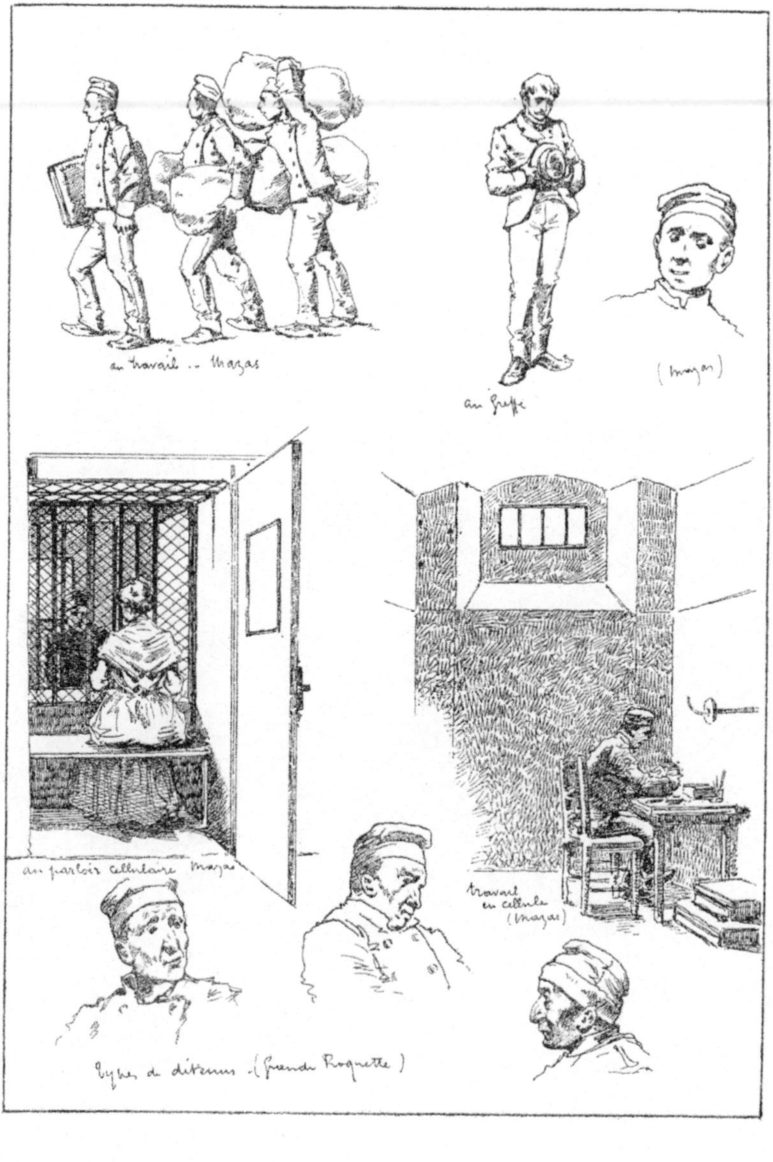
au travail .. Mazas
au Greffe
(Mazas)
au parloir cellulaire Mazas
travail en cellule (Mazas)
Types de détenus (Grande Roquette)

reux. Aucune de ces conditions ne se rencontre dans nos prisons, c'est une trop grande indulgence qui entretient cette population flottante qui passe quinze jours, un mois dans les prisons, les encombrant d'êtres inutiles, sur lesquels on ne peut exercer la moindre action ; les circonstances atténuantes ont cessé d'être une faveur accordée aux prévenus dignes d'un réel intérêt; elles sont devenues comme une clause de style qui se rencontre dans tous les jugements et, s'il fallait les motiver, le juge serait souvent fort embarrassé ; devant l'impuissance de ces petites peines, n'est-il pas permis de souhaiter qu'une atténuation ne puisse être accordée qu'à la première faute et que le maximum de la peine soit toujours appliqué dès la seconde.

Des lois nouvelles, espérant arrêter le progrès de la récidive par des mesures généreuses, sont venues diminuer encore la durée déjà si courte de l'emprisonnement.

En premier lieu la loi du 5 juin 1875, à laquelle d'éminents criminalistes, M. le viconte d'Haussonville, M. Bérenger, M. Félix Voisin, M. Albert Desjardins, ont attaché leur nom, après avoir déclaré en principe que toutes les peines inférieures à un an et un jour seraient subies en cellule et que les condamnés à une peine supérieure pourraient demander le même régime, a décidé que les peines de plus de trois mois, subies en cellule seraient de plein droit réduites d'un quart.

La pensée des auteurs de cette loi a été de protester contre la détestable promiscuité des prisons ; à cet égard elle fût une des belles œuvres de l'Assemblée nationale; mais en même temps il faut reconnaître qu'elle a fait à certains condamnés une situation bien favorable et que loin d'avoir ajouté aux sévérités du Code, elle les a plutôt adoucies; par un fait indépendant de la volonté du juge, le condamné peut s'affranchir d'une partie de sa peine; si s'étant vu infliger plus d'un an et un jour, il demande la cellule, considérée comme une faveur, c'est assurément qu'il la trouve moins dure que le régime en commun; de telle sorte qu'elle a pour lui le double agrément de le soustraire à une vie qui lui aurait été pénible et d'abréger son temps de détention.

En second lieu, en mai 1885, une loi est venue accorder à tout condamné, même récidiviste, même relégué, ayant subi trois mois de prison, si la peine est inférieure à six mois, et la moitié si elle est supérieure, le bénéfice de la liberté conditionnelle, pendant le reste de sa peine. On a pensé que l'espérance de cette liberté l'exciterait à s'amender en même temps que la menace de réintégration le maintiendrait dans ses bonnes résolutions.

N'est-il point à craindre qu'on ne se soit fait de grandes illusions; d'abord tout ce qui atténue le jugement en dehors du droit de grâce qui, venant du sommet du pouvoir, s'impose par son origine même; tout ce qui réduit sans le concours du pouvoir judiciaire et souvent contre son opinion, la peine qu'il a prononcée, affaiblit son autorité; sur 515 libérations conditionnelles accordées de février à juin 1888, 150 l'ont été contrairement à l'avis des parquets; les condamnés qui en ont bénéficié ont su nécessairement que la justice s'y était opposée et il ont eu la satisfaction d'avoir raison contre elle; le public dès lors peut se demander qui a tort de la magistrature ou de l'administration, et peut être serait-il plus rassuré si les jugements ne pouvaient être modifiés, surtout si rapidement, qu'avec l'assentiment de ceux qui les ont rendus.

Sans doute l'administration met à instruire les demandes des condamnés un soin minutieux; mais n'est-il pas à craindre qu'elle ne se laisse dominer par des préoccupations d'un ordre trop spécial;

on arrivera à ne considérer la liberté conditionnelle que comme un moyen de maintenir la discipline dans les prisons; il suffira qu'un condamné se soit bien conduit pendant trois mois pour que la liberté lui soit rendue, sans même que personne réponde de lui et le patrone; mais est-il possible de savoir si pendant une si courte épreuve il s'est véritablement amendé; n'est-ce pas avec raison que les législations étrangères, qui ont admis la libération conditionnelle, ne l'accordent qu'après que le condamné a subi un plus long emprisonnement, et qu'il a passé par une série d'épreuves, de stages, le rapprochant de plus en plus de la liberté; le congrès de Stockholm en admettant en principe la liberté conditionnelle, la subordonnait à ces prudentes épreuves; « sous tout autre régime, disait-on, l'administration peut abuser du pouvoir dont elle dispose, et les condamnés agiront de manière à quitter la prison aussitôt que possible, en simulant un amendement qui n'est pas réel ». Ce sont souvent les plus mauvais, parce qu'ils sont les plus rusés, les plus hypocrites, qui ont la tenue la plus correcte, qui se font le mieux voir des surveillants; ce ne sont pas eux qui oublieront de les saluer, de se lever au commandement de : « Fixe ! » quand le directeur entre dans l'atelier, d'obéir aux moindres minuties du règlement; le détenu dont je citais ce mémoire où il disait que rien n'est plus facile que d'éviter les punitions, avait été condamné cinq fois; rien ne ressemble moins au repentir que cette soumission rampante; au fond les sentiments restent les mêmes, et, comme le reptile, ne se replient que pour mieux se redresser.

Craintes chimériques, dit-on, puisque sur 1,361 libérations conditionnelles prononcées depuis la fin de 1885, début de l'application de la loi jusqu'au 1er janvier 1888, la révocation n'a été prononcée que contre un seul; est-ce que cela prouve le moins du monde que tous ces libérés se soient vraiment amendés et aient fait bon usage de leur liberté ; comment pourrait-on le savoir, puisque la loi même qui leur accorde cette liberté a supprimé la surveillance de la police; tout ce qu'on peut dire, c'est qu'ils ont su ne pas se faire arrêter pour une nouvelle infraction à la loi pénale, pendant le temps où ils étaient sous le coup de la réintégration ; si cette menace est salutaire, même dans cette mesure restreinte, pourquoi la faire cesser quand le temps de la peine expire ; pourquoi, par exemple, tout individu, ayant obtenu sa libération conditionnelle qui serait repris à une époque quelconque, ne devrait-il pas, cette fois sans espoir, subir en outre de sa peine nouvelle celle dont il avait été affranchi par une faveur imméritée.

Enfin, la grâce vient encore abréger dans une proportion énorme la durée de la détention ; elle a un peu perdu son caractère, elle est devenue un des rouages du régime pénitentiaire ; elle n'est, dans la plupart des cas, que la récompense de l'obéissance à la discipline, et l'année dernière, dans deux discours de rentrée approuvés par la chancellerie, des avocats généraux pouvaient dire : « Il n'est pas un membre du Parquet qui, au cours de sa carrière, n'ait eu à déplorer cette tendance malheureuse qui pousse aujourd'hui tout condamné à ne considérer comme définitive la peine encourue, qu'après l'avoir soumise, en dernier ressort, à l'appréciation du chef de l'Etat » ; sans elle, il est vrai, les prisons seraient trop pleines, il faut donner de la place aux nouveaux arrivants ; « si on ne dégorgeait pas de temps en temps les prisons, on arriverait bientôt à avoir cent mille détenus, » a dit justement un magistrat ; il semble même que la grâce, bien qu'elle procure une libération définitive, soit plus facile à obtenir que la liberté conditionnelle, car elle est bien plus souvent accordée.

Tout condamné sait donc aujourd'hui qu'il a de grandes chances, sinon la certitude absolue de ne subir qu'une partie de sa peine, et, quand il s'entend condamner à un an, il peut se dire : « J'en ai pour six mois au plus. »

L'emprisonnement a donc cessé d'être intimidant par sa durée; l'est-il encore par sa rigueur, pas davantage; les prévenus seuls ont le droit de récriminer, mais les réclamations des condamnés montrent bien que loin d'avoir à se plaindre, il leur est trop facile, notamment par la cantine, d'obtenir de grands adoucissements et de se faire une existence souvent meilleure que celle qu'ils auraient chez eux. Il ne faut donc pas s'étonner que bien des gens qui veulent avoir un abri contre les intempéries des saisons, cherchent les occasions d'aller en prison au lieu de les fuir; on a cité cet exemple d'un employé au balayage d'une prison qui, lorsqu'on le mettait en liberté, cachait son balai pour le retrouver au retour, et cet autre répondant aux reproches du président de se faire si souvent arrêter : « Que voulez-vous, il faut bien se nettoyer de temps en temps. »

Le régime cellulaire prolongé est le seul moyen de rendre le châtiment redoutable; j'ai montré, en invoquant le témoignage des détenus eux-mêmes, que presque tous préfèrent la vie commune.

Le second élément de la peine, c'est la réparation ; la faute ne doit être considérée comme expiée qu'autant qu'on a satisfait à celui qui en a souffert; le crime porte atteinte à la société et à l'individu ; le préjudice causé à la société est réparé par la peine elle-même et par le paiement des frais, dans lesquels il serait juste de comprendre, hors le cas d'indigence constatée, les frais de nourriture et d'entretien du condamné au lieu d'en faire peser la charge sur les honnêtes contribuables.

Le préjudice individuel est réparé par le paiement des dommages-intérêts; pendant longtemps, les Romains ont vécu sous une législation qui ne punissait pas autrement le coupable de vol que par l'obligation de la restitution du double, du triple ou du quadruple, selon les circonstances; aujourd'hui pour obtenir une réparation pécuniaire il faut se porter partie civile, prendre un avocat, s'exposer à supporter tous les frais du procès si le prévenu est acquitté; pour obtenir vingt-cinq francs de dommages intérêts, ce qui, dans certains tribunaux est déjà un grand effort de sévérité, il faut dépenser au moins cent francs; toute condamnation devrait être accompagnée d'une satisfaction à la victime; les dommages-intérêts, comme l'amende au profit de l'Etat, seraient alloués d'office, sur les réquisitions du ministère public et la justification du préjudice.

N'y a-t-il pas aussi quelque chose de choquant à voir le condamné obtenir une réduction de peine, avant qu'il ait réparé, au moins dans une certaine mesure, le dommage causé; par une disposition très morale du Code pénal nul ne peut obtenir sa réhabilitation s'il n'a désintéressé la partie lésée et n'en a obtenu quittance; ce qu'on fait pour retrouver l'honneur ne pourrait-on le faire aussi bien pour retrouver la liberté?

Voici, par exemple, ce qui arrive tous les jours : Un financier quelconque a par des escroqueries fait un grand nombre de dupes, il est condamné à six mois de prison, il met ses ressources de côté, se fait séparer de biens et se moque bientôt de ses créanciers; comme tous les condamnés de ce genre, il se conduit admirablement bien en prison; il est doux, obséquieux, il rend des petits services à la comptabilité, à la bibliothèque, à la pharmacie; au bout de trois mois il obtient la liberté conditionnelle. On dit que les populations voient sans inquiétude les détenus jugés méritants s'établir au milieu d'elles avant l'époque de leur libération définitive; je veux bien le croire; mais j'admets moins facilement que les pauvres plaignants trouvent bon de voir se promener en liberté avant la fin de sa peine celui qui les a dépouillés. La faveur, en bonne justice, doit suivre la réparation et non la précéder.

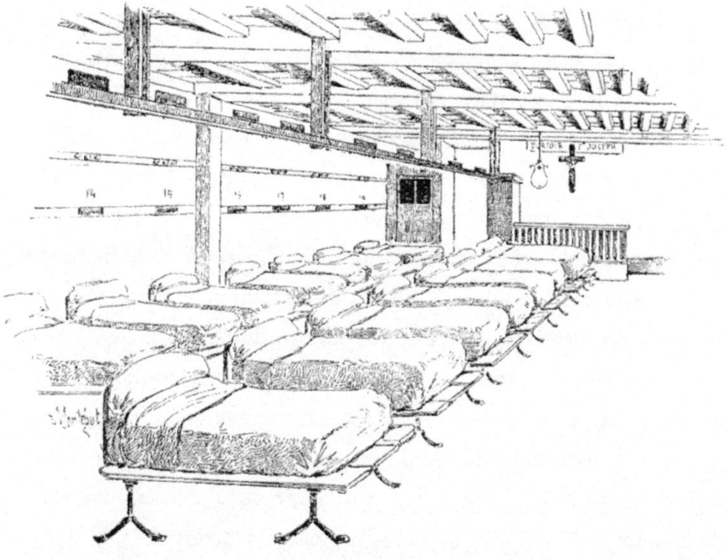

Hospitalité de nuit. (Dortoir Saint-Joseph.)

Enfin, le dernier élément de la peine, c'est la moralisation Les prisons n'intimident plus, elles n'imposent aucune réparation ont-elles au moins l'avantage de moraliser?

L'accroissement de la récidive répond à cette question et le problème de la réforme pénitentiaire se pose toujours devant les hommes de bonne volonté.

On a pu voir par les exemples de Sainte-Pélagie, de la Santé et de Saint-Lazare, l'immense danger de la communauté. « Il faut avoir vécu pendant quelques années dans une maison d'emprisonnement en commun à Paris, au milieu de la population vicieuse de cette maison, me disait un vieux gardien-chef, pour se rendre compte du degré d'ignominie où elle est tombée ; je crois et je suis convaincu ajoutait-il, avec son expérience éclairée par le bon sens, que la cellule est appelée à devenir le mode ordinaire et pratique de répression, que c'est le seul moyen de sauvegarder le condamné non récidiviste. » Alors même que par des sélections très bien faites, on parviendrait à établir comme le prescrit le règlement de 1885, des catégories de détenus ne pouvant se nuire les uns aux autres, il y aura toujours cette camaraderie de prison qui vous poursuit jusqu'en liberté et rend si difficile une rupture complète avec le passé; d'un autre côté, la cellule, il faut bien le reconnaître, engourdit l'activité et prépare mal à la vie sociale dans laquelle le condamné est appelé à rentrer.

Malgré tout c'est elle encore qui paraît offrir le plus de chances à l'œuvre de moralisation ; la Belgique où elle est appliquée dans toute sa rigueur s'en trouve bien ; le nombre des récidivistes a diminué de 20 p. 100 et M. Stevens, inspecteur général des prisons de ce pays, a pu dire : « La prison qui avait reçu des coupables, a rendu à la société des hommes corrigés et instruits, capables de gagner leur pain, connaissant leurs devoirs, aimant Dieu et la patrie. »

Mais le régime cellulaire peut être pratiqué de bien des façons différentes ; si par exemple on enfermait un homme pendant de longues années dans les tristes cellules de Mazas, où il n'y a ni air, ni soleil, ni espace suffisants, il en sortirait probablement avec l'intelligence perdue et la santé détruite. Il ne faut pas que la cellule soit triste, étouffée et sombre au point de ressembler à un tombeau en condamnant l'esprit à un marasme mortel ; je ne saurais faire de comparaison eentre ls condamnés et les hommes qui par un acte volontaire cherchent l'isolement pour se rapprocher de Dieu; mais le moine ne croit pas inutile de choisir pour y élever son cloître les plus admirables sites de la nature; sainte Thérèse, la carmélite qui ne reculait devant aucune austérité, n'admettait qu'un seul luxe, le luxe d'une belle vue. « Il lui semblait secondaire, disait-elle, de couper une sardine en quatre, si l'on mangeait sa moitié de queue en regardant un joli paysage. »

Je n'en demanderai pas autant pour les détenus, mais dans une cellule sans air, sans le plus petit horizon, on arrive à ne plus penser, à mener une vie absolument végétative, en même temps les chairs s'amollissent, l'anémie envahit l'organisme, le cerveau devient rebelle aux efforts de la pensée; je voudrais que, sauf pour les prévenus, il n'y eût pas une seule prison dans Paris; il faut dans les cellules, au lieu de ces petites ouvertures garnies de verres dépolis, des fenêtres laissant apercevoir un coin du ciel et entrer les rayons du soleil comme des messagers d'espérance et de consolation; dans les petits cabanons de Mazas on devine facilement quelles pensées malsaines peuvent suggérer ce jour gris et louche, cette atmosphère alourdie, à ces pauvres âmes déjà si courbées vers la matière par les habitudes de leur vie coupable, et à des corps qui sont condamnés à la mortification sans être soutenus par l'esprit de pénitence.

Mais si on se contentait d'améliorer les conditions matérielles de la cellule, de donner aux détenus des promenoirs où ils se sentiraient moins accablés par un pernicieux ennui, on n'aurait encore rien fait; ce qu'il faut avant tout c'est ouvrir la porte aux bonnes influences et y faire passer un souffle de vie; « la sociabilité, dit avec raison M. Ch. Lucas, est dans la nature de l'homme innocent ou coupable »; il faut, même dans la cellule, donner une certaine satisfaction à cet instinct; la solitude, dont les grandes infortunes et les esprits bien trempés peuvent seuls apprécier les bienfaits, est insupportable à la plupart des détenus; sous l'austère impression du silence, les grandes âmes s'élèvent et se purifient, les autres s'aigrissent et se dégradent; « la solitude, a-t-on dit, est la patrie des forts »; « elle n'est habitable, disait aussi Balzac, que par l'homme de génie qui la remplit de ses idées, filles du monde spirituel; » or, en général, les prisonniers, captifs aussi de la chair et du sang, ne sont ni des génies, ni des âmes fortes; aussi la cellule ne peut produire de bons effets sur eux, qu'à la condition de les mettre en perpétuel contact avec des personnes qui leur témoignent de l'intérêt, les soutiennent par leurs exhortations et leur patronage, dissipent leurs préjugés et leur ouvrent sur la vie des horizons nouveaux. La cellule doit, en un mot, isoler de ce qui est mauvais pour permettre au bien d'exercer plus facilement son action.

Je ne m'étonne pas que son organisation actuelle ait provoqué un mouvement de réaction contre le système cellulaire lui-même, si préconisé dans ces dernières années, et que des fonctionnaires de l'administration puissent dire, comme je l'ai lu dans un mémoire d'un des inspecteurs des prisons : « Il ne faut jamais avoir vu un détenu en cellule pour être partisan de l'isolement prolongé pendant plusieurs années. C'est oublier que l'homme est né sociable que d'accepter pour lui l'encellulement pendant plus d'un an. »

Mabillon qui, dès 1689, avait eu l'idée du système cellulaire qu'il proposait d'appliquer aux prisons ecclésiastiques, voulait qu'il fût mitigé par l'habitude d'un travail régulier et par des relations qui relèvent l'âme en la purifiant. Combien ces relations sont-elles encore plus nécessaires sur des esprits grossiers, incapables de se suffire à eux-mêmes.

Le personnel de la prison est celui auquel revient tout d'abord ce devoir d'assistance à remplir auprès des condamnés, puisqu'il est en perpétuel contact avec eux ; mais il faut pour cela qu'aux qualités que possèdent déjà les gardiens on en ajoute quelques autres par une éducation spéciale; la Belgique qui depuis fort longtemps a porté à un très haut degré de perfection le régime de ses prisons, et organisé avec le plus grand soin le recrutement du personnel a établi des écoles normales pour former des gardiens. On songe à en fonder une à Melun. « On ne peut, disait dans un discours de rentrée sur la réforme pénitentiaire un avocat général de Bordeaux, M. Labroquère, nier l'utilité d'une école centrale ou seraient exercés les principes de la science pénitentiaire; les agents des prisons ne peuvent plus être les portes-clefs de l'ancien régime; déjà, ajoutait-il, on marche dans cette voie, le gouvernement a favorisé la fondation d'une congrégation de religieuses qui, sous le nom de sœurs pénitentiaires de Marie-Joseph, se consacrent exclusivement depuis 1841, avec le zèle le plus louable à l'œuvre des prisons. » Il est vrai que le rapporteur de la commission du budget, M. Millerand, rendant compte dans le journal « la Justice » de ce discours de rentrée, répondait : « La congrégation des sœurs pénitentes ne suffit pas, quant à nous, à combler nos vœux; mais il ne faut pas oublier que c'est dans un discours solennel de rentrée que sont exprimées ces vues; nos magistrats n'en sont pas pour la plupart encore venus à l'idée de laïcisation, il faut pardonner à un orateur de vouloir se ménager la bienveillance de son auditoire. » Mais, pour parler sérieusement, n'est-ce pas plutôt parce que le magistrat voit les choses de plus près et en dehors de tout système politique et de toute idée de parti, qu'il peut mieux que d'autres apprécier la valeur de certains dévouements ?

Devant les progrès du mal, alors que les plus optimistes s'écrient comme M. Joseph Reinach, dans son livre sur « les récidivistes » : « Depuis plus de trente ans, nous constatons la plus vaste gangrène criminelle dont la statistique historique ait jamais fait mention; devant un tel péril est-ce que toutes les bonnes volontés ne devraient pas être sollicitées, encouragées au lieu d'être combattues ou dédaignées. Au moment même où l'on se plaint que les gardiens soient incapables de moraliser les détenus, où l'on songe avec raison à les instruire, à les munir d'un certificat d'études primaires, on cherche, par la plus étrange des contradictions, à supprimer l'élément religieux, à écarter les aumôniers; ils avaient un logement, on l'a supprimé ; il pouvaient aller d'eux-mêmes visiter les détenus, ils doivent maintenant attendre qu'on les appelle comme si jamais le repentir pouvait entrer de lui-même dans une conscience coupable; l'exercice de leur ministère est rendu impossible, on leur accorde sous forme d'indemnité un traitement dérisoire, qui ne peut suffire aux besoins essentiels de la vie la plus pauvre; l'aumônier de la Roquette est même obligé, les jours d'exécution, de payer de sa bourse la voiture qui lui est nécessaire pour être à la prison avant le lever du jour et pour accompagner ensuite le corps au cimetière; si les ministres du culte n'étaient soutenus par le sentiment du devoir, par l'espoir de faire encore un peu de bien, ils abandonneraient les prisons. Jusqu'à ce jour on avait pensé que la force de l'idée religieuse, dans le sens le plus étendu du mot, n'était pas à dédaigner et que mieux que toute autre elle était capable de pénétrer dans les cœurs endurcis par le vice; on avait toujours remarqué que les condamnés qui mouraient dans des sentiments de repentir étaient ceux dont l'aumônier s'était approché et que ceux qui jetaient, jusqu'au pied de l'échafaud, un cri de défi à la société étaient au contraire ceux qui, comme l'un des derniers condamnés, repoussent le prêtre en lui disant : « Je ne crois plus rien, il n'y a plus de Dieu, laissez-moi tranquille ! »

« L'initiative de la charité dans les prisons, écrivait en 1840 M. Hippolyte Carnot, dans un article sur le régime pénitentiaire, appartenait de droit aux chrétiens ; la législation se pénétra peu à peu de l'Evangile dont l'influence se fit particulièrement sentir dans l'organisation des prisons » ; toutes les philosophies, pourvu qu'un léger fil les rattachât encore à la croyance en Dieu, reconnaissaient l'utilité du secours que trouvent dans les sentiments religieux ceux qui tentent de relever une âme tombée dans les fanges de la vie, et en même temps tous les peuples s'inspiraient de ces doctrines pour améliorer leur système pénitentiaire.

J'ai dit qu'à Nanterre il n'y avait même pas de chapelle ; à la Conciergerie les accusés n'y sont jamais conduits ; le 25 octobre 1887 sur le rapport de M. Millerand, la Chambre, résistant aux éloquentes adjurations de Mgr Freppel, a décidé qu'un catholique, dans notre siècle, n'avait pas besoin d'aller à la messe tous les dimanches, et qu'en conséquence il y avait lieu de supprimer l'aumônier et les offices dans les prisons où on subit des peines de moins d'un an ; on peut se demander alors dans quel intérêt l'administration inscrit sur les feuilles de signalement de chaque détenu la religion à laquelle il appartient.

« Nous sommes parfaitement convaincu, disait le Dr Wines au congrès de Stockholm, dans un rapport sur les prisons d'Amérique, de l'inefficacité de toute mesure de relèvement autre que celles qui sont basées sur la religion, imprégnées de son esprit, fortifiées par son influence. » Cela se dit hautement dans la libre Amérique, cela se dit en Angleterre, en Allemagne, en Russie, en Belgique, dans bien des pays ; et beaucoup des gens le pensent encore en France; on leur répond qu'il faut respecter la liberté de conscience; si c'est vraiment au nom de cette liberté, que les règlements prétendent défendre, aux ministres des cultes de visiter spontanément les détenus de leur religion, comment se fait-il qu'en vertu du même principe, on ne défende pas à l'instituteur de leur faire des conférences philosophiques ; la morale est du domaine de la conscience aussi bien que la religion, le bon sens ne comprend pas très bien comment une conscience sera plus sollicitée, plus troublée dans ses opinions et dans ses erreurs, parce qu'on lui parlera de Dieu en même temps qu'on lui parlera de devoir. En réalité c'est dans l'intérêt de certaines doctrines et non par un respect exagéré de la liberté morale du prisonnier que l'on éloigne de lui l'influence religieuse.

Il y a assurément plus de grandeur, de libéralisme et de vérité dans ces autres paroles du rapport de M. Millerand : « C'est en insistant comme nous l'avons fait, dit-il, sur l'action moralisatrice qui doit être la préoccupation dominante de tous les agents de l'administration pénitentiaire, que nous avons marqué par là même, combien il serait désirable de voir toutes les bonnes volontés, en dehors même du personnel de la prison, collaborer à cette œuvre. » On ne peut qu'approuver cet appel à l'initiative privée, à la condition qu'il ne soit affaibli par aucune restriction intolérante et que l'administration, dont les agents, malgré tout leur zèle, ne pourraient suffire à la visite quotidienne des cellulaires, ouvre largement les portes des prisons à tous ceux qui, offrant les conditions désirables de moralité, se présenteraient, n'importe sous quel habit, pour exercer auprès du détenu, l'apostolat de la charité.

« Il est à désirer, avait déjà déclaré M. de Tocqueville, en parlant du système cellulaire, que, lorsqu'il sera établi, on voie non seulement les ministres de toute religion, mais les hommes reli-

La Conciergerie.

gieux de toutes les communions, tourner leur zèle du côté des prisons. » « L'administration, disait plus tard M. Corne, rapporteur de la loi de 1851, peut avoir dans ses établissements l'ordre et la discipline, elle ne peut demander à ses fonctionnaires la chaleur, le zèle qui font le succès des œuvres morales.

« La fréquence des visites des personnes charitables, dit encore M. le pasteur Robin, peut seule rendre le système cellulaire praticable et réformateur. »

Je ne parle pas de la visite banale des philanthropes de théorie, je ne peux m'empêcher de penser à eux en lisant dans un mémoire d'un inspecteur des prisons de la Seine : « En ce qui concerne le concours de l'initiative privée on est malheureusement obligé de reconnaître qu'il est purement illusoire; les personnes étrangères à l'administration... deviennent généralement d'une réserve glaciale dès qu'il s'agit d'adoucir la situation du détenu et d'aider le personnel dans l'œuvre du relèvement dont il est chargé, cela est pénible à constater, mais cela est vrai. » Voilà comment se font juger par des hommes d'expérience les vaines démonstrations d'un zèle apparent qui se décourage à la première difficulté et ne se retrempe pas aux sources vraies de la charité.

Pourquoi dans d'autres pays ce concours des particuliers est-il mieux accepté dans la pratique; c'est qu'il est inspiré par la charité active. «En Amérique, disait devant la commission d'enquête parlementaire un homme d'une haute expérience, M. Stevens, il y a d'excellents visiteurs officieux, mais cela tient à ce que dans ce pays les hommes qui s'attachent à cette mission ont des sentiments religieux. »

L'assistance du détenu et de sa famille, souvent bien misérable et bien exposée pendant le cours de sa captivité, est une œuvre magnifique qui nous manque; des hommes animés par un véritable esprit de dévouement et le sentiment exact des difficultés qui condamnent le libéré à retomber à la première occasion, ont bien fondé des sociétés de patronage qui rendent les plus signalés services et contribuent plus que les lois à combattre la récidive; mais pendant sa détention, dans les tristesses, si souvent mauvaises conseillères, de ses heures de cellule, il est abandonné; c'est là qu'il faudrait le voir, lui adresser des paroles de consolation, d'encouragement, lui témoigner de la compassion, l'entretenir de sa famille, lui en apporter des nouvelles, et par les marques d'intérêt qu'on lui donnerait, arriver peu à peu à éclairer sa conscience, à lui suggérer le repentir.

Paris compléterait admirablement l'ensemble de ses institutions charitables en reprenant la tradition interrompue de la visite des prisonniers. Déjà la Société pour l'amélioration des prisons créée en 1829 avait eu précisément pour objet d'intéresser les hommes du monde au soulagement des besoins matériels et moraux des prisonniers; elle avait nommé un conseil dont chaque membre appartenant au monde le plus élevé, avait pris une prison sous sa tutelle : le duc d'Albuféra était chargé de l'Abbaye; le duc de La Rochefoucauld, de Saint-Lazare; le duc de Broglie, de Saint-Denis; le marquis d'Aligre, de Villers-Cotterets; le vicomte de Montmorency, de Sainte-Pélagie; le comte Chaptal, des Magdelonnettes; le comte Daru, de Bicêtre; le baron Delessert, de la Force; le comte Bigot de Préameneu, du Dépôt; les classes élevées s'intéressaient ainsi directement au soulagement, à l'amélioration des coupables; le condamné ne se considérait pas comme un paria, voué à tout jamais à une vie criminelle, quand il sentait que les privilégiés de ce monde se préoccupaient de son sort; c'est ainsi que le châtiment peut frapper sans avilir, que la haine peut s'apaiser dans les cœurs ulcérés et que les prisons peuvent rendre à la Société d'autres hommes que d'irréconciliables ennemis.

Mais pour faire converger tous ces efforts vers un même but, il faut qu'il y ait au sommet un pouvoir dirigeant; plus ce pouvoir sera près des condamnés, plus il sera apte à les bien connaître, plus son influence sera personnelle, persuasive, moins inflexible qu'une action administrative, étendant du nord au midi l'uniformité de son règlement. C'est pour cela que la Préfecture de police, à laquelle on a récemment retiré en grande partie la direction des prisons de la Seine, pour la centraliser au ministère de l'intérieur, apportait peut-être plus de souplesse dans ses rapports avec les détenus et une plus grande connaissance de leurs goûts, de leurs aptitudes; mais mieux encore que la Préfecture de police, exposée au soupçon de vouloir tirer un profit personnel de l'influence qu'elle pouvait avoir sur les détenus, le pouvoir judiciaire est à même d'exercer sur eux cette action tutélaire et moralisatrice.

Sans remonter jusqu'à Platon qui recommandait aux magistrats de visiter chaque jour les prisonniers pour les rendre meilleurs en leur enseignant à accepter leur châtiment comme une expiation, on a considéré dans tous les temps que le rôle du juge ne finissait pas avec le prononcé du jugement et qu'après avoir puni le crime il devait veiller sur le coupable ; cette œuvre lui revient de droit ou plutôt elle n'est que l'achèvement de sa mission sociale; c'est devant la justice que comparaît tout d'abord le coupable ; elle l'interroge, elle fait en lui la part du bien et du mal, elle le condamne avec plus ou moins de sévérité, selon qu'elle le juge plus ou moins dangereux et criminel; puis on le lui enlève et elle ne peut plus rien faire pour lui, son rôle est brusquement interrompu; du jour au lendemain, elle passe du pouvoir presque souverain à une impuissance absolue; le moindre des gardiens devient le maître de l'homme qu'elle a condamné sans qu'elle ait à intervenir en quoi que ce soit en sa faveur, cependant il n'est détenu qu'en vertu de son jugement; la veille, elle tenait son sort entre ses mains, elle pouvait le rendre à la liberté, accorder à ses parents la permission de le voir; depuis qu'il est condamné, il devient la propriété de l'administration, et le plus élevé des magistrats ne serait pas capable de lui faire donner même une bouchée de pain.

Lorsque M. Stevens fut autorisé par le gouvernement belge à venir apporter à la commission de l'Assemblée nationale le témoignage de sa haute expérience, on lui demanda à quel ministère étaient rattachées les prisons : « Au ministère de la justice, » dit-il, et M. Babinet, conseiller à la Cour de cassation lui ayant fait cette autre question : « Trouvez-vous des avantages ou des inconvénients à être rattaché à ce ministère ? » Voici quelle fut sa réponse : « Les prisons dépendent du ministère de la justice depuis 1832, et nous ne voyons que des avantages dans ce système; grâce à lui tout se simplifie et du jour au lendemain nous pouvons avoir des solutions sur les questions difficiles. »

L'un des membres de l'Assemblée nationale, M. Mettetal, dont le nom est resté si justement honoré, lui fit observer qu'en France les prisons doivent dépendre du Ministère de l'intérieur, parce que le service de la police judiciaire en dépend aussi; c'est là précisément qu'est le vice capital de notre organisation; c'est la magistrature en principe qui est chargée d'exercer l'action publique, de recevoir les plaintes des particuliers, d'ouvrir des informations, de réprimer en un mot les délits et les crimes par tous les moyens que la loi pénale met à sa disposition; et cependant, par une singulière anomalie, source d'inconvénients, de scandales et de conflits de toute sorte, très préjudiciables aux intérêts publics, les agents qu'elle emploie ne dépendent pas du Ministère de la justice, mais de l'intérieur, de façon que son autorité est dépourvue de sanction et peut être méconnue; c'est le désordre.

Des hommes d'Etat eux-mêmes l'ont si bien compris qu'ils ont soumis aux Chambres des projets de loi destinés à assurer à la magistrature le moyen d'exercer souverainement, avec des agents à elle, le pouvoir que la loi lui donne ; les événements politiques ont toujours écarté ces projets au moment où il semblait qu'un courant d'opinion allait enfin les faire adopter, il faut souhaiter que le jour soit proche où ils aboutiront; plus les principes de la vraie liberté pénètrent les institutions d'un pays, plus on fortifie, plus on étend le domaine du pouvoir judiciaire ; s'il est vrai, comme le disait M. Mettetal, que les prisons ne relèvent de l'administration que parce que celle-ci tient dans ses mains le personnel de la police judiciaire, c'est une raison de plus pour se hâter de revenir à la logique en mettant ce personnel sous l'autorité réelle et efficace de la magistrature; c'est s'exposer à faire perdre de vue au juge la grandeur de sa mission, c'est le réduire au rôle de machine à condamner, que de ne pas s'appuyer sur lui pour accomplir la plus belle partie de l'œuvre judiciaire, c'est-à-dire le relèvement du coupable; on a dit que la justice était mal placée pour apprécier ce qui se passe dans les prisons; oui, assurément, si on lui en ferme les portes, si on l'écarte systématiquement, mais elle est bien mieux placée que l'administration pour savoir exactement ce que vaut au fond un condamné; quand un détenu arrive dans une prison, on ne connaît que son nom et sa peine, on ignore toutes les circonstances de passé, de famille, de milieu dans lesquelles sa faute a été commise, on ne peut l'apprécier que par sa vie de prisonnier; la justice au contraire a des éléments d'appréciation autrement sérieux, elle peut dans des conditions se prêtant moins à la dissimulation ou à l'erreur, étudier le caractère, la vie, la moralité du condamné, et mesurer exactement le degré d'intérêt dont il peut être digne.

Dans la plupart des Etats voisins, le service pénitentier fait partie de l'ensemble des services judiciaires, et dans la discussion de la loi sur la liberté conditionnelle, d'excellents esprits ont exprimé le vœu que ce système, si conforme à la raison, à la dignité de la justice, et aux intérêts de la société, soit appliqué en France.

La magistrature ne reculerait pas devant cette tâche que l'on réclame pour elle; ses procureurs généraux seraient les inspecteurs naturels des détenus, et chacun de ses membres les visiteurs et les protecteurs les plus autorisés; elle trouverait un certain adoucissement à la rigueur de ses fonctions en pouvant continuer son œuvre de répression par une œuvre de patronage et de réformation.

J'ai dû me borner ici à exprimer des idées générales; d'ailleurs les questions que soulève une visite dans les prisons sont si nombreuses qu'on ne saurait avoir la prétention de les traiter toutes en quelques pages; les solutions ne sont pas faciles à trouver; peut-être même n'y en a-t-il pas de parfaites; je crois seulement qu'aucune ne saurait donner de bons résultats si elle ne s'appuyait sur ces points essentiels : suppression de la prison pour tous les petits délits; — emprisonnement cellulaire très sévère et très prolongé pour les délits graves et les crimes; — application de la relégation sous des formes diverses aux jeunes condamnés; — la correction remplaçant toujours la prison pour les mineurs de seize ans; — la cellule vivifiée par des influences morales et religieuses; — le patronage du libéré; — et enfin le châtiment et la réformation confiés aux mêmes mains au moyen du rattachement du service des prisons à la justice.

Mais quoi qu'on en fasse, le meilleur régime pénitentiaire ne sera jamais qu'un expédient; ce n'est pas par lui qu'une société sera guérie, bienheureuse encore si elle est à peu près protégée contre le péril immédiat; la prison peut mettre le criminel dans l'impossibilité de nuire, le dégoûter de recommencer, peut-être même avec des éléments nouveaux, le rendre meilleur au lieu de le pervertir; mais elle n'empêchera pas le crime de naître; on aura beau multiplier les geôles, les construire à grands frais, le mal n'en existera pas moins s'il n'est tari dans sa source même ; derrière le coupable qu'on aura enfermé dans une cellule, relégué dans de lointaines régions ou supprimé par la mort, il en arrivera d'autres, en bataillons serrés, et il en sera ainsi tant que le crime trouvera dans nos mœurs sociales des conditions favorables à son développement.

L'idée, aujourd'hui acceptée, glorifiée que la vie brutalement comprise et sans lendemain, n'est faite que pour la jouissance, a détruit dans bien des cœurs le sentiment du devoir, du sacrifice, du dévouement ; c'est de cette idée que sont nés tous les crimes; si notre destinée se borne au court espace de la vie, si nous ne devons jamais avoir d'autres juges que nos semblables, l'homme, qui s'abandonne à la fantaisie de ses passions, est dans le vrai; il a raison de jouir et de n'avoir nul souci de la moralité du voisin, aussi discutable qu'une question de goût et de couleur; on arrive ainsi à la négation de tout, au scepticisme hautain ou frivole; on se livre à une course effrénée vers la satisfaction des appétits, et le seul obstacle dont on se préoccupe encore un peu, c'est le vieux gendarme; autrefois la lutte pour la vie, suivant la formule à la mode, c'était, dans le sens élevé du mot, l'effort vers le bien, la victoire remportée sur soi-même, le beau, le noble combat où l'homme, créé pour répandre la vie et non pour la détruire, se rend maître de ses passions dans ce qu'elles ont de contraire au devoir; aujourd'hui mieux vaudrait dire la lutte contre la vie ; ces ambitieux, ces viveurs, ces déclassés, qu'ils portent l'habit ou la blouse, qu'ils soient des insurgés

Saint-Lazare. — Guichet des prévenues.

ou des mondains, qu'ils s'appellent Vingtras dans le roman de

Vallès, Paul Astier dans le drame de Daudet, ou qu'ils portent le nom de ces bandits vulgaires, que nous voyons tous les jours sur le banc des Assises, tous ces gens, avec leurs appétits égoïstes et sensuels, au lieu de participer au grand et perpétuel effort de la nature contre le mal, au lieu de jeter dans la lutte les forces vives et fécondes de leur jeunesse, apportent des germes de mort, des théories de décadents et des passions homicides.

La société, toute frivole qu'elle soit, se rend bien compte quand elle prend la peine d'y réfléchir, que par sa morale relâchée elle a déchaîné les ambitions, dispersé les foyers de résistance, engendré des milliers de déclassés et de scélérats ; or, comme il lui en coûte de l'avouer, elle cherche des excuses dans une fausse philosophie, elle écoute volontiers ceux qui lui disent que la liberté humaine n'existe pas, que les criminels au lieu d'être les produits d'un milieu corrompu ou d'une mauvaise éducation, sont des irresponsables et des malades.

Revenons à des idées plus nobles et plus sages, c'est le seul moyen d'en finir avec le crime, et de dépeupler nos prisons qui regorgent; ne nous laissons envahir ni par des sophismes, ni par une sentimentalité trop naïve ; la tendance moderne à mêler la philosophie au crime, à le rendre presque intéressant, n'est point bonne pour cette jeune génération qui grandit sous nos yeux, au milieu de toutes ces idées perfides, et dont les instincts livrés à leur violence commencent déjà à nous épouvanter ; c'est par de plus saines et de plus fortes doctrines qu'il faut la soutenir ; que le crime reste toujours à nos yeux un acte détestable, ne diminuons pas l'horreur qu'il doit inspirer en admettant de trop commodes excuses et en introduisant des adoucissements excessifs dans la loi ; l'intérêt social et la morale réclament cette rigueur ; elle n'empêche pas de concilier la justice avec la charité, et, sans avoir pour le mal des indulgences funestes, on peut tendre une main secourable à l'homme qui tombe, et qui, par un effort sincère, cherche à se relever.

DOCUMENTS A CONSULTER

1654. — Pratique judiciaire. Damhoudère.
1682. — Si la torture est un moyen sûr de vérifier les crimes secrets, par Augustin Nicolas, conseiller du roi.
1689. — La réforme des prisons. Malillon, avec préface par Jadart.
1737. — Recueil sur le procès de Damiens, avec dessin provenant de la bibliothèque de Nicolas Berryer, garde des sceaux. (Bibl. Carnavalet.)
1751. — Journal de Barbier. Décembre.
1753. — Dictionnaire de police des Essarts.
1765. — Relation de la cérémonie à Bicêtre à l'occasion du vœu des prisonniers pour la guérison du Dauphin. (Carnavalet.)
1787. — Dictionnaire de l'encyclopédie. V. *Prisons*.
1782. — Des lettres de cachet. Mirabeau.
1787. — Guide des amateurs : la Conciergerie, la Force. Thiery.
1788. — Des prisons, des hôpitaux. Howard.
1789. — Mémoires sur la Bastille. Collection Barrière.
1791. — Vie de Mme Anne-Charlotte Quatremère, aïeule de Quatremère de Quincy.
Id. — Décret du 29 septembre sur le régime des prisons.
An III. — Almanach des prisons. Coissin.
An III. — Rapport et projet de décret sur la police intérieure des prisons présentés au nom du comité de législation, par Durand Maillasse.
An IV. — Visite des prisons de Philadelphie par un Européen. Le duc de Larochefoucauld-Liancourt.
Id. — Observations sur le mauvais état des prisons, par Thieurret-Grandpré.
An V. — Histoire des prisons sous la Révolution. Nougaret.
An IX. — Arrêté relatif à la nourriture des détenus.
An X. — Rapport de M. Frochot sur les moyens d'exécuter dans les prisons les lois relatives à leur établissement. 18 nivôse.
1808. — Exposé des motifs concernant la partie du code d'instruction criminelle relatif aux prisons (art. 603 à 618), par Real et Louvet. *Moniteur* des 6 et 16 déc.

1814. — De l'emprisonnement individuel sous le rapport sanitaire. Warrentrapp.
Id. — Histoire générale des prisons sous le règne de Bonaparte. Anonyme.
1819. — Ordonnance royale concernant la Société des prisons. 9 avril.
1820. — Lettres sur Paris. Etienne.
1820. — Des prisons telles qu'elles sont et telles qu'elles devraient être. Dr Villermé.
1821. — Les prisons et leur régime. Danjou.
1825. — Histoire de Paris. Dufaure.
1828. — Les prisons. Saint-Edme.
1829. — Mémoire sur les prisons. Delaborde.
Id. — Rapport de M. de Martignac à la société royale des prisons.
Id. — Le dernier jour d'un condamné. Victor Hugo.
1831. — Histoire des colonies pénales de l'Angleterre dans l'Australie, par Ernest de Blosseville.
1832. — Du système pénitentiaire aux Etats-Unis. De Tocqueville et de Beaumont.
Id. — Du système pénitentiaire américain, par le Dr Julius; traduit par M. V. Foucher.
1836. — La chaîne des condamnés aux travaux forcés, par Léon Foucher. *Revue de Paris*, 17 juin.
Id. — Bagnes, prisons et criminels. Appert.
Id. — Sous les verrous. Hippolyte Rainal.
1837. — De l'état actuel des prisons en France. Moreau Christophe.
Id. — Du système pénitentiaire et de ces conditions fondamentales. Aylies.
1838. — La réforme des prisons. Léon Faucher.
Id. — Splendeurs et misères des courtisanes. La Conciergerie. Balzac.
Id. — Opinion des conseils généraux sur les divers systèmes pénitentiaires. Imprimerie royale.
Id. — De la réforme des prisons, par Moreau Christophe.
Id. — Les condamnés et les prisons. Ve de Courteilles.
1839. — Rapport au ministère de l'intérieur sur les prisons d'Italie. Cerfbeer.
Id. — Communication sur quelques détenus cellulés, Charles Lucas; voir aussi théorie de l'emprisonnement; du système pénitentiaire en Europe et aux Etats-Unis; des moyens et des conditions d'une réforme pénitentiaire; exposé des différents systèmes d'emprisonnement. etc. L'œuvre de M. C. Lucas est immense, elle résume tout le mouvement pénitentiaire depuis cinquante ans et ceux-là mêmes qui ne partagent pas toutes ses idées doivent saluer en lui l'apôtre persévérant des théories libérales et humanitaires.
1840. — Rapport fait à la Chambre des députés sur le projet de loi tendant à introduire une réforme dans le régime des prisons. 9 mai et 20 août.
Id. — Examen du système pénitentiaire. De La Rochefoucauld-Liancourt.
Id. — Des prisons et des prisonniers, par Vingtrinier.

1840. — Souvenirs de Sainte-Pélagie. Le baron de Verteuil.
Id. — Du régime cellulaire. Doublet de Boisthibauld.
1841. — Encyclopédie des gens du monde (voir *Prisons*). Hippolyte Carnot.
Id. — Règlement général sur les prisons. 30 octobre.
Id. — Les prisons de Paris, par un ancien détenu. Pierre Joigneaux.
Id. — Des peines et des prisons. Prince Oscar de Suède.
1842. — Essai sur les peines. Alamet.
1843. — Considérations sur l'influence de la religion dans les prisons, par l'abbé Laroque.
Id. — Projet de prison cellulaire. Blouet.
Id. — Considérations sur la réclusion individuelle, par W. Suringar, traduit du hollandais.
Id. — Histoire politique et anecdotique des prisons de la Seine. Barthélemy Maurice.
Id. — Les femmes en prison. Notice sur les religieuses de Marie-Joseph. Mme Malet.
Id. — Le régime cellulaire, discours de rentrée à la Cour d'Orléans, par M. Daguenet, procureur général.
Id. — Discours de rentrée de M. de la Seiglière, procureur général à Bordeaux.
1844. — Revue pénitentiaire et des institutions préventives, par Moreau Christophe. — Sa polémique avec M. Charles Lucas.
Id. — Discussion du projet de loi sur les prisons. *Moniteur* du 18 mai.
Id. — De la récidive, par Bonneville de Marsangy.
Id. — Résumé sur le système pénitentiaire. Demetz.
Id. — Voyage sentimental de Charles Dickens, au pénitencier de Philadelphie. *Magasin pittoresque* n° 3 de 1844.
Id. — Coup d'œil sur le système répressif et pénitentiaire des principaux états de l'ancien et du nouveau monde. De la Farelle.
1845. — Réforme des prisons. Victor Lefranc.
Id. — Les prisons de Paris. Albouy et Luine.
1846. — L'intérieur des prisons. Anonyme.
1847. — Hygiène physique et morale des prisons, par H. Bonnet.
1848. — Essai sur la discipline des prisons. Howe.
Id. — Essai sur la question du travail dans les prisons. Dubusquet.
Id. — Mémoire sur l'utilité du système cellulaire. Mollet.
1850. — Des prisonniers, par Guillaume Ferrus.
Id. — Colonie de Mettray. Bertin.
1853. — Heures complètes du prisonnier, par l'abbé Jouvent.
Id. — Note sur l'emprisonnement cellulaire, par Vidal.
Id. — De la répression pénale, Bérenger (de la Drôme). On peut dire qu'il n'est pas une seule réforme de nos lois criminelles et pénitentiaires auxquelles n'ait été mêlé le nom du président Bérenger et de son

fils qui, si souvent au Sénat, a porté la parole avec éclat dans toutes les questions se rattachant à la criminalité.

1853. — Ethnographie des prisons, par Marquet de Vasselot.
1854. — Loi du 30 mai remplaçant les bagnes par la transportation.
1855. — Lettre à M. X*** sur l'emprisonnement cellulaire. Lelut.
Id. — Etude sur l'emprisonnement cellulaire. Dr Faure.
1856. — Assistance et extinction de la mendicité. Le Rat de Magnitot.
1857. — De l'assistance en province, cinq années de pratique, 1861. Rapports du préfet au conseil général de la Nièvre, sessions 1857 à 1861. Du même.
Id. — La folie pénitentiaire. Annales-médico-psychologiques.
1858. — Etude sur Mazas, la folie pénitentiaire, par Pietra Santa.
Id. — Tableau des prisons militaires en France et à l'étranger. Vidal.
1859. — Le Châtelet de Paris, par Desmaze.
1860. — Etude sur Mazas. Berriat Saint-Prix.
Id. — Réformes des prisons. Edouard Ducpétiaux.
Id. — Le régime cellulaire devant ses détracteurs. De la Baume.
Id. — Saint Vincent de Paul, sa vie et ses œuvres. L'abbé Meynard.
1862. — La réforme des prisons. Fernand Desportes.
1863. — Le monde des coquins, par Moreau Christophe.
1864. — La petite Roquette, par Anatole Corne.
Id. — L'hôtel des Haricots, par Albert de Lasalle, avec dessins.
1865. — Criminalogia, par Garofalo, Turin.
Id. — De l'application de l'emprisonnement individuel. Publication du ministère de l'intérieur.
1866. — Les jeunes détenus à la Roquette. Dr Dumesnil.
Id. — Mettray, colonie pénitentiaire, par Bonneville de Marsangy.
1868. — Une maison de correction en 1868. Marie Angélique.
Id. — Sainte-Pélagie. Alfred Sirven.
1869. — Les condamnées de Saint-Lazare, par Mme de Grandpré.
Id. — Prisons et détenus, par Anatole Corne.
Id. — Les prisons de France et le patronage des prisonniers. Le pasteur Robin.
1870. — Les Prisons sous la Révolution. Dauban.
1871. — Du droit de punir. Émile de Girardin.
1872. — Enquête parlementaire sur le 18 mars. Déposition de M. Cresson, ancien préfet de police, au sujet des repris de justice figurant dans la garde nationale.
1872. — Enquête parlementaire de 1872. Rapport de MM. le vicomte d'Haussonville et Félix Vosin, p. 6 et 8.
Id. — Rapport sur la mission de MM. d'Haussonville et Félix Voisin au sujet des prisons de Hollande, de Belgique et de Suisse.
Id. — Mémoires d'un détenu. Riouffe.

1873. — Rapport de M. d'Haussonville sur l'enquête parlementaire sur le régime pénitentiaire.

1874. — Magnan, de l'alcoolisme.

Id. — La question du vagabondage, Homberq, conseiller à la Cour de Rouen.

1875. — Rapport présenté à la commission sur le régime des établissements pénitentiaires privés et publics. Victor Bournat. Voir aussi Enquête sur les postes de police.

Id. — Adoption, éducation et correction des enfants pauvres, abandonnés, orphelins ou vicieux. Baron Charles Daru et Victor Bournat.

Id. — Prisons et emprisonnement, par C. Breton.

Id. — Loi du 15 juin 1875 remplaçant l'emprisonnement en commun par le régime cellulaire ; cette loi n'a été exécutée que dans des proportions fort restreintes, 20 prisons à peine sur 382 ayant été converties en prisons cellulaires.

Id. — La société moderne et les repris de justice, par de Lamarque.

Id. — Paris et ses organes, les prisons. Maxime Ducamp.

Id. — Du suicide et de l'aliénation mentale dans les prisons cellulaires. Lacour.

1876. — Du régime pénitentiaire. L'abbé Chanteret.

Id. — La folie dite avec conscience. Dr Fournier.

Id. — Nos prisons et la magistrature. Laget Valderson.

Id. — Le régime des établissements pénitentiaires. Enquête parlementaire.

Id. — Les condamnés politiques en Nouvelle-Calédonie. Paschal, Grousset et Jourde.

1877. — Mœurs et usages du moyen âge, les prisons, par Paul Lacroix.

Id. — Enquête parlementaire sur les prisons. Déposition de M. Stevens.

1878. — Etude historique sur les prisons de la Seine, H. Regnault.

Id. — De l'éducation correctionnelle. Prudhomme.

Id. — Etat actuel de la réforme pénitentiaire dans tous les pays civilisés. Dr Wines, Congrès de Stockholm.

Id. — Histoire d'un crime. Mazas. Victor Hugo.

1879. — L'éducation préventive. Roussel.

Id. — La préfecture de police, par un vieux petit employé. Procès de la *Lanterne*.

1880. — La correction à Vilvorde, par Félix Leturc.

Id. — *Journal Officiel*, 2 mars. Projet de loi sur le non-discernement des enfants.

Id. — Etude sur la détention préventive. Paul Bougon.

Id. — L'éducation correctionnelle en Angleterre. Lajoye.

Id. — Souvenirs de prison et de bagne. Henri Brissac.

Id. — Dictionnaire d'architecture de Bosc, prison de la Santé avec plans.

Id. — Quatre ans de prison par un détenu. Mme de Gasparin.

1880. — Hygiène des prisons. Van Drest.
Id. — Les femmes qui tuent et les femmes qui volent; crimes passionnels. Alexandre Dumas.
1881. — Les prisons de Paris. Jules Arboux.
Id. — Etude sur la condition du mineur devant la loi pénale française. René Querenet.
Id. — Statistique des prisons, Michon.
Id. — Broadmor criminal lunalic asylum. Dr Motet.
Id. — La Vie à Paris. Les assassins blagueurs. Jules Claretie.
1883. — Architecture des prisons cellulaires. Ducpétiaux.
Id. — Enquête du Sénat, relative à la protection de l'enfance. Th. Roussel.
Id. — Les cahiers des Etats généraux en 1789 et la législation criminelle. Albert Desjardins.
1884. — Le droit de tuer. Article du journal *le Matin*, 3 décembre.
Id. — Des exécutions capitales. *Gazette des Tribunaux*, 23 décembre.
Id. — La loi sur la protection de l'enfance devant le Sénat, par René Querenet.
Id. — La criminalité en France et en Italie. Bournet.
Id. — Lettre de M. Hippolyte Carnot contre la publicité des exécutions capitales. Journal *le Temps*, décembre.
Id. — Souvenirs de la petite et de la grande Roquette. L'abbé Moreau.
1885. — La libération conditionnelle, articles de M. Henry Prudhomme. *Gazette des Tribunaux*.
Id. — Beccaria et le droit pénal, par César Cantu, annoté par M. Lacointa.
Id. — Les récidivistes. Joseph Reinach.
Id. — Loi Waldeck-Rousseau sur les récidivistes. 27 mai.
Id. — Messieurs les assassins. Alphonse Karr. Réimprimé en 1882, chez Lévy.
Id. — Loi du 14 août 1885 sur la libération conditionnelle, sur la proposition de M. Bérenger. *Moniteur* des 28 décembre 1882. 21 juin et 15 août 1885.
Id. — De l'état anormal en France de la répression en matière de crimes capitaux et des moyens d'y remédier, par Ch. Lucas.
Id. — Actes du premier congrès international d'anthropologie criminelle à Rome. V. aussi Lombroso. L'homme criminel et l'homme de génie; l'école pénale italienne et ses principes fondamentaux, par Ch. Lucas.
Id. — Règlement sur les prisons du 11 novembre. *Moniteur* du 16 novembre.
Id. — Avis de la cour de cassation sur le projet de loi relatif à la suppression de la publicité des exécutions capitales. *Gazette des Tribunaux*, 25 janvier.
Id. — Article sur les circonstances très atténuantes. Article de la *Gazette des Tribunaux*, 18 mars.

1885. — Les exécutions capitales. 12 mai. Journal *la Liberté*.
1886. — Comte d'Haussonville, études sociales, misères et remèdes.
Id. — Traité pratique de l'administration des prisons.
Id. — Article de M. Barboux sur le traité de médecine légale, de M. Legrand du Saulle. *Gazette des Tribunaux*, 8 mai (crimes passionnels).
1887. — La police à Paris, son organisation, son fonctionnement, par un rédacteur du *Temps*.
Id. — La réforme pénale et pénitentiaire. Discours de rentrée par M. Labroquère, avocat général à Bordeaux.
Id. — Décret rattachant les prisons de la Seine au ministère de l'intérieur. 28 juin.
Id. — Article de M. Millerand dans la *Justice*, sur la réforme pénitentiaire et le discours de M. Labroquère. 20 décembre.
Id. — Lettre de M. Taine au Dr Lombroso, sur la peine de mort. Publiée dans les archives de psychiatrie.
Id. — Notes et renseignements à propos de la réorganisation des prisons de la Seine. Louvard.
Id. — La conciergerie du palais de Justice. Eugène Pottet.
Id. — Le monde des prisons, par l'abbé Georges Moreau, ancien aumônier de la Grande Roquette.
Id. — Discours en faveur des prisonniers libérés. L'abbé Frémont. 17 août.
Id. — Le droit de grâce. Article du *Matin*. 6 septembre. Jules Delafosse.
1888. — La réforme pénale, discours de rentrée à la cour de Rouen, par M. Ad. Martin.
Id. — Rapport de M. Millerand, au nom de la commission du budget chargée d'examiner le projet de loi portant fixation des recettes et dépenses de l'exercice 1885. (Service des prisons, suppression des aumôniers.)
Id. — Une exécution capitale, dans un livre intitulé : Lydie. Henri Lavedan.
Id. — Les criminels et leurs grâces. Charles Desmare.
Id. — La libération conditionnelle. Discours de rentrée à la cour de Besançon, par Edouard Bloche.
Id. — Les signalements anthropométriques. Alphonse Bertillon.
Id. — Paris bienfaisant; le patronage des libérés. Maxime Ducamp.
Id. — Criminalité comparée. Tarde.
Id. — Le crime. Etude sociale, par Henri Joly. — Voir aussi : Les lectures dans les prisons.
Id. — Des maisons de patronage à Paris. P. Flandin, *Droit* du 8 février.
Id. — Le monde des prisons, par Emile Gautier, ancien détenu. Articles dans les archives de l'anthropologie criminelle. 15 septembre et 15 décembre.
Id. — Une légende détruite; la Bastille. Victorien Sardou. *Gaulois* du 14 mars.

1888. — *Journal illustré* du 11 novembre, article avec dessins sur la grande Roquette.

Id. — Note sur l'application du système de la libération conditionnelle, 1885 à 1888. Ministère de l'intérieur.

Id. — Organisation du service médical à Saint-Lazare. Rapport de M. Herbette; arrêté du 22 décembre; *Moniteur* du 17.

Id. — Vie de saint Vincent de Paul, par Mgr Bougaud.

Id. — Paris depuis son origine; la prison de Glaucin. De Ménorval. — Voir aussi la Cité, par M. Cousin, dans Paris à travers les âges.

Id. — Le travail pénitentiaire. Le *Temps*, jeudi 25 août. — Voir aussi, dans le même journal, les intéressants articles du professeur J. Leveillé.

Id. — Education correctionnelle en Belgique, par Servin.

Id. — Le devoir de punir, par M. Mouton.

Id. — Article sur la Bastille et les recherches de M. Funck-Brentano, par Hugues Leroux. Le *Temps*, du 12 juillet.

Id. — Article de M. Ambroise Rendu, sur les vagabonds. Le *Soleil*, 28 juin, et 7 septembre, sur les récidivistes. — Voir aussi la série des nombreux et très intéressants articles de Jean de Nivelle (Canivet) sur les questions de criminalité.

Id. — Protestation d'un détenu contre la photographie et l'anthropométrie obligatoires. Le journal *le Gaulois*, 29 août.

Id. — L'enseignement de la morale à l'école primaire. Analyse du rapport de M. Lichtenberger, le *Temps*, 21 juillet.

Id. — Article sur la Cour d'assises. La *France*. Frédéric Sarcey, 1er juin.

Id. — La vie à la Bastille, étude historique. Franck Brentano.

Id. — La question de la criminalité. *Revue de la Réforme judiciaire*, Victor Jeanvrot, numéro du 15 juillet.

Id. — Les prisonniers de la Bastille. Article de M. Bégis dans l'*Intermédiaire des chercheurs et curieux*, 10 avril.

Id. — Histoire de Bicêtre, par le Dr Bourneville.

Id. — Voltaire et le droit criminel français. Article de M. Bourdeau, *Journal des Débats*, 9 mai.

Id. — Les dégénérés dans les prisons. Emile Laurent.

Id. — Interpellation au sujet du régime des détenus politiques à Sainte-Pélagie, discours de MM. Anatole de la Forge et Constans, *Moniteur* du 21 juin. Voir aussi la *France* du 9 décembre. Récits, par M. Numa Gilly, de sa détention à Sainte-Pélagie.

1889. — De la contagion du crime et de sa prophylaxie. Moreau de Tours.

Id. — Considérations médico-légales sur les délits et les crimes commis sous l'influence de l'alcoolisme. Congrès international sur l'étude des questions relatives à l'alcoolisme, Dr Motet.

Id. — Du fouet comme instrument d'éducation chez nos bons aïeux. Lettre d'Henri IV à Mme de Monglat; numéro du 25 octobre, *Intermédiaire des curieux*.

1889 — Paris-Secret, Mazas, le Dépôt, De Platel (*Ignotus*).

Id. — Le disciple. Paul Bourget.

Id. — Mes lundis en prison. G. Macé.

Id. — Loi sur la libération conditionnelle et les condamnations conditionnelles. Adolphe Prins (Bruxelles).

Id. — Paris en 1789, Albert Babeau.

Id. — La prison de Nanterre. Article du journal *Paris*, Emile Gautier, 20 juillet.

Id. — Des conditions légales et de l'histoire du délit de mendicité. Discours de rentrée à la Cour de Rouen, par M. Chanoine d'Avranches.

Id. — Influence des idées modernes sur la législation pénale. Discours de rentrée à la Cour de Toulouse, par M. Mestre-Mel.

Id. — La législation des aliénés au Congrès de médecine mentale. Discours de rentrée à la Cour de Besançon, par M. Cottignies.

Id. — Revue de la Révolution, par Bord ; les enfants pendant la Révolution. La Bastille.

Id. — Saint-Lazare depuis vingt ans. Pauline de Grandpré.

Id. — Cinquante années de visites à Saint-Lazare, par Mme d'A..., dame visiteuse de l'œuvre protestante. — Voir aussi la Collection des rapports de l'œuvre protestante des prisons de femmes.

Id. — Bulletin de la Société de l'Union française pour la défense et la tutelle des enfants en danger moral, présidée par M. Jules Simon.

Id. — Loi du 24 juin sur la protection des enfants abandonnés.

Id. — Rapport et décret sur les pénalités applicables aux forçats dans les colonies pénitentiaires, *Gazette des Tribunaux*, 13 octobre.

Id. — Rapport au président de la République sur l'application de la relégation des récidivistes. *Gazette des Tribunaux*, 23 septembre.

Id. — La France criminelle. Henri Joly.

Id. — Les non-coupables. Article de Renée (Sévérine). *Gaulois* du 30 août.

Id. — Comptes généraux annuels de l'administration de la justice criminelle. Les statistiques pénitentiaires du ministère de l'intérieur. Le code des prisons. Archives de la préfecture de police. Ancien registres d'écrou. — On peut aussi consulter avec beaucoup de profit les intéressantes annales de la société des prisons, laquelle montre chaque jour ce que peut l'initiative privée et combien les réformes auraient à gagner en s'appuyant sur elle.

Il y aurait à citer une quantité presque innombrable de livres, de brochures pour donner une bibliographie complète du régime pénitentiaire ; je me suis contenté d'indiquer les documents les plus utiles à consulter ; malgré tant de publications qui, par leur nombre et l'autorité de leurs auteurs, tels que de Tocqueville, de Beaumont, Faustin Hélie, Léon Faucher, Charles Lucas, Demetz, Bérenger, d'Haussonville, Maxime Ducamp, Félix Voisin, Henri Joly, et tant d'autres encore semblent avoir épuisé le sujet, il m'a paru que la simple narration de choses vues de près pendant plus de vingt ans et appréciées avec impartialité ne serait pas inutile à l'œuvre de la réforme de notre législation pénitentiaire ; il est difficile de parler avec franchise et quelquefois contre des idées courantes sans s'exposer à la critique ; j'ai considéré comme un devoir de ma fonction de ne pas m'arrêter à ces considérations trop égoïstes. L'administration, en m'ouvrant largement les portes de 13 prisons, m'a rendu, d'ailleurs, ce devoir plus facile ; je voudrais l'en remercier en contribuant à hâter des réformes qu'elle est la première à souhaiter et auxquelles son éminent directeur, M. Herbette, consacre tous ses efforts. Je remercie M. Lozé, préfet de police, les directeurs de prisons et tous ceux qui ont bien voulu me prêter leur concours ; M. Montégut s'est chargé de compléter mon récit par des vues fidèlement prises dans l'intérieur même des prisons ; je n'ai pas besoin de dire que les personnages ne sont pas des portraits, ce qui eût été une inconvenance ; seuls, les costumes et l'attitude sont d'une exactitude absolue ; il m'a semblé que ces dessins faciliteraient la lecture du livre, en le rendant moins aride, et qu'ils seraient comme des témoins de sa scrupuleuse sincérité, sans nuire à la gravité du sujet ; d'ailleurs l'administration pénitentiaire elle-même ne m'a-t-elle pas donné l'exemple en faisant prendre pour ses collections, pour l'Exposition universelle des vues photographiques non seulement des prisons, mais des condamnés eux-mêmes ; la plupart de ces vues, documents historiques, ont pris leur place dans les cartons du musée Carnavalet, à côté des estampes d'Abraham Bosse, sur les œuvres de miséricorde dans les prisons, et des gravures d'Adam sur Sainte-Pélagie ; plus tard elles serviront à mieux faire comprendre les progrès accomplis.

Paris, 20 décembre 1889.

TABLE DES MATIÈRES

CHAPITRE PREMIER

CRIMINALITÉ ET RÉPRESSION

CHAPITRE II

LES ANCIENNES PÉNALITÉS

CHAPITRE III

LES ANCIENNES PRISONS DE PARIS

CHAPITRE IV

LES CHEMINS DE LA PRISON

CHAPITRE V

LA RESPONSABILITÉ

CHAPITRE VI

ALIÉNÉS CRIMINELS

CHAPITRE VII

CRIMES PASSIONNELS

CHAPITRE VIII

LA PRISON DE TOUT LE MONDE

CHAPITRE IX

LES PRÉVENUS

CHAPITRE X

LES FEMMES

CHAPITRE XI

LES ENFANTS

CHAPITRE XII

LES CONDAMNÉS

CHAPITRE XIII

PAUVRETÉ ET VICE

CHAPITRE XIV

LA DERNIÈRE ÉTAPE

CHAPITRE XV

LES CAHIERS DES PRÉVENUS

CHAPITRE XVI

L'INTÉRÊT SOCIAL

ÉVREUX, IMPRIMERIE DE CHARLES HÉRISSEY

Printed in Dunstable, United Kingdom

91220122R00298